에센셜

연구방법

ESSENTIAL RESEARCH METHODS

ESSENTIAL RESEARCH METHODS

에센셜 연구방법

허경옥 · 김기옥 · 이승신 · 박선영

(주)교문사

머리말

사회과학 학도들에게 학위논문과 연구논문을 준비할 때 가장 어려운 일은 적합한 연구방법을 선택하는 일이다. 언제나 어려움과 망설임은 대부분 무엇을 적용하여 어떻게 논문을 설계할까, 어떤 통계적인 툴을 접목할까에서 시작된다. 많은 연구자들이 자신이 관심 있는 연구방법만을 집중적으로 사용하다 보면 연구방법에 대한 전체적 흐름을 이해하지 못하기도 하므로 다양한 주제와 세부 전공을 포괄적으로 다룰 수 있는 교재가 필요함을 절감하게 된다. 사회과학에는 세부전공에 따라 연구방법의 선호도가 매우 다양하지만 여러 분야에서 모두 참조할 수 있는 내용을 포괄하는 교재에 대한 시장수요가 높은 것을 감안할 때 다양한 분야에서 공통적으로 사용되는 방법론을 중심으로 구성된 책이 요구되었다.

이러한 필요성에도 불구하고 연구 및 강의 등으로 너무나 바쁜 생활을 하느라 집필은 자꾸만 늦어지게 되었다. 자신의 세부전공이 아닌 연구방법에 대한 집필이다 보니 뒤늦게 시작한 전공서적 출간이 계속됨에 따라 이 책의 집필은 우선순위에서 밀리는 등 매우 지지부진하게 되었다. 그러던 중 대학원생들의 논문을 지도하면서 연구방법의 중요성에 대해 다시 한번 절감하면서 집필진은 최근에서야 부랴부랴 집필을 마무리하기로 결의를 하게 되었던 것이다.

이 책은 총 3부로 구성되어 있다. 1부에서는 연구의 기초적 내용을 담고 있으며, 2부에서는 연구절차 및 연구설계유형, 연구주제와 가설, 측정과 척도, 표집, 자료수집방법, 인터넷 자료조사, 자료평가 및 처리 등 그야말로 연구수행을 위한 기본적인 내용들에 대해서 다루고 있다. 3부에서는 수집된 자료를 가지고 본격적인 통계분석을 수행하기 전 단계인 기초 통계분석으로서 탐색적 자료분석 및 기술통계분석에 대해 설명하고 있다.

이 책은 여러 교수님들의 수고가 모아져 집필되었다. 그러나 다양하게 계획되었던 이 책의 집필이 최근에 와서 서둘러 무리하게 마치다 보니 부족한 점, 아쉬운 점이 한두 가지가 아니다. 이 책의 체제나 내용이 필자들이 집필에 착수하면서 가졌던 의욕에 비추어 볼 때 부족한 점이 많음을 시인하지 않을 수 없다. 앞으로 부족한 내용이나 새롭고 깊이 있는 응용기법 등을 보완할 것을 약속한다. 이 책이 후학들에게 조금이라도 자극이나 도움이 되기를 바랄 뿐이다.

이 책의 출판을 허락해 주신 (주)교문사의 류제동 사장님께 감사드린다. 그리고 책의 양이 많았음에도 불철주야 출간에 많은 노력을 기울여 주신 양계성 상무님을 비롯한 직원 여러분에게도 감사의 말씀을 전한다.

2012년 3월

저자 허경옥, 김기옥, 이승신, 박선영 일동

차 례

PART 02 연구의 방법

CHAPTER 2

CHAPTER 6

CHAPTER 7

PART 03 탐색적 자료분석과 검토

CHAPTER 10

01 PART

연구의 기초

CHAPTER 1. 과학적 연구방법의 기초

CHAPTER 1

과학적 연구방법의 기초

우리는 사회과학, 인문과학, 생활과학, 자연과학과 같은 용어에 익숙해 있으면서도 막상 과학이 무엇인지 그 의미를 정확하게 정의하지 못한다. 하나의 학문 분야가 과학으로 인정받기 위해서는 과학적인 방법으로 연구가 이루어져야 한다. 즉, 과학적인 연구방법의 확립이 무엇보다도 중요한 과학의 성립조건이다.

과학적 연구방법으로 수행한 연구결과물은 과학적 지식을 구성하는데, 과학적 지식은 이론과 경험의 두 가지 경로에 의해 증명 가능한 지식이다. 과학적 지식은 개념-이론과 관찰-경험의 두 가지 수준에서 수행된 연구들이 상호작용한 결과로 구성된다. 과학적 연구를 하기 위해서는 개념-이론 수준의 기초와 이론, 모델, 경험적 연구 사이의 관계에 대한 이해가 필수적이다. 또한 과학적 연구는 이론으로부터 시작되든 경험적 관찰로부터 시작되든 결국 연구자의 생각(idea)으로부터 출발하며 그 생각은 구체적인 연구 작업으로 옮겨져야 한다. 그러므로 연구자의 아이디어를 구체적인 연구로 전개시키기 위해서는 과학적 연구의 기본 요소에 대한 이해가 선행되어야 한다. 이 장에서는 과학의 정의와 목적, 과학적 연구방법의 기초, 그리고 과학적 연구의 개념적 기초와 기본 요소를 다룬다.

1 과학이란?

과학(science)은 라틴어 'scire', 즉 '아는 것(to know)'의 현재분사인 'sciens'에서 파생된 'scientia'에서 유래한다. 과학에 대한 정의는 정의를 내리려는 주체가 누구인가에 따라 각기 다른 방식으로 내려진다. 과학에 대한 통일된 정의가 어려운 이유는 과학의 내용과 방법을 혼동하는 데에서 기인한다. 어떤 특정의 주제를 다루는 것만이 과학인 것은 아니지만 모든 현상 탐구가 과학으로 간주되지 않는다. 과학으로 인정되지 않는 경우는 그 내용보다는 현상을 탐구하는 방법 때문이다. 과학의 내용은 시대에 따라 변하고 과학적이라고 인정되는 지식도 시대가 변하면 비과학적으로 간주될 수 있다.

과학은 현상에 내재하고 있는 진리를 경험적인 접근방식에 의해 규명하는 것으로서 모든 현상은 과학의 대상이 될 수 있다. 그러므로 과학이란 내용과 주제 혹은 연구대상에 의해서 결정되는 것이 아니라, 지식 탐구의 방법에 의해서 결정된다. 따라서 과학적 방법에 의해 수집된 모든 지식체계는 모두 과학이며, 특히 '경험적' 증거가 확실한 지식을 지칭한다. 즉, 과학은 연구자 스스로 경험적인 증거를 몸소 찾고 확인하여 지식을 추구하는 것으로서 경험과학이라고 표현할 수 있다.

'경험적' 이라는 용어에 대한 해석은 현상 탐구의 관점에 따라 다르며 그 결과, 방법론(methodology)에 대한 주장이 크게 엇갈린다. 방법론이란 학문에 대한 철학의 바탕 위에 지식을 추구하는 방식의 타당성을 밝히는 절차에 관한 논리적 혹은 이론적 접근을 의미하는 것이며, 방법론에 따라 구체적 수준에서의 연구의 방법(methods)이 달라진다.

사회과학에서 가장 흔히 채택되는 경험성에 대한 해석은 실증주의의 철학에 바탕을 둔 표준과학관(the standard view of science)이며, 이는 연구하고자 하는 현상을 인간의 5관에 의해 모두 지각할 수 있고 그 안에 내재해 있는 법칙성과 규칙성을 찾아낼 수 있다는 논리에 근거하여 '객관주의적 경험성' 을 추구하는 것이다. 그러므로 연구방법도 정확성, 객관성, 가치중립성이 요구되는 논리적·연역적 방법으로서 양적 접근(quantitative approach)이 채택된다. 이와는 달리 인간사회를 상호 주관적으로 경험하는 의미의 세계로 파악하고 사회적으로 규정된 의미를 해석하여 의미유관성을 풀어나가는 연구를 수행할 때에는 해석적 사회과학관(the interpretative social science)에 따라 의미의 해석과 이념적 추리로 이론의 경험적 확인을 시도하는 '주관주의적 경험성'이 요구되기도 한다. 이를 위해서는 비조작적이고 불개입적인 질적 접근(qualitative approach)이 적합하다. 또 한편으로 실천과학의 발전을 위해서는 가치 추구적이고 규범적인 입장에서 연구가 이루어져야 하는데, 이러한 입장은 독일의 프랑크푸르트 학파의 비판적 사회과학관(the critical social science)에 따라 인간과 사회의 상호 형성적 과정을 변증법적 논리로 접근하여 이론과 실천의 의미유관 적합성과 총체성을 추구해야 하며, 이를 위해서는 양적 접근과 질적 접근을 함께 적용해야 한다.

이처럼 다양한 경험성을 추구해야 하는 사회과학에서는 방법론의 다원성이 요구된다. 어느 한 가지의 방법론도 완벽한 것은 없고 각각은 연구주제와 목적에 따라 제 나름의 유용성을 지닌다. 그러므로 다양한 방법론에 대한 관점과 입장을 이해하는 것이 필요하며 어느 한 가지의 관점이 보다 우수하다는 식의 폐쇄적이고 배타적인 태도는 지양해야 한다. 그러나 다양한 방법론을 한 권의 책에서 모두 소화한다는 것은 불가능하므로 이 책에서는 사회과학에서 현재 가장 널리 채택되고 있는 표준과학관의 실증주의적 방법론(positivistic methodology)을 기본철학으로 하고 그에 따른 구체적 수준에서의 연구의 방법들(methods)을 체계적으로 정립해 보고자 한다.

2 지식 추구의 방법

지식은 역사적으로 다양한 방법에 의해 추구되어 왔다. 과학적 방법 이외에 지식을 획득하려는 목적에 사용된 방법에는 권위주의적 방법, 영감적(신비적) 방법, 그리고 이성주의적 방법 등이 있다. 이들의 두드러진 차이는 지식의 생산자(즉, 누가 그렇게 말했는가), 지식이 생산되는 과정(즉, 어떻게 알게 되었는가), 그리고 생산된 지식의 효과(즉, 무엇이 달라지는가?)에 신뢰성을 부여하는 방식에 있다. 각각에 대한 간략한 설명은 과학적 방법을 이해하는 데에 도움이 된다.

1) 권위주의적 방법

권위주의적 방법(authoritarian mode)은 사회적 혹은 정치적으로 자질이 있다고 널리 인정되는 사람들이 지식의 생산자가 되고, 사람들은 이들의 말을 인용함으로써 지식을 형성한다. 권위주의적 방법은 지식 생산자의 사회·정치적 권위를 높이 평가함으로써 그들의 지식 생산의 능력까지도 인정하는 것으로 개인의 탐구력을 극도로 제한한다.

2) 영감적 방법

영감적 혹은 신비적 방법(mystical mode)은 예언자나 신과 같이 초자연적인 힘을 가진 자가 지식의 생산자가 된다. 권위주의적 방법과 유사하지만 초자연적 상징의 표시에 의존하고, 지식을 이용하는 소비자의 심리적 상태에 의존한다는 점에서 차이가 있다. 영감적 방법은 대개 의식, 의례적 절차에 의해 좌우되며, 사회 전체의 교육수준이 올라감에 따라 이 방법으로 형성된 지식의 신뢰도는 감소한다.

3) 이성주의적 방법

이성주의적 방법(rationalistic mode)에서는 지식이 논리의 형식과 규칙을 엄격히 지킴으로써 얻어질 수 있다는 주장을 펴고, 원리적으로 무엇이 옳아야 하고 논리적으로 무엇이 가능하고 인정할 만한 것인가에 관심을 둔다. 인간은 관찰 가능한 현상과 무관하게 세상을 직관적으로 이해할 수 있고 지식이란 인간 경험 이전에 존재한다는 가정에서 출발하므로 추상적 논리가 규범적으로 완성된 과학이라고 믿는다. 그러나 인간의 직관은 오류를 범할 수 있기 때문에 이 방법에 의한 지식은 경험적으로 시험되어야 한다.

이상의 지식 추구 방법은 경험적 증거를 필요로 하지 않는 것으로서 과학적 방법에 비해 오류를 범하기 쉽다. 그러므로 지식은 과학적 방법으로 추구되어야 하고, 과학적 방법으로 형성된 지식체계인 과학을 발전시켜 나가야 한다. 이를 위해 과학의 기본 가정과 목적을 살펴보기로 한다.

쉬어가는 연구방법과 통계이야기 ▶

1-1 통계청 주관 2011 통계활용대회 수상자에게 듣는 통계활용 노하우 : 박군의 활용사례

통계는 수학뿐 아니라 사회와 과학 과목에도 도움이 된다. 일반사회, 한국지리, 역사 등에 등장하는 각종 도표 및 그래프를 해석하는 데는 통계가 활용된다. 특히 과학에서 통계적 지식과 사고는 필수다. 문제인식, 자료수집, 변환, 자료해석 등 모든 과학 탐구과정에서 통계적 사고능력이 활용된다. 이처럼 다양한 과목에 활용되는 만큼 통계는 최근 중요시되는 통합교과적 문제해결능력을 기르는 데 많은 도움이 된다.

통계활용대회 수상자인 박군은 어려서부터 사회현상을 보여 주는 숫자로 나타나는 통계자료들에 각별한 흥미를 느꼈다. 박군은 "스마트폰 사용자가 늘었다는 소리를 여기저기서 들었지만 실제 주위 친구들은 스마트폰을 많이 쓰질 않아 막연하게만 알고 있었다"면서 "신문을 보다가 우연히 최근 스마트폰 사용자 수의 증가세를 나타낸 그래프를 발견하면서 스마트폰 사용자가 급격히 늘어난 사실을 두 눈으로 확인할 수 있었다"고 말했다.

박군은 과학탐구보고서를 쓸 때도 실험을 통해 구한 데이터를 평균과 분산, 상관관계 같은 통계개념을 활용해 분석한다. 최근엔 과학탐구대회에 참가하면서 통계적 지식을 십분 활용했다. 그가 속한 팀의 연구주제는 '친환경적인 방법으로 물을 정화시켜 식물용수로 활용하는 방법'. 박군은 물의 정화수치(정화시켰을 때 물이 깨끗해지는 정도를 나타내는 값)를 구하는 실험을 여러 번 반복하고 각 실험에서 구한 정화수치의 평균값을 구했다. 또 통계지식을 활용해 실험결과로 나타난 데이터의 오차범위와 더불어 여러 변수가 정화수치와 갖는 상관관계를 살폈다.

박군은 "지난해 경기도교육청 영재교육원에선 '에버랜드 놀이기구별 이용자의 시간대별 분포'를 조사한 뒤 이를 근거로 인기 있는 놀이기구만을 골라 탈 수 있는 최적의 이동경로를 찾아내는 사회학적 연구를 진행하기도 했다"면서 "사회이나 과학 연구, 실험에 통계적 이론과 사고는 필수"라고 말했다.

출처 : 동아닷컴, 2011년 9월 6일

3 과학의 가정

과학은 증명되지 않았고 증명될 수 없는 일련의 가정(assumptions)의 전제로부터 출발한다. 그러나 이러한 가정은 당연시되고 종종 언급조차 되지 않는데, 과학의 본질을 이해하기 위해서는 과학이 성립되기 위한 필요조건인 일련의 가정을 이해해야 한다.

- **자연계에는 질서가 있다** : 물리적·사회적 환경의 모든 현상은 임의적이거나 변덕스럽기보다는 규칙성과 질서가 있기 때문에 이를 이해하기 위해 초자연적 힘

에 의존할 필요 없이 인간의 능력으로 이해할 수 있다.

- 우리는 자연을 이해할 수 있다 : 이 가정은 인간이 자연물, 조건, 현상들처럼 자연의 일부이며, 다른 현상을 탐구하는 똑같은 방법으로 우리도 이해되고 설명될 수 있다는 것을 의미한다. 그러므로 인간은 모든 현상을 이해할 수 있을 뿐만 아니라 인간 자신과 다른 사람까지도 이해할 수 있는 능력을 갖고 있다.
- 지식은 무지보다 낫다 : 지식의 결과가 현상에 위협적이거나 치명적일지라도 아는 편이 낫고, 무지는 인간 복지에 해롭고 바람직하지 않다. 그러므로 지식은 그 자체로서뿐만 아니라 인간 환경의 개선을 위해서라도 추구되어야 한다.
- 물리적·사회적 질서 안에는 인과적 관계가 존재한다 : 이것은 어떤 현상의 발생은 또 다른 현상의 발생이 선행되거나 뒤따른다는 가정으로써 과학적 연구가 전능의 초자연적 힘에 기울어지지 않고 현상에 관련된 규칙성과 질서를 추구하도록 만든다.
- 자명한 것은 아무것도 없다 : 과학적 지식은 자명한 것이 아니며, 진실은 객관적으로 밝혀져야 한다. 오류의 가능성은 항상 존재하며 아주 단순한 주장도 객관적으로 증명되어야 한다. 그러므로 과학적 사고는 끊임없이 의문을 품고 비판하는 것이다.
- 지식은 경험의 획득으로 얻어진다 : 과학이 실제 세상을 이해하는 데에 도움이 되기 위해서는 경험적이어야 한다. 인간과 외부 세상과의 의사소통은 인간의 감각기관을 통하여 이루어지므로 과학적 지식은 감각기관을 통하여 인지된 물리적·생리적·사회적 경험의 결과물이다. 그러나 모든 현상이 직접적으로 경험되고 관찰될 수 없기 때문에 이 가정은 인간의 5감을 통한 경험만을 의미하는 것으로 좁게 해석되어서는 안 된다. 즉, 과학은 관점과 이론적 문제를 아울러 필요로 한다.

4 과학의 목적

과학의 목적은 인간이 탐구하려는 현상에 관한 신뢰할 만한 지식체계, 즉 이론을 생산하는 데에 있다. 이렇게 생산된 이론은 그 현상을 기술, 설명, 예측할 수 있도록 하고, 그 현상의 미래가 긍정적으로 나아가도록 하기 위해 발전을 위한 통제를 가능하게 한다. 그러므로 과학의 목적은 현상을 기술, 설명, 예측, 통제할 수 있는 이론을 개발하는 데에 있다.

1) 기 술

과학적 연구의 첫 단계는 어떤 현상의 핵심적 특성과 그 범위를 있는 그대로 파악하여 묘사하고 기술(description)하는 것이다. 현상에 대한 기술은 거시적 수준과 미시적 수준의 두 가지 차원에서 상호보완적으로 이루어지며, 연구 주제에 따라 결정된다. 그러나 지나치게 미시적 수준의 기술은 불필요한 정보까지 제공할 소지가 높고, 또한 지나치게 거시적 수준의 기술은 모호하고 무의미한 자료를 제공하게 되므로 연구하려는 현상에 적합한 수준의 기술을 꾀해야 한다.

2) 설 명

현상에 관한 정확한 기술에 이어 두 번째의 목적은 '왜?' 에 대한 일반적인 설명(explanation)을 구하는 것이다. 어떤 현상이 왜 일어났을까에 대한 설명을 구하기 위해서는 그 현상을 일어나게 만든 선행요인에 관한 체계적이고 경험적인 분석을 시도해야 한다. 이러한 분석을 통해 과학자는 일반적인 법칙을 발견해 나가고 과학이 발전함에 따라 일반화의 범위가 확대된다. 설명이 추구하는 일반화의 범위에 따라 설명의 형식은 다르며, 대표적인 설명의 형식으로는 연역적 설명과 확률적 혹은 귀납적 설명이 있다.

연역적 설명(deductive explanations)이란 어떤 현상을 이미 알려진 일반 법칙에 의거해 설명하는 것이며, 확률적(probabilistic) 혹은 귀납적 설명(inductive explanations)이란 일반법칙으로 설명될 수 없는 현상에 대해 '몇 %, 혹은 어떤 경향이 있다' 는 식으로 표현되는 확률적 일반화에 의거해 설명하는 것이다. 일반 법칙에 따라 확실한 결론을 내릴 수 있는 연역적 설명에 비해, 확률적 설명은 특정 사례에 대한 확실한 결론을 내릴 수 없다는 한계가 있다.

쉬어가는 연구방법과 통계이야기 ▶ **1-2 대통령당선자 예측성공과 망신**

선거 시작 1년 전부터 리서치(research) 회사들은 바빠진다. 미국에서의 여론조사는 유력 신문사와 방송사가 공동으로 하는 경우가 많다. 대통령후보 수락연설, TV토론 직후, 새 이슈 등장 때마다 신문, 방송들은 즉각 새로운 조사결과를 내놓는다. 선거당일 출구조사까지 후보들은 숫자의 늪을 벗어나지 못한 채 일희일비한다. 이 과정에서 잘못된 예측으로 언론기관이 망신을 당한 적도 한두 번이 아니다.

1936년 리터러리(Literery) 다이제스트(Digest)는 공화당 알프 랜든 후보가 현직 프랭클린 루스벨트를 누른다는 조사결과를 발표했다가 웃음거리가 되었다. 조사대상을 전화나 자동차 소유자에 한정해 자초한 결과였다. 1948년 대선 때도 갤럽(Gallup)을 비롯한 모든 리서치회사는 공화당 토머스 듀이 후보가 민주당 해리 트루만을 이기리라 예상했지만 실제는 반대였다.

미국과 달리 의원내각제를 채택하는 영국에서도 여론조사 보도는 활발하다. 선거 직후 정당지지도가 수시로 1면 기사로 보도된다. 92년 총선 때는 각 신문, 리서치 회사 조사에서 노동당이 7% 가량 지지도가 높게 나왔지만, 막상 투표함을 뜯고 보니 보수당 신승이었다. 여론조사기관들이 합동으로 망신을 당한 셈이다. 이 같은 위험에도 더 타임즈(The Times), 데일레(Daile), 텔레그래프(Telegraph) 같은 권위지들은 MORI나 갤럽과 손잡고 수시로 정당 지지도, 당수인기도를 독자에게 알려 준다.

96년 일본에서 일본 최초 소선거구-비례대표 병립제로 치른 총선에서 아사히, 요미우리, 마이니치 등 주요 신문들은 주요 정당 예상 의석수를 1면 기사로 보도했다가, 선거 후 5~8석 틀린 것으로 나타났다. 우리 입장에선 비교적 정확했다고 할 만 하지만, 일본 신문업계에선 자성의 소리가 높았다.

출처 : 조선일보, 1997년 10월 8일

3) 예 측

연역적이든 확률적이든 설명이 가능한 현상에 대해서는 미래에 대한 예측도 가능한데, 예측은 설명에 이어 과학적 지식의 중요한 요소이다. 예측할 수 있다는 것은 과학이 무엇인지를 잘 나타내 주는 것으로서 어떤 사실이 진실이라면 이를 바탕으로 예측이 가능하고, 예측할 수 없다면 그 지식은 쓸모없는 것과 같다. 즉, 일반적 법칙이나 확률적 일반화가 알려져 있고 또 진실이라면, 다시 말해서 선행하는 조건이 결과를 예측하기에 충분하다면 예측이 빗나갈 수 있는 이유란 그 법칙이나 일반화가 진실이 아니거나 선행 조건을 잘못 인지한 경우이다.

4) 통 제

마지막으로 어떤 현상을 설명하고 예측할 수 있다면 미래에 발생할 현상을 긍정적인 방향으로 이끌기 위해 어떤 조절과 통제(control)가 필요한가도 제시할 수 있다. 과학은 삶의 질을 향상시키기 위해 인간사회의 발전을 도모하는 통제의 목적도 갖는다.

5 과학적 방법

지금까지 과학의 가정과 목적을 살펴보았으므로 다음은 과학적 방법에 대해 알아보도록 한다. 지식을 형성하는 여타의 방법에 비해 월등한 과학적 방법의 특성을 요약하면 다음의 두 가지로 집약될 수 있다.

첫째, 과학적 방법은 논리적(logical)이고 합리적(rational)이어야 한다.
둘째, 과학적 방법은 경험적(empirical)이어야 한다.

현상에 대한 과학적 탐구는 논리적이고 합리적으로 전개되어야 하고, 우리가 실제로 관찰하는 바와 일치해야 한다. 일반적으로 이론(theory)은 과학의 논리적 측면과 관련되고, 연구(research)는 경험적 관찰과 관련된다. 이론은 현상에 내재하는 변수들 사이의 관계를 묘사하는 것이고, 연구는 그 관계가 실제로 존재하는지를 확인하기 위해 어떤 현상에 대한 경험적 관찰로부터 단계적으로 추상화하여 이론을 형성해 나가는 수단이다. 그러므로 이론과 연구는 과학적 방법으로 지식을 탐구할 때 갖춰야 하는 핵심 요소이다.

이와 같이 이론과 연구는 밀접한 연결고리를 형성한다. 이론은 연구활동을 위한 청사진을 제공하고, 연구는 이론을 검증하고 세련화하거나 구체적인 관찰로부터 새로운 이론을 도출시키는 수단이다. 그러므로 이론은 연구를 통해 끊임없이 형성되고 평가되며 발전한다. 그러므로 과학적 연구 없이는 이론의 발전을 기대하기 어렵고, 학문은 과학적 연구를 통하여 끊임없이 발전한다.

6 과학적 연구와 연구과정

과학적 연구(scientific research)란 새로운 사실이나 관계 그리고 이미 형성된 지식을 확장시키거나 검증하기 위해 신중하고 체계적으로 탐구하는 것을 의미한다. 그러므로 과학적 연구는 지식을 생산하기 위해, 즉 이론을 구성하기 위해 연구자가 행하는 과학적 활동으로서 크게 두 가지의 접근이 있다. Francis Bacon은 이미 17C에 이 두 가지의 접근에 대해 다음과 같이 정립하였다(김경동 · 이온죽, 1986 : 23에서 재인용).

진리를 추구하고 발견하는 데는 오직 두 길만이 있고 또 있을 수 있다. 그 한 가지는 감각과 특수한 것들에서 멀리 날아가 가장 일반적인 공리들(법칙들)에서 시작한다. 이들 일반 원리들은 일단 정착되고 부동의 것으로 간주하고, 거기서부터 중간 정도의 공리들(덜 추상적인 진술들)의 판단과 발견으로 진행하는 길이다. 이런 방법은 오늘날 유행하는 것이다. 다른 길은 감각과 특수한 것들에서 출발하여, 점진적이고 중단되지 않는 상승작용을 거쳐 마침내 가장 일반적인 공리들(법칙들)에 이르는 방법이다. 이 후자의 길이야말로 참된 접근이건만 이것을 아직도 시도해 보지 않고 있다.

전자를 연역적 접근(deductive approaches)이라 하고, 후자를 귀납적 접근(inductive approaches)이라 하며, 각각은 일련의 과정을 거치게 된다.

1) 연역적 접근

연역적 접근은 기존의 이론으로부터 시작하여 구체적인 관찰을 통하여 이론을 검토하는 '이론-그리고-연구전략(theory-then-research strategy)' 으로 과학적 지식을 개발하는 접근방식을 의미한다. 연역적 접근의 중요성은 Popper(1963)와 같은 과학철학자에 의해 주장되었고, 이론은 직관에 의해서만 얻어질 수 있다고 강조된다. 그러므로 과학적 연구란 이론에서 시작되어야 하고 이론적 연역을 통해 관찰로 이어져야 한다는 입장을 고수한다.

연역적 접근의 연구과정은 이론으로부터 시작하여 이론적 연역을 통해 새로운 가설을 설정하고, 이를 경험적으로 검증하기 위해 조작화(operationalization) 혹은 조작적 정의(operational definition)를 거쳐 작업가설(working hypothesis)로 구체화한 후, 경험적 조사를 수행한다. 경험적 조사는 작업가설을 검증하기 위한 측정도구를 만들고, 표본을 대상으로 측정도구를 적용하여 자료를 수집하고 통계분석을 통하여 경험적 일반화(empirical generalization)를 추구한다. 이 과정을 요약해 보면, 이론 → 가설설정 → 연구설계(조작화 및 측정과정 전반에 대한 설계) → 측정 → 자료수집 → 자료분석 → 경험적 일반화로 집약된다. 이러한 과정을 통해 찾아낸 명제는 기존의 이론체계를 수정 혹은 재구성하는 데에 적용되고, 수정 혹은 재구성된 이론으로부터 또 다른 연구가 시작되는 순환적 과정이 반복된다.

2) 귀납적 접근

귀납적 접근은 경험적 관찰로부터 시작하여 단계적으로 추상화하여 이론을 형성하는 '연구-그리고-이론 전략(research-then-theory strategy)'을 통해 과학적 지식을 개발하는 접근방식을 의미한다. 귀납적 접근의 중요성은 Merton(1957 : 103)에 의해 "경험적 연구는 이론을 증명하고 검증하는 수동적 역할, 즉 가설 채택 및 거부 이상을 수행한다. 경험적 연구는 이론 개발을 위한 네 가지의 기능, 즉 이론을 새롭게 발견하고 수정하며 편향시키고(체계화시키고) 명료화시키는 능동적 역할을 수행한다."라고 강조된다.

귀납적 접근의 연구과정은 다음과 같이 요약된다(Reynolds, 1971)

- 어떤 현상을 선정하고 그 현상의 모든 특성을 열거한다.
- 가능한 한 다양한 상황에서 그 현상의 특성을 측정한다.
- 그 결과로 얻은 자료에서 더 계속 주목할 만한 가치가 있는 어떤 체계적인 유형이 있는지 알아내기 위해 자료를 세심하게 분석한다.
- 자료에서 유의한 유형을 발견하고 그 유형을 이론적 진술로 공식화한 것이 자연의 법칙(Bacon의 용어로 공리(axiom))을 구성한다.

과학적 연구를 이론으로부터 시작할 것인가, 아니면 경험적 관찰로부터 시작하여 이론으로 귀착할 것인가와 같이 연구과정에서의 이론의 위치에 관한 논쟁은 과학의 발달에 걸림돌이 되지 않았다. 연구란 '이론-그리고-연구 전략'과 '연구-그리고-이론 전략'의 두 가지 접근에 의해 꽃피워 왔고 또 계속적으로 시도될 것이다. 왜냐

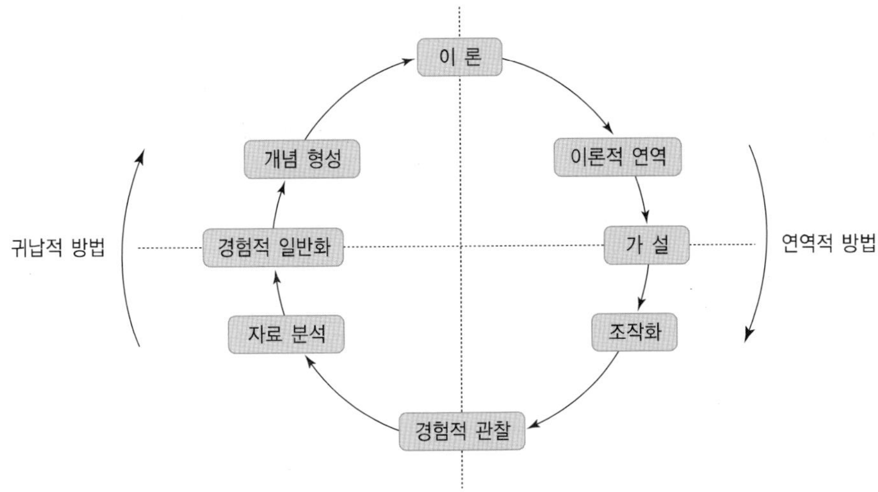

그림 1-1 과학적 연구의 순환적 과정

출처 : 홍두승(1999), 김경동 · 이온죽(1993)을 재구성

하면 이 두 가지 접근의 차이는 실제로 존재하기보다는 신념 속에 존재하기 때문이다(Nagel, 1961 ; Touliatos & Compton, 1988 : 16에서 재인용).

연역적 접근과 귀납적 접근은 서로 이어지는 순환적 고리로 연결되며, 연구의 시작점이 다를 뿐이다. 과학적 연구의 순환적 과정은 [그림 1-1]과 같이 표현할 수 있다.

7 과학적 연구의 개념적 기초

1) 개 념

생각과 사고는 상징으로 구체화되고 이들 상징들의 다양한 결합을 이루는 일련의 규칙을 통해 형성되는 의사소통체계인 언어의 사용을 필요로 한다. 연구와 관련해 볼 때 언어에서 가장 중요한 상징의 하나는 개념(concepts)이다. 과학은 경험세상을 묘사하기 위해 개념을 형성함으로써 시작된다. 하나의 개념은 어떤 대상, 그 속성, 혹은 어떤 현상을 나타내는 추상명사이다. 어떤 과학이든 독특한 개념들을 개발

> **• 개념의 기능**
>
> 개념은 과학적 연구에서 여러 가지의 중요한 기능을 담당한다. 첫째로 가장 중요한 기능은 의사소통의 근원이라는 것이다. 동의하는 일련의 개념 없이는 연구자들 사이의 의사소통이 불가능하다. 둘째로 개념은 하나의 견해, 즉 경험적 현상을 바라보는 하나의 관점을 제공한다. 셋째로 개념은 분류와 일반화의 수단이다. 연구자들은 그들의 경험과 관찰, 개념을 이용하여 분류하고 구조를 만들고 질서를 만들며 일반화한다. 개념의 네 번째 기능은 개념이 이론의 요소이고 설명과 예측의 요소가 된다는 것이다. 개념은 이론의 형태와 내용을 규정하기 때문에 어떤 이론에서든지 가장 중요한 요소이다. 개념의 체계적인 연결로 이론이 형성되므로 개념형성과 이론형성은 밀접하게 관련된다.

하는데, 이것이 학자들에게는 학술용어가 되고 일반인에게는 전문용어(jargon)가 된다.

2) 정 의

개념이 의사소통, 경험에 의미부여, 일반화, 그리고 이론구성에 중요한 기능을 한다면 분명하고 명확하며 널리 동의될 수 있는 것이어야 한다. 개념은 흔히 사람에 따라 다른 의미로 사용된다. 그러나 모호하고 부정확한 언어를 가지고는 학문을 발전시킬 수 없다. 어떤 과학적 학문분야이든 그 학문을 명확하게 하기 위해 분명하고 명확한 개념들이 만들어져 왔다. 개념을 사용할 때의 분명함과 명확성은 정의(definitions)에 의해 이룩될 수 있는데, 정의는 개념적 정의(conceptual definitions)와 조작적 정의(operational definitions)로 나누어 볼 수 있다.

- **개념적 정의** : 다른 개념을 이용하여 개념을 설명하는 정의를 개념적 정의라 하는데 사전의 낱말풀이가 이에 해당된다.
- **조작적 정의** : 개념으로 표현되는 경험적 현상의 대부분은 직접적으로 관찰될 수 없는 것이 많다. 그러므로 개념의 경험적 존재는 추론될 수밖에 없으며 바로 이러한 추론이 조작적 정의에 의해 내려진다. 조작적 정의란 개념으로 묘사하는 현상의 존재나 존재의 정도를 경험적으로 확인하기 위해서 수행해야 하는 활동과정을 의미한다. 조작적 정의는 연구자의 경험 안에서 정의하는 현상을 얻기 위해서 무

엇을 해야 하고 무엇을 관찰해야 하는지 지침을 제공한다. 그러므로 조작적 정의는 개념-이론 수준과 경험-관찰 수준을 연결하는 다리의 역할을 한다.

- **개념-이론 수준으로부터 경험-관찰 수준으로의 전환** : 과학적 연구에서 다루는 대부분의 현상은 추상적이고 복합적인 개념을 내포한다. 추상적이고 복합적인 개념을 경험적으로 연구하기 위해서는 다음과 같은 조작화의 과정을 거쳐야 한다.

첫째, 특정개념에 대한 충분한 이론적 배경을 바탕으로 그 개념을 구성하는 개념요소(conceptual components)를 찾아낸다.

둘째, 개념요소 각각에 대한 개념 정의(conceptual definitions)를 내린다.

셋째, 개념 정의를 경험적으로 연구하기 위해 조작적 정의(operational definition)를 내린다.

넷째, 개념 정의를 조작적 정의에 따라 경험적 관찰을 수행하여 하나의 개념을 구성하는 개념요소의 유무를 경험적으로 연구한다.

이 과정을 도식화하면 다음과 같다.

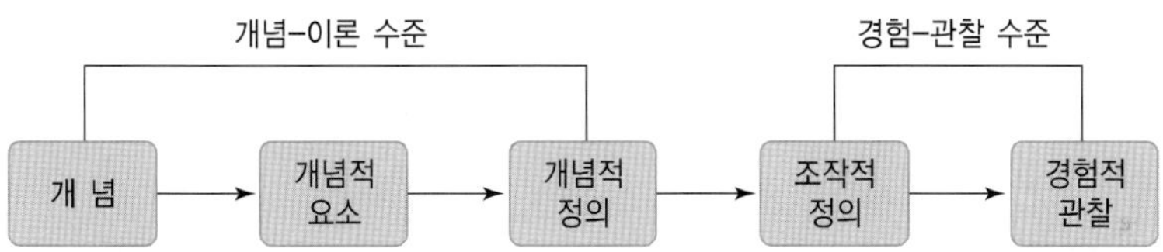

그림 1-2 개념-이론 수준으로부터 경험-관찰 수준으로의 전환과정

3) 이 론

이론은 여러 가지의 의미로 사용되는데, 일부 연구자들은 어떤 종류의 개념화든 이론으로 간주하려 하고 또 다른 연구자들은 이상(idea)의 역사를 이론으로 생각하기도 한다. 어떤 연구자들은 이론을 좀 더 좁은 의미로 간주하고, 확인 가능한 명제(propositions : 증명되거나 거부될 수 있는 두 개 이상의 경험적 속성 사이의 관계에 관한 진술)가 연역적으로 추론될 수 있는 일련의 상호 관련된 개념들로 구성된

논리적-연역적 체계로 생각한다. 이와 같이 모든 연구자들이 동의할 수 있는 이론에 대한 하나의 정의를 내린다는 것은 사실상 불가능한데, 그 이유는 여러 가지의 목적에 맞춰 여러 종류의 이론이 가능하기 때문이다.

Parsons와 Shils(1962)는 이론을 4가지 수준으로 구분하여 첫째 특정문제에 국한된 분류체계(ad hoc classification systems), 둘째 분류(taxonomies), 셋째 이론적·개념적 틀(conceptual frameworks), 넷째 이론체계(theoretical systems)로 설명하였다. 각각에 대해 좀 더 자세히 살펴보도록 한다.

(1) 특정문제에 국한된 분류체계

이론의 가장 낮은 수준은 특정문제에 국한된 분류체계(ad hoc classification systems)이다. 이것은 경험적 관찰내용을 조직하고 요약하기 위해 작성한 임의의 범주로 구성된다. 예를 들어, "시장개방은 소비자에게 폭넓은 선택의 기회를 제공한다."라는 질문항목에 대해 '전적으로 동의', '동의', '동의 안함', '전적으로 동의 안함'의 4가지 범주로 응답을 분류한 것이 임의의 분류체계에 해당된다.

(2) 분류

두 번째 수준의 이론은 범주체계 혹은 분류(taxonomies)이다. 이것은 경험적 관찰내용에 맞게 작성되어 범주 간의 관계도 묘사할 수 있는 일련의 범주로 구성된다. 이때 범주들은 상호 관련되어 있기 마련이다. 하나의 분류(a taxonomy)는 경험적 세계와 밀접히 관련되고 그 범주들은 묘사하고 있는 실제를 반영한다. 분류의 기능은 두 가지로 집약될 수 있는데, 하나는 분석해야 할 경험적 실체의 단위를 구체화하고 그 단위를 어떻게 표현해야 하는지 나타내는 것이다. 또 하나는 하나 또는 그 이상의 범주에 연구현상의 경험적 분포를 관련시킴으로써 요약적이고 묘사적인 연구를 가능하게 한다는 것이다. 이와 같이 분류란 설명을 제공하지 않고 경험적 현상을 일련의 범주에 끼워 맞춤으로써 단지 그 현상을 묘사할 뿐이다.

(3) 이론적·개념적 틀

세 번째 수준의 이론은 개념적 틀이다. 이것은 가정된 것이든 명백한 것이든 넓은 명제의 구조 속에 묘사적인 범주를 체계적으로 정돈해 놓는 것이다. 이론적·개념적 틀(conceptual frameworks)은 분류(taxonomy)보다 상위에 위치하는데, 그 이유는 넓은 명제의 틀이 광범위한 경험적 관찰을 요약하고 설명하며 예측까지도 가능하게 하기 때문이다.

학문에서 이론으로 간주되는 많은 것들은 경험연구를 체계적으로 이끄는 이론적·개념적 틀에 해당된다. 그러나 한 가지 유념해야 할 것은 이러한 개념적 틀에서 유추된 명제가 연역적으로 입증된 것이 아니기 때문에 설명력과 예측력에 있어서 제한적이고 미래 연구에 적용하는 유용성이 낮다는 점이다.

(4) 이론체계

이론체계(theoretical systems)는 분류(taxonomy)와 개념적 틀(conceptual framework)을 합쳐 놓은 것으로서 묘사, 설명, 예측이 체계적으로 관련된다. 이 수준에서야 비로소 이론은 엄격한 정의에 부합되고 어떤 명제로부터 또 다른 명제가 유추되는 방식으로 상호 관련된 일련의 명제가 탄생된다. 이론체계가 있어야만 연구자는 특정 현상을 설명하고, 예측했다고 주장할 수 있다.

이론체계는 경험현상의 완전한 설명을 위한 구조를 제공하는 것으로서 특정의 측면에만 국한되는 것이 아니다. 이론체계는 일련의 개념들로 구성되는데 어떤 것은 그 이론이 무엇에 관한 것인지를 나타내는 묘사적인 것이고, 또 다른 것은 조작적 혹은 경험적 속성을 띄는 것으로서 이를 변수라고 부른다.

이론체계는 또한 일련의 명제들로 구성되는데 명제란 증명되거나 거부될 수 있는 두 개 이상의 경험적 속성 사이의 관계에 관한 진술이며, 이러한 일련의 명제는 연역적 체계(deductive system)를 형성한다. 이론체계를 수용하거나 거부하는 것은 그 이론체계를 구성하는 명제들이 경험적으로 사실인지 아니면 거짓인지에 따라 결정된다.

예를 들어, Durkheim의 자살이론은 다음과 같이 이론체계의 대표적인 예가 된다(Nachmias & Nachmias, 1987).

① 어떤 사회에서나 자살률은 개인주의의 정도에 따라 직접적으로 변한다.
② 개인주의의 정도는 신교도주의의 비율에 따라 변한다.
③ 그러므로 자살률은 신교도주의의 비율에 따라 변한다.
④ 스페인의 신교도주의의 비율은 낮다.

⑤ 그러므로 스페인의 자살률은 낮다.

여기에서 명제 ③은 명제 ①과 ②로부터 연역되었고, 명제 ⑤는 명제 ③과 ④로부터 연역되었다. 또한 예를 들어 한국의 자살률을 모를 때, 신교도주의의 비율이 낮다는 것을 알고 위의 명제 ③에 따라 한국의 자살률이 낮다는 것을 예측할 수 있다. 그러므로 Durkheim의 자살이론은 자살율에 대한 설명과 예측을 모두 제공하는 이론체계에 해당된다.

(5) 공리적 이론

여기에서 잠깐 이론체계의 한 형태인 공리적(axiomatic) 혹은 공식적 이론(formal theory)을 소개하면 다음과 같다.

공리적 이론이란 경험적으로 측정하기 어려운 이론적 개념도 포함하는 이론체계로서 수학에서 많이 쓰이는 형태이다. 공리적 이론은 정의와 진술들을 서로 관련성 있게 배열하여 묶음을 형성한 것인데, 반드시 전제가 되는 기본적인 진술이 한 묶음 있고 그 진술들은 서로 다른 내용을 표현하는 독립적인 것이며, 이러한 전제들로부터 그 이론 속에 담긴 다른 모든 명제들이 논리적으로 도출될 수 있도록 구성한 것이다. 하나의 공리적 이론은 다음의 요소들로 구성된다.

- **일련의 개념과 정의**(a set of concepts and definitions) : 이론적 혹은 개념적 수준과 조작적 수준
- **일련의 조건적 진술**(a set of conditional statements) : 이론이 적용될 수 있는 조건과 범위를 기술한 일련의 진술
- **일련의 관계적 진술**(a set of relational statements) : 측정 불가능하거나 진실이라고 추측된 가정들을 표현하는 공리(axioms)와 그 공리로부터 연역되거나 경험적 증명이 가능한 명제(propositions)의 두 가지 형태의 진술
- **논리적 체계**(a logical system) : 진술에 포함된 모든 개념들을 관련시키고 공리, 공리의 조합, 또는 정리로부터 정리(theorems)를 연역하기 위해 사용된 논리적 체계

4) 모 델

모델은 개념을 체계적으로 조직해 놓은 이론과 밀접하게 관련된다. 모델은 특정 현상을 구성하는 요소와 이들 요소 간의 관계, 그리고 그 현상의 특성을 체계적으로 나타내기 위해 관련 개념을 논리적으로 표현한 것이다. 그러므로 모델은 우리가 관찰하는 현상의 특성을 요약적으로 표현하기 위해 그 속의 질서를 찾아 실제보다 단순화시켜 추상적으로 나타낸 것이라 할 수 있다.

5) 이론, 모델, 경험연구

학문은 이론과 경험연구라는 두 가지 요소를 통해 끊임없이 발전하는데, 이 두 가지 요소가 체계적으로 연결되어야 비로소 새로운 지식이 형성될 수 있다. 이 두 요소 사이의 연결은 과연 어떻게 이루어질 수 있는가? 이론과 모델을 먼저 구성하고 난 후에 경험연구를 할 것인지, 아니면 경험연구를 하고 난 후에 이론을 구성할 것인지? 이러한 질문에 대한 답은 앞에서 소개한 '이론-그리고-연구' 전략과 '연구-그리고-이론' 전략에 따라 다르다. 그러나 여기서 유념해야 할 것은 두 가지 전략 모두 이론을 목적으로 하며, 단지 연구과정에서 이론의 위치에 대한 견해가 다르다는 것이다. 연구의 일반적인 절차 및 과정은 각각의 전략에 따라 다음과 같이 정리해 볼 수 있다.

■ '이론-그리고-연구' 전략의 일반적 연구절차

- 명확한 이론이나 모델을 구성한다.
- 경험적 관찰을 위해 이론이나 모델로부터 명제를 추출한다.
- 명제를 검증하기 위한 연구설계를 한다.
- 경험적 자료를 통해 명제가 검증되지 않으면 이론이나 연구설계를 수정하여 위의 2단계로 돌아간다.
- 명제가 검증되면 또 다른 명제를 추출하거나 이론을 세련화시킨다.

■ '연구-그리고-이론' 전략의 일반적 연구절차

- 어떤 현상을 관찰하여 그 속성을 파악한다.
- 다양한 상황에서 그 속성을 측정한다.

- 측정결과에서 어떤 체계적인 패턴이 있는지 분석한다.
- 체계적인 패턴이 발견되면 이론을 구성한다.

이상과 같이 이론과 연구의 상호 연관된 고리를 통해 학문은 끊임없이 발전한다. 연구자가 실제로 과학적 연구를 시작할 때 이론으로부터 시작하는 연역적 접근을 따르던 혹은 경험적 관찰로부터 시작하는 귀납적 접근을 따르던 결국 연구자의 생각(idea)으로부터 모든 연구는 출발된다. 연구자의 아이디어는 구체적인 연구작업으로 옮겨지며, 아이디어를 구체적인 연구로 발전시키기 위해서는 과학적 연구의 기본요소에 대한 이해가 필수적이다. 이제부터는 연구문제, 연구단위, 변인, 관계, 가설과 같은 연구의 기본요소에 대해 알아보도록 한다.

쉬어가는 연구방법과 통계이야기 ▶

1-3 통계와 거짓말

"거짓과 새빨간 거짓, 그리고 통계가 있다"는 우스갯소리는 통계수치에 대한 뿌리 깊은 불신을 반영한다. 동서양을 막론하고 위정자들은 정책의지를 관철하거나 민심을 얻기 위해 '통계의 마술'에 대한 유혹을 떨치기 힘들다. 실업률이나 물가 통계를 보면 그런 경향이 흔히 나타난다. 실업률에선 구직자나 경제활동인구 개념에 따라, 물가지수는 구성 품목이나 가중치에 따라 수치가 크게 달라질 수 있다. 수년간 살인적 인플레에 시달려 온 아르헨티나에선 물가 관련 통계 때문에 처벌을 받은 사례도 있었다. "정부의 공식 발표 소비자물가지수가 지나치게 낮다"며 이보다 훨씬 높은 20%대의 물가지수를 추정해 공표한 경제학자에 대해 '혹세무민죄'를 적용해 거액의 벌금을 물린 것이다. 우리도 과거 권위주의 정권시절 물가나 실업률 통계를 은밀히 '관리'하곤 했다. 최근엔 비정규직 숫자를 놓고 600만 명(통계청)이니, 831만 명(노동사회연구소)이니 하는 다른 목소리가 나온다.

최근 한·미 자유무역협정(FTA)을 둘러싼 정치권의 이른바 '끝장토론'에서도 통계수치가 설전을 불러일으켰다. 여당 쪽 학자들이 내놓은 경제성장유발효과 추정치에 대해 야당 쪽에선 부풀려진 수치라고 날을 세웠다. 그렇지 않아도 미국의회의 전격 비준으로 졸지에 한·미 FTA란 뜨거운 감자를 넘겨받은 정치권은 두 패로 갈려 벼랑 끝 싸움을 벌이던 터였다.

통계를 소홀히 하는 것 못지않게 맹신하는 것 역시 현명하지 못한 태도다. 귀에 걸면 귀걸이, 아전인수식 통계의 허구성을 자주 경험했기 때문이다.

출처 : Sunday opinion, 2011년 10월 30일

8 과학적 연구의 기본요소

1) 연구문제

연구의 시작은 광범위한 연구영역에서 특수한 연구문제(research problems)를 구체화하면서부터이다. 연구문제는 연구자로 하여금 과학적 탐구를 통해 해답을 구하도록 만드는 지적 자극이다. 연구자는 무엇을 연구할 것인지 명확하고 명료하게 연구문제로 표현함으로써 연구활동의 초점과 범위를 규정한다. 그러므로 연구문제는 명확성(clarity)과 구체성(specificity)의 조건을 갖춰야 하며, 아울러 경험적으로(empirically) 확인할 수 있는 것이어야 하며, 기존의 지식체계에 기여할 수 있고 시의적절한 것이 바람직하다.

연구문제의 도출은 기존 지식의 불충분, 선행연구 결과의 불일치, 새로운 현상의 대두 등에서 이루어질 수 있는데, 평소에 관심이 있는 주제에 관한 호기심을 갖는 태도가 중요하다. 연구문제의 표현은 명확한 구조와 용어로 긍정 혹은 의문문의 형식으로 나타내며, 용어의 명확화를 위해 연구문제에 나타난 용어를 관찰 가능한 현상과 연결시켜 조작적 정의를 내려 주어야 한다.

2) 분석단위

연구문제를 구성할 때 신중하게 고려해야 할 사항은 연구의 분석단위(units of analysis)이다. 이것은 개념과 관련될 뿐만 아니라 후속 연구설계, 자료수집, 자료분석방법을 좌우한다.

분석단위는 원칙적으로 제한이 없으나, 일단 선택이 이루어지면 이후의 연구과정은 이와 일치되어야 한다. 하나의 연구과정 안에서 분석단위를 이동시키는 것은 문제가 되는데, 개인을 분석단위로 삼은 연구를 한 다음 집합에 대한 일반화를 시도한다면 오류를 범하는 것이다. 이와 같은 오류에는 다음의 두 가지가 있다.

(1) 생태적 오류

분석단위는 집합에 관한 것이었으나 그 결과를 개인에 적용하여 일반화할 때 범하는 오류를 생태적 오류(ecological fallacy)라 한다. 생태적 오류의 예로 빈번히 인용되는 Robinson(1950)의 읽고 쓰는 능력과 출생 장소와의 관계에 관한 연구에서 지역을 분석단위로 삼은 첫 번째 연구와 개인을 분석단위로 삼은 두 번째 연구는 상반된 결과를 가져 왔다. 지역을 분석단위로 하였을 때 Robinson은 외국에서 출생한 사람의 비율이 높은 지역이 낮은 지역에 비해 읽고 쓰는 능력이 높다는 것을 발견했다. 이 결과를 가지고 만일 외국에서 출생한 사람이 본국 출생자보다 읽고 쓰는 능력이 높다고 개인적 수준의 해석을 내린다면 생태적 오류를 범하는 것이다. 왜냐하면 개인을 분석단위로 한 후속연구에서 그는 정반대의 결과를 얻었는데, 지역에 상관없이 본국 출생자가 외국에서 출생한 사람에 비해 읽고 쓰는 능력이 높았다. 이러한 상반된 결과에 대해 공교육의 질은 지역적으로 차이가 있고, 이주자는 공교육이 이미 잘 이루어지고 있는 지역으로 이주해 오는 경향이 있는 것으로 해석해 볼 수 있다.

(2) 개인주의적 오류

생태적 오류의 정반대는 환원주의적 혹은 개인주의적 오류(individualistic fallacy)인데, 분석단위는 개인이었으나 결과 해석과 일반화는 집단의 수준에서 이루어질 때 범하는 것이다. 예를 들어, 개인을 대상으로 실시한 설문조사 결과에서 얻은 민주주의 지향성을 나타내는 진술에 대해 동의한 응답자의 비율을 가지고 정치체계의 민주주의 지향 정도로 해석한다면 개인주의적 오류를 범하는 것이다. 대부분의 시민이 민주주의적 가치관을 가지고 있더라도 정치체계는 권위주의 체계일 수 있다. 또한 '민주주의'라는 용어는 개인적 수준과 집단적 수준에서 서로 다른 의미로 해석될 수 있는 것으로서, 개인에게는 가치나 태도를 의미하지만 정치체계에 적용할 때는 체제를 나타내게 된다. 개인주의적 오류는 개인의 특성을 바탕으로 집단이나 사회의 성격을 설명하거나 예측할 수 없다는 것을 시사한다.

3) 변 수

개념은 개념-이론 수준에서 경험-관찰 수준으로 이동하여 실제로 관찰될 수 있기 위해 변수 혹은 변인으로 전환되어야 한다. 변수(variable)란 하나 이상의 값을 취함으로써 변할 수 있는 하나의 양 혹은 질을 말하며, 각각의 값은 서로 다른 속성을 나타낸다. 그러므로 변수는 상호배제적인 속성들의 집합(a set of mutually exclusive properties)으로 표현될 수 있다. 예를 들어, '빨갛다', '푸르다', '노랗다'는 속성은 서로 겹치는 부분이 없는 상호배제적인 속성들로서 '색'이라는 변수를 형성한다. 이때 각각의 속성에 1, 2, 3등의 수치를 부여하여 사용한다.

변수의 종류는 하나의 변수가 몇 개의 값으로 변할 수 있느냐에 따라 구분해 볼 수 있고, 또 한편으로는 관찰하고자 하는 현상의 원인 혹은 결과에 해당하는지에 따라 구분할 수 있다.

하나의 변수가 체중이나 신장과 같이 연속적인 수량적 값을 가질 수 있을 때, 즉 양이나 크기를 나타내는 계속적인 수치로 표현할 수 있을 때 이를 연속변수(continuous variable) 혹은 양적변수(quantitative variable)라 한다. 이에 반해 색이나 사회계층과 같이 질적으로 다른 값 혹은 어떤 특정한 수치로만 표현할 수 있을 때 이를 불연속변수(discrete variable) 혹은 질적변수(qualitative variable)라 한다. 성별과 같이, 단 두 개의 값을 갖는 비연속적인 질적변수는 이변수(dichotomous variable) 혹은 이항변수라 한다. 참고적으로 단 한 개의 값밖에 취할 수 없는 양을 우리는 상수(constant)라 하는데, 예를 들어 중간시험 성적에 일률적으로 10점의 가산점을 주었다면 이 수치는 상수에 해당된다.

연구자가 과학적 연구를 통해 설명하려는 변수는 종속변수(dependent variable)이며, 그 원인이 되는 것은 독립변수(independent variable)라 한다. 그러므로 연구자가 관찰하고자 하는 현상의 원인으로 작용하는 독립변수는 다른 변수에 영향을 미치기 때문에 자극변수(stimulus variable)이고, 다른 변수에 의해 영향을 받는 종속변수는 반응 혹은 행동변수(response variable)이다.

4) 관 계

모든 학문의 궁극적 연구대상은 일차적으로 현상에 내재되어 있는 변수이고 이차적으로 변수들 사이의 관계이다. 모든 지식과 이론은 과학적 연구를 통하여 발견된 변수들 사이의 관계에 대한 기술이고 설명인 것이다. 그러므로 모든 과학에서 변수들 사이의 관계에 관한 지식이 어떤 특정변수에 관한 지식보다 중요하다.

변수들 사이의 관계란 어떤 한 변수의 값을 알고 다른 변수의 값을 말할 수 있을 때, 혹은 어떤 한 변수의 값이 변함에 따라 다른 변수의 값도 변할 때 사용되는 개념이다. 예를 들어, 어떤 학생의 지능지수(I.Q.)를 알고 그 학생의 학교성적을 예측할 수 있다면 지능과 학교성적 사이에는 관계가 성립된다. 또는 아동의 연령 증가가 신장의 증가를 가져온다면 연령과 신장 사이에는 관계가 존재한다.

변수들 사이의 관계는 ① 관계의 방향, ② 관계의 정도, ③ 관계의 형태에 따라 여러 가지의 유형으로 구분해 볼 수 있다. 관계의 방향에 따라 정적 관계(positive relation)와 부적 관계(negative relation)로 나누어 볼 수 있고, 관계의 정도에 따라 완전한 관계(perfect relation)로부터 무관계(zero relation)에 이르기까지 다양하게 구분된다. 앞에서 언급했던 지능과 성적의 관계에 관한 예에서 지능을 알고 학교성적을 정확히 예측할 수 있다면 두 변수 사이에는 완전한 관계가 있고 전혀 예측이 빗나간다면 전혀 관계가 없다는 것을 알 수 있다.

또한 관계의 형태에 따라 인과관계(causal relation)와 비인과관계(noncausal relation), 혹은 직접적 관계(direct relation)와 간접적 관계(indirect relation)로 나누어 볼 수 있다. 인과관계는 한 변수의 값이 변함에 따라 다른 변수의 값이 반드시 따라서 변하는 관계를 의미하며, 비인과관계는 비록 두 변수 사이에 관계가 있기는 하지만 한 변수의 값이 변해도 다른 변수의 값이 따라서 변하지 않는 관계를 의미한다. 직접적 관계는 한 변수가 다른 변수와 1대 1의 관계에 있음을 의미하고, 간접적 관계는 두 변수 사이에 제3의 변수(매개변수 : intervening variable)가 중재되어 나타나는 관계를 말한다.

마지막으로 변수와 관계에 대한 이해를 바탕으로 가설에 대해 알아보도록 한다.

5) 가 설

어떤 현상에 대한 보다 과학적이고 올바른 이해를 하기 위해서는 먼저 그 현상, 즉 주어진 변수들 간의 관계에 대한 최선의 가정적 해답 또는 추측을 내린 다음, 이를 가설로 만들어 실증적으로 검증함으로써 보다 확실한 해답을 구할 수 있다. 가설(hypothesis)이란 두 개의 변수나 그 이상의 변수들 사이의 관계에 대한 가정적 서술문(conjectural statement)이며, 경험적으로 혹은 논리로서 증명이 가능한 명제(proposition)이다. 가설은 연구문제에 대한 예측적 해답이 되며 경험적으로 평가된 후에 증명된다.

가설은 독립변수와 종속변수 간의 관계로 표현되는데 기존의 이론에서 도출되거나, 직접 관찰이나 직관을 통해 구성되기도 한다. 가설을 구성할 때 유념해야 할 조건은 주어진 연구문제에 대한 적합한 해답이 될 수 있도록 하고, 간단명료하면서도 변수들과 이들의 관계가 뚜렷이 명시되도록 하며, 실증적으로 검증 가능한 것이어야 하고, 긍정 또는 부정될 수 있도록 서술되어야 한다. 구성된 가설이 실증적 검증을 통해 채택되면 과학적 지식에 덧붙여지며, 이와 반대로 거부되면 후속 연구에서 또 다른 가설로 구성되어 검증되는 과정을 통해 과학적 지식은 발전한다.

지금까지 과학적 연구의 기초를 다루었고, 앞으로의 장에서는 경험적 연구를 다양하게 펼치는 데 필요한 연구방법을 하나하나 소개하도록 한다.

쉬어가는 연구방법과 통계이야기 ▶

1-4 광고와 매출액

상관관계가 있지만 어느 것이 원인이고 어느 것이 결과인지가 명백하지 않은 경우가 있다. 원인과 결과가 시간에 따라 뒤바뀌기도 하고, 양쪽이 동시에 원인이면서 결과일 수도 있는 것이다. 예를 들면, 광고와 매출액 사이에는 상관관계가 있다. 흔히 사람들은 광고를 많이 하면 매출액이 증가한다고 생각한다. 그러나 두 변수는 서로 상호작용을 해 원인도 되고 결과도 된다고 해석하는 게 더욱 현실에 가깝다. 광고가 매출액을 증가시키면 다시 매출액 증가로 인해 광고비를 더 지출할 수 있는 여유가 생기게 된다. 다시 광고를 늘리면 매출액도 또 증가하는 것이다. 따라서 초기에는 광고가 매출액 증가의 원인일 수 있지만 나중에는 매출액증가가 광고증가의 원인이 된다는 얘기다. 명확한 상관관계가 존재하더라도 인과관계를 추정하는 것은 이처럼 쉽지 않은 일이다.

출처 : 한국경제, 1999년 4월 26일

연구문제

1 과학이란 무엇이고, 그 목적은 무엇인지 설명하라.

2 방법론이란 무엇이고, 과학적 방법의 특성은 무엇인지 설명하라.

3 과학적 연구란 무엇인가.

4 개념, 정의, 이론, 모델의 뜻과 기능에 대하여 논하라.

5 이론구성의 두 가지 전략에 따른 연구의 일반적 절차를 비교·설명하라.

6 연구문제가 갖추어야 할 조건에 대하여 설명하고, 가설과 비교·설명하라.

7 분석단위와 결과의 일반화단위의 불일치로 발생하는 오류에 대하여 설명하라.

8 변수의 정의와 종류를 설명하라.

9 변수 사이의 관계에 대한 뜻과 종류를 설명하라.

02 PART

연구의 방법

CHAPTER 2

연구절차 및 연구설계

1 연구절차

연구를 수행하는 데에는 순서 또는 절차가 있다. 일반적인 연구절차는 [그림 2-1]에 제시한 바와 같으나, 연구유형 및 목적에 따라 다소 차이가 있을 수 있다. 보통, 연구목적 및 연구특성에 따라 연구순서가 재배열되거나, 어떤 특정절차가 삭제되기도 한다. 연구단계별로 중요한 사항은 이 책의 각 장에서 자세하게 다루고 있으므로 여기서는 연구수행 절차, 즉 연구수행 순서에 대해 간단하게 살펴보자.

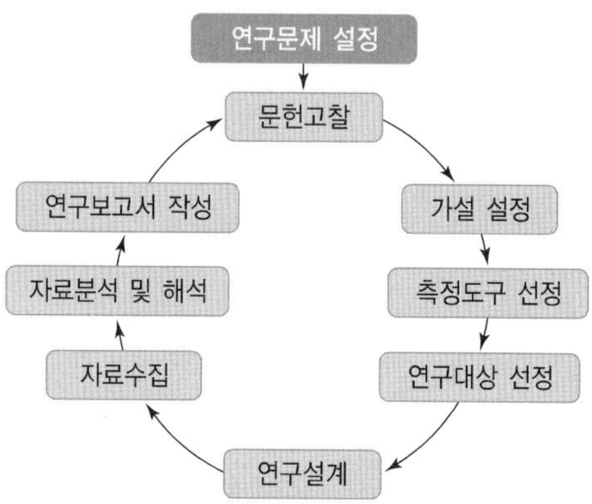

그림 2-1 연구절차의 도식

1) 연구문제 설정

연구의 시작은 연구문제 또는 연구주제를 설정하면서 시작된다. 연구문제 설정은 연구자의 경험, 흥미, 관심, 아이디어, 기존 이론 등에 의해 유발된다. 연구자가 다루고자 하는 쟁점, 연구문제를 부각시키면서 연구는 시작된다. 연구의 시작은 창의성이 있으면서도 흥미 있고, 또한 가치 있는 주제를 선정하는 것에서부터 출발한다.

2) 문헌고찰

연구문제가 선정되었다면 기존의 선행연구를 충분히 고찰하여 연구문제와 관련한 분야에 대한 깊은 이해력과 통찰력을 갖는 것이 필요하다. 연구주제와 관련 있는 충분한 문헌을 조사하여 연구주제와 관련한 기본적인 지식을 쌓고 연구문제를 다루고 있는 기존 이론들과 연구결과들을 검토하는 것이 필요한데 이를 문헌고찰(literature review)이라고 한다. 문헌고찰을 통해 새로운 연구문제 제기, 이론적 배경, 연구방법 등에 관한 보다 구체적인 지식을 얻게 되며 이 과정에서 연구진행에 실질적으로 필요한 문헌자료를 수집한다.

3) 가설 설정

연구목적을 효과적으로 수행하기 위해서는 연구문제를 가설로 전환시켜 검증하여야 한다. 가설이란 연구문제를 설정한 후 검증하고자 하는 둘 또는 그 이상의 변수들 간의 관계에 대한 가정적 명제이다. 이때 연구에서 다루고자 하는 개념과 변수들을 명확히 정의하고 이 개념들을 경험적으로 측정할 수 있도록 조작화하여야 가설 설정이 가능하다. 가설은 기존이론으로부터 연역함으로써 구성되기도 하고 경험적 사실에 대한 관찰을 통해 귀납적으로 구성할 수도 있다. 사회과학 또는 생활과학 연구에서 인과관계를 밝히는 가설설정은 중요하다.

4) 측정도구 선정

개념적 정의를 통해 가설이 설정되었다면 이를 검증할 수 있는 정확하고 일관성 있는 측정도구를 선정한다. 기존의 유용한 측정도구가 존재하지 않는다면 연구자가 측정도구를 고안 또는 개발하여 사용하기도 한다.

5) 연구대상 선정

연구주제 및 연구문제를 수행하기 위해서 연구대상을 선정한다. 사회과학 및 생활과학 대부분의 경우 연구대상이 사람인 경우가 많으나 어떤 경우는 사람이 아닌 동물을 대상으로 하기도 한다. 적절한 연구대상을 선정하지 못하면 성공적인 연구수행이 불가능하다. 따라서 연구문제에 적합한 연구대상자를 선정하는 것이 중요하다.

연구대상자를 전수조사(population survey)가 아닌 표본조사(sample survey)를 통해 선정할 경우 표본의 추출, 즉 표집(sampling)이 중요한 사항이 된다. 모집단을 명확히 규정한 후 표본의 성격을 파악하여 적절한 표본의 크기와 종류를 결정하고 여러 가지 표본추출방법 중 가장 적합한 방법을 선정해 연구대상자를 추출한다.

6) 연구설계

연구주제가 선정되었고 문헌고찰이 이루어진 후에는 연구수행에 관한 전반적인 계획을 수립한다. 연구설계는 연구의 시작에서부터 종료까지의 전반적 계획을 의미한다. 연구의 분석단위, 연구범위 등을 정하고 자료수집방법, 자료측정, 자료분석방법 등에 대한 구체적인 계획을 세우는 것이 연구설계 단계에서 이루어지게 된다.

연구설계는 연구목적에 따라 탐색연구설계, 기술연구설계, 설명연구설계로 구분할 수 있으며, 시간차원에 따라 종단적 연구설계, 횡단적 연구설계, 시계열 연구설계 등으로, 자료수집방법에 따라 실험연구설계, 비실험연구설계로 구분할 수 있다.

연구설계과정에서 고려해야 할 것은 연구의 실시 가능성(feasibility)이나 용이성, 연구대상에의 접근 가능성(accessibility) 등을 고려해야 한다. 뿐만 아니라 조사연구에 필요한 예산규모를 추정하고 비용확보방안을 모색하여야 한다. 한편, 연구수행 후 발생할 수 있는 윤리적 문제도 연구설계단계에서 고려해야 할 중요한 사항이다.

쉬어가는 연구방법과 통계이야기 ▶

2-1 인구·주택 센서스 조사

인구·주택 센서스 조사는 매 5년마다 한 번씩 실시된다. 면접조사 기간은 짧지만 사전준비는 수년이 소요되며 엄청난 비용을 투자하여 조사하는 국내 최대규모의 통계조사이다. 인구·주택 센서스 조사는 모든 통계의 기초가 되는 가장 중요한 통계조사로서 '통계 중의 통계'라고 불린다. 이 조사는 정부의 사회·경제개발계획, 기업의 투자계획, 연구기관의 연구작업 등의 토대가 되고 있다.

대부분의 조사가 표본을 대상으로 수행하는 것과는 달리 인구·주택 센서스 조사는 모든 가구를 직접 방문·면담하여 조사하는 전수조사방식을 취함으로 오차가 매우 낮을 것이라는 평가를 받고 있다.

그러나 조사항목이 많고 복잡한 데다 맞벌이 가구 급증 등으로 조사업무가 힘듦에도 불구하고 조사원 임금이 낮아 조사원을 구하기 힘들다고 한다. 이 같은 상황에서 공무원이 주민등록표를 보고 적당히 조사표를 메우거나, 아예 허위로 작성하는 등 조사의 신뢰도 및 정확성에서 문제가 제기되고 있다. 한 나라의 인구가 몇 명인가에 관한 기본적인 조사조차 제대로 되지 않고 있다면 이는 심각한 문제라고 할 수 있다.

출처 : 이중앙뉴스, 2010년 7월 26일

7) 자료수집

연구 수행을 위한 자료를 수집하는 단계로서 연구자의 조사능력이 요구된다. 자료수집방법은 크게 실험을 통한 자료수집방법과 실험이 아닌 면접, 설문조사, 관찰, 현장조사 등을 통해 자료를 수집하는 두 가지 방법이 있다. 앞서 선정된 연구대상을 어떻게 효과적으로 표집하여 자료를 수집할 것인가가 이 단계에서 중요한 과제가 된다.

8) 자료분석 및 해석

일단 수집한 자료에서 빠진 것이 없는지, 잘못 기록된 것이 없는지 등을 검토하는 자료편집(data editing) 과정이 있게 된다. 그 후 부호화(coding)된 자료를 가지고 컴퓨터를 통해 자료를 분석하고 또 그 결과를 해석하게 된다. 자료분석방법은 이미 연구설계단계에서 사전 계획되었으므로 계획에 따라 진행하면 된다.

자료분석 시 시각적 효과를 높이고, 알기 쉽게 파악하기 위해서 그림, 표, 차트 등을 충분히 활용하면 효율적이다. 자료분석 결과가 나오면 결과가 가설을 지지하는지에 대해 밝히고 어떻게 이론적으로 설명될지에 대해 논의한다. 이때 연구결과 해석 및 추론과정에서 연구자의 주관이나 편견이 개입되지 않도록 유의하여야 한다.

쉬어가는 연구방법과 통계이야기 ▶

2-2 조사결과의 올바른 이해

현대 정보사회에서는 모든 것이 숫자로 표현되고 요약된다. 현대에서 사람들은 바야흐로 각종 조사의 홍수 속에 묻혀 살고 있다. "최근 조사에 따르면"이라는 문화에 익숙해져 있다. 신문과 TV에서는 각종 그래프와 수치로 장식된 다양한 조사결과를 쉴 새 없이 발표하고 있다. 이제는 어떤 주장이나 기사도 조사결과를 요약한 숫자와 함께 제시되지 않으면 무언가 근거가 없는, 비과학적인 것처럼 받아들여진다. 또한 시장조사나 임상실험의 결과도 중요한 정보로서 사람들에게 주어지고 있다.

그러나 대부분의 조사가 그 과정이나 해석에 대한 객관적인 검증작업 없이 우리들에게 주어지고 있는 것이 현실이다. 최근의 예를 들면 "여대생의 절반 정도가 성 경험이 있으며 피임을 제대로 하지 않아 임신중절을 한 여대생도 적지 않다"는 조사결과가 주요 언론에 일제히 보도되자 인터넷에서 수 천 건의 댓글이 붙는 등 사회적으로도 큰 파장을 몰고 왔으며 조사의 신뢰성에 대해서도 강한 비판이 제기되었다. 조사의 신뢰성을 높이는 것은 무엇보다도 조사기관의 책임이다. "2 더하기 2가 얼마냐"는 물음에 여론조사가가 "2 더하기 2가 몇이 되기를 원하십니까?"라고 되물었다는 여론조사에 대한 비판적인 유머가 이를 대변해 준다.

특히 여론조사 결과의 발표는 그 파급효과와 영향력이 크기 때문에 그 과정과 해석에 대한 체계적인 검증작업이 필요하다. 이를 위해 보도윤리강령을 제정한다든지 다양한 전문가들이 참여하는 공정성 심의기구 설립이 필요하다. 조사결과 발표는 대부분 언론을 통해 이루어지므로 언론도 객관적인 검증작업을 거친 뒤 결과를 발표하려는 노력을 해야 한다. "한 언론사의 수준은 그 언론사가 발표하는 여론조사의 수준과 같다"고 나는 생각한다. 언론이 발표하는 뉴스거리에 대해 신뢰성을 검증하는 것과 마찬가지로 조사 및 결과해석의 객관성과 공정성을 유지하기 위한 노력을 기울여야 한다. 언론사가 과정이나 해석에 문제가 있는 여론조사를 여과 없이, 심지어는 자극적인 제목을 붙여 발표하는 것은 정보화시대에 바람직하지 않은 일이다.

사람이 개를 물어야 뉴스거리가 된다고는 하지만 지나친 보도경쟁, 의도적인 왜곡, 노골적인 편들기 등에 기인한 돌출성 기사제목, 결과의 자의적인 해석 등은 조사뿐만 아니라 조사발표기관의 신뢰도를 함께 낮추게 된다.

아직도 많은 사람들이 다양한 조사결과를 올바르게 이해하는 데 어려움을 겪고 있다. 따라서 조사를 하는 사람이나 조사결과를 받아들이는 쪽 모두 왜곡된 정보를 주고받게 될 위험을 줄이기 위해서는 조사기관의 꾸준한 노력과 더불어 일반인이 조사에 대한 안목을 넓히는 일도 중요하다. 사람들의 조사 전반에 대한 안목과 지식은 조사자로 하여금 올바른 절차를 밟아서 조사를 수행하도록 하는 압력으로 작용할 뿐만 아니라 조사결과를 올바르게 이해할 수 있도록 해 준다.

출처 : 한국경제, 2006년 6월 26일

9) 연구결과 발표 및 연구보고서 마무리

연구결과를 문서나 구두로 발표하는 단계로서 연구수행의 마지막 단계이다. 다시 말해, 연구내용을 보고서로 작성하여 마무리하는 단계이다. 아무리 잘된 연구라 해도 연구보고서가 잘 기록되지 않았거나, 연구결과를 효과적으로 해석하지 못하면 가치 있는 연구가 되지 못하므로 보고서 작성은 매우 중요한 작업이다.

보고서 작성 시는 보고서의 목적, 독자의 성격, 문체, 길이, 형태 등을 충분히 고려하여야 한다. 학술적 연구보고서인지, 정책평가보고서인지, 학위논문인지에 따라 적합한 형태로 보고서를 작성하여야 한다. 또한, 보고서를 읽을 독자가 학자인지, 일반 국민인지, 정책입안자인지, 연구지원기관인지, 전문가 집단인지 등에 따라 보고서의 문체, 내용, 형식 등을 달리하여야 한다. 보고서 또는 연구의 목적과 독자층에 따라 차이가 있으나 명확성, 정확성, 간결성 등을 기초로 연구내용 및 결과 등을 작성한다.

2 분석단위와 연구범위

연구설계과정에서 고려하여야 할 중요한 것은 연구조사의 분석단위와 연구범위를 정하는 것이다. 연구분석단위(unit of analysis)란 연구에서 궁극적으로 분석되는 단위, 즉 최종적인 분석대상으로서 대개 개인, 또래집단, 가족, 기타 사회조직(교회, 학교, 군대, 회사, 병원) 등이 될 수 있다. 분석단위를 명확히 결정하지 않고서는 연구가 대체 무엇을 조사·관찰한 것인지를 알 수가 없다. 개인을 대상으로 하는 조사연구보다는 부부, 가족, 사회조직을 대상으로 하는, 즉 분석단위가 개인이 아닌 연구는 자료조사, 자료분석 등에서 세심한 주의가 요구된다. 예를 들면, 부부간의 상호관계에 초점을 두는 경우 자료수집방법, 자료분석에서 개인이 분석대상인 경우와는 차별적인 연구설계방법을 사용하여야 한다.

한편, 연구범위를 정하는 것도 연구설계과정에서 매우 중요한 사항이다. 연구에서 다루는 개념이나 변수의 수 그리고 종류, 관찰대상이 되는 관찰단위 등에 대해 사전에 충분히 검토하고 결정하여야 한다.

3 연구설계유형

연구주제 및 연구목적이 결정되고 난 후 가설(hypothesis)을 설정하게 되며 이를 기초로 연구목적을 어떻게 달성할 것인가와 관련한 전체적인 연구계획을 수립하여야 한다. 연구목적이 무엇인가 또는 연구가설이 어떤 것인가에 따라 연구유형을 설계하게 된다. 연구수행을 위한 전체적인 계획, 전략 등을 연구설계(Research Design)라 한다.[1] 연구설계는 연구목적을 달성하기 위한 총체적인 계획으로서, 자료수집방법, 가설구조 및 조작, 자료분석 등에 대한 포괄적인 내용에 대한 설계이다.

연구설계는 크게 네 단계를 거쳐 결정하게 된다. 첫째 연구목적, 연구문제, 가설 등에 대한 종합적 검토단계, 둘째 전반적인 연구골격(research frame) 설정단계, 셋째 자료수집 절차와 자료분석 기법의 결정단계, 넷째 예산과 조사일정 결정단계, 끝으로 연구설계의 신뢰성, 타당성, 연구결과의 일반화와 관련한 사전 계획단계이다. 이같이 단계별로 연구목적수행에 필요한 사전 계획을 수립하게 되는데, 각 단계마다의 계획에는 차이가 있다.

이 장에서는 연구설계를 결정하는 대표적인 연구설계유형을 살펴보기 위하여 연구목적에 따른 연구설계유형, 시간적 차원에 따른 연구설계유형, 그리고 자료수집방법에 따른 연구설계유형, 즉 실험연구를 수행할 것인가 아니면 비실험연구를 수행할 것인가로 구분하여 살펴보고자 한다. 세 가지 기준에 따라 연구설계의 유형을 구체적으로 살펴보면 다음과 같다.

1) 연구목적에 따른 연구설계유형

과학적 연구의 목적은 크게 탐색, 기술, 설명 등으로 구분할 수 있다. 연구목적에 따라 연구설계유형은 달라지게 된다. 연구목적에 따른 연구설계유형에 대해 구체적으로 살펴보자.

---

1) 연구설계란 어떤 특정연구를 위한 사전 계획 또는 설계를 의미한다. 그런데 연구설계는 연구유형에 따라 사전 계획을 짜게 되므로 연구유형이 어떤 것인가가 중요하다.

(1) 탐색연구설계

탐색을 위한 연구목적을 잘 달성하기 위한 연구설계유형으로서 탐색조사에 관한 계획, 탐색조사 후 자료분석 등에 관한 연구유형을 탐색연구설계(explorational research design)라고 한다. 연구주제가 결정되었다 할지라도 구체적인 연구문제에 대한 사전지식이나 충분한 정보가 없을 경우 일차적으로 개괄적이면서도 기본적인 정보를 얻기 위한, 즉 탐색을 연구목적으로 하는 경우, 탐색연구를 수행하게 된다. 다시 말해, 연구목적이 예비조사의 성격을 띠는 경우 탐색연구를 수행하게 된다. 그런데 때에 따라서는 연구목적이 기술 또는 설명 등을 최종 목적으로 할 경우에도 본조사 또는 최종 목적을 달성하기 위한 사전조사로서 탐색연구를 활용하기도 한다. 탐색연구를 통해 연구자가 미처 예상치 못한 연구문제나 각종 정보를 얻어 후일의 연구설계를 변경하기도 한다. 문헌조사, 전문가 의견조사(pilot 조사), 사례조사, 설문지의 예비조사 등 탐색조사를 위한 연구설계가 탐색연구유형의 예가 될 수 있다.

연구목적이 탐색인 경우 탐색조사의 특징은 문제와 기회의 포착, 보다 정교한 문제와 기회의 파악, 상황에 관련된 변수들 간의 관계에 대한 통찰력 제고, 여러 문제 사이에서의 중요도 및 우선순위 파악, 연구자와 조사참여자 사이의 친밀감 또는 이해증진, 추후 본조사 절차에 대한 구체화과정, 최종조사를 위한 관련정보입수라고 할 수 있다.

(2) 기술연구설계

사회과학연구 또는 생활과학연구에서는 연구문제에 대한 기술(descriptive)조사를 실시하게 된다. 기술조사에 관한 계획, 조사구조를 포함하여 기술조사 후 자료분석 처리 및 방법 등에 관한 사전계획을 기술연구설계(descriptive research design)라 하겠다.

연구목적이 기술인 경우 크게 세 가지 유형의 연구가 설계되는데, 이는 연구주제에 대한 일반적 특성조사, 관련 변수들의 상호관계조사, 관련성이나 상호관계조사를 기초로 상황에 대한 예측을 위한 조사이다. 대규모의 사회조사, 여론조사, 인구센서스 조사, 갤럽조사 등을 위한 사전 계획은 주로 기술연구설계유형에 해당한다.

기술연구설계는 탐색연구와 비교할 때 연구자가 연구주제에 대해 보다 구체적인 지식과 체계적 계획을 가지고 있을 때 가능하며, 연구자의 통찰력이 요구되는 연구설계유형이다. 다시 말해, 기술연구설계는 탐색연구보다 구체적으로 수립된 연구목적을 달성하기 위한 연구설계유형이라고 할 수 있다.

(3) 설명연구설계

연구목적이 단순히 탐색이나 기술이 아니라 어떤 현상에 대한 원인, 인과관계 등을 조사하고자 하는 경우 설명연구(explanatory research design)를 계획하게 된다. 사회과학이나 생활과학 분야의 연구목적은 대부분 인과관계를 밝히는, 또는 두 개 이상의 변수들 간의 관계를 밝히는 연구목적을 수행하는 것이 보통이다. 따라서 인과관계를 밝히거나 어떤 현상에 대해 설명하기 위한 연구유형이다.

2) 시간차원에 따른 연구설계유형

자료수집의 시간적 차원에 따라 횡단적 연구설계(cross-sectional research design), 종단적 연구설계(longitudinal research design), 그리고 시계열 연구설계(time series

쉬어가는 연구방법과 통계이야기 ▶

2-3 즉석 여론조사

텔레비전에서 어떤 주제를 놓고 토론하다가 시청자들의 여론을 조사해 그 결과를 방송 도중에 발표하는 프로그램이 많이 생겼다. 이런 프로그램들은 수많은 사람들이 전화를 통해 주제에 대한 자신의 찬반의견을 알리고 토론의 끝부분에 여론을 종합한 것을 발표하는 식으로 진행된다. 이런 프로그램들의 문제는 찬성이나 반대만을 표시할 수밖에 없다. 그러나 어떤 주제라도 중간적인 의사를 갖고 있는 사람들이 있으므로 이들의 의사표현을 막혀 있는 셈이 된다.

월남전이 한창일 때 미국 샌프란시스코에서 미군의 월남 철수에 대한 국민투표가 있었다. 투표 결과 37%가 즉각 철수에 지지, 63%가 반대했다. 당시 존슨(Johnson) 행정부는 이 결과가 정부정책에 대한 지지라고 선전했다. 그러나 당시 여론은 월남전을 반대하고 있었다. 그렇다면 어떻게 이런 결과가 나왔을까? 중간의견을 선택할 기회가 없는 상황에서의 국민투표 결과는 이처럼 사람들의 의사를 제대로 반영하지 못하는 경우가 생기는 것이다. 텔레비전을 통한 즉석 여론조사의 또 하나 문제점은 대표성이 낮다는 것이다.

예를 들어, TV를 보지 않는 사람은 이런 조사에 참여할 수 없다. TV를 보는 사람 중에서도 해당 프로그램을 시청하지 않은 사람들도 제외된다. 또 해당 프로그램을 보는 사람 중에서도 자기의사 표현에 적극적인(최소한 전화를 걸 정도로) 사람들만이 참여하게 된다. 따라서 TV 여론조사 결과를 해석할 때 이런 요소들을 고려해야 하며 섣불리 전국민의 여론으로 확대해석하지 않도록 유의해야 한다.

출처 : 한국경제, 2006년 1월 31일

〈표 2-1〉 종단적 연구와 횡단적 연구의 장·단점

종단적 연구		횡단적 연구	
장 점	단 점	장 점	단 점
• 현상이나 사건의 변화 및 지속적 관찰 가능 • 심층적 그리고 질적 자료수집의 용이성	• 연구수행 경비 및 시간 비용 • 비대표적 표집(적은 표집수) • 반복검사의 효과, 동질 측정의 어려움	• 연구수행의 저비용 (시간 및 금전적 비용) • 대규모조사 가능으로 일반화 용이	• 연구대상, 현상, 사건의 변화측정 불가능 • 선택오류의 가능성 • 조사시점에 따른 결과의 신빙성 문제

research design)로 나누는 것이 보통이다. 횡단적 연구를 수행할 것인가, 아니면 종단적 연구를 수행할 것인가는 연구목적이 어떤 것이냐에 따라 결정된다.

이 두 가지 연구설계유형은 〈표 2-1〉에 제시한 바와 같이, 장점과 단점을 가지고 있으므로 연구목적에 부합하는 연구설계유형을 선택하게 된다. 보통 한 시점에서 연구대상이나 현상을 조사하고자 하는 경우 횡단적 연구설계방법을 사용하게 되며, 시간의 흐름이나 변화에 따라 연구대상이나 연구현상의 변화를 조사하고자 하는 경우는 종단적 연구설계방법을 선정하게 된다. 이에 대해 보다 구체적으로 살펴보면 다음과 같다.

(1) 횡단적 연구설계

횡단적 연구는 단 한 시점에서 연구조사를 시행하는 연구이다. 종단적 연구에 비해 시간과 노력이 적게 드는 것이 장점으로 생활과학 분야뿐만 아니라 많은 조사연구에서 광범위하게 사용되고 있다. 그러나 이 연구유형은 단 한 시점에서 연구조사를 시행하므로 그 시점이 언제인가에 따라 연구결과의 신빙성에 많은 영향을 미칠 수 있으므로 주의가 요구된다. 횡단적 연구를 통해 연구를 수행할 경우 어떤 사건이나 현상의 변화를 파악하기 어렵다.

(2) 종단적 연구설계

종단적 연구는 시간간격을 두고 반복적으로 조사를 실시하는 연구유형으로 주로 연구대상이나 연구현상의 변화를 측정하고자 하는 경우 많이 사용된다. 예를 들면, 개인의 성장에 따른 발달의 변화, 시간적 변화에 따른 사전·사후 현상 비교연구에서 많이 사용된다. 그러나 종단적 연구는 시간과 노력, 그리고 금전적 비용이 많이 요구되므로 대규모 조사나 많은 수의 표본을 대상으로 하는 연구에는 적합하지 않다. 종단적 연구의 대표적인 유형으로는 패널(panel) 연구, 코호트(cohort) 조사연구, 추세(trend) 연구가 있다.

종단적 연구에서 선정되는 표본을 패널(panel)이라고 부르는데, 시간적 간격을 두고 같은 패널을 대상으로 연구·조사하는 경우 순수한 종단적 연구라고 하겠다. 그러나 표본의 수가 많은 경우 종단적 연구에서도 패널의 약 10% 정도는 조사 때마다 새로이 구성되는 것이 보통이다.

종단조사의 일종으로 코호트(cohort) 조사연구가 있다. 코호트 조사는 같은 해에 출생했거나 같은 경험을 가진 집단을 주기적으로 반복조사를 수행하는 것으로서 측정시기는 다르지만 측정대상자들의 출생시기나 또는 특정경험을 공통으로 갖고 있는 대상자들을 조사하는 연구유형이다. 한편, 동일한 표본을 대상으로 하지 않으면서 어떤 집단의 시간에 따른 변화를 연구하는 것이 추세연구이다. 예를 들면, 선거운동 기간에 다른 유권자 표본을 대상으로 여론조사를 여러 번 수행하여 후보자들에 대한 지지도의 변화 추세를 조사하는 경우가 이에 해당한다.

종단적 연구에서 중요한 사항은 조사기간의 간격을 얼마나 할 것인가이다. 연구목적에 따라 1달에 한 번씩, 1년에 한 번씩, 5년에 한 번씩 등 차이가 있다. 그러나 시간 간격이 너무 긴 경우에는 처음 설문조사나 실험방법이 구식화되어 쓸모 없어지는 경우가 있으며, 반복적인 검사를 하게 되므로 이로 인한 조사결과상의 오류가 발생할 수 있는 단점이 있다. 예를 들면, 반복적인 검사나 조사로 인한 오류란 한두 번의 조사를 통해 응답자 또는 실험참가자가 조사방법이나 조사설계에 대해 익숙해지므로 이로 인하여 정확한 응답을 하지 않아 신빙성 있는 조사결과를 얻을 수 없다. 또한, 여러 차례 같은 패널을 대상으로 연구·조사할 경우에는 적은 수의 표본을 대상으로 조사할 수밖에 없으므로 표본의 대표성 문제나 일반화 문제가 제기될 수 있다.

시간과 노력의 문제로 인하여 개인 연구자가 종단조사를 하기는 매우 어려우므로 보통 연구소나 정부기관에서 종단조사를 많이 시행한다. 우리 나라의 경우 미국이나 선진국에 비해 대규모 종단조사가 많이 시행되지 않고 있는 실정이다. 대표적인 종단조사의 예를 들면, 대우경제연구소의 한국가구패널조사(1년마다), 농촌진흥청의 농가주부 및 경영주의 생활시간조사(5년마다) 등이 있다.

(3) 시계열 연구설계

시계열 연구는 반복적으로 연구·조사가 시행된다는 측면에서 종단적 연구의 일종이라고 하겠다. 순수한 의미의 종단적 연구설계와의 차이를 살펴보면, 종단적 연구의 경우 같은 대상자, 즉 같은 패널에게 같은 내용의 조사나 실험을 시간적 차이를 두고 반복적으로 실시하는 데 비해, 시계열 연구는 반복조사를 실시하되 그때마다 조사대상자가 같지 않다는 것이다. 즉, 시계열 연구에서는 조사를 위한 동일한 집단인, 패널이 구성되지 않는 것이 보통이다. 예를 들면, 1960년대의 대학생 집단, 1970년대의 대학생 집단, 1980년대의 대학생 집단 등과 같이 연구대상자는 다르지만 반복적으로 시간적 차이를 두고 일정한 집단을 대상으로 연구·조사하는 경우를 시계열 연구설계라고 한다.

3) 자료수집방법에 따른 연구설계유형

자료수집방법 또는 연구방법에 따라 크게 두 가지 형태의 연구설계유형으로 분류할 수 있다. 실험연구설계(experimental research design)와 비실험연구설계(non-experimental research design)가 그것이다. 실험연구 및 비실험연구에 관한 자세한 내용은 6장 자료수집방법에서도 다루고 있으므로 여기서는 간단하게 실험연구설계와 비실험연구설계의 전체적 특징이나 윤곽에 대해 논의하기로 한다.

(1) 실험연구설계

실험연구는 실험이나 처치를 통해 기대되는 실험결과를 가지고 연구목적을 달성하는 연구로서 관계되는 변수들을 통제하고 실험을 통해 연구목적을 달성하는 연구유형이다. 실험연구는 보통 실험실환경에서 연구목적을 충분히 달성하기 위하여 실험적 조작이나 처치를 통한 실험을 수행하여 연구를 수행하고자 하는 연구이다. 다시 말해, 통제된 조건하에서 독립변수를 조작하여 이 효과를 파악하는 연구이다. 이때 조건을 통제하는 이유는 독립변수 이외의 다른 외생변수의 효과를 배제하기 위함이다. 실험연구는 그 연구목적, 성격, 상황에 따라 여러 가지 유형이 있는데 크게 유사실험연구와 실험연구가 있다. 유사실험연구와 실험연구 구분의 기준은 통제, 비교집단, 조작, 일반화의 조건을 얼마나 충족시켰는가에 따라 결정된다.

(2) 비실험연구설계

실험이 아닌, 즉 비실험 형태의 방법으로 자료를 수집하고 연구·조사하는 연구설계유형을 통칭하여 비실험연구설계라고 한다. 설문지조사(survey research) 연구가 대표적인 비실험연구설계의 유형이다. 면접조사(interview) 연구, 현장조사(field study) 연구, 사례조사(case study) 연구 등도 비실험연구설계의 유형이다. 참고적으로 우리나라에서 정기적으로 또는 비정기적으로 비실험연구설계 방법에 의해 조사되고 있는 통계자료 목차는 이 장의 부록에 제시하였다.

비실험연구설계는 연구목적을 달성함에 있어 자연적 상황에 있는 연구대상들의 분포, 빈도 등의 일반적 특징과 각 특징 간의 관계 등에 대한 분석을 위해 많이 쓰인다. 특히, 설문지조사의 경우 조사대상자 수, 표집방법, 조사설계에서의 타당도 등에 대한 사전 계획을 세우게 된다.

지금까지 연구설계유형에 대해 살펴보았다. 연구목적을 달성하고 양질의 연구를 위해 어떤 연구유형을 계획할 것인가는 연구자에게 있어 중요한 의사결정사항이다. 앞서 논의한 바와 같이, 어떤 연구유형이 자신의 연구문제에 대한 해답을 제공해 줄 수 있는가, 연구목적에 잘 부합하는 것은 어떤 것인가, 연구가설을 검증하기 위

쉬어가는 연구방법과 통계이야기 ▶

2-4 설문조사 표본의 성향

1936년 미국 대선 때 다이제스트는 무려 1000만 명, 갤럽은 5만 명의 유권자를 표본 삼아 여론조사를 했다. 그 결과 다이제스트는 공화당 후보가, 갤럽은 민주당 후보가 당선될 것으로 예측했다. 뜻밖에도 결과는 200분의 1에 불과한 표본 수를 활용한 갤럽의 승리였다. 바로 '뉴딜정책'의 주인공 프랭클린 루스벨트가 재선에 성공한 것이다. 왜 그랬을까. 다이제스트의 표본은 이 잡지의 정기구독자들을 주된 응답자로 골랐다. 이들 중에는 친공화당 성향이 많았다. 설문조사 표본의 성향이 조사 결과에 결정적 영향을 미치는 경우는 허다하다. 영국 여성은 평생 2.9명의 남자와 성관계를 갖는 데 비해 영국 남성의 여성 파트너는 11명에 이른다는 설문조사 결과가 있었다. 이 역시 성문제에 솔직한 정도가 남녀 간에 크게 다르기 때문 아니냐는 해석을 낳았다.

출처 : Sunday opinion, 2011년 10월 30일

해 적절한 것은 어떤 것인가를 충분히 검토하여야 한다. 뿐만 아니라 연구분석 단위(unit of analysis), 연구분석대상, 조사수행의 실제적 가능성(feasibility), 연구대상에의 접근 가능성(accessibility), 연구수행을 위한 시간과 금전적 비용, 조사대상자와 관련한 윤리성(ethics) 문제 등 연구수행과 관련한 제반 사항들을 종합적으로 검토하여 가장 적합한 연구유형을 선택하는 것이 중요하다.

4 연구설계과정에서 고려할 사항

연구설계과정에서 고려해야 할 것은 조사연구의 수행 가능성(feasibility), 또는 용이성, 연구대상에의 접근 가능성(accessibility), 조사연구 비용 및 확보방안, 조사대상자의 윤리적 문제 등이다. 이 같은 고려사항에 대해 간단하게 살펴보면 다음과 같다.

1) 조사연구의 수행 가능성

조사연구 자체가 수행 가능한지에 대해 먼저 생각해 보아야 한다. 아무리 좋은 연구를 구상하고 있다고 해도 연구수행 자체가 불가능하다면 아무 의미가 없다. 이상적인 연구를 설계하고 있다고 해도 연구수행을 위해 요구되는 시간, 비용, 기술 등에서 연구자가 감당할 수 없는 것이라면 무의미하다고 하겠다. 따라서 연구수행을 위한 여러 조건을 검토하여 조사연구가 수행 가능한지의 여부를 가장 먼저 생각해 보아야 한다.

2) 연구대상에의 접근 가능성

연구대상인 개인, 집단, 지역사회 등에 접근할 수 있는지의 가능성 여부를 고려하여야 한다. 연구주제가 사적인 것이고 연구대상들이 꺼리는 내용을 조사하여야 하는 경우 연구대상에 접근하여 정보를 얻을 수 있을지에 대해 심각하게 고려하여야 한다. 아무리 좋은 연구주제라 해도 연구대상에 접근하기가 어렵다면 연구수행은 처음부터 불가능한 것이므로 연구대상에의 접근 용이성에 대해 고려하여야 한다.

접근이 불가능하지는 않으나 쉽지 않은 경우 이를 해결하기 위한 대책을 세우는 것도 필요하다. 일반적으로 노인, 저학력자, 매우 바쁜 사람, 취업주부, 고위공직자나 경영진 등은 접근하기 어려운 대표적인 집단이다. 따라서 이들을 대상으로 연구조사를 할 경우 어떻게 이들에게 접근하여 정보를 수집할 수 있을 것인가에 대한 충분한 사전계획이나 전략이 필요하다.

3) 조사연구의 예산 및 비용

조사연구에 필요한 비용과 지출은 연구수행 시 실질적으로 중요한 사항이다. 조사연구에 소요되어야 할 예산의 규모를 사전에 추정하고 이 비용을 어떻게 조달할 것인가를 모색하여야 한다. 연구지원기관이나 지원자에 의해 연구가 수행되는 경우 연구비용의 문제는 다소 완화된다고 볼 수 있으나, 예산을 지원받는다는 이유로 연구의 성격이나 결과가 연구지원기관이나 지원자에 의해 좌우되지 않아야 한다.

조사연구에 필요한 비용을 조달할 수 있는 경우에도 조사비용을 효율적으로 사용할 수 있는 자료조사방법, 자료분석방법 등에 대해 충분히 고려하여야 한다. 다양한 자료수집방법 및 분석방법 등을 충분히 고려하여 연구목적을 최대한으로 실현하면서도 연구비용을 고려하여 연구를 계획하여야 한다.

4) 윤리적 문제

조사연구를 통해 발생할 수 있는 윤리적 문제에 대해 깊은 주의가 필요하다. 사회과학 분야 및 생활과학 분야의 많은 연구가 사람을 대상으로 하는 것이므로 이 문제는 중요하게 다루어져야 한다. 계획된 조사연구가 연구대상자들에게 어떤 형태로든 불이익을 초래하지는 않는지, 인간으로서의 권리와 자유, 존엄성을 침해하지는 않는지 등에 대해 신중히 검토하여야 한다. 연구자는 연구대상자의 인권이 보장될 수 있는 최대한의 조치를 취하여야 한다. 예를 들면, 연구대상자의 익명을 보장하고, 개인의 비밀과 사생활을 침해하지 않도록 최대한 배려하고, 연구참여를 강요해서는 안 된다. 뿐만 아니라 연구과정에서 뜻하지 않게 연구대상자가 위험이나 피해를 받지 않도록 적절히 보호하고 안전을 보장하여야 한다.

구체적으로 자료수집과정 및 연구결과 발표 시 조사대상자들의 권리, 자존심, 위험, 비밀누설 등에 관한 연구자의 주의가 요구된다. 또한, 조사대상자로 선정하기 이전에 조사참여에 대한 자율적인 동의서 또는 허락서(consent form)를 받는 것이 필요하다. 연구를 위해 필요한 정보를 얻기 위해 자존심을 건드리는 질문, 심문조의 질문, 강제적으로 응답 유도 등을 해서는 안 된다.

연구문제

1 연구절차 중 문헌고찰의 중요성에 대해 논하라.

2 분석단위가 개인이 아닌 선행연구의 사례를 들어 보자. 그 선행연구에서 분석단위는 무엇이었는지 소개하라.

3 종단연구설계와 시계열연구설계의 차이점을 설명하고 장·단점을 제시해 보자.

부록

▌우리나라의 통계자료 목록 : 자료수집기관별 목록

1. 중앙행정기관

기관명	통 계 명 칭	주 기
통계청	인구주택총조사보고서	5년
	인구동태통계연보	월
	경제활동인구연보	월
	산업총조사보고서 (전국, 지역, 품목 등)	5년
	도시가계연보	월
	매월 : 소비자 물가 매년 : 물가연보	순기
	인구이동통계연보	월
	건설수주통계	월
	산업생산통계	월
	한국의 사회지표	년
	운수업 통계조사보고서	년
	기계수주통계	월
	경기종합지수	월
	총사업체통계조사보고서(전국, 지역, 도소매업, 서비스업 편)	5년
	한국통계월보	월
	고용구조조사보고서	3년
	도소매업 통계조사보고서	년
	서비스업 통계조사보고서	년
	도내 총생산	년
	가구소비실태조사	5년
통계청	총사업체통계조사보고서 (도소매 편)	5년
	광공업통계조사보고서 (전국, 지역)	년
	국부통계조사보고서	10년
	산업생산연보	월
	한국통계조사현황	2년
	건설업통계조사보고서	년
체육부	국민생활체육활동참여 실태조사	3년
	국민체력실태조사	5년
농 림 수산부	농업총조사	10년
	농가경제연보	월
	농산물생산비통계	년
	작물통계	년
	농업기본통계	년
	어업총조사보고	10년
	어업기본통계	년
	어가경제통계	년
	농업기계보유상황	년
	과실 및 채소류 가공현황	년
	농림수산통계연보	년
	가축통계조사결과	분기
	농가경제통계연보	월
	과수실태조사	5년

기관명	통 계 명 칭	주 기	기관명	통 계 명 칭	주 기
통계청	민간비영리단체실태조사	년	상공 자원부	중소기업실태조사보고	년
총무처	공무원통계	5년		에너지 총조사 결과보고서	3년
과학기술처	과학기술연구 개발활동, 조사보고	년		내외기계공업동향	월
환경처	한국환경연감	월	건설부	도로교통량통계연보	년
	한국환경연감	분기		아파트주거환경조사	3년
	한국환경연감	년		토지거래현황	월
내무부	한국도시연감	년	보건 사회부	국민영양조사보고서	년
	지방재정연감	월		보건사회통계연보	반기
	지방세정연감	년		생활보호대상자 현황분석	년
법무부	출입국관리통계연보	월		보건사회통계연보	년
				장애인실태조사	5년
교육부	교육통계연보	년		특수환자조사보고서	2년
문화	문화향수실태조사	3년	조달청	정부종합 물품관리보고서	년
노동부	사업체노동실태조사보고서	년	경찰청	교통사고통계	월
	매월노동통계조사보고서	월	국세청	국세통계연보	월
	임금구조 기본통계조사보고서	년	관세청	무역통계월보	월
	고용전망조사보고서	반기	대검찰청	범죄분석	분기
	노동통계연감	분기	산림청	임업통계연보	년
	임금실태분석결과보고서	년		전국산림실태조사보고서	10년
	근로자생계비조사결과보고서	반기		국내목재생산 및 유통실태조사	5년
교통부	교통통계연보	월		조경수·분재재배 실태조사보고서	5년
	교통통계연보	분기	수산청	농림수산통계연보	월
	교통통계연보	반기	특허청	산업재산권통계	월
체신부	우편이용실태조사결과보고서	3년	철도청	철도통계연보	년
			해운항만청	해운항만통계연보	년

2. 지정기관

• 금 융

<table>
<tr><th>작 성
기관명</th><th>통 계 명 칭</th><th>작 성
주 기</th><th>작 성
기관명</th><th>통 계 명 칭</th><th>작 성
주 기</th></tr>
<tr><td rowspan="8">한국은행</td><td>기업경영분석</td><td>반기</td><td rowspan="3">중소기업
은행</td><td>중소기업동향</td><td>월</td></tr>
<tr><td>월간물가</td><td>순기</td><td>중소기업경기전망</td><td>분기</td></tr>
<tr><td>도시가계저축시장조사</td><td>년</td><td>중소제조업의 설비투자전망</td><td>반기</td></tr>
<tr><td>조사통계월보</td><td>월</td><td rowspan="2">국민은행</td><td>중소기업금융실태조사</td><td>년</td></tr>
<tr><td>국민계정</td><td>분기</td><td>가계금융이용실태조사</td><td>년</td></tr>
<tr><td>산업연관표</td><td>5년</td><td rowspan="2">한국주택
은행</td><td>주택건설경기전망조사</td><td>분기</td></tr>
<tr><td>외환통계연보</td><td>월</td><td>주택금융수요실태조사</td><td>년</td></tr>
<tr><td>기업경기조사</td><td>분기</td><td rowspan="2">농업협동
조합중앙회</td><td rowspan="2">농협조사월보</td><td rowspan="2">월</td></tr>
<tr><td rowspan="3">한국산업
은행</td><td>설비투자계획조사</td><td>반기</td></tr>
<tr><td>KDB산업경제</td><td>분기</td><td rowspan="2">수산업협동
조합중앙회</td><td rowspan="2">어업경영조사보고</td><td rowspan="2">분기</td></tr>
<tr><td>재무분석</td><td>년</td></tr>
</table>

• 정부투자기관

<table>
<tr><th>작 성
기관명</th><th>통 계 명 칭</th><th>작 성
주 기</th><th>작 성
기관명</th><th>통 계 명 칭</th><th>작 성
주 기</th></tr>
<tr><td rowspan="2">한국전력
공사</td><td>한국전력통계</td><td>년</td><td rowspan="4">한국관광공사</td><td rowspan="2">국민여행실태조사</td><td rowspan="2">년</td></tr>
<tr><td>가전기기보급률조사연구</td><td>2년</td></tr>
<tr><td>농어촌
진흥공사</td><td>농업기반조성사업통계연보</td><td>년</td><td>외래관광객여론조사</td><td>2년</td></tr>
<tr><td>대한주택
공사</td><td>주공아파트입주자실태
조사보고서</td><td>년</td><td>국민해외여행실태조사</td><td>년</td></tr>
<tr><td rowspan="2">한국도로
공사</td><td rowspan="2">고속도로교통량통계</td><td rowspan="2">년</td><td>한국토지
개발공사</td><td>지가동향</td><td>분기</td></tr>
<tr><td>한국전기
통신공사</td><td>일반전화수요조사보고서</td><td>년</td></tr>
</table>

- 정부출연기관

작 성 기관명	통 계 명 칭	작 성 주 기	작 성 기관명	통 계 명 칭	작 성 주 기
소비자원	국민소비행태 및 의식구조조사	3년	한국표준 과학 연구원	정밀측정 표준실태 조사보고서	월
한국보건 사회 연구원	한국에서의 가족형성과 출산행태	3년		국민표준체위 조사보고서	년
	국민건강 및 보건의식행태조사	3년		국가표준의 기여도 분석에 관한 연구	2년

- 공공법인체

작 성 기관명	통 계 명 칭	작 성 주 기	작 성 기관명	통 계 명 칭	작 성 주 기
중소기업 협동조합 중앙회	중소기업경영실태 및 동향	분기	한국생산 성본부	한국기업의 부가가치분석	년
	중소기업기술실태 조사보고서	수시	대한상공 회의소	기업경기전망조사보고서	분기
	중소제조업 임금실태 조사보고서	년		표준자 모델 임금조사보고서	년
보험 감독원	보험통계연감	년		소매업경영 동태조사보고	년
증권 감독원	증조사월보	월		분기별경제전망	분기
한국생산 성본부	생산성리뷰	분기		주요 수입상품의 경쟁력 실태조사	년

CHAPTER 3

연구주제와 가설

모든 연구의 시작은 주제 선정에서부터 시작된다. 대부분의 연구자에게 있어 연구주제를 선정하는 일은 가장 힘든 일이다. 창의성이 높으면서도 가치 있고 의미 있는 연구주제 선정은 그 연구의 전체적인 가치를 평가하는 중요한 사항이므로 연구주제 선정은 매우 중요한 작업이면서 동시에 어려운 일이다. 아무리 연구절차가 기술적으로 잘 행해졌고 결과가 좋다고 해도 연구주제가 의미 없는 것이라면 가치 없는 연구가 될 수도 있다.

연구주제와 연구계획이 수립되면 연구수행을 위해 필요한 참고문헌 및 각종 연구자료 그리고 정보를 수집하게 된다. 참고문헌이나 각종 연구자료란 연구의 기초가 되는 실험결과나 관찰결과 혹은 조사결과 및 다양한 선행연구 등을 말한다. 간단한 연구과제를 수행할 때에는 어떤 문헌자료가 어느 정도 필요한가를 처음부터 알 수 있는 경우도 있으나 복잡한 주제를 연구할 때에는 기초자료를 수집하여 연구에 착수한 다음 연구과정에서 부족한 자료를 보충하는 편이 합리적이다. 한편 연구주제가 선정된 뒤 처음부터 완벽한 자료를 얻기 위하여 자료수집에만 열중하다 보면 필요하지 않은 자료를 수집하기도 하며, 정작 필요한 자료는 부족하여 처음부터 다시 자료를 수집하지 않으면 안 되는 경우도 생긴다. 연구를 진행하는 과정에서 때때로 자료를 정리하여 평가하다 보면 처음 주제를 선정할 때에는 생각하지 못했던 방향으로 연구를 전환시켜 예상하지 못한 연구자료 수집이 불가피하게 되는 경우도 없지 않다.

한편 연구주제가 선정되면 이 주제에서 부각되는 문제를 해결해 나가기 위해서는 학문적, 논리적 차원의 연구가설이 필요하다. 가설은 '둘 또는 그 이상의 변수들 간의 관계에 대해 논리적으로 추출된 관계가 검정 가능한 진술문의 형식으로 표현된 것'으로 정의 내릴 수 있는데, 이러한 변수들의 관계를 규명 추론하여 연구문제를 해결하고자 하는 것이 대부분의 양적 연구의 목적이다.

이 장에서는 연구주제 선정과 가설의 중요성을 인식하여 연구문제 선정, 연구주제 선정 시 주의사항, 연구계획서 작성 등에 대해 살펴본다. 또한 연구주제에 부합하는 참고문헌의 조사와 논문고찰 등에 대해 살펴본다. 구체적으로 참고문헌의 중요성, 체계적인 문헌고찰의 순서, 문헌을 찾는 방법 등에 대해 논의한다. 끝으로 가설에 대해서는 가설의 정의 및 특성과 가설의 진술문, 좋은 가설을 위한 조건에 대해 살펴보고 가설검증에서는 가설검증의 논리, 가설의 종류, 단측검정과 양측검정, 가설검증의 오류, 유의수준, 가설검증의 실례 등에 대해 체계적으로 살펴보고자 한다.

1 연구주제 선정

연구의 주제를 선정하는 데 일정한 규칙이 있는 것은 아니다. 연구자가 통찰력으로 새로운 주제를 정하기도 하나 대부분 어느 정도 관련분야의 기초지식을 토대로 선정하게 된다. 대체적으로 전공영역의 문헌을 통해 관심 있는 세부 주제를 정하기도 하며, 선행연구들의 결과가 불일치하거나 서로 상반되는 경우 연구자로 하여금 다시 한 번 그 주제에 대해 연구조사하도록 자극하기도 한다. 특히 논쟁의 여지가 많은 연구문제들은 연구대상을 달리하거나 다른 측정도구를 사용하여 연구를 다시 수행하기도 한다.

때로는 기존의 선행연구를 수정하거나 확대시키지 않고 그대로 반복연구할 수도 있다. 그러므로 관련문헌을 충분히 읽고 이해하는 것이 연구주제의 선정에 유용하다. 이때 이론적 관심 때문에 주제를 선정할 수도 있고 또는 생활의 경험을 통한 실제적 필요에 의해 어떤 주제를 발견할 수도 있다. 기존의 이론에 근거하여 연구주제를 선정한다면 연역적인 방법으로 연구가 진행될 것이다. 기존의 이론으로 현상이 설명될 수 없다면 새로운 연구문제를 도출할 수 있다. 이런 연구는 새로운 이론의 개발이 될 수도 있고 현존 이론의 수정도 가능하다. 때로는 지도교수나 전문가들의 연구주제로부터 영감을 받아 연구주제를 선정하기도 한다. 특히 대학원생의 경우 수업과목을 수강하면서 관심주제를 선정하는 것이 전략적이며 지도교수의 관심주제에 대해 알아볼 필요가 있다.

연구주제 선정은 처음에는 광범위하고 추상적인 경향이 있으나 점차 주제가 축소되고 구체화되는 것이 보통이다. 광범위한 주제에서 연구 가능한 세부영역으로 좁히고 체계화시키는 작업이 필수적이다.

그러나 이상과 같은 유의사항도 연구주제를 구체적으로 선정하는 데는 다소 추상적일 수도 있다. 연구의 주제를 찾는 데 어떤 특수한 방법이 정해져 있는 것은 아니지만 이보다도 더 중요한 것은 연구자의 관심분야에 대한 전문적인 지식과 최근의 경향에 대한 깊은 관심을 갖고 많은 독서와 사고를 게을리하지 않는 일이다. 따라서 다음 몇 가지 점에 유의한다면 주제 선정에 어느 정도 도움이 될 것이다.

첫째, 지도교수나 자기의 전공분야와 관계되는 전문가가 이미 진행하고 있는 연구에 대해 관심을 갖고 가능하다면 그들의 연구 일부에 참여한다. 연구참여가 어려우면 전공분야 교수와 접촉을 통해서 그가 연구하고자 하는 연구의 관심이 무엇인가를 알아서 이를 상세히 체계화시켜 보는 일이다.

둘째, 최근의 논문이나 전공서적을 읽고 기존의 연구에서 적용된 방법이나 기술 또는 원리를 새로운 문제해결에 적용할 수 있는가를 생각해 보는 일이다. 새로운 문제해결을 위하여 기존의 연구방법이나 원리를 적용하는 것은 상당히 창의적 활동이다.

셋째, 과거에 이루어진 연구 중에서 연구주제의 선정이나 그 내용에 많은 장점을 가진 좋은 연구지만 연구방법, 표집 및 측정방법 등에 결점이나 미비한 점이 있는가를 살펴보고 이를 보충하는 새로운 연구를 착수하는 것도 전략적이다. 결점이나 문제를 가진 선행연구를 보충하여 타당한 결론을 내릴 수 있는 새로운 연구를 착수하는 것은 중요하고 바람직한 연구활동이다.

넷째, 선행연구 논문이나 기타 연구보고서의 논의나 결론 부분에 제시되고 있는 해당연구의 제한점 및 새로운 연구제안이나 앞으로의 연구과제를 주의 깊게 읽고 평가해 보는 일이다. 물론 선행연구자가 제시하는 후속연구문제나 과제는 때로는 실용성이 없거나 연구의 실천가능성이 적은 경우도 있고 또한 그 제안이 상당히 추상적일 수도 있으나 후속연구로서 가치 있는 연구의 주제를 발견할 수도 있다.

1) 연구문제 선정 동기

일반적으로 어떠한 현상에 대해 탐구 또는 연구한다는 것은 기존의 지식이 전혀 없는 상태에서는 불가능하다. 어느 정도까지는 그 현상과 관련된 기존의 지식을 기초로 연구가 시작된다. 지식의 축적이 어느 정도 이루어져 있으나 문제에 대한 해결책을 제시하기에는 불충분한 경우 연구문제를 선정하는 것이 보통이다.

(1) 선행연구의 미비

연구문제를 발견하는 가장 확실한 방법은 우리가 지금까지 무엇을 알고 있으며 또한 우리가 무엇을 모르고 있는가를 찾아내는, 즉 현재의 지식상태를 정확히 진단하는 것이다. 만약 우리가 '소비자의 효율적인 전자상거래 이용을 위한 유용한 정보제공 방법은 없을까?'와 같은 질문에 대해 해답을 내릴 수 있는 선행연구가 없다면 분명히 이 분야에 대한 새로운 연구가 필요함을 알 수 있다. 즉, 주요 관심분야에 대한 선행연구와 기존지식의 미비는 그 분야의 연구주제를 선정하는 동기가 되고 그 분야에 대한 연구문제를 도출할 수 있다. 결론적으로 연구자가 알고자 하는 어떤 현상에 대하여 기존 선행연구의 미비로 인해 적절한 해답을 얻을 수 없을 때 문제의식을 느끼게 되며 이 분야를 연구문제로 선정하는 동기가 된다.

(2) 선행연구결과의 상충

유사 또는 동일한 연구문제를 해결하기 위한 여러 선행연구들의 결과가 서로 다르거나 상충되게 나타났을 경우 후속연구문제로 선정할 수 있다. 기존 선행연구결과가 서로 상충되게 나타나는 이유를 조사하여야 하는데 보통 실험설계, 개념의 정립, 변수의 조작화과정, 조사 및 자료수집과정 등에서 일부 연구가 잘못을 범하였기 때문이라고 할 수 있다. 예를 들면, 실험과정에서 가장 빈번하게 발생하는 오류는 연구의 결과에 영향을 미칠 수 있는 중요한 외생변수를 통제하지 못하여서 일어나는 경우가 많다. 만약 외생변수의 영향력이 큰 경우에는 외생변수를 통제할 수 있도록 다시 실험을 하여 계속적으로 실험결과를 분석할 필요가 있다. 이러한 실험의 반복을 통하여 진정한 인과관계를 찾아낼 수 있다면 이는 바람직하고 성과 있는 연구가 될 것이다. 따라서 기존의 유사한 선행연구결과들이 서로 상충되고 있을 때에는 진정한 인과관계 및 정확한 해답을 찾기 위한 연구가 필요하다.

(3) 새로운 현상에 대한 연구의 필요성

연구문제를 정하는 또 하나의 방법은 우리가 이미 알고 있다고 생각되는 현상들이 서로 어떻게 연관되어 있는가 혹은 새로운 현상이 나타났을 때 이러한 현상과 기존의 현상이 어떤 관련성이 있는가를 조사해 보는 것이다.

예를 들어, 구매 전 정보탐색을 많이 하지 않은 소비자는 대체적으로 합리적인 구매를 하지 못한다고 알고 있는데 전혀 정보탐색을 하지 않고도 합리적인 구매를 하는 소비자가 존재한다고 하자. 이때 이러한 현상을 기존의 지식체계로 설명할 수 있다면 문제가 발생하지 않으나 만약에 그렇지 못한 경우에는 이 현상을 설명하기 위한 연구가 필요하게 된다. 이렇게 기존의 지식체계와 부합되지 않은 현상이 존재하는 경우 이를 연구해 볼 동기가 생긴다. 새로운 사실은 추가적인 연구에 의해서 얻어지는 결과와 기존의 지식체계를 연결함으로써 설명되므로 계속적인 연구가 필요하다.

2) 연구주제 선정 시 주의사항

연구주제를 잘 선정하기 위해서는 다음의 주의사항들을 고려해야 한다.

(1) 연구자의 흥미나 관심

연구주제나 연구문제는 무엇보다도 연구자의 관심과 흥미가 전제되어야 한다. 다시 말해 연구자가 재미있고 관심 있는 주제를 선정하여야 연구 자체가 효과적으로 그리고 성공적으로 수행된다. 아무리 좋은 연구주제라 해도 연구자가 관심 없고 흥미 없는 주제라면 이 연구는 효과적으로 수행되기 어렵다. 따라서 흥미있는 주제를 선정하되, 다만 연구자의 관심과 흥미가 연구분석, 연구결과도출, 결과해석 등의 부분에 편견으로 개입되어서는 안 된다.

(2) 학문적 공헌도

어떠한 연구주제라 할지라도 실제로 연구의 수행을 위해서는 연구가 관련 분야의 지식축적에 공헌을 할 수 있어야 한다. 연구라는 것은 현상에 대한 이해와 설명 및 미래의 예측을 위한 지식의 축적에 의의를 두기 때문에 지식의 축적이나 학문적 발전에 도움을 줄 수 없는 문제는 연구의 가치를 상실하게 되는 것이다. 따라서 연구문제는 학문적으로 중요한 의미를 갖거나 연구결과에 의해 얻어진 정보가 활용될 수 있는 것이어야 한다.

연구주제는 기존의 연구결과와 연관성이 있거나 아직 검증되지 못한 주장이나 가정들에 대한 재평가 및 정리에 도움이 되어야 할 필요가 있다. 연구의 가치는 연구주제의 타당성에 의해 많이 결정되므로 독창적이고 중요한 연구주제를 선정하는 것은 중요하다. 이때 연구의 주제선정에 있어서 상식적인 것은 피해야 하며 충분히 학문적 연구의 가치가 있는 것, 독창성이 있는 것이어야 한다. 그리고 주제를 선정할 때 문화적으로 가치가 있는 것이어야 할 뿐 아니라 윤리적으로도 가치가 있는 것이어야 한다. 윤리적으로 반가치적인 것 등은 논제로서 적당하지 못하다.

(3) 연구주제의 실용성

연구주제는 우리의 일상생활 또는 인간의 삶에 도움을 줄 수 있고 실질적으로 활용할 수 있는 것이어야 한다. 학문 또는 연구의 궁극적인 목적은 인간의 삶의 질을 높이는 것에 있다. 특히 생활과학 분야는 우리의 일상생활과 밀접한 학문 분야이므로 연구주제의 실용성, 활용 가능성은 중요한 사항이다.

(4) 연구문제의 해결 가능성

연구문제는 해결 가능해야 한다. 연구문제는 해결 가능할 때만이 그에 따른 합당한 의의가 있는 것이지 해결이 불가능한 경우에는 실제생활에의 응용 및 적용, 지식의 축적 등에 거의 도움을 주지 못한다. 일반적으로 거의 모든 연구문제는 해결의 가능성을 전제로 하고 있지만 모든 문제가 과학적 연구에 의해서 해결되는 것은 아니기 때문에 연구문제 설정 시에는 문제의 해결 가능성에 대한 평가가 이루어져야만 한다. 연구문제가 지식의 축적에 공헌할 수 있을지라도 연구 자체가 불가능하다면 연구할 가치가 없다고 할 수 있다. 여기서 말하는 연구의 가능성이란 연구의 실

쉬어가는 연구방법과 통계이야기 ▶ **3-1 비현실적인 실업률 통계, 이대로는 안 된다**

한국개발연구원(KDI)이 국제노동기구 표준설문 방식으로 우리나라 실업률을 조사했더니 지금보다 4배 이상 높게 나왔다고 한다. 서울지역 20대를 대상으로 표본조사한 결과, 잠재실업률이 21.2%로 현행 조사방법을 적용했을 때(4.8%)와 비교할 수 없을 정도로 차이가 난 것이다. 정부의 실업률 통계가 현실과 동떨어져 있는 게 확인되었을 뿐 아니라 통계조작이란 의심을 살 만하다.

주변을 둘러봐도 청년들은 물론이고 50~60대 여성들까지 일자리를 찾는 사람은 넘쳐난다. 그런데 2011년 9월 정부가 발표한 실업률은 완전고용에 가까운 3.0%였고 청년실업률도 6.3%에 그쳤다. 현재의 통계청 조사로는 유의미한 잠재실업 지표를 작성하는 게 불가능하므로 수정해야 한다. 실업률보다도 오히려 고용률(지난달 59.1%)이 10명 가운데 6명만 일을 하고 있는 실상을 더 잘 보여 준다.

우리나라 실업통계는 취업과 실업, 실업과 비경제활동인구의 중간지대에 놓인 사람들을 제대로 파악하지 못하는 허점이 있다. 설문시점을 기준으로 그 전주에 1시간 이상 일을 하지 않고 그 전 4주 동안 적극적인 구직활동을 했어야 하는 등 까다로운 조건을 충족시켜야 실업자로 분류된다. 이 때문에 취업준비를 하거나 일자리를 찾고 있는 사실상의 실업자들이 비경제활동인구에 숨어 버리니 현실이 제대로 반영될 리 없다. 실업자는 경제활동인구에 포함된 사람만을 기준으로 집계하기 때문이다.

우리나라는 특히 고시나 입사시험을 통해 취직하는 비율이 높은데 이들 시험준비생들을 대부분 비경제활동인구로 보는 것은 문제다. 연구원의 조사로는 비경제활동인구로 파악되는 취업준비자 규모만 해도 지난해 기준으로 62만 5,000명에 이른다고 한다. 20대 청년층 실업자 31만 2,000명의 두 배에 이르는 수치다.

최근 경제성장률마저 하락하는 추세여서 실업 문제에 대한 우려가 크다. 정부가 고용과 일자리 창출에 정책의 최우선 순위를 둔다고 하나 가장 기초적인 실업률 통계가 부실해서는 제대로 된 성과를 기대하기 어렵다. 통계가 부실하면 정책 대응도 빗나갈 수밖에 없다. 미국은 6단계, 캐나다는 8단계, 오스트레일리아는 3단계에 걸쳐 각종 보조 실업률 지표를 발표하고 있다고 한다. 국책연구기관까지 통계부실을 지적한 만큼 통계청은 현실에 맞는 지표를 개발해야 한다.

출처 : 한겨레, 2011년 10월 27일

증적 검증가능성을 말하는 것이며, 연구문제는 이러한 실증적 검증과정을 거쳐서 해결됨을 전제로 하는 것인데 만약 실증적 검증과정이 수행될 수 없다면 연구문제의 해결 가능성이 상실되므로 연구문제로서의 의미가 없다고 하겠다.

연구실행 가능 여부의 판단은 구체적으로 연구를 위한 자료획득이나 연구설계와 관련된 실행상 문제로서 시간과 비용의 제약성, 연구대상자의 확보 가능성, 연구의 협조자, 연구에 필요한 시설과 기구 등 제반 조건의 구비 여부 문제이다. 이와 같은 문제의 해결 가능성은 연구문제의 명확한 구조화, 용어의 명확화, 연구 가능성 등

3가지 기준에 의하여 평가해 볼 수 있다.

예를 들어, 문제가 명확히 구조화되지 못하였다는 것은 문제가 관찰 가능한 현상과 밀접히 연결되지 못할 때 일어난다. 예를 들어, '소비자의 제품관여도는 변화되는가?' 라는 문제는 이러한 문제를 제기한 정확한 의도가 무엇이며 문제의 범위가 어디까지인지 규정화하기가 힘들다. 이 경우 소비자의 관여도 중에서도 사치재에 국한된 문제를 제기한다면 '소비자의 사치재에 대한 관여도는 변화시킬 수 있는가?' 라는 연구문제로 수정되며 이 문제는 구체화되고 관찰 가능성이 높아진다. 이를 다시 '보석에 대한 소비자의 관여도를 변화시킬 수 있는가?' 라는 문제로 수정을 한다면 보다 문제가 구체화되어 관찰 가능성이 높아진다. 따라서 문제의 해결 가능성은 보다 높아지게 되는 것이다.[2)]

지금까지 연구주제를 설정할 때 필요한 주의사항에 대해 살펴보았다. 결론적으로 연구주제를 선정할 때에는 평소 관심 있는 주제, 학문적으로 연구가치가 있는 주제, 해결 가능성이 있는 연구문제, 실용성, 사회적 또는 학문적 이슈가 되는 연구문제, 독창성 등이 중요한 사항이다. 물론 이 같은 모든 조건이 충족되는 연구과제가 의의가 크겠으나 어느 한 요소라도 그 조건이 제대로 갖추어지고 중요하다고 판단된다면 일단 연구의 의의가 있다고 하겠다.

3) 연구계획서 작성

연구주제가 선정된 다음 연구계획을 구체적으로 작성하는 것은 여러 측면에서 중요한 일이 된다. 하나의 거대한 건축물이 이루어지기 위해서는 건축설계가 있어야 한다. 건축물의 진행과정은 이 설계에 따라 그대로 집행하는 과정에 불과한 것이다. 한 연구의 계획서는 건축설계와 비슷하다고 말할 수 있으며, 연구계획이 정밀하게 이루어졌을 때 연구의 진행과정은 이 계획을 집행하는 과정이 된다. 따라서 연구계획에 충분한 시간을 할애하여 연구문제를 명백히 하고 연구과정에 당면될 문제점을 미리 예견하여 방안을 마련할 때 실제 연구진행은 쉽게 그리고 효율적으로 이루어질 수 있다.

2) 연구문제에서 용어 정의가 명확히 규정되어 있지 않은 경우 연구문제의 모호성을 증대시켜 문제의 해결 가능성을 저해하게 된다. 따라서 용어에 대한 명확한 정의를 위해 연구대상이 되는 현상에 대한 명확한 규정이 필요한데 이는 경험적 용어에 대한 명확한 조작적 정의를 통하여 이루어질 수 있다. 조작적 정의는 문제와 관련된 용어를 관찰 가능한 현상과 연결시켜 정의를 내리는 것이므로 정확한 조작적 정의는 연구문제해결 가능성을 좌우하는 중요한 사항이다.

연구계획서를 작성했을 때 나타날 수 있는 장점은 다음과 같이 요약할 수 있다. 첫째, 연구계획서를 작성함으로써 연구문제와 연구진행과정에 관하여 보다 조직적으로 사고할 수 있게 되어 연구계획에 있어서의 결점이나 불합리한 점을 사전에 쉽게 찾아내어 교정할 수 있다. 둘째, 연구진행에 앞서 필요한 자료수집과 진행절차를 명백히 해 준다. 셋째, 타인에게 연구계획에 관한 비평과 제안을 받고자 할 때 정확한 의사소통을 위한 기본적인 방편이 된다. 연구계획서 작성 시 그 내용, 연구계획서의 구성 등에 대해 살펴보자.

(1) 연구계획서의 내용

연구진행의 초기단계인 연구계획단계는 연구의 진행과정 중에서 가장 중요한 단계이다. 따라서 이 단계에 가장 많은 시간과 노력을 할애하게 되고 때로는 실제의 연구진행 기간보다도 더 많은 시간을 할애할 수도 있다. 세계적으로 학문발전과 인류에 커다란 공헌을 한 많은 연구들은 실제의 연구과정보다 그 계획단계에서 수배의 많은 시간을 보냈었다는 사실만을 보더라도 연구의 계획단계가 얼마나 중요한가를 알 수 있다. 연구의 계획단계에서 너무 조급히 굴지 말고 충분한 시간과 여유를 갖고 준비할 때 연구의 진행은 원만히 이루어질 뿐만 아니라 보다 체계적이고 타당한 연구문제의 선정과 연구결과를 얻을 수 있을 것이다.

쉬어가는 연구방법과 통계이야기 ▶

3-2 연구주제 선정을 위한 문헌고찰 전략

연구주제의 발견 또는 선정을 위한 참고문헌이나 기존 연구들에 대해 어떻게 고찰하고 읽을 것인가는 중요한 사항이다. 무엇보다도 기존 연구나 관련 참고문헌에 깊은 관심을 갖고 비판적인 독서가 필요하다. 그러면 비판적 독서를 하기 위한 전략은 어떠한 것이 있는가에 대해 간단히 살펴보면 다음과 같다.

- 필자가 제기한 주요 문제와 결론이 무엇인지를 확인하라.
- 필자가 제시하고 있는 근거나 이유가 무엇인지를 확인하라.
- 부정확한 논증이나 오류의 여부를 확인하라.
- 사실과 의견의 타당성 여부를 확인하라.
- 독자의 감정이나 정서에 호소하는 필자의 주장을 냉철하게 검토하라.

출처 : 모티머 j. 애들러 & 찰스 밴도런(2011). **독서의 기술**. 범우사.

연구의 계획서를 작성할 때 어떤 일정한 형식을 반드시 따라야 하는 것은 아니지만 그러나 대체로 어떤 일반적인 체제를 따르는 것이 의사의 소통과 명료한 사고과정을 위해서 필요한 것이다. 연구문제의 성격에 따라서 연구계획 중에 어떤 항목이나 내용은 보다 자세하게 명시해야 하는 반면에 어떤 부분은 간략하게 설명하거나 또는 생략할 수도 있을 것이다. 연구계획서에 반드시 포함되어야 할 중요한 항목은 연구문제를 구체적으로 제시하고 연구방법에 대해서도 명확히 하여야 한다.

■ **연구문제** : 연구계획서에서는 그 연구에서 해결하고자 하는 연구문제를 명료하게 서술하여야 한다. 연구문제에 관한 도입과정에서는 일상적인 용어로 일반적 수준에서 연구문제를 우선 진술한 다음 이것을 다시 구체화하여 몇 개의 상세한 연구목적 또는 가설들로 명시한다. 이때에 제시된 구체적인 연구목적이나 가설은 명료하고 정밀하게 진술되어 그 문제를 해결하기 위하여 바로 어떠한 방법이나 정보가 필요한가를 누구나 명확히 이해할 수 있을 정도로 서술하여야 한다.

연구의 목적이나 가설설정의 타당성을 명백히 하기 위하여 연구의 필요성이나 연구문제의 역사적 배경 또는 그 이론적인 근거를 간결하게 설명하는 내용의 항목이 포함되어야 한다. 과거에 이루어진 관계되는 연구가 없거나 이론적 배경이 없는 현장연구의 성격을 가진 연구의 경우, 이는 현재의 당면한 실제적인 문제해결에 관심이 집중된 연구이므로, 연구의 필요성에 관한 내용이 강조되어야 한다.

■ **연구방법** : 연구문제를 해결하기 위한 연구방법의 전반적인 설명이 필요하다. 즉, 연구방법과 절차, 문제해결의 주요 전략과 기술에 대한 설명, 실험방안, 측정도구 및 연구진행 순서 등에 관한 상세한 기술이 필요하다. 때로는 어떤 특정한 연구방법을 적용하는 데 필요한 어떤 가정이 있으면 이를 명시해야 한다. 실험설계나 동원된 어떤 연구방법이 연구목적에 적합한지에 대한 정당성 또한 제시되어야 한다. 그러나 위와 같은 전반적인 연구방법에 관한 진술과 더불어 연구의 성격과 필요에 따라서 구체적으로 다음의 항목을 따로 설정하여 이를 명세화함으로써 연구방법의 타당성과 절차가 명료하게 인식되도록 해야 한다.

(2) 자료의 내용과 도구

연구의 성격이나 연구방법의 중요도에 따라 자료의 수집방법이나 실험절차 및 측정도구의 성격에 관해서도 명확히 제시하여야 한다. 예를 들어, 면접방법에 의해서 연구를 하는 경우에는 면접의 성격, 절차 및 그 내용과 그 면접을 수행하는 데 적합한 면접자의 특성도 기술되어야 한다. 특히 심리검사를 사용하는 경우에는 사용될 검사의 내용과 그 특징 및 검사가 실시되는 상태와 조건을 명시해야 한다. 또한 실험연구에서 어떤 도구가 사용되거나 제작되는 경우에는 이 도구나 실험기구에 대한 설명과 그 실시상태와 조건 및 실험방안을 명시해야 한다.

(3) 연구대상 모집단과 표집

모집단이란 연구의 결과를 일반화할 수 있는 집단을 말한다. 예를 들어, 연구결과를 한 도시의 중학교 1학년에게 일반화하려는 경우에는 이 모집단의 특성과 그 한계를 명시해야 한다. 물론 모집단을 연구의 대상으로 삼을 수 없으므로 모집단으로부터 연구에 사용될 표집을 어떻게 할 것인가 하는 표집방법을 명시해야 한다. 이때의 표집방법은 연구에서 얻어진 결과를 일반화할 수 있는 편견이 없는 표집방법이 되어야 한다. 특히 실험연구나 분석적 연구가 아닌 조사연구에서는 모집단과 표집과의 관계를 명시하는 것이 더욱 중요하다. 실험연구나 분석적 연구는 연구에 사용될 표집의 특성을 보다 명확히 기술함으로써 연구결과의 적용범위를 알리는 효과가 있다.

(4) 자료처리와 분석방법

자료처리에 적용될 통계적 방법이나 분석방법을 연구계획서에 명시하는 것이 바람직하다. 분석방법은 자료가 수집되기 전에 미리 고려되어야 한다. 만약, 상당히 많은 경비와 노력을 들여 자료를 수집하였으나 적합한 통계적 방법이 존재하지 않을 경우 많은 손실과 낭패에 직면하게 되는 수도 있다. 따라서 통계적 분석방법을 미리 생각해 보고 어떤 통계분석방법을 사용할 것인가에 관해서 통계전문가와 사전에 상의하는 것이 좋다. 이러한 상의를 통하여 같은 목적을 달성하는 데 시간과 노력이 적게 드는 새로운 방법을 제안받는 것이 좋다.

자료수집을 시작하기 전에 자료처리 및 분석방법에 대한 연구계획서를 만들어 봄으로써 얻어질 수 있는 효과는 대체로 세 가지이다. 첫째, 연구하고자 하는 주제가 다시 검토되고 평가되며 연구주제에 대한 예비지식이 종합적으로 체계화된다. 둘째, 필요한 조사대상이 어떤 것인가를 확인하고 수집되어야 할 정보의 성격 및 근거를 사전에 알 수 있게 됨으로써 자료수집의 방향결정에 도움이 된다. 셋째, 수집된 자료의 기록과 편성에 이르기까지 작업의 편리성과 효율을 높여 주게 된다.

2 참고문헌 조사와 고찰

1) 참고문헌의 중요성

문헌고찰은 연구의 진행과정에서 가장 중요한 것 중의 하나이다. 연구결과가 아무리 훌륭한 것일지라도 이미 그것과 똑같은 연구가 진행된 바 있어 연구결과가 발표된 사실이 있다면 그 연구의 가치는 현저하게 감소될 뿐만 아니라 경우에 따라 다른 사람의 연구를 도용하였다는 비난까지도 받게 될 수 있다. 본인이 연구하는 주제와 거의 같은 연구가 권위 있는 학술지에 이미 발표되었음에도 불구하고 그것을 모르고 있었다면 그만큼 문헌조사가 부족했다는 비난을 면할 수 없을 것이다.

다른 연구자들이 연구한 것을 파악함으로써 자기가 해야 할 연구의 방향과 범위를 결정하는 데 도움을 받을 수 있고 이를 이용할 수도 있을 것이므로 연구주제와 관계가 있는 문헌을 빠짐없이 탐색하는 것은 필요불가결한 일이다. 그러므로 문헌탐색은 넓게 하여야 한다. 다만 선행연구를 본인의 연구에 인용할 경우에는 꼭 필요한 최소한의 범위 내에 한정하는 것이 좋다.

한편, 문헌조사는 연구주제와 관련이 있는 정보를 조사하여 체계적으로 요약하는 것이므로 조사과정에서 아이디어를 얻어 연구주제를 선정하게 되고, 그 연구와 관련된 기초지식이나 과거에 이룩된 업적을 알 수 있다. 과학기술이 급속하게 발전할수록 발생하는 문헌량은 날로 증가하기 때문에 어떻게 하면 빨리 그리고 정확하게 문헌을 조사하는가 하는 것이 연구자에게는 중요한 과제가 된다. 연구의 주제를 정하기 전에 선행하여 관심 있는 영역에 대한 문헌을 숙독함으로써 연구주제를 선정하게 된다. 따라서 연구문제의 선정과 문헌고찰은 순환적인 관계에 있다고 하겠다.

문헌고찰의 유용성을 구체적으로 살펴보면, 첫째, 문헌을 고찰하면 연구에 대한 착상의 근원이 된다. 관심 있는 영역의 문헌을 섭렵하면 새로운 연구의 필요성을 깨닫게 되고 연구문제를 구체화할 수 있다. 둘째, 관심 있는 영역에 대한 문헌의 고찰은 이미 밝혀진 지식의 윤곽을 파악하게 한다. 현재까지 밝혀진 지식을 알아야만 이미 발표된 연구를 반복하지 않으면서 밝혀지지 않은 영역을 찾을 수 있다. 현존하는 지식을 기초로 할 때 좋은 연구를 위한 개념적 맥락을 잡을 수 있고 그 영역에 대한 이해력과 통찰력을 넓힌다. 셋째, 연구의 방법에 대한 정보를 얻게 된다. 연구절차, 측정도구, 통계분석을 습득하면 자신의 연구에 대한 구체적 전략을 세울 수 있다. 넷째, 문헌고찰은 과거의 조사에서 반복적으로 특정문제에 영향을 미치는 것으로 발견되었던 주요 변수를 하나라도 빠뜨리지 않도록 하는 데 도움이 된다. 예를 들면, 소비자들이 미처 인식하지 못했거나 또는 면접자의 실수로 구체적으로 진술되지 못하였거나 하는 등의 여러 이유로 인해 몇몇 중요변수들이 면접에서는 전혀 밝혀지지 않는 경우도 있다. 만약 면접과정에서는 밝혀지지 않았으나 문제에 결정적인 영향을 미치는 변수가 있을 경우, 그 변수를 고려하지 않고 연구를 한다면 결국 아무 소용이 없는 연구가 될 것이다. 이러한 문제에 빠지지 않기 위해서 조사자는 특정문제 영역과 관련된 중요한 문헌들을 모두 파악할 필요가 있다. 왜냐하면 문헌조사와 고찰을 통해서 조사와 관련된 모든 변수들을 포함시킬 수 있을 뿐만 아니라 구조화된 면접 및 비구조화된 면접을 통해 수집된 정보와 선행조사에서 발견된 조사결과를 창조적으로 통합할 수 있기 때문이다. 즉, 조사자는 문헌고찰을 통해서 차후의 조사과정에 도움이 되는 유용한 기본적인 조사의 틀을 얻게 된다.

2) 체계적 문헌고찰의 순서

연구자가 관심을 갖고 있는 조사문제영역과 관련된 선행조사결과들을 어디에서 어떻게 수집할 수 있는가? 문헌조사를 체계적으로 수행하는 방법에 대해 살펴보자. 문헌조사와 고찰은 연구과정에서 지속적으로 수행히게 되는 직업으로 인식되고 있으나 최소한 연구자가 인지하여야 할 8가지 단계가 있다.

- 연구주제와 관련된 일반적인 용어의 규명
- 기초적인 정보와 중요한 참고문헌을 파악하기 위해 주요 교과서나 단행본, 지침서, 사전, 논문, 기타자료 등의 탐색

■ 연구주제와 관련하여 특별히 중요한 단어나 내용의 구체화
■ 논문이나 책 등과 관련한 탐색을 가능하게 하는 색인이나 초록, 정보탐색체계를 찾아냄
■ 필요한 연구논문이나 학위논문, 단행본, 보고서, 기타자료 등 목록의 구체화
■ 도서관 등의 문헌 소장소에서 참고문헌의 습득
■ 연구주제와 관련하여 습득한 정보에 대한 보고서 작성
■ 문헌을 바탕으로 하여 이론적 배경이나 선행연구결과를 작성하고 참고문헌 목록을 작성

이상의 8단계 중 특히 중요한 사항에 대해 보다 구체적으로 살펴보면 다음과 같다.

(1) 참고문헌 목록 색인

참고문헌 및 관련연구들을 고찰하기에 앞서 자료를 획득하는 방법과 자료의 소재를 파악하는 방법을 알아 두는 일이 중요하다. 관련 분야의 모든 간행물과 논문집을 입수하여 이를 일일이 한 페이지씩 훑어보는 것은 불가능할 뿐만 아니라 비효율적이다. 따라서 생활과학 분야와 관련한 간행논문들을 쉽게 찾기 위하여 정기간행물, 신문, 도서, 논문집 등에 발표된 논문이나 기사를 정기적으로 수집한 참고문헌 색인을 참고하는 것이 능률적이다.

참고문헌 목록은 저자를 알파벳 또는 가나다 순으로 열거하고 연구 및 조사의 내용과 자료출처를 체계적으로 나열한 것이다. 이미 언급한 바와 같이 여러 색인으로부터 조사연구에 이용 가능한 문헌을 선별하고 편리하게 이용하기 위해서는 참고문헌카드를 작성하는 것이 좋다. 참고문헌카드를 작성하기 위해서는 사전에 색인카드를 만들어 놓는 일이 중요하다. 색인카드는 저자명에 따라 알파벳 또는 가나다 순으로 배열할 수 있다. 색인카드에는 기본적으로 저자명, 논문의 제목, 논문이 기고된 논문지명, 연도, 권(호), 논문의 페이지 수에 관한 내용들을 담고 있어야 한다.

(2) 도서관 내 자료 발견

참고문헌 목록이 작성되고 나면 도서관에 있는 목록카드를 활용하여 자료가 보관되어 있는 도서관 내의 장소를 알아본다. 목록카드는 도서관에 소장되어 있는 모든

도서 및 논문집을 주제별 및 저자별로 열거해 놓은 것이다. 목록카드를 훑어보면서 연구자는 자기가 가지고 있는 색인카드에 소장도서관의 분류번호를 적어 두어야 한다. 이는 도서관 내에 있는 자료보관장소를 신속히 파악하는 데 도움이 된다.

(3) 문헌조사에 유용한 자료의 선택

조사자가 관심을 가지고 있는 분야에서 이루어진 모든 문헌들이 참고문헌 목록에 포함되어 있어야 하나 목록에 포함된 모든 참고문헌들이 조사하고자 하는 문제와 반드시 유관한 것은 아닐 것이다. 따라서 연구자는 논문의 제목이나 초록을 대충 읽어가면서 관련성이 미흡한 여러 참고문헌들을 제거해야 할 것이다. 논문을 훑어가는 과정에서 참고문헌카드를 만들고 뒷면을 이용하여 연구의 세부적인 내용들을 적어두는 것이 좋다. 즉, 참고문헌카드의 앞면에는 논문의 정체를 밝히는 내용을 적고 뒷면에는 문제진술, 사용된 변수, 표본, 자료수집 및 자료분석방법, 연구결과 등 연구의 세부적인 내용들을 적는다. 이와 같이 적어 둔 카드들을 체계적으로 모아둠으로써 혼란과 시간의 낭비가 없이 문헌조사의 내용을 요약하는 데 도움이 될 것이다. 또한 이러한 작업을 마친 후 카드에 적어둔 내용들을 훑어봄으로써 특정조사문제와 관련하여 대부분의 조사연구에서 중요하게 고려된 변수가 무엇인가를 알 수 있을 뿐만 아니라 기존연구들의 세부적인 내용들을 요약하는 데 있어서도 큰 도움이 될 것이다. 이러한 과정을 거치는 동안에 조사자는 종종 다른 영역에서 이루어진 조사, 연구가 당면한 조사문제에도 밀접한 관련이 있음을 발견할 수 있다.

예를 들면, 상표충성도에 관한 논문을 읽어 가는 과정에서 구매 후 만족도가 상표충성도에 영향을 미치는 변수로 고려되고 있다는 것을 발견할 수 있다. 이 경우 연구자는 구매 후 만족도의 정의 및 이의 구성요소에 대한 보다 풍부한 지식을 얻고자 할 것이며 따라서 연구자는 구매 후 만족도에 관한 자료들을 읽고 카드를 만들어 앞서 설명한 바와 같이 적절한 기록을 하게 된다. 이와 같이 연구자는 모든 관련영역에 대하여 포괄적이면서 체계적인 지식을 갖춤으로써 나중에 논리적이고 의미 있는 문제진술을 하는 데 도움이 될 것이다. 또한 문헌자료를 선택할 때는 다음과 같은 평가기준을 알아 둘 필요가 있다.

- 정확성 : 자료의 내용이 얼마나 정확한 사실성을 갖고 있는지를 가려야 한다.

■ **참신성** : 오늘날과 같은 정보의 홍수시대, 고속산업사회에서 낡은 자료는 무의미한 경우가 많다. 가능하면 최신의 자료가 더욱 설득력이 있고 신빙성이 높다.

■ **권 위** : 전통이 있고 사회적으로 인정받은 출판사의 간행물, 저명한 석학이 지은 책이나 논문, 믿음성 있는 기관의 발표자료는 그만큼 인정과 호평을 받게 된다.

■ **체재와 내용의 충실** : 목차의 짜임새, 권말색인의 충실성, 참고문헌목록과 각주의 질과 양식 등이 정확하고 충실하면 내용도 따라서 충실할 수밖에 없다. 그러나 내용검토가 구체적이고 전체적일 수는 없지만 주제가 표출하고 있는 의미와 방향에 따라 진실성과 과학성이 있는 내용인가를 분석해 보는 일은 필요할 것이다.

(4) 문헌고찰의 내용

저자와 연도를 이용하여 연구문제와 관련이 있는 문헌을 체계적으로 숙독하고 이해하는 것을 문헌고찰이라고 부른다. 문헌고찰은 조사대상이 되는 영역에서 지금까지 연구되어 온 문헌들을 명백하고 논리적으로 밝히는 것이다. 앞서 설명한 바와 같이 문헌고찰의 목적은 조사문제와 관련이 있는 중요변수들을 발굴하여 이를 조명하고 조사의 이론적 틀의 기초가 되는 중요한 결과들을 입증하고자 하는 데 있다. 이와 같이 체계적이고 논리적으로 선행연구결과들을 이해함으로써 해당 조사영역에 대한 지식을 충분히 갖추고 이론적 모델이 선행연구에 근거한, 즉 기존 지식에 토대를 둔 문헌고찰이 이루어져야 한다.

문헌고찰을 함에 있어 유의해야 할 사항 중의 하나는 일관성이 결여된 정보나 기존연구를 연대순으로 배열하여 제시하지 말고 모든 관련있는 정보를 설득력 있고 논리적인 방법으로 일관성 있게 통합하여야 한다는 점이다. 왜냐하면 논리적으로 일관성 있게 이루어진 문헌조사가 전제되어야만 의미 있는 연구문제진술이 가능하기 때문이다.

문헌고찰 시에는 문헌내용의 전체를 구성해 두고 순서를 정해 기록하는데, 이때 관련성에 따라 조직해 나가야 한다. 또한 자신의 연구에 대한 체계적인 논리를 제공해야 한다. 그러므로 기존 연구에 대한 일관성이나 모순성을 지적할 수 있어야 하며 연구방법에 대한 비교나 한계점도 밝힐 수 있어야 한다. 이러한 일련의 과정은 객관적이어야 하는데 연구결과가 상충된 연구들을 제시할 때에도 개인의 주관을 배제하고 가설이 지지되지 않은 연구라 할지라도 무조건 생략해서는 안 된다. 문헌고찰의 끝부분에서는 기존연구를 요약하면서 비판도 가능하다. 이 비판은 연구의 필요성과 관련이 되기 때문에 매우 중요하다.

3) 참고문헌 조사방법

(1) 참고문헌의 종류

최근 학문 분야의 급속한 진보에 따라 연구자의 수와 발표되는 논문의 수가 매년 증가하고 있다. 그런데 이들 연구는 각각 다른 언어로 발표되어 있으므로 개인의 힘으로 이 모든 정보를 수집하는 것은 불가능하다. 따라서 대규모의 정보기관과 같은 기관이 필요하게 되었으며 우리나라에도 한국산업경제기술연구원(KEIT)이 있다. 문헌의 탐색은 연구주제가 결정된 다음에 바로 시작되어야 할 과제이나 초보자에게는 매우 힘든 작업이다. 따라서 아래 문헌을 찾는 방법에 대해 설명하고자 한다.

참고문헌은 1차 출처와 2차 출처가 있다. 1차 출처란 연구를 직접 수행했던 사람에 의해 쓰여진 보고이며 2차 출처는 연구자가 아닌 제삼자에 의해 보고된 것이다. 2차 출처는 연구문제에 관련된 정보를 포괄적으로 제공하고 있으므로 매우 유용할 수 있으나 충분하고 자세한 정보는 아닐 수 있다. 뿐만 아니라 1차 출처를 사용한 연구자의 가치관에 의해 집약·요약되었으므로 주관성이 개입되었을 가능성이 있음을 염두에 두어야 한다. 그러므로 다양한 정보는 2차 출처에서 얻고 난 뒤 자세한 정보를 위해 1차 출처를 이용하는 것이 바람직하다.

서적은 전공영역의 광범위한 지식을 제공해 주기 때문에 가장 보편적으로 사용하는 참고문헌이다. 특히 관심 있는 주제에 대한 정보를 다각도로 접근할 뿐만 아니라 그 정보에 대해 많은 참고문헌을 제시하고 있으므로 유용하다. 초보의 연구자는 서적을 통해 연구의 주제를 찾을 수 있다. 저서 외에 학술지에 실린 연구논문이나 보고서 그리고 학위논문, 기타간행물 등의 연구에 필요한 참고문헌은 많다. 이러한 것들은 서적에 비해 최신의 정보를 담고 있다. 이 같은 참고문헌은 다수의 다른 문헌들을 인용·기록하고 있으므로 그것을 이용하여 다양하고 폭넓은 참고문헌을 찾을 수 있다.

연구주제에 직접 관련된 문헌을 발견하기란 쉽지가 않다. 이때 색인이나 초록을 이용하면 관련문헌을 찾는 데 유용하다. 색인은 어떤 학술지에 어떤 논문이 실려 있는지를 소개하고 있는데 우리나라에서는 전공별 색인이나 초록을 모은 문헌은 없다. 다만 국회도서관에서 학위논문의 목록을 1년에 한 번씩 출간하고 있다. 생활과학 분야의 대표적 학술지인 대한가정학회에서는 5년에 한 번씩 가정학의 최신정보를 각 전공별로 출간하고 있다.

각 분야의 초록은 대개의 경우 세계에서 출판되고 있는 모든 논문을 모아 계통에 따라 분류하고 논문의 저자명, 논제, 게재지명, 권, 호, 쪽수, 연대, 논문의 개요 등을 기재하고 있다. 초록은 연구자들에게 세계에서 행해지고 있는 연구활동에 관한 최신정보를 빠짐없이 제공하기 위하여 만들어진 것이므로 오늘날 문헌 및 연구의 정보를 얻는 데 가장 널리 활용되고 있다. 그러나 논문이 발표된 후 상당한 기간, 예컨대 1년 이상의 기간이 지나야 초록집에 수록되는 단점이 있다.

생활과학 여러 분야에서는 그 분야의 논문만을 수록하는 잡지나 학회지가 있다. 따라서 연구자가 원하는 논문이 어느 학회지에 수록되어 있는가를 알면 이들 학회지를 이용함으로써 원문을 읽을 수 있다. 최근의 정보를 얻기 위하여 이들 학술지가 도착하면 우선 목록만을 읽어서 자기의 주제와 관련된 것이 있는가를 곧바로 찾는 것이 전략적이다.

일반적으로 논문이 완성된 후에 학술지에 실려 그것이 출판되기까지는 많은 시일이 걸린다. 예를 들면, 어떤 학회지는 1년 이상이 걸리는 수가 많고 빨라야 6개월 정도는 걸린다. 따라서 학자들은 정보수집의 시간을 절약하고 또한 자기가 연구한 사실들을 빨리 다른 사람들에게 알리기 위하여 학회지에 출판되기 전에 프린트를 한 논문들을 서로 교환하고 있다. 또 학회지가 인쇄된 후 저자에게 주는 별쇄도 교환할 수 있다. 연구를 처음 진행하는 초보자가 이를 획득하기란 용이하지 않지만 본인이 꼭 어떤 연구자의 연구활동에 관한 최근 수년의 지식을 얻고자 할 때에는 별쇄를 요청하는 것이 바람직할 것이다. 이밖에 다양한 사전류나 석, 박사학위논문, 정부간행물이나 기타 인쇄물 등도 참고문헌으로서 이용할 수 있는 자료이다. 최근에는 컴퓨터를 이용하여 데이터베이스를 통해 관련문헌을 찾을 수도 있다. 이것은 연구자가 연구주제를 제시하면 참고문헌의 목록을 알려줄 뿐 아니라 요약문(초록 : abstract)을 제시하는 경우도 있다. 이를 이용할 경우 도서관에서 보내야 할 많은 시간을 절약할 뿐 아니라 인쇄되어 있지 않은 최근의 정보까지도 얻을 수 있다.

(2) 문헌을 수집하는 구체적 방법

연구자는 자기가 원하는 참고문헌을 게재하고 있는 학회지나 출처가 어디인지에 대해 도서목록을 먼저 조사하고 난 다음 이를 소장하고 있는 도서관 등의 목록을 조사하는 것이 순서이다. 체계적이고 효과적인 문헌조사를 위해서는 참고도서의 점검표와 조사대상항목 일람표를 작성해야 한다. 이것들은 도서관이나 도서실에 보관되어 있기 때문에 도서관은 문헌조사에서 가장 많이 이용되는 곳이며 정보제공의 사랑방이라고 할 수 있다.

한편, 문헌조사에서 얻은 필요한 정보를 더욱 능률적이고 편리하게 이용하기 위해서는 카드에 기록, 정리해 두는 것이 좋은데 자료카드는 문헌카드와 식별이 쉽도록 구분하는 것이 용이하다. 자료카드는 참고문헌카드와 구별하여 따로 준비해도 되나 참고문헌카드의 뒷면을 이용하는 것도 편리하다. 한 번 작성한 카드는 한 번만 사용하는 것이 아니라 계속 참고되는 것이므로 알아보기 쉽고 정확한 철자로 표기해야 한다. 자료카드에 기록하는 정보는 필요하다고 생각되는 내용은 무엇이든지 기록하되 근거는 정확하게 밝혀지도록 출처를 표기해 두어야 한다. 자료카드는 가능하다면 실제로 읽은 문헌과 관련하여 카드에서 요약이나 판단, 인용, 간단히 말해서 연구결과를 편집할 때, 그리고 최종적인 참고문헌을 작성할 때 읽었던 책을 이용하는 데 도움이 될 모든 것을 기록해 둘 수 있다.

3 가 설

모든 분야의 연구는 인간이 살고 있는 세계에서 발생하는 일들에 대한 질문으로부터 시작된다. 직업에 따라 수입에는 어떤 차이가 있는가? 소득에 따라 자녀 수는 어떠한가? 등 이러한 질문들은 수입이나 직업, 자녀 수와 같이 관찰할 수 있는 사람, 집단의 두 가지 특성 또는 그 이상의 특성 간의 관계로 서술되어 있다. 이렇게 다양한 관계들은 사회과학의 핵심적인 개념을 나타내고 있으며 이와 같은 개념들의 관계를 나타내는 것이 논리적으로 표현한 것이 가설(hypothesis)이다. 대부분의 연구는 가설을 포함하고 있다.

1) 가설의 정의 및 특성

가설은 연구문제의 해결을 위하여 논리적으로 추론한 명제이다. 가설이란 둘 또는 그 이상의 변수들 간의 관계에 대해 논리적으로 추출된 관계가 검정 가능한 진술문의 형식으로 표현된 것이다. 이러한 변수들의 관계는 연구를 위하여 구성된 이론적 틀에서 설정된 관계 네트워크를 토대로 하여 추론된다. 가설은 각각 구성한 개념적 틀로부터 검정 가능한 여러 진술문, 즉 가설을 도출할 수 있는데 예를 들면, 다음과 같은 가설을 도출할 수 있다.

• 가설 예제
소비자교육을 시키면 소비자들의 의식수준은 높아질 것이다

이는 하나의 검정 가능한 진술문이다. 만약 조사자가 여러 강좌에서 소비자의 소비의식을 측정할 수 있다면 두 변수 간에 유의한 정적 상관관계가 존재하는지를 알아보기 위해 두 변수 간의 관계를 통계적으로 검정해 볼 수 있는 것이다. 조사자가 두 변수 간에 유의한 정적 상관관계가 있다는 사실을 발견하게 되면 위의 가설은 실체화(채택)되지만 유의한 정적 상관이 발견되지 않으면 가설은 실체화되지 않을 것이다(기각). 물론 조사자는 위의 가설이 논리적으로 추론된 것이기 때문에 검정결과 가설이 실체화될 것으로 기대할 것이나 경우에 따라서는 기각될 수 있다.

한편, 조사자는 두 변수 간의 관계에 우연적인 영향을 미치는 제3의 중요변수가 고려되지 않은 것은 아닌가 하는 의심을 해볼 수도 있다. 예로서 조사자가 선행의 문헌을 고찰해 보니 실제로 소비자의 개인적인 상황이나 특성과 같은 변수가 유사한 선행연구에서 자주 사용되었다는 사실을 발견할 수도 있다. 즉, 비록 처음에는 소비자교육을 열심히 가르친 결과 소비자의 소비의식수준이 높아질 수 있으나 이는 소비자 각각의 교육수준이나 연령, 성별 등과 같은 개인적인 특성에 따라 소비자 의식수준 향상에 차이가 있을 수 있다. 따라서 이 경우 조사자는 중요한 관련 변수를 개념적 틀에서 빠뜨렸다는 사실을 발견하게 된다. 이는 부적절한 개념적 틀이

개발되지 않도록 하기 위해서는 철저한 문헌고찰이 전제되어야 한다는 사실을 일깨워 주는 좋은 본보기가 된다. 다시 말해, 철저한 문헌조사에 의해서만 양질의 개념적인 틀이 개발될 수 있고 양질의 개념적 틀을 토대로 하여 비로소 양질의 가설이 개발될 수 있음을 나타내 주고 있다.

연구의 목적이나 방법에 따라 탐색연구나 실태조사는 가설을 설정하지 않으나 대부분의 연구에서는 연구문제를 가설로 전환시켜 사용한다. 특히 인과관계를 밝히는 연구에서는 검증 가능한 가설만을 사용하도록 요구한다. 왜냐하면 문제 자체는 질문이므로 검증할 수 없다고 보기 때문이다.

연구문제가 변수들과의 관계의 진술이라면 가설은 관계뿐만 아니라 그 관계가 어떠한지를 명시하고 있다. 즉, 연구문제의 기대된 결과에 대한 예측된 잠정적인 해답을 포함하고 있다. 만약 가설이 실증적 검증과정을 통하여 진실이라고 받아들여진다면 그 가설은 연구문제에 대한 해답을 제공해 줄 수 있으나 가설이 진실이 아닌 것으로 판명되면 그 문제에 대한 해답을 제공해 줄 수 없게 된다. 따라서 가설은 하나의 사실과 다른 사실과의 관계를 잠정적으로 나타내는 것으로 이를 검증함으로써 특정현상에 대한 설명을 가능하게 해 주어 연구자가 제기한 문제의 해답을 내려주게 되는 것이다.

이러한 가설은 다음과 같은 특성을 가지고 있다. 첫째, 가설은 연구문제를 해결해 줄 수 있어야 한다. 가설의 가장 큰 목적은 문제를 해결하는 데 있다. 따라서 가설이 참이라고 밝혀지면 문제가 해결된다. 그러나 가설이 거짓이라고 밝혀지면 대부분 문제가 해결될 수 없는 경우다.

둘째, 가설은 변수로 구성되며 그들 간의 관계를 나타내고 있어야 한다. 문제는 주로 어떤 사건을 중심으로 이루어져 있으나 가설은 이러한 사건들을 숫자로 표시할 수 있는 변수의 형태로 바꾸어야 한다. 예를 들어, '부유한 사람들은 많이 배운 사람들이다.' 라는 가설은 잘못된 것이다. 부유하다는 것과 많이 배웠다는 것은 사건이라고 할 수 있다. 그러므로 이를 변수로 바꾸려면 '소득수준이 높은 사람은 학력수준이 높다.' 라고 해야 한다. 소득수준과 학력수준은 숫자를 부여할 수 있다. 이와 같이 사건을 변수로 바꾸는 과정을 개념의 조작적 정의라고 한다. 또한 가설은 이러한 변수들 간의 관계를 나타내야 하므로 주로 이러한 관계는 특정변수의 조건이 어떠할 때, 다른 특정변수의 조건이 어떠하다라는 형태로 표현된다. 즉, 소득수준이라는 조건이 높을 때 학력수준이 높다라고 표시할 수 있다.

셋째, 가설은 검증될 수 있어야 한다. 가설은 우리가 실제로 자연을 관찰하여 얻은 자료를 이용하여 검증할 수 있어야 한다. 즉, 검증 가능한 가설에 포함되어 있는 변수들은 조작적으로 정의할 수 있어야 하며, 이들은 직접 관찰되거나 측정될 수 있어야 한다.

2) 가설의 조건

가설은 우선 개념적으로 명백한 것이어야 한다. 가설을 형성하는 개념은 가능한 한 조작적 정의가 명백하게 규정된 것이어서 의사소통이 용이한 보편적 용어로 표현이 되어야 한다. 또한 가설은 경험적으로 검정 가능한 것이어야 하며 막연하고 추상적 또는 일반적인 내용이 아닌 상세하고 구체적인 것이어야 한다. 아울러 가설은 실제 적용할 조사분석방법과 상호 적절한 관련이 있어야 하며 이론적 근거에 입각하여야 한다. 따라서 가설은 기존의 관련이론으로부터 도출되기도 하고 다른 가설로부터 연역되기도 하기 때문에 이론으로부터 도출되고 경험적 사실로 검정이 된 가설은 새로운 명제 또는 새로운 이론으로 인정되는 것이다.

• **가설설정과정**

기존이론 → 가설 → 경험적 사실 → 명제, 이론 또는 공리

특정 상황에서 중요한 변수를 파악하고 개념적 틀에서 논리적 추론을 통해 여러 변수들 간의 관계를 설정한 후 이론화된 관계가 연구자가 검토하고자 하는 특정상황에서 실제로 유효한가를 검정하게 된다. 적절한 통계분석을 통하여 변수들 간의 관계를 나타내는 가설검증을 하게 되고 연구자는 문제해결을 위하여 변화되어야 할 요소가 무엇인가에 대한 실마리를 찾게 되는 것이다. 이와 같이 검정 가능한 진술문(testable statement)을 형성하는 작업을 가설 설정이라고 부른다.

연구에 사용할 가설이 좋은 가설인지를 판단하려면 다음과 같은 기준에 비추어 평가하여야 한다. 첫째, 가설은 경험적으로 검증할 수 있어야 한다. 즉, 실증조사를 통하여 가설의 옳고 그름을 판단할 수 있어야 한다. 둘째, 동일연구 분야의 다른

가설이나 이론과 연관이 있어야 한다. 셋째, 가설의 표현은 간단명료하여야 한다. 넷째, 연구문제를 해결할 수 있어야 한다. 가설이 옳고 그름을 판정하는 것이 곧 연구문제를 푸는 것이다. 다섯째, 가설은 논리적으로 간결하여야 한다. 가설은 표현뿐 아니라 실질적으로 간결한 논리로 이루어져야 한다. 가설은 이러한 체계 안에서 두 개 정도의 변수들 간의 관계를 간단한 논리로 설명하여야 한다. 여섯째, 가설은 계량적인 형태를 취하든가 계량화할 수 있어야 한다. 사회과학에서 계량적인 형태의 가설은 그리 많지 않으나 가설을 검증하기 위해서는 계량화할 수 있어야 한다. 일곱째, 가설검증의 결과는 가능한 한 광범위하게 적용될 수 있어야 한다. 가설이 적용되는 범위가 매우 작은 영역에 국한되어 있다면 연구결과는 지식의 발전에 공헌하는 정도가 작아진다. 여덟째, 너무나 당연한 관계를 가설로 세울 수 없다. 즉, 경험적 검증을 할 필요가 없는 것은 가설로 적합하지 않다. 예를 들어, '시험성적이 올라가면 전체 등수가 올라간다.' 와 같은 가설은 당연하므로 가설로는 부적당하다. 아홉째, 가설은 동의반복적이어서는 안 된다. 가설은 서로 다른 두 개념이나 변수의 관계를 표시하여야 한다. 예를 들어, '소비재 A의 판매증가율이 소비재 B에 비해 증가하면 소비재 A의 시장점유율은 높아진다.' 라는 가설은 소비재 A의 시장점유율이 곧 소비재 B의 판매량과 비교하여 표준화시킨 판매량이므로 같은 의미를 지닌 두 개념 간의 관계를 나타낸 것이기 때문에 가설로는 부적당하다. 즉, 이와 같은 가설들은 연구에서 조사하여야 할 어떤 구체적인 내용을 우리에게 제시하는 것이다. 가설들은 주사하여야 할 구체적인 것들(지표)을 일러줄 뿐만 아니라 이러한 지표들이 어떻게 서로 관련되어 있는지도 알려 준다.

3) 가설의 진술문

가설을 제시하는 진술문의 형태로는 크게 선언적 형태의 진술문, 가정법 형태의 진술문, 방향성 가설과 무방향성 가설로 구분하여 살펴볼 수 있다.

(1) 선언적 형태

가설은 통상적으로 선언적 문장(기술적 가설) 형태로 표현된다. 즉, 변수 간의 관계를 서술함에 있어 보통 선언적 형태를 갖는다. 예로 '소비자들이 특정제품의 광고메시지에 노출되는 횟수의 증가는 그 제품에 대한 선호도를 증가시킨다.' 라는 가설이 선언적 형태의 가설이다.

(2) 가정법 형태

대부분의 연구에서는 주로 가정법 형태의 문장으로 가설을 기술하는 경우가 많다. 예를 들면, '만약 소비자들이 특정제품의 광고 메시지에 대해 노출되는 횟수가 증가한다면 소비자들의 그 제품에 대한 선호도는 증가할 것이다.' 와 같은 가설이 가정법 형태의 가설이다. 이미 언급한 바와 같이 가설이란 변수들 간의 관계를 검정 가능한 형태로 진술된 문장이다. 또한 가설은 어떤 변수 또는 변수들에 대해 집단 간에 차이가 있는가를 밝히기 위한 검정을 할 수도 있다. 추론된 관계나 집단별 차이의 존재 여부를 밝히기 위해서는 통상적인 진술문 또는 조건형 진술문의 양식으로 가설이 설정된다.

(3) 방향성 가설과 무방향성 가설

두 변수 간에 존재하는 관계의 방향을 이미 알고 있는 경우에는 그 관계의 방향을 나타내도록 가설을 진술할 수 있다. 관계의 방향을 나타내는 가설은 다음의 예에서 보는 바와 같이 더 많이 또는 더 적게, 긍정적 또는 부정적 형태를 띠고 있다. 예를 들면, 여성소비자는 남성소비자보다 사은품에 더 많은 동기유발이 된다. 또는 여성소비자는 남성소비자에 비해 사은품에 더 적게 동기유발된다. 쇼핑에 투여하는 시간이 많을수록 상품구매량은 많아질 것이다(긍정적인 관계). 또는 소비자가 상품에 대한 불만족이 클수록 상품재구매는 더욱 적어지게 될 것이다(두 변수 간의 부정적인 관계).

이와 같이 관계의 방향을 나타내는 진술문을 방향성 가설(directional hypothesis)이라고 한다. 그러나 두 변수 간의 관계의 방향이 정의되어 있지 않거나 알려지지 않은 경우도 있다. 이러한 경우는 선행연구에서 그 관계가 탐구된 적이 없거나 탐구된 적이 있더라도 상충되는 연구결과가 발견되었을 때 나타난다. 즉, 어떤 연구에서는 긍정적인 관계가 있는 것으로 발견되기도 하고 다른 어떤 연구에서는 부정적인 관계에 있는 것으로 발견되기도 한다는 것이다. 이 경우에는 조사자가 두 변수 간에 어떤 관계가 있는 것으로 확신은 하고 있으나 그 관계의 방향에 대해서는 명확하게 알지 못하기 때문에 나타난다. 예를 들면, 남성소비자와 여성소비자 간에는 동기유발 수준에 차이가 있다. 소비자가 경험하는 제품불만족은 제품재구매 유무와 관계가 있다.

이상에서 든 두 가지 예 가운데 첫 번째 예는 높은 동기유발 수준을 지니고 있는 사람이 남성소비자인지, 여성소비자인지를 모르는 경우이고 두 번째 예는 제품불만족의 정도와 제품재구매 정도가 긍정적인 관계에 있는지, 혹은 부정적인 관계에 있는지를 모르는 경우이다.

4 가설검증

1) 가설검증의 논리

연구자가 모집단의 모든 사례를 전부 관찰한다는 것은 불가능할 뿐만 아니라 비실용적이다. 그러므로 실험자들은 표본으로부터 자료를 수집한다. 가설검증방법이란 한 전집의 분포가 어떠한 분포를 이루고 한 모수치를 가지고 있는 경우, 연구자가 표집에서 얻은 이에 대응하는 통계치가 전집치의 모수치에 어느 정도 일치하느냐를 보는 통계적 결정과정이다. 이렇게 한 모집단에 대한 결론을 내리는 근거로 표본의 자료를 이용하는 일반적인 방법을 추리통계학(inferential statistics)이라 한다.

표본이란 연구자가 가설에 대한, 또는 대립되는 사례를 세우기 위해 사용하는 증거이다. 때로 증거가 우세하여 연구자가 가설에 대해 확신에 찬 결론을 내릴 수도 있다. 그리고 증거에 신빙성이 없어 결론에 확신을 갖지 못하는 경우도 있다. 여기에는 항상 증거가 잘못되어 틀린 결론에 도달할 수 있는 가능성이 있다. 가설검증과정은 불확실성을 포함하고 있고, 오류를 낳을 수 있기 때문에 그에 대한 과정이 일련의 표준단계로 공식화되어 있다. 따라서 다른 연구자들도 정확히 자료가 어떻게 평가되었으며, 어떻게 결론이 나왔는지 이해할 수 있다.

2) 가설의 종류

가설은 귀무가설(null hypothesis : 영가설이라고도 부름)과 대립가설(alternative hypothesis : 연구가설이라고도 부름)로 구분하며 서술 여부에 따라서 서술적 가설, 통계적 가설로 구분한다. 또한 부등호의 존재 유무에 따라 일방적 가설과 양방적 가설로 구분한다.

(1) 귀무가설과 대립가설

대부분의 연구에서는 두 개의 가설을 설정하는데 이 두 개는 귀무가설, 대립가설로 많은 연구자들은 귀무가설은 부정하고자 하는 사실을, 그리고 대립가설은 연구에서 주장하고자 하는 사실이라고 알고 있다. 그러나 이보다 개념적으로 더욱 중요한 것은 오판의 심각성에 따라 귀무가설과 대립가설이 설정된다는 것이다.

귀무가설은 연구에서 일어나는 심각한 판단의 착오를 범할 때 진리인 내용이 되며 연구에서 검정받는 사실을 말한다. 즉, 연구자는 두 가지의 판단착오 중 심각한 판단의 오류를 극소화하여야 하므로 그 심각한 오판을 범할 때 검정을 받는 잠정적 진리를 귀무가설 혹은 영가설이라고도 한다.

이에 반해 대립가설은 귀무가설이 부정되었을 때 진리로 남는 잠정적 진술을 말하며 일반적으로 연구자가 연구에서 주장하고자 하는 내용이 담긴 가설이라 말할 수 있다. 이는 연구자가 주장하고자 하는 가설이기 때문에 연구가설이라고도 한다.

연구자가 주장하고자 하는 가설을 대립가설로 설정하면 연구자의 입장에 따라서 대립가설, 즉 연구가설이 다를 수 있다.

이상과 같이 통계적 가설검증은 서로 상반된 두 개의 가설 중 하나를 표본에 의거하여 선택하는 방식을 취한다. 통계적 가설검증의 기본원리는 두 개의 가설 중 하나를 일단 옳다고 받아들인 다음, 표본을 추출하여 표본결과가 일단 옳다고 인정한 가설에서 지나치게 빗나가면 그 반대가설을 채택하며 그렇지 않다면 일단 받아들인 가설을 그대로 옳다고 인정하는 것이다.

그렇다면 어떤 가설을 귀무가설로 설정하고 또 어떤 가설을 대립가설로 잡아야 할까? 통계적 가설검증은 매우 보수적 관점에서 만들어진 이론이다. 다시 말해, 돌다리도 두들겨 보고 건너듯이 잘못 판단을 내릴 위험 부담을 최소로 한다는 사고방식이 밑바탕에 깔려 있다. 따라서 통계적 가설검증론에서는 지금까지 옳다고 믿어

왔던 사실, 또는 그렇다고 인정해도 손해 볼 일이 없는 사실을 귀무가설로 설정하며 반대로 기존의 믿음에 배치되는 새로운 주장을 대립가설로 설정한다.

예를 들어, 어느 소비자단체에서 인터넷을 활용한 새로운 소비자교육 프로그램 B를 연구개발하였다고 하자. 이 소비자단체는 프로그램 B의 교육적 효과가 기존 강의식 교육방법인 A보다 높다는 것을 입증하고 싶어 한다. 이 경우 적절한 귀무가설과 대립가설의 형태는 다음과 같다.

- 귀무가설 : 소비자교육 프로그램 B의 효과가 기존 강의식 교육방법 A보다 낮거나 같다.
- 대립가설 : 소비자교육 프로그램 B의 효과가 기존 강의식 교육방법 A보다 높다.

가설검증 시 두 가설 중 어느 하나를 일단 옳다고 간주한다고 하였다. 그렇다면 귀무가설과 대립가설 중 어느 쪽을 옳다고 가정해야 할까? 우선 귀무가설을 옳다고 받아들여 본다. 즉, 일단 '새로 개발한 소비자교육 프로그램 B의 효과가 기존 강의식 교육방법 A의 교육적 효과보다 낮거나 같다.' 라고 간주하는 것이다.

새로운 소비자교육 프로그램을 개발한 연구자들은 과학적 검증을 통하여 새로 개발한 프로그램의 교육적 효과를 주장하고 싶어 한다. 이러한 새로운 사실은 언제나 대립가설로 설정되기 때문에 연구자들은 데이터를 통해 귀무가설을 기각하고 대립가설을 채택하여 자신의 주장을 입증하려 한다. 따라서 지금까지 옳다고 믿고 있었던 사실이나 옳다고 믿어 주어도 손해나지 않은 사실을 귀무가설로 설정하고 귀무가설에 반대되는 새로운 주장을 대립가설로 설정한다. 그리고 일단 귀무가설을 옳다고 인정하고 표본결과를 토대로 검증절차에 들어가게 되는 것이다.

(2) 서술적 가설과 통계적 가설

다른 분류기준에 의하면 가설을 서술적 가설(descriptive hypothesis)과 통계적 가설(statistical hypothesis)로 구분한다. 서술적 가설은 연구자가 검정하고자 하는 귀무가설이나 대립가설 모두를 언어에 의하여 표현한 것을 말한다. 이에 비해 통계적 가설은 서술적 가설을 어떤 기호나 수에 의하여 표현한 가설을 말한다. 예를 들면, 앞서 귀무가설과 대립가설의 예에서 본 바와 같이 귀무가설과 대립가설의 통계적 가설은 다음과 같다.

■ HO(귀무가설) : 새로 개발한 소비자교육 프로그램 B ≦ 기존 강의식 교육방법 A
■ HA(대립가설) : 새로 개발한 소비자교육 프로그램 B > 기존 강의식 교육방법 A

통계적 가설의 형태로 귀무가설과 대립가설을 표기할 때 이는 모집단의 분포나 모수치에 대한 잠정적 진술이므로 모수치에 대하여 표기하여야 한다.

(3) 등가설과 부등가설

등가설과 부등가설은 귀무가설과 대립가설에 부등호가 있으면 부등가설(directional hypothesis)이라 하고 부등호가 없으면 등가설(non-directional hypothesis)이라고 한다. 앞의 예에서는 부등호가 있으므로 이를 부등가설이라 한다. 즉, 기존 강의식 교육방법 A가 새로 개발한 소비자교육 프로그램 B보다 교육적 효과가 큰지 적은지 판명하였으므로 부등가설이 된다. 만약, 효과가 큰지 적은지 여부를 판명하지 않고 단지 효과에 차이가 있다 또는 없다라고 제시하면 이는 등가설이 된다. 이때 주의할 점은 부등가설에 의하여 귀무가설과 대립가설을 설정할 때 등호는 귀무가설에 항상 존재함을 명심해야 한다. 부등가설에 의한 가설검증을 일방적 검증(one-tailed test) 또는 단측검증이라 한다. 양방적 검증(양측검증)과 일방적 검증에 대해서는 다음 장에서 자세히 살펴보기로 한다.

등가설 혹은 부등가설에 의한 양방적 검증 혹은 일방적 검증은 연구의 일반적 혹은 경험적 배경에 의하여 결정되며 이론적 배경이 강할 때 일방적 검증을 실시하게 되고 일방적 검증이 보다 강력한 연구가 된다고 할 수 있다.

3) 단측검증과 양측검증

모집단 특성에 관한 가설의 설정에 따라 단측검증과 양측검증으로 구분하는데, 양측검증은 모수가 어떤 값과 동일하다는 가설에 대한 검증으로 기각역이 확률분포의 양측에 있고 단측검증은 모수가 어떤 값보다 크거나 작다는 가설에 대한 검증으로 기각역이 왼쪽이나 오른쪽 어느 한쪽에만 있게 된다.

가설의 형태로는 다음과 같이 세 가지가 있다.

① $H_0 : \theta = \theta_1$ $H_A : \theta \neq \theta_1$

② $H_0 : \theta \geq \theta_1$ $H_A : \theta < \theta_1$

③ $H_0 : \theta \leq \theta_1$ $H_A : \theta > \theta_1$

(1) 양측검증

첫 번째 ①의 가설형태와 같이 추출된 표본통계량 값이 θ_1과 매우 근접해 있으면 귀무가설이 채택될 것이나 통계량 값이 θ_1보다 매우 크거나 현저히 작을 때는 귀무가설을 채택할 수 없게 된다. 따라서 귀무가설을 기각하는 영역은 확률분포의 양쪽에 있는데 이와 같이 기각역이 확률분포의 양쪽에 있는 것을 양측검증이라 한다.

양측검증은 주로 대칭적인 주장에 나타나는데 '같지 않다' '변화가 있다' '달라졌다' 등을 검증할 때 적합하다. 유의 수준도 양쪽으로 나누어지므로 한쪽의 면적이 $\alpha/2$가 된다. 이를 그림으로 나타내면 [그림 3-1]과 같다.

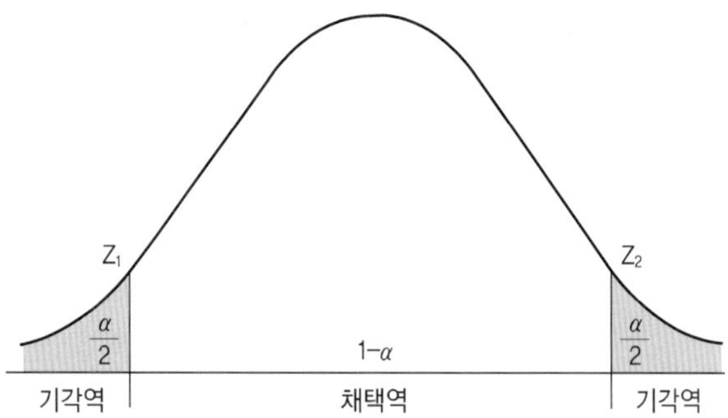

그림 3-1 양측검증

예를 들어, 성인여자의 신장에 대한 대립가설과 귀무가설이 다음과 같다고 하자.

예제 1(양측검증)	예제 2(단측검증)	예제 3(단측검증)
$H_0 : \theta = 162$	$H_0 : \theta \geq 162$	$H_0 : \theta \leq 162$
$H_A : \theta \neq 162$	$H_A : \theta < 162$	$H_A : \theta > 162$

위의 예제 1과 같이 귀무가설(H_0)이 단순가설이며 모수값이 특정한 값(162)과 같

다고 가정되어 있다. 이러한 형태의 가설은 표본에서 얻은 정보, 예컨대 표본평균의 값이 162보다 아주 크거나 또는 아주 작을 때 기각할 수 있다. 아주 작다거나 크다는 값의 한계는 표본평균의 분포를 이용하게 되며, 이 분포의 양쪽꼬리 부분에 해당하는 값으로부터 도출된다. 이러한 값들은 임계치 또는 한계치라고 하는데 귀무가설의 예에서처럼 단순가설인 경우에는 양쪽꼬리 부분에서 각각 하나씩 도합 2개가 나온다. 따라서 귀무가설의 채택 여부는 표본정보와 이 두 개의 임치와의 비교를 통해 결정되므로 우리는 이러한 검증 형태를 양측검증이라고 한다. 한편 귀무가설이 예제 2나 예제 3처럼 일정 영역의 값으로 정의될 때에는, 즉 모수값이 가정된 특정치보다 크거나 작다는 식으로 가설이 설정될 경우에는 표본분포의 양쪽 꼬리부분 중 어느 한쪽만을 고려함으로써 이러한 주장의 채택 여부를 결정할 수 있게 된다. 이 경우에 한계치는 하나만이 존재하는데 이때의 검증방법은 표본정보와 이 한계치의 비교를 통해 이루어지므로 단측검증이라고 한다. 단측검증은 다시 우측검증과 좌측검증으로 구분된다.

(2) 좌측단측검증

두 번째 가설의 형태는 표본통계량 값이 θ_1(예제 2의 경우는 신장이 162cm)보다 현저히 작지 않으면 귀무가설이 채택되기 때문이 확률분포의 오른쪽에는 기각역이 없다. 이와 같은 가설형태를 좌측단측검증(lower one-tailed test)이라 한다. 단지 통계량 값이 θ_1보다 현저히 작을 때에만 귀무가설이 기각된다. 좌측단측검증은 가설이 '더 적다', '더 작다', '더 나쁘다' 일 때 적합하다. 따라서 [그림 3-2]와 같이

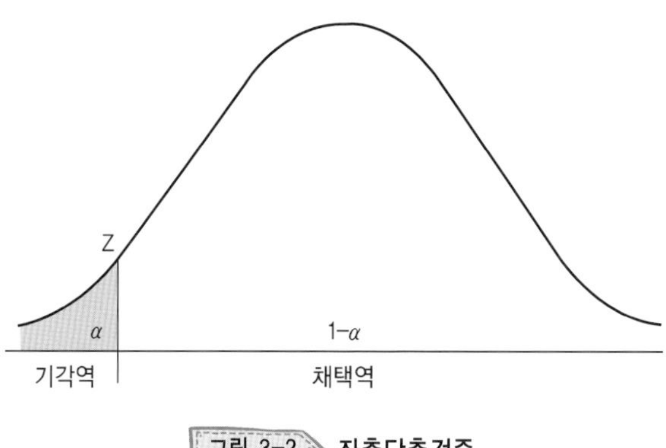

그림 3-2 좌측단측검증

면적이 α인 기각역은 확률분포의 왼쪽에만 존재한다.

즉, 예제 2에서와 같이 귀무가설이 모수값을 특정치보다 크게 설정하고 있을 경우에는 좌측검증을 하게 되는 것이다.

(3) 우측단측검증

세 번째 가설의 형태는 표본 통계량 값이 θ_1(예제 3의 경우 신장이 162cm)보다 현저히 크지 않으면 귀무가설이 채택되기 때문에 확률분포의 오른쪽에만 기각역이 있다. 이와 같은 가설형태를 좌측단측검증(upper one-tailed test)이라 한다. 단지 통계량 값이 θ_1보다 현저히 클 때만 귀무가설이 기각된다. 우측단측검증은 가설이 '더 크다', '더 좋다', '더 많다' 일 때 적합하다. 따라서 [그림 3-3]과 같이 면적이 α인 기각역은 확률분포의 오른쪽에만 존재한다.

즉, 예제 3의 형태가 우측검증의 형태이다.

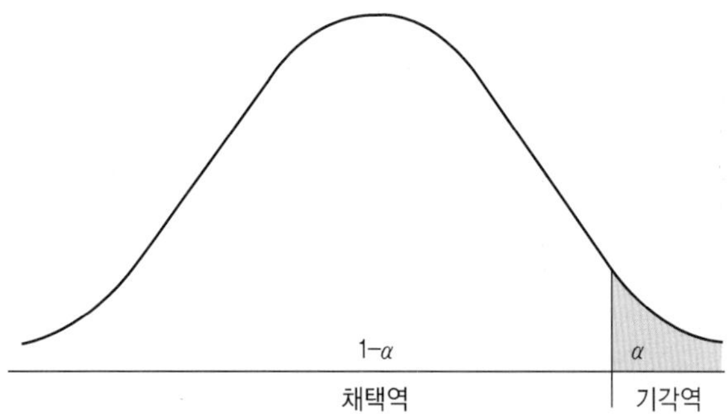

그림 3-3 우측단측검증

4) 가설검증의 오류

귀무가설을 긍정하거나 부정하여 통계적으로 유의하다거나 유의하지 않다는 결론에는 오류가 있을 수 있다. 연구자는 모집단이 아닌 표본의 측정에 근거하였으므로 표본을 모집단에서 무작위 추출하였다 할지라도 표본은 모집단을 대표하지 않을 가능성이 항상 존재하기 때문이다.

(1) 제1종 오류(type I error)

제1종 오류는 받아들여야 할 귀무가설을 부정할 때 생기는 오류이다. 예를 들어, 거의 불가능하겠지만 동전을 다섯 번 던져서 모두 앞면이 나올 수도 있다. 또 소비자교육이 아동의 합리적인 소비생활에 아무 영향을 미치지 않았음에도 불구하고 특이한 소비생활 패턴을 보이는 예외적 아동만을 표본으로 추출할 가능성도 있다. 이런 경우에는 귀무가설이 옳음에도 불구하고 자료로 인해 기각해야 하는 사태가 벌어지는데 이를 제1종 오류라 한다(〈표 3-1〉 참조).

제1종 오류는 조사자로 하여금 소비자교육 효과에 대해 거짓된 보고서를 작성하도록 하는 결과를 초래한다. 이 처치 실험에서 연구자는 초등학교 3학년 동안의 소비자교육이 아무 영향을 미치지 않았다 하더라도 소비생활을 변화시킨다고 주장할 것이다.

제1종 오류는 점수들 중 극단점수를 표본으로 추출했을 때 발생한다. 결과적으로 표본은 H0(귀무가설)에서 예측했던 것과 다르다. 처치가 표본에 영향을 준 것이 아니라, 실험 초기부터 평균과 달랐다는 점에 주의해야 한다.

(2) 제2종 오류(type II error)

H_0가 거짓임에도 불구하고 자료가 귀무가설과 일치할 수도 있다. 예를 들어, 소비자교육이 아동의 합리적 소비생활에 약간의 영향을 미쳐 초기 처치로 인해 4학년 아동의 합리적 소비생활점수가 26점보다 약간 더 높았다고 가정하자. 그러나 표본과 예측(H_0)자료와의 차이는 H_0를 자신 있게 기각하기에는 충분치 않을 만큼 너무 작다. 또 다른 가능성은 아동의 표본이 초기에 예외적으로 작았던 경우이다. 처치는 4학년 때의 예상 점수가 26점이 될 때까지만 계속된다. 이런 경우 실제로는 귀무가설이 거짓인데도 그대로 귀무가설을 받아들여야 한다. 이것이 제2종 오류이다. 즉, 처치가 사실상 영향을 미쳤는데도 아무런 효과가 없다고 결론을 내리는 것이다(〈표 3-1〉 참조).

제2종 오류는 표본을 통해 처치 효과가 작아 인식할 수 없을 때 발생한다. 그 결과 표본은 소비자교육으로 인해 아무 영향도 받지 않은 것처럼 보인다. 또 우연히 극단에서 추출해 처치 효과와는 반대로 나타날 수도 있다.

〈표 3-1〉 하나의 결정과정에 대한 4개의 가능한 결과 및 관련된 확률

연구자의 결정	실제 상태	
	H_0 는 참임	H_0 는 거짓임
H_0를 기각함	제1종 오류 $P=\alpha$	바른 결정 $P=1-\beta$(검증력)
H_0를 기각하지 않음	바른 결정 $P=1-\alpha$	제2종 오류 $P=\beta$

이 같은 결정과정이 [그림 3-4]에 나타나 있다. H_0로 명명된 분포는 자극을 하지 않은 피험자들에 대한 평균치의 표집분포를 나타낸다. 이 분포의 꼬리 부분에 있는 점으로 나타난 면적은 기각영역을 나타낸다. 만일 귀무가설이 실제로 사실이면 이 면적은 제1종 오류의 확률을 나타내는데, 그것은 이 영역에 있는 평균치가 귀무가설이 실제로 사실이지만 그것을 기각하는 결정을 하였기 때문이다. H_1 부분은 소비자교육을 받은 피험자들의 가능한 평균치에 대한 이론적 분포를 나타낸다. 실제로 H_1이 사실이고 소비자교육의 효과가 있다고 가정하자. 분포들에서 중복 때문에 일부 표본평균치들이 자극을 받지 않은 전집의 평균치에 포함될 것이며, 따라서 귀무가설이 실제로 틀리지만 그것을 기각하지 않을 가능성이 있다. 제2종 오류, 점 a에 상응하는 관찰된 평균치가 그러한 경우일 것이다.

[그림 3-4]에 β로 명명된 빗금친 부분으로 나타난 면적은 통계적 과정이 그 자극의 효과가 없는 것으로 틀리게 결정하는, 자극을 받은 표본의 평균치에 대응한다. 불행하게도 자극이 실제로 효과가 있을 때 약물을 쓴 표본들의 분포(H_1)는 좀처럼 이용 가능하지 않으며, 그러므로 β의 정확한 크기를 추정하는 것은 일반적으로 불가능하다. 하지만, 제1종 오류의 가능성이 감소하면 제2종 오류의 가능성은 증가한다.

[그림 3-4]에는 H_0분포에서 기각영역에 있지 않은 부분은 H_0를 기각하는 것을 정확히 거절하는 확률($P=1-\alpha$)을 나타낸다. β의 부분이 아닌 H_1의 부분은 H_0를 바르게 기각하는 확률($P=1-\beta$)을 나타낸다.

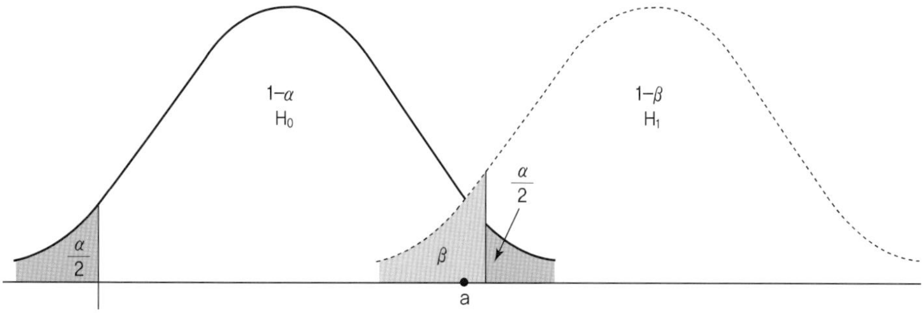

그림 3-4 제1종 오류(a), 제2종 오류(b) 및 검증력(1−β) 사이의 관계성에 대한 도식

5) 유의 수준

연구자는 표본자료를 이용하여 가설을 평가한다. 앞서 실례에서 귀무가설은 소비자교육이 아동의 합리적인 소비생활에 아무런 영향도 미치지 않는다는 가설이므로, 소비자교육을 받은 아동들의 평균 소비생활 점수가 26점일 것이라고 예측하는 것이다. 그리고 만일 이 실험에서 표본평균이 거의 26점이라면, 연구자는 자료가 귀무가설과 일치한다고 결론지을 것이다. 마지막 결론은 자료와 귀무가설을 비교해서 내린다. 자세한 준거를 세워서 자료와 귀무가설 사이에 매우 큰 차이점이 존재한다는 것을 증명하고, H_0가 거짓이라는 결정을 정당화한다. 3학년 때 받은 소비자교육은 아동이 4학년 때 합리적 소비생활의 점수가 X=26점이었다고 가정하자. 명확하게 표본평균이 귀무가설의 평균값인 26점보다 더 크다. 그러나 그것으로 '충분히 더 많이 향상되었다.' 고 할 수 있는가? 즉, 1/2점의 차이로 소비자교육의 효과가 유효하다는 결론을 내릴 수 있을 만큼 충분한 증거로 삼을 수 있는가 하는 말이다. 이때 필요한 것이 결론을 타당하게 내리기 위한 준거이다. 준거는 연구자가 가설에 대해 객관적인 결정을 내리는 데 필수적인 것이다.

귀무가설의 기각을 결정하는 데 필요한 준거의 확률은 얼마나 작아야 하는가? 그 준거를 귀무가설검증의 유의도 수준이라고 한다. α로 표시되는 유의도 수준(혹은 임계수준 : critical level)은 귀무가설이 기각되거나 기각되지 않는 것 사이의 경계를 이루는 확률치이다. 가장 많이 쓰이는 2가지 유의 수준은 .05와 .01 수준이다. 이 중 .01 수준이 .05 수준보다 귀무가설을 부정할 확률이 더 적은 것이다.

일반적으로 경험생활과학에서 유의 수준은 .05 혹은 .01 혹은 .001로 설정하고 있다. 물론 연구자가 이론적 배경이 강하면 유의 수준을 낮출 수 있다. 유의 수준의 설정은 연구가 시작되기 전 연구자에 의하여 결정되어야 한다. 왜냐하면 의사결정의 기준이 되기 때문이다.

자료분석 결과에 따라 유의 수준을 변경하거나 유의 수준은 %로 나타내는 경우는 잘못된 것이다. 특히 컴퓨터가 찍어낸 결과의 p값을 그대로 유의 수준으로 옮겨 적는 것 또한 유의 수준을 이해하지 못한 것이다. p값이란 그와 같은 결과가 나올 확률을 의미하는 것이지 어떤 허용하는 판단의 실수 범위를 말하지는 않는다.

많은 연구에서 유의 수준에 대한 잘못된 해석을 하고 있다. 유의 수준이란 H_0가 참일 때 H_0가 참이 아니라고 오판하는, 실수의 확률을 말한다.

즉, 유의 수준은 제1종 오류의 확률이며 제1종의 오류란 귀무가설이 옳은데 잘못해서 귀무가설을 기각하는 것을 말한다. 따라서 제1종의 오류의 확률인 유의 수준 α가 0.05라는 말은 100번에 다섯 번 정도는 귀무가설이 옳음에도 불구하고 귀무가설을 틀렸다고 판정할 위험이 있다는 말이다. 그렇다면 유의 수준을 0.01과 같은 더 작은 값으로 놓게 되면 어떻게 될까? 이 경우에는 분명히 귀무가설이 옳음에도 불구하고 귀무가설을 틀렸다고 판정할 위험이 100번 중 한 번으로 줄어든다. 그러나 이렇게 줄어드는 데서 문제가 생긴다. 유의 수준이 0.05일 때와 비교하여 유의 수준이 0.01이면 귀무가설을 틀렸다고 판정할 기회가 아주 적어진다. 그런데 가설 검증 시 연구자의 목표는 귀무가설을 기각하고 대립가설을 채택하는 것이라고 할 수 있는데 유의 수준을 작게 놓게 되며 귀무가설을 여간해서는 기각하기가 힘들게 된다. 이와 같은 상황은 신뢰구간에서의 문제와 동일한 것이다. 즉, 신뢰도를 높이면 신뢰구간의 폭이 길어져서 쓸모가 없고 구간 내에 모수가 포함되지 않을 위험성이 커지는 상황과 다를 바가 없다. 통계학에서 이런 이율배반적인 문제는 도처에 있다. 그렇기 때문에 통계학에서는 판단에 도움이 되는 정보를 제공하여 줄 뿐이고 상황에 대한 의사결정을 어떻게 할지는 전적으로 판단하는 연구자에 달려 있다는 것이다. 따라서 이런 문제가 있기 때문에 유의 수준을 무조건 작게 잡는 것도 권할 수가 없다. 그러나 유의 수준의 값으로 0.05를 선택하는 것이 일반적인 관례이며 정밀한 자료일 경우에는 0.01과 0.001로 놓기도 한다.

일단 유의도 수준이 설정되면 그것은 결정규칙을 형성하는 데 사용된다. 결정규칙은 계산될 통계치의 용어로 표현된 진술인데, 그것은 어떤 경우에 귀무가설이 기각될 것이며 어떤 경우에 기각되지 않을 것인지를 지시한다. 위의 예에서 연구자가 0.05를 유의도 수준으로 설정하였다면, 그것은 X가 자극을 주지 않은 표본들에서 그 사례의 5%보다 작게 일어날 것 같은 정도로 자극을 주지 않은 전집의 μ로부터 벗어나는 경우에만 귀무가설이 기각될 것임을 뜻한다.

결정규칙의 공식적인 진술은 다음과 같다. 만일 $-1.96 < z < +1.96$이면 H_0를 기각하지 않는다. 만일 $z < -1.96$이거나 $z > +1.96$이면 HO를 기각한다. 이 예에서 ±1.96의 z값을 임계치라고 부른다([그림 3-5] 참조).

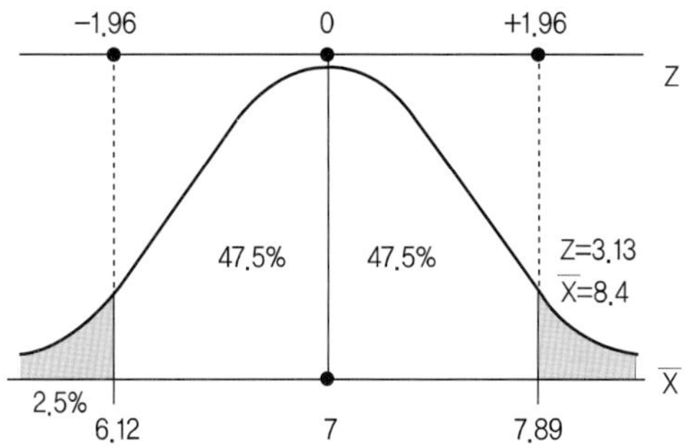

그림 3-5 표준정상편차(z)와 평균치(X)로 표시된 평균치의 표집분포

[그림 3-5]에서 빗금친 면적들은 귀무가설의 임계치 혹은 기각영역을 규정한다.

• 임계영역

귀무가설이 참일 때 추출되지 않을 극단 표본값으로 구성되어 있다. 임계영역의 크기는 알파 수준으로 결정된다.

쉬어가는 연구방법과 통계이야기 ▸ **3-3 통계의 기본원리, 가우스 분포**

가우스 이전의 모든 사람들의 IQ를 합한 것보다 더 높은 IQ를 갖고 있다는 가우스(Carl Friedrich Gauss, 1777~1855)는 당시의 수학과 물리학에 커다란 업적을 만들었다. 이러한 가우스는 통계학에서도 가우스 분포 또는 정규분포라는 아주 신기한 법칙을 완성했다(최초로 연구하기 시작한 학자들은 드무아브르, 라플라스, 르장드르라는 유명한 학자들이었다).

가우스 분포가 처음 연구된 것은 실험의 오차를 적절하게 처리하기 위해서였다. 실험의 결과를 얻었을 때 그 결과는 참값에서 어느 정도 차이가 있는 값일 가능성이 높다. 이러한 차이가 얼마나 될까를 예상하는 것이 가우스 분포의 주된 목적이다.

이 함수의 사용처는 매우 다양하다. 실험의 오차에서 시작한 사용처는 제품의 품질검사, 확률계산 등에 사용되고, 오늘날에는 여론조사에서도 사용된다. 통계에서 자주 사용되는 지표 변수들은 평균, 분산(또는 표준편차)들이다. 가우스 분포 속에도 이들 변수로 이뤄져 있다.

• 가우스 분포식 의미는 무엇일까?

어떤 값이 나타날 확률을 계산함에 있어서 평균값(μ)으로부터 표준편차(σ) 이상의 오차를 가질 확률이 약 32%임을 의미한다. 표준편차의 두 배(2σ) 이상의 오차를 가질 확률은 약 4.5%가 된다. 이 확률은 어떤 값들을 무작위로 취했을 때 그 값들이 우리가 예상했던 값(평균값)에서 벗어날 확률을 뜻하고, 그래서 우리는 '오차의 한계'라는 이름으로 이 확률을 부른다.

일반적인 조사에서 오차의 한계가 작으면 작을수록 더 많은 측정을 행했거나 조사가 틀릴 확률을 너그럽게 고려한다는 의미로 받아들일 수 있다. 만약 제조회사에서 제품의 품질검사를 할 때 불량률 1%의 확률로 검사를 한다면 1% 미만의 오차는 정상제품으로 측정한다는 의미로 받아들일 수 있다. 제조업체에서는 이러한 측정에 노력을 많이 들이는 데 돈과 직접적인 연관이 있기 때문이다. 이런 내용들은 정확히 기억하지는 못하겠지만 우리가 고등학교 수학시간에 충분한 학습을 한 바 있다. 정확히 공부한 사람들이 거의 없기 때문에 기억하는 사람이 적을 뿐이다.

출처 : 주간한국, 2007년 12월 28일

6) 가설검증의 실례

어떤 연구자가 초등학교 3학년 아동소비자를 대상으로 소비자교육의 효과를 알아보고자 25명의 아동소비자를 표본으로 추출하였다. 선정된 25명의 아동들을 대상으로 일정기간 동안 소비자교육을 받도록 한다. 그리고 몇 달 후 4학년이 되면 그들의 합리적인 소비생활점수를 측정한다. 이때 소비자교육을 받지 않은 나머지 4학년의 아동들은 $\mu=26$과 $\sigma=4$로 정상분포를 이루고, $n=25$인 표본의 평균 점수가 $X=30$이라고 가정하자.

■ 1단계 : 가설을 설정한다.

- H_0 : μ=26점(특별 자극에도 불구하고 4학년의 평균 소비생활 점수는 여전히 26점이다)
- H_1 : $\mu \neq$26점(소비자교육으로 인하여 4학년의 평균 소비생활 점수는 26점과 다르다)

알파 수준은 0.05(5%)로 정한다. 이것은 제1종 오류를 범할 위험을 5% 안고 있다는 것이다.

■ 2단계 : 귀무가설이 참일 때 이 실험에서 얻을 수 있는 모든 가능한 표본평균을 모두 조사해야 한다. n=25의 표본을 기초로 한 표본평균분포를 이룬다. H_0가 참일 때 평균 기대치는 μ=26일 것이다. 또한 이 분포는 다음 공식에 의해 σ x=0.8인 표준편차를 갖고 있다.

$$\alpha_i = \frac{\alpha}{\sqrt{N}} = \frac{4}{\sqrt{25}} = \frac{4}{5} = 0.8$$

표본평균분포가 [그림 3-6]에 제시되어 있다. 이 분포는 임계영역을 정한다. 알파를 0.05로 정했기 때문에 임계영역은 가능한 모든 표본평균의 최극단 5%이다. 이 분포는 정상분포이므로 최극단 5%는 +1.96 이상 혹은 -1.96 이하의 Z점수값으로 나타낼 수 있다.

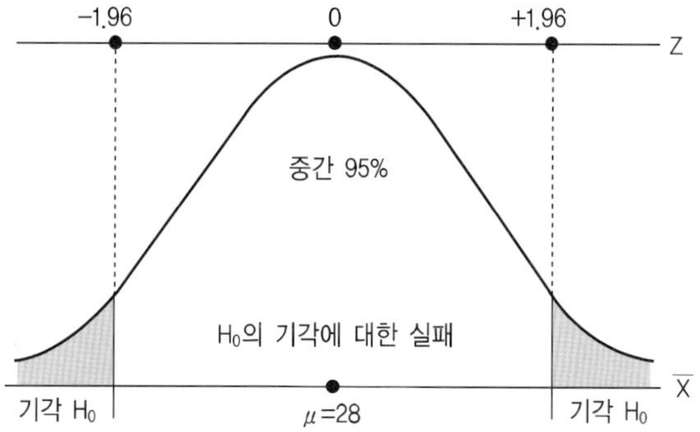

그림 3-6 H_0가 참일 경우 n=25의 표본평균분포

분포의 중앙 95%는 26파운드의 표준오차의 1.96 이내에 있는 평균을 지닌 표본들로 구성되어 있다. 만일 H_0가 참이고 소비자교육 효과가 발생하지 않았다면 이 영역 근처에서 표본평균을 얻을 것이라고 예측할 수 있다. 그러나 임계영역이 정해져 있기 때문에 H_0가 참일 경우 매우 가능성이 희박하다. 정의에 따르면 임계영역은 모든 가능성 있는 표본평균의 최극단 5%로 되어 있기 때문에 H_0가 참이라면 표본자료가 임계영역에 있을 가능성은 단 5%밖에 안 된다. 즉 H_0가 기각된다면 제1종 오류를 범할 기회가 단 5%라는 것이다.

- **3단계** : 이 단계에서는 표본자료를 수집하고 분석한다. 앞서 얻은 표본의 평균은 X =30이다. 이 표본은 [그림 3-6]에 나타난 표본평균분포에서 어디쯤 있는가를 알아보려면, Z점수를 구해야 한다. 이 자료의 검증통계치는 아래와 같다.

$$Z = \frac{\overline{X} - \mu}{\sigma_{\overline{X}}} = \frac{30 - 26}{0.8} = \frac{4}{0.8} = 5.0$$

- **4단계** : 연구결과 표본의 평균 소비생활점수는 X =30이었다. 이 값의 Z점수[3]는 5.0이다. 이 Z점수는 분포 오른쪽의 임계영역 내에 있다. 따라서 H_0가 참일 경우 관찰된 표본자료가 발생하지 않을 것이라는 뜻이다. 결과가 압도적으로 H_0와 모순되므로 귀무가설을 기각할 수 있다. 즉, 초등학교 3학년 1년 동안의 소비자교육 효과는 4학년 때의 합리적인 소비생활점수에 영향을 미친다고 결론을 내릴 수 있다. 물론 이러한 결정을 내릴 때 제1종 오류를 범할 가능성이 있다. 즉, 이 극단에 위치한 자료는 우연히 추출된 것이며 처치와 아무 관련이 없을 수도 있다. 그러나 유의 수준이 5%이기 때문에 이러한 오류를 범할 가능성은 매우 희박하다. 제1종 오류, 즉 참인 H_0를 기각할 확률은 5%이다.

• 알파-유의 수준

가설검증에서의 알파 수준은 다음의 두 가지 기능을 한다.

---

3) Z 점수를 구하는 공식

$$Z = \frac{\text{표본평균} - \text{가설모집단평균}}{\text{X와 } \mu \text{ 사이의 표준오차}}$$

• 제1종 오류를 범할 위험을 알려 준다.
• 임계영역의 경계를 정하는 데 도움이 된다.

예를 들어, 알파 수준을 0.05에서 0.01로 낮추면 제1종 오류를 범할 위험은 감소하며, 따라서 임계영역의 경계가 변한다. 즉, $\alpha=0.05$일 때 Z점수의 경계는 ±1.96이다. 그러나 $\alpha=0.01$이면 $Z=\pm2.58$이고 $\alpha=0.001$이면 $Z=\pm3.30$으로 경계가 이동한다.

일반적으로 알파 수준을 낮추면 임계영역이 모집단 평균에서 더 멀어지며, 그 영역에 위치한 점수를 얻을 기회가 점차 더 어려워지게 된다. 이처럼 표본자료는 유의수준이 0.05일 때는 H_0를 충분히 기각할 수 있게 하지만, 0.01일 때는 H_0를 기각할 만한 충분한 증거를 제공하지 못한다. 따라서 알파 수준을 극단으로 낮추면, 실험에서 유의한 처치 효과를 증명하지 못할 수도 있다.

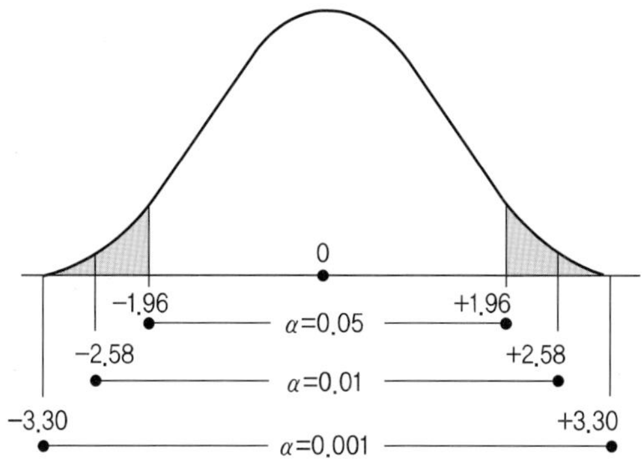

그림 3-7 5%, 1%, 0.1% 영역과 결정과정

연구문제

1 연구주제의 선정 시 주의해야 할 사항을 포괄적인 측면과 구체적인 측면으로 구분하여 설명하라.

2 체계적인 참고문헌의 고찰을 위해서는 어떠한 과정이 필요한지에 대해 구체적으로 설명하라.

3 좋은 가설을 작성하기 위해서는 어떤 기준에 근거해야 하는지 그 근거 기준에 대해 제시하라.

CHAPTER 4 측정과 척도

우리가 경험적으로 연구하고자 하는 개념들은 단순하게 측정될 수 있는 것보다는 복잡하고 다차원적으로 구성된 것들이 훨씬 더 많다. 그러므로 다양하게 얽혀져 있는 경험적 사실들의 관계를 좀 더 단순하게 파악하고 이를 바탕으로 한 이론을 정립하기 위해서는 척도를 사용하여 측정하여야 한다.

이 장에서는 연구하고자 하는 막연한 개념으로부터 그것을 인식하고 측정하는 것에 대해 살펴보고자 한다. 이를 위해서는 개념화와 조작화의 과정이 필요한데 개념화는 추상적인 개념을 세련화시키고 구체화시킨 것이며, 조작화는 실제세계에서 이들의 개념을 나타내는 경험적 관찰을 가져다 줄 구체적인 조사절차를 개발하는 것이다.

생활과학에는 자연과학 분야뿐만 아니라 사회과학 분야도 포함된다. 사회과학 분야의 경우 주로 사용되는 개념은 자연과학 분야보다 측정이 훨씬 어렵고 논란의 여지도 많다. 그러나 사회과학 분야의 연구라고 하여도 측정의 정확성을 활용하면 그 개념의 정도와 크기를 이해하기 쉬운 수치로 사용하는 것이 유용할 때가 많다. 연구수행과정에서 사용하고자 하는 추상적인 개념의 속성에 수치를 부여하여 실증적인 자료화를 추구하는 과정이 측정이며 이 같은 측정을 통해 개념에 대한 객관적인 설명이 가능하고 법칙이나 이론을 도출할 수 있다.

척도 또한, 자료분석을 위해 효율적인 수단이 된다. 단 한 개의 자료항목은 어느 주어진 변인에 대하여 조악한 징표만을 제공해 주지만 몇 개의 자료항목을 검토하게 되면 보다 포괄적이고 보다 정확한 징표를 얻을 수 있다.

이상과 같은 측정과 척도의 중요성을 인식하여 이 장에서는 먼저 측정에 대하여 그 의미와 수준, 그리고 측정에 따른 신뢰도 및 타당도에 대해 살펴보고자 한다. 또한 측정하고자 하는 내용에 대해 어떠한 척도를 이용할 것인지 척도의 의미와 종류에 대해 중점적으로 살펴볼 것이다.

1 측 정

실증연구를 과학적으로 수행하기 위해서는 추상적인 개념으로 되어 있는 자료에 대해 숫자를 부여하는 과정이 필요하다. 하지만 측정(measurement)을 하는 데 있어 측정대상에 대해 어떻게 정확히 측정을 도출해 낼 것인가 하는 문제가 존재하게 된다.

경험적 연구에서의 측정은 이론과 사실을 연결시켜 주는 역할로서 사실과 가장 가까운 위치에 있으면서 이론을 경험적으로 검증해 주는 수단이 된다는 점에서 매우 중요하다. 일반적으로 '측정' 이라고 하면 특정의 사건, 상황, 또는 인간을 포함한 각종 목적물에 가치를 숫자로 부여하여 이들의 특징을 밝혀내는 작업을 말한다. 다시 말해, 관찰된 현상의 경험적인 속성에 대해 일정한 규칙에 따라 수치를 부여하는 것이라고 규정지을 수 있다. 즉, 측정이란 추상적 개념에 수치를 매겨 실증을 자료화하는 것으로 분석의 단위를 위하여 특정 사물의 속성가치나 수준을 결정하며, 동일한 수준의 현상이라도 측정방법에 따라 차이가 나타나 긍정적이기도 하고 부정적이기도 한 서로 다른 답변을 할 수 있다.

추상적인 개념을 측정하기 위해서는 개념적 정의를 내려야 하고 이론적 개념들을 구체적이고 측정 가능한 형태로 변형시키는 과정, 즉 조작적 정의를 해 줌으로써 신뢰성과 타당성 있는 측정을 할 수 있다. 즉, 개념적 정의만으로는 추상적 개념을 정확히 측정할 수 없으므로 연구에서의 조작적 정의가 반드시 필요하다. 특히 생활과학에서의 변수는 다양하게 조작적으로 정의될 수 있으며 특정 연구에서는 이 가능성 중에서 단지 하나의 정의를 내리고 있으므로 한 연구에서 사용된 특정 조작적 정의는 다른 연구에서 보았던 정의들과는 동일하지 않을 수 있다. 특히 생활과학에서는 대부분의 경우 대상이 갖는 속성 자체보다는 속성의 지표들을 측정하기 때문에 관찰한 것에 대해 수치를 부과하는 일이 훨씬 어렵고 또한 논란의 여지가 많다. 연령이나 성별 또는 교육수준이나 거주지역과 같이 객관적으로 파악·측정될 수 있는 변수들은 비교적 손쉽게 처리될 수 있겠으나 가정생활만족도, 과시소비성향, 가족응집성 또는 의복동조 등과 같이 개인의 태도나 견해를 묻는 추상적인 개념의 경우 측정의 문제는 매우 복잡하다.

따라서 측정의 문제를 다룰 때에는 반복해서 측정하였을 때 어느 정도의 동일한 결과가 나타났는지에 대한 신뢰성의 문제와 측정하고자 하는 것을 정확히 측정하고 있는지에 대한 타당성의 문제가 매우 중요함을 알 수 있다.

한편, 측정은 질적 속성과 양적 속성으로 분류될 수 있으며 질적 속성에는 변수에 이름이나 라벨을 붙일 수 있고 양적 속성은 수로서 측정된다. 경우에 따라서는 질적 측정도 변수를 수치로 나타낼 수 있으나 이 경우 수치는 분류의 기능만 할 뿐 가감승제의 숫자체계를 지니지 않는다. 따라서 이때 사용되는 통계는 변수의 범주에 따라 빈도 혹은 백분율로 나타낼 수 있을 뿐이다.

측정은 또한 연속변수와 비연속변수로 분류되기도 한다.

연속변수와 비연속변수는 양적변수와 질적변수와도 매우 밀접한 관련이 있으며 이에 대한 이해는 측정의 의미를 파악하는 데 필수적인 요소가 된다. 따라서 연속변수와 비연속변수에 대해 좀 더 구체적으로 살펴보자.

1) 연속변수와 비연속변수

연속변수(continuous variable)는 일정한 범위 내에서 서열화된 일련의 값을 가질 수 있다. 연속변수는 측정 간의 단절 없이 수치로 계산 가능하며 대상을 속성의 크기나 양에 따라 분류할 수 있고 연속적 측정치는 소수점 이하로도 표시가 가능하다. 비연속변수(categorical variable)는 정수의 값만 갖고 있고 범주로 나누어지므로 질적 자료라 할 수 있다. 비연속변수는 다시 속성을 순서대로 나열할 수 있느냐 없느냐로 분류가 가능하다. 서열적 비연속변수는 그 수준이 낮은 것에서 높은 순으로, 높은 것에서 낮은 순으로 나열할 수 있는 변수를 의미하며 비서열적 비연속변수는 성별, 주택유형, 종교, 인종 등과 같이 순서를 나타낼 수 없는 범주를 가진 변수를 의미한다. 이러한 비연속변수의 범주의 특성은 반드시 상호배타성과 포괄성을 갖고 있어야 한다. 즉, 각 관찰치가 변인의 단 하나의 범주에만 해당하는 상호배타성과 모든 관찰치가 빠짐없이 어떤 한 범주에 속하도록 하는 포괄성이 있어야 한다. 상호배타성이란 각각의 다른 범주에 속하게 되는 관찰치들 간에는 어떠한 관련성이나 의미가 존재하지 않는 전혀 다른 속성을 가지게 되어 서로 이질적인 집단이 됨을 말하며 관찰치가 변인의 단 하나의 범주에만 해당된다는 의미를 내포한다. 이에 비해 포괄성은 관찰치가 모든 가능한 범주 중의 하나에 반드시 속하게 되어 범주에 벗어나게 되는 관찰치는 존재할 수 없음을 나타낸다.

이상과 같은 정의는 첫째, 연속변인의 값은 적어도 서열 순을 나타내며 변인의 큰 값은 작은 값보다 해당 특성이 더 많음을 의미한다. 가령, 의존성을 측정하는 척도에 의해 산출된 값은 높은 것에서 중간을 지나 낮은 것에 이르기까지의 각기 다른 양의 의존성을 나타낸다. 둘째, 실제로 사용할 때 연속 측정치는 일정한 범위 내에 속하며 각 개인은 그 범위 내에서 어떤 한 점수를 갖게 된다. 의존성을 측정하는 척도는 1에서 7까지의 범위를 가질 수도 있다. 셋째, 척도범위 내에는 이론적으로 무한한 일련의 값이 있다. 즉, 특정한 개인의 점수는 단순히 4나 5라기보다는 4.72일 수도 있다.

2) 측정수준

어떤 대상이나 개념에 대해 수치를 부여하는 측정과정은 측정대상의 속성을 정확히 조사하여 적합한 숫자를 부여하고 이에 대한 정확한 해석을 하여야 한다. 이때 측정의 수준 또는 측정의 형태라고도 불리는 척도는 4가지로 나누어진다. 먼저 자료의 형태를 보면 비계량자료와 계량자료로 나누어지며, 비계량자료로는 명목 척도와 서열 척도가 있으며, 계량자료로는 등간 척도와 비율 척도가 있다. 이 네 가지 형태의 척도는 제공하는 정보의 수준과 자료분석에 이용할 수 있는 통계적 방법의 수준에 따라 명목, 서열, 등간, 비율의 순으로 순위가 정해진다.

먼저 가장 단순한 형태의 척도인 명목 척도에는 성별, 사람이름, 전화번호 등이 속하며, 서열 척도는 순위와 등급을 나타내며 명목 척도와 서열 척도는 다같이 비연속변수를 측정하는 데 사용된다. 등간 척도와 비율 척도는 연속변수를 측정하는 데 사용되는 척도로 등간 척도는 크고 작은 것, 길고 짧은 것을 일정 단위에 따라 명확히 측정할 수 있는 이점을 가지고 있고, 비율 척도는 이상에서 열거한 4가지 척도 중에서 가장 고차원의 척도로서 사람의 키, 연령 등을 측정하는 데 적용되는 것이다. 4가지 척도의 특징을 구체적으로 살펴보면 다음과 같다.

(1) 명목 척도

명목 척도(nominal scale)는 남자나 여자, 직업의 종류, 종교, 주민등록번호나 전화번호 등과 같이 두 개 이상의 각기 다른 범주에 동시에 포함될 수 없는 비연속적 변수들이 여기에 속한다. 명목 척도는 본질적으로 분류체계의 성격을 갖고 있으며 모든 질적인 변수를 분류한다. 각 응답범주에 똑같은 비중이 부여되며 각 범주에 부여되는 점수는 단지 각 범주를 식별해 주는 목적 이외에는 아무런 계량적 의미를 갖지 않는다. 예를 들어, 성은 남성과 여성의 2개의 범주를 가지고 단지 집단의 개념만을 가지고 있으며 기본적인 척도이기 때문에 크기, 순서, 비율, 차이를 계산할 수 없다. 명목 척도는 자동차번호처럼 단지 그 자동차가 누구의 것인가를 확인할 수 있도록 나타내는 것으로 더하거나 빼거나, 또는 곱하거나 나누는 것은 물론 제곱을 할 수가 없다. 따라서 이 자료에 대한 통계분석은 많은 제한을 갖는다. 이 척도를 이용한 통계분석방법으로는 최빈값(mode), 빈도(frequency), 카이검증 등 비모수통계기법을 들 수 있다. 특히 유의할 점은 명목척도에 대한 평균값은 의미가 없음을 알아야 한다.

명목 척도의 특성을 보면 어떤 변수도 두 범주에 중복되어서는 안 된다는 상호배타성과 측정하는 각각의 사례는 제시된 범주에 다 포함되어야 하는 포괄성이 있다. 또한 대칭성과 이행성이 있다. 대칭성이란 다같이 나무로 만들어진 물건이라는 뜻에서 의자가 책상과 동질성을 가졌다면, 책상 역시 의자와 동질성을 가질 수밖에 없다는 것이다. 이행성이란 만약 의자, 책상, 그리고 교탁이 있을 때, 같은 나무제품이기 때문에 의자와 책상이 같은 물건이라고 한다면 책상과 교탁 역시 같은 재료로 만들어졌으므로 같은 종류의 물건일 것이며, 따라서 의자와 교탁도 같은 재료의 물건일 수밖에 없다는 것이다. 이상과 같은 서열 척도의 예는 다음 〈표 4-1〉과 같다.

〈표 4-1〉 명목 척도 측정의 예

다음 중 본인의 성별에 표시해 주십시오. ① 남자 (　　)　　② 여자 (　　)

(2) 서열 척도

서열 척도(ordinal scale)는 명목 척도보다는 추상적인 성격을 가지고 있으며 일정한 기준에 따라 서열화가 가능하므로 명목 척도보다는 상위의 척도로서 범주들을 서열화시킬 수 있다. 즉, 서열 척도는 명목 척도의 속성에 서열성이 추가된 척도라 할 수 있다. 서열 척도는 사물들을 서로 비교하기 위하여 그 사물들의 어떤 속성이 많고 적음 또는 대소의 순위에 따라 수치를 부여하는 것이며, 순위에 따라 1, 2, 3, 4를 매기므로 3 〉2의 관계는 성립되지만 4-3=2-1의 관계는 반드시 성립된다고 할 수 없다. 명목 척도는 질적 측정이고 서열 척도는 양적 측정이지만 명목 척도와 마찬가지로 더하거나 빼거나 또는 곱하고 나눌 수가 없는 성질의 척도이다. 이상과 같은 서열 척도의 예는 다음 〈표 4-2〉와 같다.

예를 들어, 만약 A와 B 두 사람이 있을 때, A의 키가 B보다 더 크다든지, A의 체중이 B보다 더 무겁다든지 하는 것은 서열 척도에 해당된다. 즉, A가 B보다 키가 어느 정도 더 큰가를 밝히지는 못하고 단순히 더 크다라는 것을 밝힐 수 있는 것이 서열 척도이다. 또한 〈표 4-2〉에서도 볼 수 있듯이 소비자들이 통신판매를 통한 상품 구입 시 중요시하는 동기에 순위를 부여하는 것이 서열 척도의 예이다.

〈표 4-2〉 서열 척도 측정의 예

다음 중 통신판매를 통해 상품을 구입하게 된 주된 동기를 구입 시 고려하는 동기의 중요도에 따라 순위를 써 주십시오(중요한 순서대로 1~5까지 표시해 써 주십시오).

동 기	중요도
① 시간 절약	(　　)
② 가격 저렴	(　　)
③ 주문·배달 편리	(　　)
④ 품질 우수	(　　)
⑤ 신용카드 이용가능	(　　)

그러므로 모든 서열 척도는 명목 척도의 특징을 가질 뿐 아니라 명목 척도가 가지고 있지 않은 특징, 즉 비교의 기준이 되는 어떤 특정 기점을 가지고 있지만 서열 척도는 단지 순위만을 나타내며 각 범주 간의 정도가 반드시 같지는 않다.

이러한 서열 척도에 따라 측정된 자료의 분석을 통하여 백분율(percentage), 중앙값(median), 서열상관(rank-order correlation) 등의 통계분석이 가능하나 산술평균이나 표준편차와 같은 통계분석은 수행할 수 없는 제한점이 있다. 그럼에도 불구하고, 실제 연구에서는 서열 척도로 측정된 자료를 등간 척도로 간주하여 등간 척도에 적용할 수 있는 통계분석을 사용하기도 한다.

(3) 등간 척도

등간 척도(interval scale)는 각 사물들 간 서열뿐 아니라 수치들 사이의 차이 정도가 동등한 척도이다. 명목 척도나 서열 척도보다는 훨씬 더 추상적인 척도로서 크거나 작은가를 비교 가능하게 할 뿐 아니라 크기의 정도가 몇 개 단위가 더 크거나 작은가를 측정할 수 있게 한다. 따라서 등간 척도는 서열 척도처럼 단순히 더 또는 덜 강하고 약한가를 설명할 수 있을 뿐 아니라 구체적으로 어느 정도, 어느 단위만큼 강하고 약한가를 측정할 수 있게 한다. 그러므로 등간 척도는 ±, ×, ÷ 계산이 모두 가능한 것이 특징이다.

등간 척도는 서열 척도와는 대조적으로 대칭성과 이행성의 두 가지 특징을 모두 가지고 있다. 즉, 대칭성이란 만약 섭씨 0도가 화씨 32도와 일치한다고 가정한다면 화씨 32도는 섭씨 0도와 일치함을 뜻하며 이행성이란 A, B, C 세 사람 중에서 A의 체중이 50kg, B의 체중 역시 50kg, 그리고 C의 체중도 B의 체중과 똑같은 50kg이라면 A의 체중과 C의 체중은 동일할 수밖에 없음을 의미한다.

등간 척도에서 특히 유의해야 할 것은 앞서 언급한 섭씨 0도와 같은 제로(zero) 값이다. 섭씨 0도라고 하는 것이 결코 온도가 전혀 없음을 뜻하거나 학생들의 성적 평가에서 점수가 제로로 평가되었다고 하여 이 학생의 수학능력이 전혀 없는 바보라는 주장은 아니다. 이것은 단순히 '비교의 편의상' 제로라는 기점을 만들어 놓았을 뿐이다. 그러므로 등간 척도는 절대영점이 존재하지 않으므로 수학적 계산에 제한을 받게 된다. 하지만 등간 척도는 평균계산이 가능하며 서열 척도로 측정된 것에 비해 측정된 값에 포함된 정보의 양이 많으며, 이에 따라 적용할 수 있는 통계기법

〈표 4-3〉 등간 척도의 예

다음은 최근 3년 안에 소비자들이 구매했던 가전제품에 대한 불만족 정도를 파악하기 위한 내용입니다. 가장 적합한 곳에 표시해 주십시오.

	매우 만족	대체로 만족	보통	대체로 불만족	매우 불만족
1. 품질	1	2	3	4	5
2. 가격	1	2	3	4	5
3. 표시·광고	1	2	3	4	5
4. 판매원	1	2	3	4	5
5. 애프터서비스	1	2	3	4	5

도 다양하다.

생활과학 분야의 연구에서는 모든 사람들이 동의할 수 있고 상황에 관계없이 일정한 결과를 가져오는 측정치를 찾기는 어렵다. 예를 들어, 지능이나 권위주의 또는 감정과 같은 추상화된 개념을 측정하는 표준화된 단위를 찾는다는 것은 어렵다. 만약 표준화된 측정단위가 있다면 두 점수의 차이가 20단위라든가, 하나는 다른 하나의 2배라고 이야기할 수 있을 것이다. 그러나 생활과학에서 엄밀한 의미의 등간 척도를 찾기는 어렵다. 따라서 IQ점수와 같은 척도는 자연과학에서 사용되는 등간 척도보다 엄밀성이 떨어짐에도 불구하고 생활과학 분야에서는 등간 척도로 인정하고 있는 것이다.

이상과 같은 등간 척도의 예는 다음 〈표 4-3〉과 같다. 품질이나 가격과 같은 영역에 있어서 불만족 정도를 측정하기 위하여 등간 척도를 이용하였는데 1점에서 5점까지의 점수 간격은 모두 동일하며 이러한 척도에는 각 점수 간 구분의 역할과 점수가 높아짐에 따라 서열성도 존재하므로 명목과 서열 척도의 성격도 모두 포함하고 있다고 볼 수 있다.

(4) 비율 척도

비율 척도(ratio scale)는 등간 척도와 거의 모든 특성에서 동일하나 등간 척도가 갖지 못한 절대영점이 존재하는 척도이다. 온도에 있어서 섭씨 0도는 온도가 없다는 뜻이 아니며 지능지수가 0이라 함도 지능이 없다는 것이 아니라, 이때의 0은 척도구성상의 어느 하나의 위치로, 절대영점을 갖고 수치 0은 그 대상의 측정속성을 지니고 있지 않다. 그러나 비율 척도는 가장 높은 수준의 척도로서, 명목 척도, 서열 척도 그리고 등간 척도의 특성을 모두 갖추고 있을 뿐 아니라, 수치는 실제수량과 같기 때문에 모든 수학적 계산이 가능하다. 예를 들어, 어떤 사람의 키가 160cm이라면 그는 키가 80cm가 되는 사람에 비해 2배가 되는 키를 가지고 있다. 또한 십만 원을 저축한 사람은 만 원을 저축한 사람의 10배를 더 저축하고 있음을 뜻한다.

비율 척도에는 사람이나 행위 또는 집단들을 세어서 얻은 것이 많다. 범죄율은 기록된 범죄행위의 수를 세어 이를 전체 인구수로 나누어 표준화한 것이다. 도시화율, 실업률, 평균 가족크기 등에서 0의 의미는 분명하다. 그러나 이러한 차이에도 불구하고 실제로 자료를 분석할 때에는 등간 척도와 비율 척도를 구분하지 않고 동일한 통계기법을 적용하는 것이 보통이다. 이상과 같은 비율 척도의 예는 다음 〈표 4-4〉와 같다.

〈표 4-4〉 **비율 척도 측정의 예**

본인 가계의 연 평균 소득을 적어 주십시오. 연 평균 (   )만 원

앞에서 살펴본 내용을 기초로 측정수준과 척도에 대한 요약으로 〈표 4-5〉에서 4가지 척도별 속성과 자료분석방법을 제시하였다.

〈표 4-5〉 **척도별 속성과 자료분석방법**

특징 척도	범주화	서열	거리 (등간)	절대 영점	중심 경향치	사분위 편차	유의성 검정	비교 방법 (숫자부여방법)	적용가능 분석방법	예
명목 척도	○	×	×	×	최빈값		X^2	확인분류	빈도분석, 비모수통계, 교차분석	성별, 직업유형분류, 전화번호, 주민등록번호
서열 척도	○	○	×	×	중앙값	사분위 편차	순위 상관	순위비교	서열상관관계, 비모수통계	상표선호순위, 사회계층
등간 척도	○	○	○	×	산술 평균	표준편차 분산	t, F	간격비교	모수통계	온도, 광고인지도, 상표선호도
비율 척도	○	○	○	○	기하 평균	기하 평균	t, F	절대적 크기비교	모수통계	연령, 소득, 체중, 키

이상과 같이 4가지 척도는 수행되는 연구과제에 따라 사용될 수 있는 척도 종류가 달라지게 된다. 왜냐하면 각 척도마다 특성이 존재하고 통계방법상 사용할 수 없는 척도도 존재한다. 따라서 연구자는 측정도구를 작성하기 전 연구문제에 맞는 통계기법을 고려하여야 하며 이를 기초로 측정도구를 제작하여야 할 것이다.

[그림 4-1]은 측정도구와 사용된 통계치와의 관계를 잘 나타내 주고 있다. 이상과 같이 측정도구와 이를 이용하는 통계기법 간에 조화를 이루지 못하면 논리적 오류나 정보의 상실이 발생하기 때문에 연구자는 항상 이를 염두에 두고 연구를 진행해야 할 것이다.

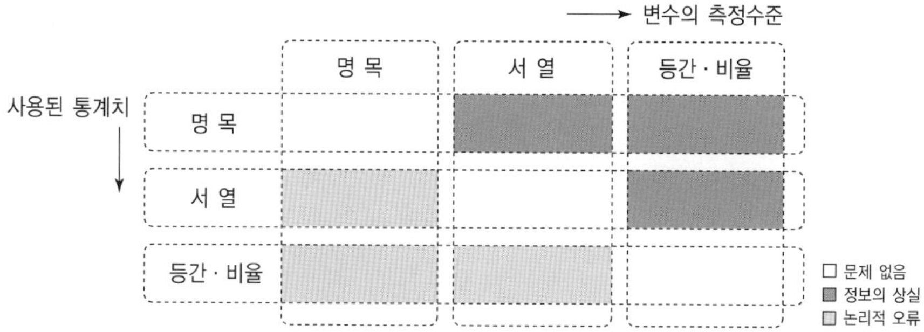

그림 4-1 측정도구와 사용된 통계치와의 관계

쉬어가는 연구방법과 통계이야기 ▶

4-1 TV시청률 신뢰성 의문

TV시청률 조사 과연 믿어도 되나? 최근 방송가를 중심으로 TV시청률 조사의 신뢰성에 대한 의문이 제기되고 있다. 여러 리서치 조사기관에서 조사한 시청률 조사가 서로 일치하지 않고 있고 상반되는 경우가 종종 나타나고 있다. 이 같은 결과는 노골적으로 특정 방송사를 불신하거나 신뢰하는 편견에서부터 출발하고 있다. 이 같은 논란 속에서 전국 규모의 TV시청률 조사(자료수집) 사업을 벌려야 한다는 의견이 제기되고 있으며, 과학적인 시청률 조사가 이루어져야 한다는 것이 주된 의견이다.

출처 : 동아닷컴, 2009년 10월 15일

3) 신뢰도와 타당도

생활과학에서 측정의 문제는 많은 논란의 대상이 되고 있다. 측정하고자 하는 개념들이 명확히 규정되지 못하거나 연구자에 따라 정의가 상이한 경우가 많았으며 또한 주어진 측정도구에 의해 얼마나 신뢰성 있게 측정할 수 있는가? 재측정 시 과연 어느 정도의 동일한 결과를 나타내 줄 수 있는지에 대한 문제가 계속해서 제기되고 있다.

이상과 같이 측정과 관련하여 많은 문제들이 논의되고 있는 이유는 측정도구가 연구과제를 수행하는 데 가장 중요한 요소로서 얼마나 높은 신뢰도(reliability)와 타당도(validity)를 나타내는가에 따라 연구결과의 평가도 달라지기 때문이다. 그러므로 연구하고자 하는 과제를 통해 도출된 연구결과에 좀 더 객관적인 평가를 부여하기 위해서는 신뢰도와 타당도가 선행된 측정도구를 제작하여야 한다.

측정한 자료의 적합성을 검정하는 두 가지의 중요한 기준은 타당도와 신뢰도이다. 신뢰도와 타당도를 측정의 오차와 관련지어 보면 타당도는 체계적 오차와 관련된 개념이며 신뢰도는 비체계적 오차와 관련된 개념이다. 신뢰도와 타당도에서 주의해야 할 점은 이 두 개념이 존재 개념이 아니라 정도의 개념이므로, '신뢰도나 타당도가 있다 없다.' 라는 표현보다는 '신뢰도와 타당도가 높다 낮다.' 라고 표현하는 것이 정확하다. 즉, 타당도는 올바른 것을 측정하고 있는가에 관한 것이며 신뢰도는 측정의 정확성과 일관성에 관한 것이다.

한편, 신뢰도와 타당도의 관계에 대해 살펴보면 첫째, 신뢰도가 높다고 해서 반드시 타당도가 높다는 것을 의미하지는 않는다. 예를 들어, 달리기를 잘하는 능력으로 건강을 측정하는 경우, 여러 번 달리기를 실시하여 그 속도가 일정하다면 이 측정방법은 신뢰도가 높다고 할 수 있다. 그러나 이 측정방법이 건강을 측정하는 데 타당도가 높다고 말할 수는 없다.

둘째, 신뢰도가 없으면 타당도를 말할 수기 없다. 예를 들어, 한 학급의 성적을 파악하기 위하여 학생을 무작위 추출하여 문제를 풀게 할 경우 타당성은 비교적 높다고 할 수 있다. 그러나 문제를 푼 학생 간의 결과가 판이하게 다르다면 이 방법은 신뢰도가 낮은 것이다. 과연 이러한 신뢰도가 낮은 방법으로 한 학급의 성적을 측정할 수 있을까?

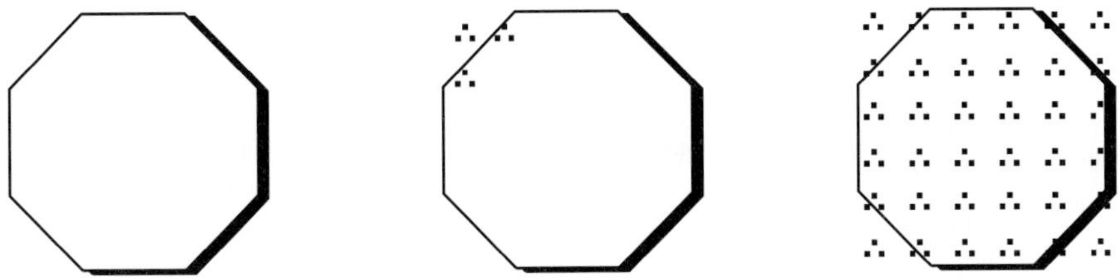

상황 Ⅰ
신뢰도와 타당도가 높은 경우

상황 Ⅱ
신뢰도는 높으나 타당도가 낮은 경우

상황 Ⅲ
신뢰도와 타당도가 없는 경우

그림 4-2 신뢰도와 타당도의 의미

이와 같이 신뢰도는 타당도를 위한 기본적인 전제조건인 것이다. 즉, 신뢰도는 타당도를 위한 필요조건이지 충분조건은 아닌 것이다. 그러므로 생활과학에서 사용되는 측정도구를 이용하여 의미 있는 결과를 얻으려면 타당도는 물론이지만 측정도구의 신뢰도가 높아야 한다.

한편, 신뢰도 및 타당도와 관련하여 논의되는 것으로서는 오차가 있다. 어떤 현상에 대해 측정을 할 때 측정된 값은 어느 정도의 측정오차를 가지게 된다. 측정오차, 신뢰도, 타당도에 대해 구체적으로 살펴보면 다음과 같다.

(1) 측정오차

변수의 속성을 측정하는 경우는 측정하고자 하는 속성의 규명도 어려울 뿐만 아니라 측정도구가 완벽하게 개발되기가 어렵기 때문에 측정오차(measurement error)가 거의 모든 경우에 발생하게 된다.

측정값=진실값+측정오차

측정 시 발생하는 오차의 원인들로는 여러 가지가 있을 수 있으나 대표적인 오차의 원인으로써 다음의 몇 가지를 들 수 있다.

첫째, 측정대상자의 기분, 피로도, 건강상태 등 측정시점에 따라 측정에 영향을 미칠 수 있다. 예를 들면, 수학능력을 측정하고자 하는데 응답자의 건강이 나쁠 때 측정한다면 이 결과에는 오차가 포함될 가능성이 높다.

둘째, 측정이 이루어지는 주변의 환경적 요인의 변화에 영향을 받는다. 측정하는 주변환경이 산만한지 아니면 차분하고 조용한 환경인지에 따라 그 결과에 차이가 있을 수 있다.

셋째, 자료수집방법이나 설문지의 내용 등 측정도구가 불완전하여 조사자의 의도가 명확히 전달되지 않고 측정대상자마다 나름대로 해석을 하여 결과가 왜곡되는 경우가 있다. 예를 들면, 월평균소득을 측정함에 있어 모호하게 소득을 질문할 경우 세금공제 이전 소득을 의미하는지, 보너스를 포함하는 것인지 등 응답자들의 혼동이 존재한다면 측정오차가 발생하게 된다.

넷째, 측정자와 측정대상자 간의 상호작용으로 조사자의 신분, 태도 등에 따라 응답자가 영향을 받을 수 있다. 친절한 조사자인가, 특정지역 사투리를 사용하는 조사자인가 등 조사자의 신분, 태도, 가치관 등이 응답자의 응답에 영향을 미쳐 오차를 유발할 수 있다.

이상의 원인으로 인하여 발생하는 오차는 체계적 오차(systematic error)와 비체계적 오차(non-systematic error)로 나누어지는데 체계적 오차란 측정대상에 대하여 어떠한 영향이 체계적으로 미침으로써 그 오차가 항상 일정한 방향으로 일어나 측정결과가 모두 높아지거나 또는 모두 낮아지는 경향을 보이는 것이다.

반면, 비체계적 오차는 측정자의 피로, 기억 또는 감정의 변동 등과 같이 측정대상, 측정과정, 측정수단 등에 일관성 없이 영향을 미침으로써 발생하는 오차를 말하는 것으로, 오차의 값이 다양하게 분포되어 있으며 상호 상쇄되는 경향도 있다. 이상을 간단한 식으로 나타내면 다음과 같다.

측정값=실제값+체계적 오차+비체계적 오차(확률오차)

(2) 신뢰도

신뢰도는 같은 문항을 시간의 차이를 두고 측정하였을 때 동일 또는 유사하게 측정되었는지의 여부 또는 하나의 개념을 측정하기 위해 여러 개의 문항을 통해 측정하였을 때 동일하게 측정되었는지의 여부를 조사하는 것이다. 다시 말해, 신뢰도는 시간의 흐름에 따른 일관성을 뜻하기도 하고 척도를 구성하는 항목 간의 내적 일관성의 정도를 의미하기도 하지만 궁극적으로는 측정오차의 문제와 직결되는 것으로 안정성, 일관성, 예측가능성, 정확성, 의존가능성 등으로 표현될 수 있는 개념이다. 결국, 신뢰도란 비교 가능한 독립된 측정방법에 의해 대상을 측정하는 경우 결과가 비슷하게 되는 것을 의미하고 동일한 개념에 대해 측정을 반복했을 때 동일한 측정 값을 얻을 가능성을 말한다.

독립적으로 얻어질 결과의 일치도가 높을수록 신뢰도는 커진다. 즉, 처음의 측정 결과와 재측정 시의 결과 간의 일치도가 높을수록 신뢰도는 커지는 것이다. 신뢰도를 정의하는 방법은 측정의 어떤 측면을 강조하는가에 따라 다음 네 가지 접근방법으로 나누어 볼 수 있다.

첫째, 동일한 대상에 대해 같거나 비교 가능한 측정도구를 사용하여 반복 측정할 경우 동일하거나 비슷한 결과를 얻을 수 있는 정도로서 정의하는 방법으로 이러한 신뢰도의 정의는 안정성, 의존 가능성, 예측성의 의미를 함축하고 있다.

둘째, 태도 등을 측정하기 위하여 여러 개의 문항을 더하여 사용하는 방법으로서 이때의 신뢰도란 태도의 지표로서 각 문항이 갖는 동등성을 가리킨다.

셋째, 측정도구가 측정하려고 하는 속성을 얼마나 진실에 가깝도록 측정하는가 하는 것으로 정의하는 방법이다.

넷째, 측정에 있어 측정오차가 얼마나 존재하는가를 파악함으로써 신뢰도를 정의하는 방법으로 이 방법은 신뢰도의 이론적·현실적 문제점을 보다 잘 해결해 주고 또 개념정의를 분명하게 해줄 뿐만 아니라 다른 접근방법이나 정의를 함축하고 있다.

측정에 있어서 측정오차가 많으면 많을수록 그만큼 측정도구의 신뢰도는 떨어지는 것이다. 즉, 신뢰도란 측정도구에 측정오차가 상대적으로 얼마나 있는가 없는가 하는 것으로 정의할 수도 있다. 이러한 측정오차는 측정도구 자체와 측정대상자 측면에서 모두 발생할 수 있다.

신뢰도는 보통 상관계수로 계산되며 신뢰도 계수는 0과 1 사이에 있다. 신뢰도 계수는 문항의 동질성이나 문항 수에 따라 달라진다. 뿐만 아니라 검사의 난이도에 따라서도 영향을 받는다. 일반적으로 문항 간의 동질성이 높고 문항수가 많고 문항의 내용이 너무 쉽거나 또는 너무 어려우면 신뢰도 계수는 높게 산출된다.

① 신뢰도의 측정방법

신뢰도의 측정방법에는 크게 반복측정법과 반분법, 그리고 내적 일치도가 있다.

■ **반복측정법** : 반복측정법은 신뢰도에 대한 안정성의 기준과 관련이 있는 것으로 동일한 상황에서 동일한 대상에 동일한 측정도구를 서로 다른 시점에서 두 번 측정한 다음 그 결과를 비교하는 것이다. 두 시점에서 측정한 결과의 상관관계 정도를 신뢰도로서 파악한다. 이때 두 결과의 상관관계가 높거나 두 점수가 일치되는 비율이 높은 경우에 측정의 신뢰도가 높다고 판단한다. 즉, 상관계수가 높다는 것은 신뢰도가 높다는 것을 의미한다.

그러나 이 방법의 사용에는 주의를 기울여야 한다. 동일한 측정도구를 반복 사용하기 때문에 첫 번째의 측정이 두 번째 측정에 영향을 미칠 수 있다. 즉, 설문지를 측정도구로 사용할 경우 처음에 대한 대답을 기억하여 두 번째 질문에도 처음과 똑같이 답할 가능성이 많으므로 두 번 이루어지는 측정 간의 시간 간격에 크게 영향을 받는다. 예를 들면, 토플 시험을 반복적으로 볼 경우 영어 실력에 변동이 없다 해도 문제유형, 문제풀이방법 등에 대한 경험으로 인해 점수가 향상될 수 있다.

둘째, 반복적인 조사시간 사이에 조사대상자에게 어떤 변화가 일어날지 모른다. 다시 말해, 첫 번째 측정 후와 두 번째 측정을 하기 전에 조사대상자에 변화가 일어나 두 번째 측정결과가 달라질 수 있는데 이 차이가 응답자 속성의 변화에 의한 것이며, 이 경우 측정도구의 신뢰도가 낮다는 판단을 하게 될 수도 있다.

이와 같이 반복측정법이 갖고 있는 한계가 있으나 측정도구 자체를 직접 비교할 수 있고 적용이 간편하다는 장점이 있다. 반복측정 방법을 이용하여 신뢰도를 측정할 때는 2주 정도의 간격을 이용하는 것이 바람직하다.

■ **반분법** : 반분법은 측정도구를 임의로 반으로 나누어 각각 독립된 두 개의 척도로 사용함으로써 신뢰도를 추정하는 방법이다. 즉, 조사문항의 반을 가지고 조사결과를 얻고, 항목의 다른 반쪽을 동일한 대상에 적용하여 얻은 결과와 비교하는 것이다. 이 방법에는 하나의 큰 개념을 측정하기 위한 여러 항목들이 있으며 반분이 가능한 척도에만 적용할 수 있고 반분법을 이용하기 위해서는 다음 두 가지 전제조건이 필요하다. 첫째, 그 측정도구가 같은 개념을 측정한다는 것이 명백해야 한다. 둘째, 양분된 각 측정도구의 문항 수는 그 자체가 각각 완전한 척도를 이룰 수 있도록 충분히 많아야 한다. 반분법으로는 보통 문항을 짝수문항과 홀수문항으로 반분하거나 아니면 무작위적으로 항목의 반을 추출하여

나머지를 또 하나의 척도로 만드는 방법을 일반적으로 사용하고 있다.

- **내적일치도** : 내적일치도는 동일한 개념을 여러 문항으로 질문하여 이러한 문항들이 유사한 값들을 갖는지를 측정하는 방법이다. 즉, 동일한 개념을 측정하기 위해 여러 개의 문항을 이용하는 경우 신뢰도를 낮게 하는 문항을 찾아내어 측정도구에서 제외시킴으로써 측정도구의 신뢰도를 높이기 위한 방법으로 크론바흐의 알파(Cronbach's α) 계수를 이용한다.

$$\text{Cronbach's } \alpha = \frac{k}{k-1}\left[1 - \frac{\sum_{i=1}^{k} \sigma_i^{\,2}}{\sigma_t^{\,2}}\right]$$

k : 측정항목의 수, $\sigma_i^{\,2}$: 개별항목의 분산, $\sigma_t^{\,2}$: 전체항목의 분산

이때의 α값을 '표준화된 알파' 라고 부른다. α값은 0에서 1까지 이르는 값으로 문항 간 평균 상관계수가 증가할수록, 그리고 문항의 수가 증가할수록 커진다.

항목 내의 분산이 커서 전체 신뢰도를 떨어뜨리는 항목은 제외시킴으로써 신뢰도가 높은 측정항목만을 선별하게 된다. 일반적으로 α 계수가 0.6 이상이면 비교적 신뢰도가 높다고 볼 수 있다.

[그림 4-3] SPSS 신뢰도 검증 결과는 대학생들의 과시소비성향의 내적 일관성을 검증하기 위하여 과시소비성향을 측정하기 위한 하위문항들인 A_1에서 A_{10}의 항목들 간의 신뢰도 결과이다.

- 요약 항목 통계량은 각 문항에 대한 간단한 통계결과로서 평균과 표분편차, 최소값과 최대값 등을 나타내 준다.
- 신뢰도 통계량은 크로바흐의 알파(Cronbach's α)계수로서 이것이 신뢰도 값이 된다. 본 프로그램의 결과 신뢰도는 .908로 매우 높게 나타나 대학생의 과시소비성향을 측정하기 위하여 문항 간의 내적일관성인 신뢰도가 확보되었다고 평가할 수 있다.
- 항목 총계 통계량은 각 문항이 신뢰도에 미치는 영향을 살펴보기 위하여 각 문항을 제외한 후 나머지 문항 간의 상관성과 신뢰도의 정도를 파악하는 것으로

서 각 문항을 제외한 후 상관계수와 신뢰도계수의 값이 높아지면 그 문항은 조사도구의 신뢰도에 부적인 영향을 미친다고 평가할 수 있다.

```
RELIABILITY
        /VARIABLES=A1  A2  A3  A4  A5  A6  A7  A8  A9  A10
        /SCALE('ALL VARIABLE') ALL
        /MODEL=ALPHA
        /STATISTICS=DESCRIPTIVE SCALE
        /SUMMARY=TOTAL MEANS.
```

➡ **신뢰도 분석**

Scale : 모든 변수

케이스 처리 요약

구 분		N	%
케이스	유 효	502	100.0
	제외됨*	0	.0
	합 계	502	100.0

* 목록별 삭제는 프로시저의 모든 변수를 기준으로 한다.

신뢰도 통계량

Cronbach의 알파	Cronbach's Alpha Based on Standardized Items	항목 수
.908	.914	10

요약항목 통계량

구 분	평 균	최소값	최대값	범 위	최대값/최소값	분 산	항목 수
항목 평균	3.951	3.378	4.245	.867	1.256	.071	10

항목 총계 통계량

구 분	항목이 삭제된 경우 척도 평균	항목이 삭제된 경우 척도 분산	수정된 항목-전체 상관관계	제곱 다중 상관관계	항목이 삭제된 경우 Cronbach 알파
A1	35.63	24.818	.678	.501	.899
A2	35.87	24.729	.589	.429	.905
A3	35.33	24.688	.757	.738	.895
A4	35.43	24.509	.739	.710	.895
A5	35.26	25.064	.704	.626	.898
A6	35.36	24.611	.684	.545	.898
A7	35.53	24.317	.738	.626	.895
A8	35.44	24.287	.721	.575	.896
A9	35.59	24.463	.720	.573	.896
A10	36.13	24.895	.473	.272	.915

그림 4-3 SPSS 신뢰도 검증 결과

4-2 또 널뛰기 여론조사 …… 해법은 '휴대전화'

2011년 10·26 서울시장 보궐선거 과정에서 쏟아진 여론조사 결과들은 널을 뛰었다. 같은 날 같은 지역에서 조사했음에도 여론조사 기관마다 결과는 들쭉날쭉했다. 국민들로서는 헷갈릴 수밖에 없다. 민심을 읽는 가장 과학적인 방법이라는 여론조사의 신뢰성에도 금이 갔다. '민심왜곡'이라는 한계에도 불구하고 여론조사에 대한 의존도는 갈수록 높아지기 때문이다. 이번 보궐선거에서도 야권은 여론조사를 기준으로 후보를 단일화했다. 내년 총선·대선을 앞둔 상황에서 여론조사가 '양날의 검'이라는 달갑지 않은 수식어를 벗어던질 수 있을지 주목된다.

지금까지 가장 많이 활용된 여론조사 방식은 '전화자동응답(ARS·Automatic Response System)'이다. 상담원이 직접 전화를 거는 전화면접 방식에 비해 응답률은 떨어지지만, 익명성이 보장되어 솔직한 답변을 들을 수 있다는 이점이 있다. 비용도 적게 들어 효율적이다.

그러나 조사 대상은 전화번호부에 등재된 유선전화뿐이다. 전화번호부에 등재된 유선전화가 있는 가구가 전체의 30~40%에 불과해 '대표성'의 문제가 발생할 수 있다. 이로 인해 지난해 6·2 지방선거 당시에는 여론조사 결과와 실제 선거 결과가 정반대로 나타나는 '재앙'이 빚어지기도 했다.

이런 한계를 극복하기 위해 지난 4·27 재·보궐 선거를 계기로 도입된 방식이 '임의 전화번호 걸기(RDD : Random Digit Dialing)'다. 지역별로 부여된 국번 외에 마지막 네 자리를 컴퓨터로 무작위 추출한 뒤 전화를 거는 방식이다. 전화번호부 등재를 기피하는 젊은 층의 표심을 반영하기 위한 것이다.

하지만 RDD 역시 인터넷전화나 휴대전화만 쓰는 사람은 대상에서 제외된다. 여론조사가 이뤄지는 시간에 집에 있어야만 조사가 가능하다는 '재택률'도 극복하기 어려운 과제다. 때문에 RDD도 4·27 재·보선 결과에 대해 '빗나간 예측'을 내놓았다는 비판에서 자유로울 수 없었다.

2011년 10월 서울시장 보궐선거에서는 '유·무선 병행조사(MMS : Mixed Mode Survey)' 방식이 등장해 눈길을 끌었다. 무선조사는 여론조사 기관들이 마케팅조사 등을 위해 미리 확보한 휴대전화를 통해 이뤄졌다. 사전 동의 없이 휴대전화로 무작위 조사를 벌이는 것은 현행 개인정보보호법을 위반하는 것인 만큼 차선책인 셈이다. 다만, 유·무선전화에 대한 조사 비율 등을 어떻게 할지는 좀 더 고민이 필요한 부분이다.

일각에선 출구조사처럼 조사원이 직접 유권자를 만나 용지를 주고 비밀이 보장된 상태에서 설문하는 방식을 도입할 필요가 있다는 제안도 나온다. 최근 각종 선거에서 출구조사가 실제 개표 결과에 가장 근접했기 때문이다. 그러나 출구조사와 여론조사는 개념 자체가 다르다는 지적이다. 출구조사는 선거 결과를 해석·설명하기 위한 조사인데, 예측조사로 오용된 측면이 있다. 또한 많은 시간과 비용이 들어가는 출구조사가 필요한지 의문이다. 판세 분석이 주목적인 여론조사에 출구조사와 같은 정확성을 요구하는 것은 무리라는 지적도 있다.

결국 국민 정서와 사생활 보호 측면을 감안해 휴대전화 여론조사를 일반화하기 어려운 상황이라면 일단 MMS 방식의 여론조사를 보편화하되 조사 대상인 휴대전화 패널 수를 확대하는 등 무선전화의 표본 대표성을 강화하는 방안을 강구하는 사회적 노력이 필요하다는 지적도 나온다.

출처 : 서울신문, 2011년 10월 31일

② 신뢰도를 높이는 방법

신뢰성은 비체계적인 오차와 관련된 것이므로 최대한 비체계적 오차가 발생할 가능성을 줄이는 것이 신뢰도를 높이는 방법이 될 것이다. 비체계적인 오차는 측정도구, 측정대상, 측정상황의 3가지 측면에서 모두 발생할 수 있으므로 이러한 오차가 발생하지 않도록 예방하는 것이 가장 중요하다. 신뢰도가 높은 자료를 얻기 위한 방안을 보면 다음과 같다.

첫째, 조사할 때 설문지의 모호한 문구는 응답자마다 상이한 해석을 할 수 있으므로 모든 응답자에게 동일한 의미로 해석될 수 있도록 명확히 해야 한다.

둘째, 측정 항목 수를 늘린다. 보통 동일한 개념이나 속성을 측정하기 위한 항목의 수를 늘릴수록 신뢰도는 높아지게 된다.

셋째, 조사자들의 일관성 없는 면접방식이나 태도로 인해 동일한 질문에 대한 응답자들의 반응이 달라질 수 있으므로 일관성 있는 면접이나 태도를 가져야 한다.

넷째, 조사대상자가 잘 모르거나 전혀 관심이 없는 내용에 대한 측정은 하지 않는 것이 좋다. 응답자가 전혀 모르거나 관심이 없는 경우 무성의한 대답을 하게 되므로 실제와는 전혀 다른 결과를 나타낼 가능성이 높다.

다섯째, 중요한 질문의 경우 동일한 질문이나 유사한 질문을 2회 이상함으로써 정확한 응답을 유도한다.

여섯째, 기존의 선행연구나 조사에서 이미 신뢰성이 높다고 인정된 측정도구를 이용하도록 한다.

(3) 타당도

생활과학의 대상을 측정할 때에는 대상의 특성상 간접적으로 측정하여야 하는 경우가 대부분이다. 이러한 사실 때문에 생활과학에서 타당도의 문제가 특히 중요시되는 것이다. 즉, 사회현상을 측정할 때에는 조사자가 확실히 자기가 측정하고자 하는 개념을 측정하였다는 확신을 가질 수 없는 경우가 많다. 이와 같이 조사자가 측정하고자 하는 개념을 얼마나 정확히 측정하였는가 하는 문제가 바로 타당도의 문제이다. 따라서 타당도는 측정도구 자체가 측정하고자 하는 개념이나 속성을 정확히 반영할 수 있어야 하며 이는 측정하려고 하는 개념을 어떻게 정의하였으며 이 개념적 정의를 어떻게 조작적 정의화하였는가에 상당히 영향을 받는다.

어떠한 개념이나 속성을 하나의 조작적 정의에 의해 표현하고 이에 의해서 측정을 할 수 있는 경우도 있겠으나 하나의 조작적 정의만에 의한 측정결과로 해당 개념을 정확히 측정하였는지를 판단하기는 어렵다. 따라서 몇 가지의 조작적 정의를 이용하여 측정을 하고 각 측정값 간의 상관관계를 조사하여 측정의 타당도를 평가하는 방법을 취하여야 한다. 또한 동일한 개념의 측정을 위해 아주 다른 조작적 정의(항목)를 이용하여 측정한 값들 간의 상관도가 매우 높아야 한다.

타당도는 그 평가방법에 따라 내용타당도, 기준에 의한 타당도, 개념타당도 그리고 외적·내적타당도 개념으로 나누어 볼 수 있다.

① 내용타당도

내용타당도는 측정도구 자체가 측정하고자 하는 속성이나 개념을 측정할 수 있도록 되어 있는가를 평가하는 것으로 측정도구가 측정대상이 가지고 있는 많은 속성들 중의 일부를 대표성 있게 포함하고 있으면 그 측정도구는 내용타당도가 높다고 할 수 있다.

예를 들어, 소비자학 기말시험에서 지나치게 지엽적인 문제만이 출제되었다면 이 시험문제는 소비자학에 대한 전체적인 내용을 평가하기에는 타당성이 적다고 하겠다. 실제로 대부분 측정하려는 속성을 다 파악한다는 것은 어렵다. 특히 측정되는 개념에 대한 정의가 일치되어 있지 않은 경우, 개념이 다차원적일 경우, 척도가 길고 복잡할 때 내용타당도에 대한 문제가 발생할 가능성이 크다. 그러나 문항의 모집단을 표본항목이 어느 정도 잘 대표하고 있느냐 하는 것은 조사자의 주관적 판단에 의존할 수밖에 없기 때문에, 조사자에 따라 대표값에 대한 평가가 달라지므로, 내용타당도는 대단히 주관적이라 하지 않을 수 없다.

이러한 내용타당도를 높이기 위해서는 측정도구가 완성되기 전에 계획하는 과정에서 미리 내용타당도를 확보하는 것이 바람직하다. 이와 같이 계획하는 과정에서 내용타당도를 확보하는 방법은 첫째, 측정도구의 모든 방법을 나열하여 그것들로부터 무작위표본추출을 한다. 둘째, 측정도구의 내용을 정확히 한다. 셋째, 측정도구가 순서대로 이루어지는 경우에는 순서를 일정하게 하여야 한다.

이상과 같이 내용타당도는 조사자의 주관적인 해석과 판단에 지나치게 의존함으로써 착오가 개입할 여지가 많고 통계적 검증이 이루어지지 않는다는 결점이 있으며, 측정하려고 하는 속성과 이 속성을 반영하는 문항 간의 상응관계의 정도를 파악할 수 없고 측정도구가 복합적일 경우에 이를 단순화하는 문제가 있다.

② 기준타당도

기준에 의한 타당도는 통계적인 유의성을 평가하는 것으로 어떤 측정도구가 타당도가 높다고 한다면 측정도구에 의해 나타난 결과와 다른 어떠한 기준 또는 변수 간에 상관관계가 높아야 한다는 것이다. 즉, 연구하려는 속성을 측정해 줄 것으로 알려진 기준과 측정도구의 측정결과인 점수 간의 관계를 비교함으로써 타당도를 파악하는 방법이다.

기준타당도는 공인타당도와 예측타당도로 구분되는데 공인타당도는 현재의 특정 현상을 측정하는 데 측정도구가 타당한가를, 예측타당도는 미래의 사건을 예측할 수 있는가를 보여 주는 척도의 능력이다. 예를 들어, 대입학력고사 성적이 같은 두 명의 학생이 같은 대학 같은 과에 입학하여 거의 비슷한 정도의 공부를 했음에도 이 두 학생의 1학기 성적에 큰 차이가 있었다면, 즉 대입시험과 대학교 학기 중의 시험성적과의 상관관계가 낮으면 공인타당도가 낮은 것이다. 이 경우 대입성적이 대학교에서의 예측할 수 있는 기준이 되지 못해 예측타당도가 낮다고 하겠다.

이와 같은 기준타당도는 측정하고자 하는 속성을 반영한다고 판단되는 객관적인 기준을 무엇으로 설정하느냐에 따라 달라진다. 기준을 세우는 것 자체가 때로는 모호해서 좋은 기준을 세우는 것은 매우 어렵다. 새로운 도구를 개발하여 기준타당도를 얻고자 한다면 먼저 기존도구의 내용타당도가 높고 그것이 실제의 사용에서 타당도가 입증되어야 한다. 기존의 척도가 타당하다면 왜 새로운 척도가 필요한가라는 의문이 들 수 있지만 기존의 척도가 타당하다 하더라도 비경제적이거나 시대에 맞지 않을 때는 새 척도를 개발할 필요가 있고 이때 기준타당도가 적용된다.

③ 개념타당도

개념타당도는 측정도구가 실제로 무엇을 측정하였는가 또는 조사자가 측정하고자 하는 추상적인 개념이 실제로 측정도구에 의하여 적절하게 측정되었는가에 관한 문제이다. 이러한 개념타당도는 측정값 자체보다는 측정하고자 하는 속성에 초점을 둔 측정의 타당도라 할 수 있으므로 개념타당도는 논리적인 분석과 이론적인 체제하에서 개념 간의 관계를 밝히는 데 중점을 두고 평가되며 이론의 구축에 매우 중요하게 고려되어야 한다. 이 개념타당도는 이해타당도, 집중타당도, 판별타당도로 구성되어 있으며 이들 3가지 타당도가 높아야 개념타당도가 높다고 할 수 있다.

이해타당도란 특정개념을 어떻게 이해하고 있는가에 관한 것이다. 즉, 이해타당도를 높이기 위해서는 조사자가 관심이 있는 특정개념과 관련이 있는 개념들을 체계적으로 연결시키는 이론적 구성도를 작성하여, 그 모델에 측정방법을 연결시키는 노력을 하여야 한다.

집중타당도는 동일한 개념을 측정하기 위하여 아주 다른 측정방법을 이용하여 측정하여 얻어진 측정치들 간에 높은 상관관계가 존재해야 한다는 것이다. 예를 들어, 지능을 측정하기 위해 서로 다른 측정도구를 개발하였다고 하자. 하나는 창조력에 관한 것이고 다른 하나는 계산능력을 측정하는 방법이다. 이때 두 방식에 의해 측정된 '지능'들의 상관관계가 높게 나타났다면 두 측정도구는 지능의 측정에서 집중타당도가 있다고 할 수 있다.

판별타당도는 하나의 측정항목으로 서로 다른 개념을 측정했을 때 얻어진 측정치들 간에는 상관관계가 낮아야 한다는 것이다. 예를 들어, 위기에 대처하는 능력과 창조력이라는 상이한 개념을 같은 방법(문제)을 사용하여 측정하였을 때 두 개념을 측정한 측정치들의 상관계수가 낮게 나왔다면 그 측정방법은 판별타당도가 높다고 할 수 있다.

④ 외적타당도 및 내적타당도

연구결과를 어느 정도 일반화할 수 있는가의 정도를 나타내는 것으로 표본이 모집단을 얼마나 대표성 있게 나타내는가의 정도를 의미한다. 한편, 내적타당도는 연구 자체에 적용되는 문제로서 연구목적에 얼마나 정확하고 타당한 결과를 얻었는가에 초점을 두고 있다. 이 두 타당도는 서로 그 목표가 상치되므로 한 연구에서 두 타당도를 같이 높이기가 어렵다. 내적타당도를 높이기 위해서 동질적 표본을 표집하는 것이 좋고 많은 외생변수를 통제하여 순수효과를 파악하여야 한다. 그러나 외적타당도는 결과의 일반화에 초점을 두고 있으므로 특정집단이 아닌 이질적인 표본 표집을 통해 전체 모집단의 특성을 잘 대표할 수 있는 결과를 도출하여야 한다. 결국, 한 연구에서 내적타당도를 높이면 외적타당도가 낮아지는 문제가 발생한다. 따라서 중요한 것은 연구목적이 어디에 있는가에 따라 어떤 타당도에 초점을 두어야 하는지를 결정하여야 한다.

쉬어가는 연구방법과 통계이야기 ▶

4-3 수출대기업 중심 지표에 따로 노는 체감경기

정부가 발표하는 통계를 보면 현실적으로 납득하기 어려운 경우가 많다. 시장의 식료품값부터 음식점의 한 끼 밥값, 미용요금, 휘발유값, 집값과 전셋값, 공공요금 등 대부분의 일상생활물가가 큰 폭으로 올랐지만 공식적인 소비자물가상승률은 4%대다. 청년백수가 주변에 넘쳐나는데도 정부의 청년실업률은 매달 7~8%에 불과하다.

정부 통계는 거짓말인가? 현실을 반영하지 못한 숫자 장난에 불과한가? 정부의 경기지표와 실제 업계에서 느끼는 체감지표의 괴리는 어디서 오는 걸까?

경기상황을 판단하는 대표적인 정부 통계지표로 경기동행지수가 있다. 이 지표는 비농가취업자수, 산업생산지수, 제조업가동률지수, 도소매판매액지수, 건설기성액, 수출액, 수입액 등 7개 지표로 이뤄진다. 이 가운데 제조업가동률, 산업생산지수, 수출수입액 등의 비중이 워낙 크다는 점이 문제다. 경기 동행지수에 제조업 생산과 수출 쪽이 지나치게 많이 들어가 경제 전반의 상황을 반영하지 못하고 있다. 즉, 대기업 수출 중심으로 이뤄진 통계의 한계이다. 유통 부분의 수치가 좋다고 하더라도, 대기업 마트가 좋은 것이지, 소상인들은 울상인 것이다. 이 같은 점 때문에 전문가들은 "하부 단위의 지수를 따로 낸다면 기업체감지수가 반영될 수 있다"는 입장이다. 아울러 제조업 가동률을 빼고 도소매판매액 대신 내수용 소비재출하를 넣는 등 경기반영력이 큰 지표로 개편할 필요가 있다는 지적도 있다. 이에 대해 통계청은 소매판매액지수의 내수 출하 부분, 설비투자 부분에서의 내수 부분이 반영되고 있어 문제가 없다는 입장이다.

출처 : 뉴스토마토, 2011년 10월 18일

2 척 도

생활과학에서 연구하고자 하는 개념들은 단순하게 측정될 수 있는 것보다는 복잡하고 다차원적으로 구성된 것들이 훨씬 더 많으므로 다양하게 얽혀져 있는 경험적 사실들의 관계를 좀 더 단순하게 파악하고 이를 바탕으로 한 이론을 정립하기 위해서는 척도(scale)를 사용해야 한다.

체중을 재기 위하여 저울이 있듯이 인간의 태도나 속성, 감정을 측정하고자 할 때도 척도가 사용된다. 즉, 측정하려는 개념을 숫자 또는 상징을 부여하는 것이 척도화로서 이것은 논리적으로, 또는 경험적으로 서로 연관되어 있는 여러 개의 문항들로 이루어진 복합적인 측정도구이며, 척도를 이용하는 이유는 다음과 같다.

첫째, 척도는 복합적인 개념을 측정할 수 있을 뿐만 아니라 여러 개의 지표를 하나의 점수로 나타냄으로써 분석하기 쉬운 단순한 측정치로 요약할 수 있다. 둘째, 척도는 변수에 대한 양적인 측정치를 제공함으로써 정확성을 높이고 통계적으로 조작이 가능하도록 해 준다. 셋째, 척도는 측정치 또는 측정수단의 오차를 줄이고 그 타당도와 신뢰도를 높이는 하나의 기법이다. 이상과 같이 척도는 생활과학 분야의 연구에서 매우 중요한 측정도구가 된다.

척도의 종류에는 여러 가지가 있으며 이들을 분류하는 기준도 다양하다. 일반적으로는 비교적 초기에 개발되어 자주 사용되어 왔던 리커트 척도, 거트만 척도, 서스톤 척도 등과 이 세 가지 척도를 수정하거나 변형 또는 조합한 의미분화 척도, 소시오메트리 척도 등이 있다.

1) 리커트 척도

리커트(likert) 척도는 여러 개의 항목으로 응답자의 태도를 측정하고 해당항목에 대한 응답을 종합하여 평가대상 응답자에 대한 전체적인 태도를 측정하는 방법이다. 보통 다문항의 서술문을 이용하며 긍정적 서술문과 부정적 서술문들을 함께 포함시켜야 한다. 조사자는 각각의 서술문에 대한 응답자의 점수를 합산하여 응답자의 태도를 측정하게 된다. 리커트형 척도를 이용하여 응답자의 태도를 계산할 때 유의할 점은 총응답점수가 높을수록 보다 호의적인 태도를 보이도록 각 서술문에 대한 응답점수를 재조정한 후 합산하여야 한다는 것이다.

이 척도는 임의적인 숫자1에서 출발하여 조사자가 필요하다고 생각하는 만큼의 많은 점들을 척도상에 나타낼 수 있다. 따라서 연구자의 필요에 따라 5점, 7점, 9점, 11점 등의 등간척도를 만들 수 있다. 그러나 어떤 연구에 의하면 평가척도상의 점이 5점에서 7점이나 9점으로 증가한다고 해서 평가치의 신뢰성이 통계적으로 개선되는 것이 아니기 때문에 5점 척도는 7점 척도나 9점 척도만큼 효과적이라고 밝히기도 한다. 즉, 9점 척도가 5점이나 7점 척도보다 정보의 질이나 정확성에 있어서 반드시 뛰어난 것으로는 볼 수 없는 것이다.

리커트 척도는 보통 5점 척도, 7점 척도가 주로 쓰이며 중립적인 입장을 취하지 않는 4점 척도, 6점 척도도 간혹 쓰이고 있다. 4점 척도 이하인 경우는 응답자의 수준을 정확히 분류할 수 없고, 5점 척도 이상이 되면 상대적으로 수준의 분류가 정확하다. 그러나 중립점을 두면 깊은 생각 없이 중립점에 응답하는 경향이 있고 중립점을 두지 않으면 중립점의 태도를 지닌 응답자는 어려움을 갖는다.

리커트 척도는 응답범주 간에는 등간이라는 것이 확인되지 않으므로 엄격한 의미에서는 서열 척도이나 통계분석 시 등간 척도처럼 사용되고 있다.

이 척도법은 평가속성에 관련된 여러 개의 문항으로 구성된 평가항목들에 대해 찬성과 반대의 정도를 나타내도록 한 척도로서 각 항목에 대한 평가를 평균하여 측정값을 얻게 되므로 각 항목들이 동일한 개념을 측정하기 위한 항목으로 구성되어야 한다는 것이다. 만약 각 항목들이 상이한 개념들을 측정하게 된다면 측정값들을

쉬어가는 연구방법과 통계이야기 ▶

4-4 리커트 척도와 조사결과

김영삼 대통령 시절에 같은 시기에 몇몇 언론기관에서 발표한 대통령에 대한 지지도가 각각 67%, 44%, 32% 등으로 제각각 다르게 나타나서 이를 놓고 한때 조작의혹이 일어난 적이 있었다. 이처럼 20% 이상의 차이는 사회 각계로부터 여론조사의 신뢰도에 심각한 의문을 불러일으키기에 충분했다. 그러나 내용을 알고 보면 차이가 날 수밖에 없는 이유가 명백하다. 조사문항은 "김영삼 대통령이 대통령으로서의 직무를 잘 수행하고 있다고 보십니까? 아니면 잘못 수행하고 있다고 보십니까?"로 세 조사가 모두 같았다. 다만 응답문항이 다르게 되어 있었던 것이다. 어떤 조사에서는 응답항목이 '매우 잘하고 있다', '비교적 잘하고 있다', '그저 그렇다', '별로 잘하지 못하는 편이다', '매우 잘못하고 있다'는 5점 척도를 사용했다. 반면에 한 조사에서는 '그저 그렇다'가 빠진 4점 척도를 사용했다. 응답항목이 줄어들면 당연히 다른 응답항목에 대한 응답이 증가하게 된다. 따라서 20% 정도의 지지도 차이는 '그저 그렇다' 라는 중립적 항목이 삭제되었기 때문에 일어난 것이다.

특히, 우리나라 사람들은 대통령에 대해 잘못한다고 말하기를 꺼리는 경향 때문에 '그저 그렇다'를 뺀 4점 척도를 쓰면 '잘한다'는 응답이 5점 척도를 쓸 때보다 20~30%는 높게 나온다. 따라서 어떤 조사가 맞고 틀리다고 단정짓기보다는 응답항목에 따라 차이가 날 수 있다는 것을 이해해야 한다.

그러면 여기서 중립항목이 꼭 포함되어야 하느냐가 문제가 된다. 지도자 투표와 같은 문항의 경우 어차피 지지하느냐 아니면 지지하지 않느냐로 결정될 테니까 중립항목을 없애고 강제로 응답을 해야 한다는 의견이 있다.

반면에 정치적이나 인간적으로 호(好), 불호(不好)의 감정이 분명하지 않은 부동층이 존재할 수 있으므로 중립항목이 반드시 필요하다는 의견도 있다. 따라서 중립항목의 포함 여부는 조사의 목적에 따라 알맞게 결정이 되어야 한다. 중요한 점은 어떤 응답항목에 대한 응답비율을 높이려는(혹은 낮추려는) 조사자의 의도가 개입되어서는 안 된다는 것이다.

출처 : 한국경제, 1999년 6월 24일

종합할 수 없기 때문이다.

이상과 같은 리커트 척도를 개발하는 단계는 다섯 단계로 나눌 수 있다. 첫째, 조사자는 특정자극이나 관심사에 대한 태도를 표시하는 문항을 만든다. 이 문항들은 확실하게 동의적이나 비동의적인 표현을 포함하고 있어야 된다. 또한 각 문항은 거의 동일한 중요도를 가진 태도로 표시되어야 한다. 둘째, 각 문항은 다문항의 척도항목 구분이 있어야 되며 각 척도항목에 수치를 부여한다. 셋째, 이 문항들은 조사자가 조사하려는 집단의 일부사람들에게 사전조사를 하여야 한다. 넷째, 표본으로 뽑힌 사람들은 각 문항에 대하여 응답을 하고 이 응답점수를 개인별로 합하여 총점을 계산한다. 다섯째, 각 항목들 중에서 개인별 총점과 각 항목점수 간에 상관계수가 높은 문항을 선택한다.

이 척도법은 각 항목과 총점의 상관계수가 일정하게 높다면 큰 문제가 없고 사용하는 데 신뢰도와 편의성을 얻을 수 있다. 그러나 잘못 구성된 리커트 척도를 이용하게 되면 서로 다른 태도를 가진 사람의 응답의 총점이 동일한 경우가 발생할 수도 있는데 이 척도의 분석으로는 동일한 점수를 갖는 응답자들이 동일한 태도를 가지고 있는 것으로 결론지을 수 없는 단점이 있다. 그러나 일반적으로 이런 단점이 있음에도 불구하고 이 방법은 여러 조사 분야에서 많이 쓰이는 척도법의 하나이다. 〈표 4-6〉은 리커트형 척도를 이용한 측정방법의 예이다.

2) 거트만 척도

거트만(Guttman) 척도는 리커트 척도와 같이 일차원 척도의 성질을 띤 것으로 루이 거트만(Louis Guttman)에 의해 고안된 척도로서 누적 척도 또는 스케일로그램 척도라고도 부른다. 이 척도의 기본적인 전제는 강한 태도에 긍정적인 견해를 표명한 사람은 약한 태도를 나타내는 문항에 대해서도 긍정적일 것이라고 보는 것이다.

〈표 4-6〉 **리커트형 척도를 이용한 측정 방법의 예**

※ 소비자의 의복 재활용의식 정도를 파악하기 위한 것입니다. 각 항목별로 귀하의 의견과 일치하는 곳에 ✔표 하여 주십시오.

항 목	전혀 그렇지 않다	대체로 그렇지 않다	그저 그렇다	대체로 그렇다	매우 그렇다
	1	2	3	4	5
1. 안 입는 옷이지만 미래를 위해 챙겨 놓는다.					
2. 옷을 재활용하는 것은 지혜로운 소비생활이다.					
3. 옷을 재활용하는 것은 미래의 환경을 생각해 볼 때 바람직하다.					
4. 옷을 재활용하는 것은 많은 노력이 들지만 꼭 필요하다.					
5. 재활용 차원에서 옷은 입어야 한다.					

재활용의식 정도를 파악하기 위해, 측정하고자 하는 변수와 관련된 5개의 서술문항을 만들고 5점 리커트 척도로 구성된 응답범주들을 설정한 후, 각각의 척도를 합한다. 점수가 높을수록 재활용의식은 높으며, 점수가 낮을수록 재활용의식은 낮은 것이다.

거트만 척도는 단일 차원뿐 아니라 누적이기도 하다. 즉, 문항들은 하나의 차원에서 등급화될 뿐 아니라 응답자의 가장 강한 응답에 대한 정보로부터 응답자의 다른 문항에 대한 모든 응답을 예측할 수 있다. 이 척도법은 생활과학연구에서 가장 많이 쓰이는 척도 중 하나로서 주어진 어떤 변수에 대한 여러 가지 지표들 간의 실증적 강도를 나타내는 구조를 발견하고 사용하는 측정도구이다. 따라서 응답의 조합이 하나밖에 없고 리커트 척도보다는 단일 차원으로 구성되어 있으므로 부가적인 순서로 응답하여야 한다.

거트만 척도를 만드는 기본 과정은 다음과 같다. 첫째, 단일 차원인 항목들을 선택한다. 이 항목들은 우선 내용타당도를 가져야 하며 그러기 위해서는 이론이나 실증적 연구로부터 상관이 높은 내용들을 추출한다. 둘째, 가장 간단한 형태의 스킬로그램 분석에는 단지 두 개의 응답에 의한 것이다. 셋째, 응답자가 적으면 우연에 의해 오차가 없는 척도를 만들 가능성이 많으므로 응답자가 많은 것이 좋다.

이 같은 척도의 예를 들면, 소비자들이 제품을 구입한 후 불만을 느낀 경우 불평행동을 취한 강도를 다음과 같이 제시할 수 있다. 이들 항목은 불만을 느낀 경우와 그렇지 않은 것을 먼저 측정한 후에 선정된 것이다.

〈표 4-7〉 거트만 척도 작성법

질문항목 / 응답자	1	2	3	4	5	6	7	8	9	총점수 합계
응답자 A	○	○	○	○	○	○	○	○	○	9
응답자 B	○	○	○	○	○	○	○	○	×	8
응답자 C	○	○	○	○	○	○	○	×	×	7
응답자 D	○	○	○	○	○	○	×	×	×	6
응답자 E	○	○	○	○	○	×	×	×	×	5
응답자 F	○	○	○	○	×	×	×	×	×	4
응답자 G	○	○	○	×	×	×	×	×	×	3
응답자 H	○	○	×	×	×	×	×	×	×	2
응답자 I	○	×	×	×	×	×	×	×	×	1
응답자 J	×	×	×	×	×	×	×	×	×	0

○: 불만을 느꼈다고 대답한 경우
×: 불만을 느끼지 않았다고 대답한 경우

불평행동의 강도를 조사하여 불평행동을 취한 정도에 따라 순서대로 배열하면 다음과 같다.

- 참고 가만히 있었다.
- 다시는 재구매하지 않을 것을 결심하였다.
- 친구, 친지 등 주변사람들에게 불만사항을 알렸다.
- 판매처에 가서 교환을 요구하였다.
- 환불을 요구하였다.
- 잘못되었으므로 사과를 할 것과 환불을 요구하였다.
- 소비자단체 또는 제3기관에 신고하였다.
- 언론기관에 고발하였다.
- 법적소송을 제기하였다.

만약 불평행동의 강도 순서대로 배열되어 있다면 응답자들의 응답내용은 〈표 4-7〉과 같은 모습으로 나타나게 될 것이다. 즉, 〈표 4-7〉은 10명의 소비자들이 취한 불평행동의 정도를 가장 강하게 취한 A라는 사람부터 시작하여 거의 행동을 취하지 않은 J라는 응답자까지를 배열한 것이다.

3) 서스톤 척도

서스톤(Thurstone) 척도는 과거 각종의 태도 조사에서 가장 많이 사용되었던 방법이나 지금은 리커트 척도나 거트만 척도에 비해 많이 사용되지 않는 척도이다. 1929년 서스톤에 의해 개발된 것으로 개개인을 등급화하는 방법으로써 등급 간의 간격이 거의 동일하도록 조정한다는 점에서 유사등간 척도라고 불린다. 즉, 생활과학에서는 엄격한 의미에서 등간 척도가 없다고 볼 수 있다. 그러나 등간 척도는 변수에 대한 많은 정보를 내포하고 있을 뿐만 아니라 통계적 처리를 위해서도 등간적인 자료가 요구되고 있어 생활과학에서 등간 척도를 구성하기 위하여 만들어진 척도가 서스톤 척도이다.

서스톤 척도를 구성하는 일반적인 과정을 보면 우선 평가자로 하여금 개별문항을 일정한 범주로 등급화하도록 한 다음, 연구자가 이러한 범주들 중에서 평가자들 간에 불일치가 심하거나 측정하고자 하는 변수와 무관한 문항들을 제외하고 척도상의 각 점들이 등간격으로 잘 나타나는 문항을 선택한다.

서스톤 척도의 등간화하는 방법은 첫째, 측정변수를 명확하게 규정한다. 둘째, 변수에 대한 관련의견들을 광범위하게 수집한다. 셋째, 수집한 자료를 기초로 100개 정도의 간단한 진술로 작성한다. 넷째, 각 진술들을 작은 카드에 하나씩 적은 다음 평가자들에게 제시하여 판단하게 한다. 이때 판단자들은 각 항목을 가장 긍정적인 것부터 가장 부정적인 것까지 11개의 묶음으로 분류한다. 11개의 묶음 중에서 5개의 묶음은 부정적인 견해를 반영하도록 하고 한 개는 중립적인 견해, 5개는 긍정적인 견해를 반영하도록 한다. 다섯째, 평가자들의 판단을 기초로 각 진술의 중앙값을 척도값으로 정한다. 여섯째, 평가자들 간에 심한 불일치가 나타나거나 범주에 너무 많은 응답을 한 진술을 제외하고 척도상의 각 점들이 등간격으로 잘 나타나도록 약 20~30개의 진술들을 최종적으로 선정한다. 최종적으로 구성된 척도를 잘 언어화하여 무작위로 배열하여 척도를 구성한다.

예를 들면, 약국에서 한약을 판매하는 것에 대한 일반 소비자들의 태도를 조사한다고 가정하자. 먼저 200개 문항의 각종 의견들이 제시되었다고 한다면 이 자료를 토대로 하여 서스톤 척도를 작성하기 위해서는 소비자들 중에서 평가자를 선정하여 이들로 하여금 제시된 200개 문항을 평가하도록 한다. 즉, 약국에서의 한약 판매에 대한 호의적인 태도, 중립적인 태도, 그리고 부정적인 태도 등을 나타내는 정도에 따라 7개 내지는 11개 척도항목으로 구분하도록 한다.

즉, 서스톤 척도의 가장 두드러진 특징은 리커트 척도나 거트만 척도와는 달리 몇 명의 평가자들이 척도항목을 선정하고 또 이 선정된 척도항목들을 순서대로 배열하는 점이다. 그러나 이러한 특징이 바로 서스톤 척도의 가장 큰 취약점으로 지적되고 있다. 즉, 이 척도가 작성되기 위해서는 여러 평가자들이 척도항목의 선정을 결정하여야 하는데 객관적인 평가를 내릴 수 있는 평가자를 찾는 것은 매우 어렵다.

4) 의미분화 척도

리커트 척도, 거트만 척도, 그리고 서스톤 척도가 모두 일차원 척도의 성격을 띤 것이라면 의미분화 척도(semantic differential scale)는 다차원 척도이다. 의미분화 척도는 어떤 추상적인 현상이나 또는 구체적인 사건, 사물 혹은 인간으로부터 받게 되는 느낌이나 인상을 묘사하는 데 많이 사용된다.

의미분화 척도는 어떠한 개념에 함축되어 있는 의미를 평가하기 위한 것으로 양극단에 반대되는 형용사를 두고 리커트 척도처럼 응답하게 한다. 이것은 지적수준이 높고 언어가 풍부한 대상자에게는 적합하나 그렇지 못한 대상자에게는 적절하지 못하다. 의미분화 척도에서는 반드시 중간의 범주를 주어 중립을 나타내야 한다.

의미분화 척도를 시행할 때는 대상자들에게 정답이 없다는 것을 인식시킨 후 처음 느낌에 응답하도록 해야 한다.

의미분화 척도의 작성과정을 구체적인 예를 통해 살펴보면, 30대 남성을 대상으로 주부들에 대한 소비행태를 파악하는 데 다음과 같은 5가지의 양극으로 짝지어진 문항을 구성하였다. 이 경우 주부의 소비행태는 다섯 개의 의미 차원에서 차지하는 위치에 의하여 그 의미를 부여받게 되는 것으로 〈표 4-8〉과 같다.

예를 들어, 주부들의 소비행태를 조사함에 있어 '사치스럽다-검소하다'는 첫 번째 항목의 경우, 응답자들이 매우 사치스럽다는 대답을 할 때 3점부터 매우 검소하다는 응답에는 -3점으로 배점된다. 이와 같은 의미분화 척도는 사용이 편리하며 응답자들이 신속히 응답할 수 있고 내용이나 결과를 해석하는 방법에 있어 사회조사에 널리 사용되고 있다.

〈표 4-8〉 주부들의 소비행태에 관한 의미분화 척도의 예

형용사 항목	척도 점수						형용사 항목
1. 사치스럽다	+3	+2	+1	−1	−2	−3	검소하다
2. 계획적이다	+3	+2	+1	−1	−2	−3	충동적이다
3. 이성적이다	+3	+2	+1	−1	−2	−3	감성적이다
4. 과시적이다	+3	+2	+1	−1	−2	−3	자기만족적이다
5. 유행추구적이다	+3	+2	+1	−1	−2	−3	개성적이다

5) 소시오메트리법

소시오메트리법(Socio-Metri Scale)은 사회구조나 상호작용의 과정을 측정하기 위한 기법으로 개발된 것으로 대체로 소집단 혹은 작은 규모의 지역공동체에서 사람들 사이의 상호관계, 상호작용, 의사소통, 리더십, 사기, 사회적 적응, 사회적 지위, 집단구조 등을 알아보기 위하여 이용된다.

예를 들어, 10명으로 구성된 소집단이 있고 이들 10명이 서로를 환영(○) 또는 배척(×)하는 양상이 〈표 4-9〉와 같다고 하자.

통계학의 조합의 원리에 따라 10명으로 구성된 집단에서 2명씩 짝을 지을 수 있는 전체 숫자는 45가 된다. 그런데 소시오메트리 척도는 집단결속력의 정도에 의해서 대변된다. 이러한 집단결속력은 집단구성원이 2명씩 짝을 지을 수 있는 숫자로 실제로 이들이 서로 환영하고 있는 숫자를 나누면 된다. 즉, 〈표 4-9〉에서는 30/45 =0.66이 된다.

집단결속력이 0.66이라고 하는 것은 구성원 간에 단결력이 어느 정도는 강함을 의미한다. 왜냐하면 집단의 단결력이 강력할 경우 GC의 값은 1.0이 되기 때문에 가운데 점수인 0.5점을 상회하고 있어 구성원들 간 결속력은 보통수준 이상으로 강하다고 할 수 있다.

이상과 같은 소시오메트리 척도는 조사대상인원이 소수일 때만 적용될 수 있는 문제점을 가지고 있다.

〈표 4-9〉 **소시오메트리 척도 작성법의 예**

평가하는 자	평가받는 자									
	1	2	3	4	5	6	7	8	9	10
1	–	●	×	●	●	×	×	×	●	●
2	●	–	×	●	×	●	×	×	×	×
3	×	×	–	●	×	●	×	×	×	●
4	●	●	●	–	×	×	●	×	×	×
5	●	×	×	×	–	●	×	×	×	×
6	×	●	●	×	●	–	×	●	×	×
7	×	×	×	●	×	×	–	×	●	●
8	×	×	×	×	×	●	×	–	×	×
9	●	×	×	×	×	×	●	×	–	×
10	●	×	●	×	×	×	●	×	×	–

● 실제로 서로 환영하고 있는 관계의 숫자(n)는 30이다.

연구문제

1 측정의 의미에서 연속변수와 비연속변수의 의미에 대해 서술하고 연속변수와 비연속변수의 예를 각각 제시하라.

2 측정의 수준에서 4가지 척도의 속성은 어떠하며, 4가지 측정도구와 통계치와의 관계에 대하여 설명하라.

3 어떤 조사도구의 신뢰도를 측정하기 위하여 내적 일관성법인 크론바흐의 알파(Cronbach's α)값을 측정하였더니 α계수가 0.453로 나타났다고 하자. 그렇다면 이 측정도구의 신뢰도는 어떻게 평가할 수 있는지 서술하라.

4 척도의 종류에서 리커트 척도란 무엇이며 어떠한 특성을 지닌 척도인지 설명하라.

CHAPTER 5

표 집

4장에서 우리는 연구하고자 하는 대상의 속성에 수치를 부여하고 측정하려는 개념에 적합한 척도를 적용하고자 측정과 척도에 대해 살펴보았다. 그렇다면 연구진행과정에서 그 다음으로 수행해야 할 과제는 측정과 척도를 적용할 연구대상을 선정하는 표집(sampling)과정이다.

연구에 있어서 중요한 부분은 무엇을 조사할 것인가 하는 의사결정이다. 대부분의 연구들은 조사대상 전체, 즉 모집단을 대상으로 조사하지 않고 표본에서 얻은 자료를 통하여 모집단의 속성을 추정한다. 그러므로 모집단으로부터의 표본추출, 즉 표집은 연구자료의 질을 결정하는 필수적인 요소로서 그 중요성이 강조되고 있다.

연구자는 전체 모집단을 대표할 수 있는 응답자들을 표집하여야만 신뢰성 있는 조사가 이루어지므로 표본추출 방법 등 표집계획을 수립해야 한다. 예를 들어, 판매업자들이 컴퓨터에 대한 시장조사를 위하여 주부나 대학생들만을 표집하여 설문조사를 실시한다면 얻어진 조사결과는 아무런 의미를 갖지 못할 것이다. 그러므로 연구담당자는 제품의 특성과 사용자, 상표결정자, 지역특성 등을 고려하는 표집계획을 세워야 한다.

본 장에서는 표본조사의 정의 및 필요성과 표본조사와 전수조사의 차이점 등에 대해 살펴보고자 한다. 또한 표집의 과정을 체계적으로 분석해 보고 이러한 과정

중에 하나인 표집방법으로서 크게 확률표집과 비확률표집에 대해 구체적으로 살펴본 후 표집에 따른 오차에 대해 서술하고자 한다.

1 표집의 정의 및 필요성

연구를 수행함에 있어 모집단 전체의 특성이나 모집단에 대한 정보를 직접 조사하는 방법은 전수조사 또는 모집단조사라고 한다. 국가 차원에서 매 5년마다 정기적으로 조사하는 인구-주택센서스조사는 대표적인 전수조사이다. 그러나 이 같은 전수조사는 비용과 시간이 많이 들며 효율성의 측면에서 제한적이므로 보편적으로 사용하지 않는다. 반면 모집단의 특성을 추정하기 위해 모집단을 적절히 대표하는 표본을 추출하여 조사하는 방법을 표본조사라고 한다. 대부분의 연구에서는 표본조사를 통해 모집단의 특성을 추정하는 것이 보통이다.

표본(sample)은 어떤 조사대상의 전체, 즉 모집단을 대표할 수 있도록 추출한 조사대상으로 이 추출과정을 표집(sampling) 혹은 표본추출이라고 한다. 가령, 소비자가 세탁기와 같은 가전제품을 구입하고자 할 때, 구입하고자 하는 제품 모두를 사용해 보는 것이 아니라 그중의 하나 혹은 일부를 시험적으로 사용해 보는데, 이때 선택된 제품은 표본이 되고 이상과 같은 과정을 표집이라고 할 수 있다.

구체적으로 표집이란 어떤 대상에 대한 범주의 묶음의 성격을 그것이 담고 있는 모든 가능한 구성요소들 가운데 일부분에 대한 경험만을 바탕으로 하여 추정하는 절차를 의미한다. 이때 모든 대상에 대한 경험을 일일이 다 실시하지는 못하기 때문에 연구자는 자신이 추출한 표본에 담긴 대상의 수와 종류가 전체 대상을 충분하게 대표할 수 있는지에 관심을 갖게 된다. 왜냐하면 표본에서 조사한 자료를 가지고 전체 대상에 대한 일반화를 해야 하기 때문이다. 즉, 표집에서는 표본의 대표성 문제가 핵심이 된다고 할 수 있다. 표본을 이용한 통계적 추정은 표본의 대표성이 전제된다면 효율적이며 매우 유용한 자료획득방법이다. 가령 전 국민의 소비행태를 파악하기 위해서는 전 국민을 대상으로 조사를 실시하여야 하겠으나 현실적으로 시간, 비용, 에너지상 불가능하므로 전 국민의 일부분인 표본을 선정하여 이들의 소비행태를 통해 전 국민의 소비행태를 추정하게 된다.

쉬어가는 연구방법과 통계이야기 ▸ **5-1 표본추출이 정확성 좌우!**

여론조사는 대통령 선거나 국회의원 선거 직전 후보자들의 지지도 조사에서 관심이 고조된다. 신문사 및 방송사에서는 전속 조사연구소를 두고 있으며, 때에 따라서는 자체적으로 여론조사를 실시하여 발표하고 있다.

이 같은 여론조사를 통해 지지도를 발표하고 당선자를 예측하기 위해 조사는 보통 저녁 6시부터 9시까지 계속되는데 이는 낮에 직장인은 물론 주부도 집에 앉아 전화를 받는 일이 드물기 때문이라고 한다. 전화를 걸어 설문을 받는 비율이 20%도 안 된다는 것이 조사원들의 푸념이다. 컴퓨터로 자동발신 전화를 할 수 있는 소프트웨어도 개발되어 있지만 여러 가지 문제점이 있어 쓰지 않는다고 한다.

여론조사에서 예측의 정확도는 표본추출에서 판가름나는 것이 보통이다. 국내에서는 전체 유권자 명부 같은 모집단 전체에 관한 정보가 부족해 비례할당법을 주로 쓴다. 필요한 표본을 지역별, 성별로 안배해 선정한다. 안배기준이 되는 정확한 할당률을 알 수 없어 문제가 없진 않지만 가장 현실적인 방법이다.

표본추출이 끝나면 전화나 면접 방식으로 조사를 진행한다. 그러나 조사대상자가 털어 놓기 힘든 심층정보가 필요하거나, 본격 조사에 앞서 사전정보를 얻고 싶을 때에는 심층집단토의(FGI : Focus Group Interview) 방법을 동원하기도 한다. 여론조사는 신뢰를 잃으면 존립 자체가 위험해지므로 조사과정에 최대한 정확성을 기하려고 늘 노력해야 한다.

출처 : 조선일보, 1997년 10월 8일

표본조사는 광범위하게 이용되고 있으며 매우 유용한 자료수집방법이다. 그러나 모집단으로부터 추출된 표본이 그 모집단을 적절히 대표하지 못한다면 표본조사에서 얻어낸 결과는 아무런 효용이 없을 뿐 아니라 오히려 그릇된 연구결과를 초래할 수 있다. 따라서 적절한 표본의 추출, 표본의 크기 등 표본에 관련된 제반 개념과 통계적인 측면에 대한 정확한 이해가 선행되어야만 연구결과의 정확성과 효율성을 높일 수 있다.

2 표본조사와 전수조사

대부분의 연구는 특정 모집단의 특성에 관한 정보를 얻는 것이다. 이때 모집단의 특성을 대표할 수 있는 표본을 통해 모집단의 특성을 추정해 내는 방식이다. 이때 표본은 모집단을 적절히 대표한다는 가정이 전제되어야 한다. 모집단 전체에 대하

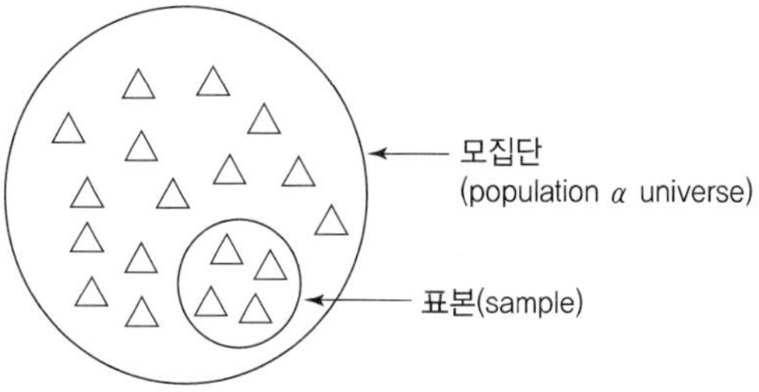

그림 5-1 모집단과 표본

여 이루어지는 조사는 전수조사라 하는데 일반적으로 전수조사보다는 표본조사가 광범위하게 이용되고 있다. 결론적으로 대부분의 연구는 표본조사를 통해 모집단의 특성을 유추 또는 추정하는 표본조사를 사용하는데 모집단과 표본의 관계는 [그림 5-1]과 같다.

우리가 접하고 있는 모든 사건이나 현상에 대해 알고 있는 대부분의 정보는 일종의 표본에 바탕을 둔 것이라고 해도 과언이 아니다. 이와 같이 일상 생활뿐 아니라 특히 자연 및 사회현상의 연구를 위해 표본조사가 선호되는 이유는 첫째, 표본조사는 우선 비용과 시간 절감효과가 크다. 예를 들어, 기업에서 30~40대 주부들을 대상으로 하는 새로이 개발된 화장품을 출시하기 전 소비자요구도를 파악하려 할 경우 30~40대 주부 모두에게 묻기보다는 이들을 대표할 수 있는 표본을 통해 요구도를 파악하는 것이 훨씬 효과적이다. 즉, 전수조사가 아무리 정확하게 되어도 정보의 입수가 늦어지면 실제 문제해결에 있어서 유용성이 감소되기 때문이다.

둘째, 전수조사보다 표본조사가 정확한 자료를 제공하기도 한다. 사회조사의 정확도에 영향을 주는 오차는 표본오차(sampling errors)와 비표본오차(nomsampling errors)로 나누어지는데 표본조사가 더 정확한 이유는 전수조사보다 비표본오차가 적기 때문이다. 즉, 피연구자가 적기 때문에 조사과정을 보다 잘 통제할 수 있기 때문이다.

셋째, 이 비표본오차의 감소분은 표본조사에서 생기는 표본오차를 상쇄하고도 남을 만큼 크며 결과적으로 전수조사보다 전체오차를 줄일 수 있다. 면접자나 조사자가 너무 많을 경우, 이들 간의 신뢰도 문제가 발생할 수 있을 뿐 아니라 인력부족 때문에 질이 떨어지는 조사가 이루어질 위험도 존재한다.

넷째, 표본조사는 전수조사에 비해 연구대상이 소규모이므로 심도 있는 분석이 가능하다. 예를 들어, 구체적인 원인분석을 위해 심층집단면접을 할 경우 전체 모집단을 상대로 하기는 어려우므로 대표성 있는 표본을 대상으로 표본조사를 실시해야 한다.

다섯째, 표본조사는 전수조사에 비해 응답자의 협조를 얻어서 응답률을 더 높일 수 있다. 특히 민감한 질문 같은 것은 누구에게나 물었다가 응답을 받지 못하면 오히려 전체 응답률을 떨어뜨리게 되나 표본에만 물어봄으로써 응답률을 더 높일 수 있다.

여섯째, 전수조사가 불가능한 경우에 이용 가능하다. 예를 들어, 제품의 내구성 조사 시에 제품 모두를 시험하게 되면 모든 제품의 사용이 불가능하게 되므로 이런 경우에는 전수조사보다는 표본조사가 적절하다.[4]

쉬어가는 연구방법과 통계이야기 ▶

5-2 엉터리 인구통계 5년간 써왔다

국가정책수립과 학자들의 연구에 근간을 이루는 통계청의 인구추계에 심각한 오류가 있었던 것으로 밝혀졌다. 국제결혼이나 근로 등으로 국내에 들어온 외국인들이 인구추계에서 빠졌기 때문이다.

통계청 관계자는 한국의 장래인구를 추계하는 작업을 2006년 진행할 당시 외국인 노동자와 다문화가정을 제대로 반영하지 못했다며 이로 인해 발생한 인구 차이가 2007년부터 올해까지 50만 명가량에 달했다고 30일 말했다. 상당수 주택·노동·복지정책이 부실하게 작성한 2006년 인구추계를 토대로 만들어져 앞으로 대대적인 수정작업을 벌여야 할 판이다.

통계청은 국제이동을 통한 인구변화 항목에서 국내에 거주하는 외국인이 2006년 3만 9000명, 2007년 3만 9000명, 2008년 3만 8000명, 2009년 3만 7000명, 지난해 3만 6000명, 올해 3만4000명 등 매년 줄어들 것으로 추계했다. 그러나 실제로는 2006년 4만 7000명, 2007년 7만 7000명, 2008년 5만 5000명, 2009년 2만 명, 2010년 8만 2000명 등 매년 증가했다.

통계청은 2004년 8월 외국인 고용허가제가 도입되었고 이 무렵 외국 여성과의 결혼이 급증했는데도 이를 추계에 넣지 않았다. 이로 인해 실제 인구와의 차이가 매년 10만 명가량 발생했다. 2006년 인구추계 때 마지막 해인 2050년까지 국내거주외국인이 계속 줄어드는 것으로 통계청은 추산했다. 실제 인구와의 격차가 2050년 정도에 400만~500만 명가량 벌어질 수 있다는 얘기다.

통계청 관계자는 지난 5년 동안 이뤄진 학자들의 연구와 정책들 가운데 상당수는 잘못된 인구추계를 토대로 만들어졌다며 5년에 한 번씩 수정하는 현행 인구추계방식에 문제가 있다고 비판했다.

출처 : 한국경제, 2011년 10월 30일

---

4) 반면 표본조사를 이용하기 어려운 경우가 있다. 표본조사는 각 조사대상에 대한 개별적인 정보가 요구될 때는 적당한 방법이 아니다. 또한 통계량으로부터 올바른 모수 추정이 어려운 상황이나 모집단의 모수가 비교적 적어 전수조사의 비용이 적게 들 때는 표본조사의 유용성이 없다.

3 표집과정

정확한 표본조사를 위해 표집에 대한 설계가 필요하다. 표본을 추출하는 표집과정에서 가장 중요한 사항은 크게 세 가지이다. 모집단을 잘 대표할 수 있는 적절한 표본을 선정하는 것, 모집단의 특성을 잘 반영할 수 있는 적합한 통계분석을 수행할 수 있는 표집, 적정수의 표본 추출이 그것이다.

표집의 과정은 일반적으로 [그림 5-2]와 같이 제시할 수 있다. 표본 추출의 과정은 먼저 모집단을 선정하고 이에 대한 표집목록을 작성하며, 이때 표집방법 및 표본의 크기를 결정하여 최종적인 표본을 선정하는 것이다. 일반적으로 표본을 추출하는 과정인 표본 설계만 잘 이루어지면 소규모의 표본으로도 모집단의 특성을 정확히 측정할 수 있다. 표집과정을 구체적으로 살펴보면 다음과 같다.

1) 모집단의 선정

모집단(population)은 연구 또는 조사 대상이 되는 전체 집단이다. 모집단은 크게 유한 모집단(finite population)과 무한 모집단(infinite population)으로 나누어 볼 수 있는데 유한 모집단은 크기가 유한한 모집단으로, 예를 들어 서울시민이 보유하고 있는 자동차 수와 같이 광범위하지만 구성요소와 수가 유한하다. 반면 무한 모집단은 모집단의 구성요소가 무한히 많은 모집단으로서 생산되는 제품의 수 등의

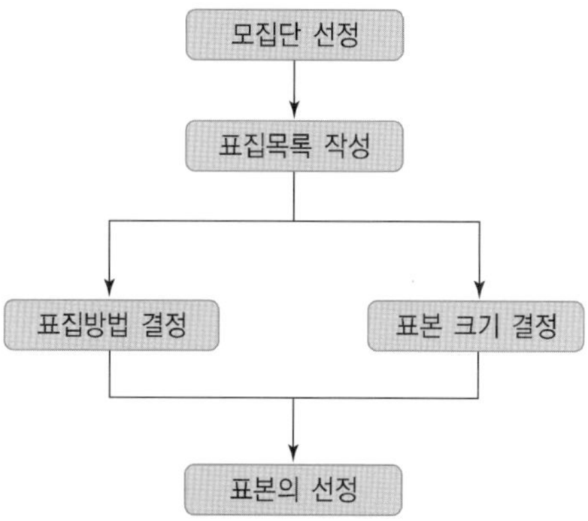

그림 5-2 표집 과정

예에서 볼 수 있다. 얼마만큼 생산할 것인지에 따라 제품의 수는 무한할 수 있는 것을 의미한다.

모집단을 정확히 규정하기 위해서는 연구대상, 표본단위, 범위, 시간 등의 네 가지 요소를 명확하게 확정하여야 한다. 연구대상은 정보가 얻어지는 단위로서 분석의 기초가 된다. 생활과학 분야 연구의 표본조사에서 가장 일반적인 연구대상은 개인과 개인이 모인 집단이나 조직으로서 연구목적에 따라 결정된다. 표본단위는 표집 단계에서 표본으로 추출될 수 있는 요소들로서 연구대상의 집합체가 모여 모집단을 구성하게 된다.

모집단의 규정은 연구결과의 타당성과 신뢰성의 평가에 매우 중요한 기준이 되므로 모집단을 너무 작거나 크지 않는 수준에서 결정해야 한다는 중간치 정의를 준수해야 할 필요가 있다. 또한 모집단은 조사목적과 상황에 따라 달라질 수 있는데 최소한 의사결정과의 관련성이 있어야 하며 어느 정도 재구성이 가능하도록 규정해야 한다.

2) 표집목록 작성

표집목록(sampling list)은 표본을 추출하기 위하여 모집단의 요소나 표집단위들을 수록한 목록을 의미하는데 이로부터 최종적인 표본이 추출되며 모집단 구성요소를 모두 포함하여 어떠한 요소도 이중으로 포함하지 않는 것이 좋다.

표집목록은 여러 분야에서 얻어질 수 있으나 때로 2가지 이상이 결합되어 사용될 경우도 있으며 다단계추출을 할 경우에는 각 단계마다 알맞은 표집목록을 설정해야 한다. 어떠한 원천으로부터 얻어지든 간에 표본들이 갖춰야 할 가장 중요한 요소는 모집단을 얼마나 잘 대표할 수 있는가 하는 것이다.

이상과 같은 표집목록의 예에서는 백화점을 이용하는 소비자의 명단, 학생의 명부, 등록된 유권자 목록, 전화번호부, 심지어는 지도도 하나의 예가 될 수 있다.

일단 모집단이 명시되면 좋은 표집목록을 탐색하게 되는데, 때로는 표집목록의 이용 가능 여부가 연구모집단을 정의하기도 한다. 왜냐하면 모집단과 표집목록 간에는 완전한 적합성을 기대하기 어렵기 때문이다. 즉, 실질적으로 기존의 표집목록이 연구모집단을 정의하는 경우가 흔히 있다. 연구를 위한 모집단을 마음속으로 상상하고 나서 가능한 표집목록을 탐색한다. 이용 가능한 표집목록을 검토하고 평가한 다음, 어떤 표집목록이 연구모집단을 가장 확실하게 제시해 주는지를 결정해야 한다.

표본과 모집단과의 불일치로 표집오차가 발생되는 경우가 많다. 표집오차는 표집목록이 모집단에 포함될 때, 모집단이 표집목록 내에 포함될 때, 포함관계에 있지 않고 일부분만 일치할 때 세 가지 유형으로 구분할 수 있다. 이 같은 유형에서 발생하는 오차를 표본오차라 하는데 표본오차의 발생원인은 연구자가 잠재적인 연구대상에 대한 보다 완전한 정보가 없기 때문이다.

표본오차를 줄이는 방법으로는 첫째, 표집목록에 맞게 모집단을 재규정하는 방법으로 주로 표집목록이 모집단에 포함되어 오차가 나타나는 경우에 쓰인다.

둘째, 자료수집과정에서 선별문항을 통하여 조사를 시작하기 전에 부적당한 연구대상을 제거하거나 자료분석과정에서 수집된 자료에 일종의 가중치를 부과하여 자료를 조정하는 방법이다.

부적절한 통계적 추정을 하지 않기 위해서, 다시 말해 신빙성 있는 연구를 수행하기 위해서 모집단과 표집목록 사이의 오차, 즉 표집오차를 분명히 알고 있어야 한다. 예를 들어, 사람을 모집단으로 하는 조사에서는 표집의 틀로 전화번호부를 가장 많이 사용하는데 전화번호부에 전화가 없는 가구, 기재탈락, 변동사항이 즉시 반영되지 못하는 점 등으로 인해 표집오차가 발생하기 쉽다. 이외에도 많은 실증연구에서 다른 형태의 표집과정에서도 비슷한 이유의 표집오차가 발생할 수 있다.

그렇다면 적절한 표집을 하고 있는가, 즉 표집방법을 평가하는 주요 요소로는 다음과 같다. 형태의 표집과정에서도 포괄성으로서 표집된 집단이 연구하고자 하는 전체 모집단을 얼마나 많이 포함하는가에 대한 것이다. 첫째, 표본으로서 추출될 확률이 모집단에서 각 개별요소의 추출확률이 동일한가에 대한 평가요소로서 추출확률이 동일하지 않을 경우에는 이를 조정할 수 있어야 한다. 만약 추출확률을 알 수 없다면 표본통계량으로 모수를 추정할 수 없다. 따라서 모집단을 잘 포괄할 수 있는 표집이 되어야 표집오차가 줄게 되며 표집방법을 평가하는 기준이 된다.

둘째, 효율성으로서 연구목적을 잘 달성시킬 수 있는 조사대상만을 표집목록 속에 포함시켜야 한다는 것이다. 연구자가 표집하고자 하지 않는 요소들이 표집목록 속에 포함되어 있다면 이러한 요소들을 제외시켜 효율성을 높여야 한다.

3) 표집방법

표집방법은 확률표집법(probability sampling)과 비확률표집법(nonprobability sampling)으로 크게 나누어지는데 확률표집법은 표집목록 내에 있는 요소들이 표본으로 추출될 확률이 알려져 있고 무작위적으로 추출될 때이며, 비확률표집법은 이러한 특성을 갖지 않은 경우이다.

확률표집법은 표본을 추출하기 전에 표집목록 내에 속해 있는 연구대상에 대한 정보를 가지고 있어야 한다. 즉, 표본으로 추출될 확률을 밝혀 줄 수 있는 정보를 입수할 수 있어야 한다. 모집단에 대한 정보가 없는 경우에는 비확률표집법을 사용할 수밖에 없으나 모집단에 대한 정보를 가지고 있다고 해도 상황에 따라 비확률표집법 중에서 적당한 방법을 선택하는 경우가 있다.

이 두 가지 표집방법 중에서 어떤 방법을 어떤 시기에 선택하느냐는 다음과 같은 기준을 고려해서 결정하게 된다. 통계적인 관점에서 보면 확률표본의 경우, 표본오차, 즉 표본에서 얻어낸 통계량의 정확도에 대한 통계적인 평가를 할 수 있기 때문에 보다 바람직하며 무작위추출방법을 사용하므로 표본을 추출할 때 연구자의 주관성을 배제할 수 있어서 보다 객관적인 표본의 추출이 이루어진다는 장점이 있다. 그러나 시행상의 문제점들로 인하여 확률표집이 용이하지 않을 때가 많다. 즉, 확률표집방법은 비확률표본에 비하여 더 많은 시간과 비용을 필요로 한다. 이러한 시행상의 어려움 때문에 비확률표집방법을 선택하게 되는 경우를 자주 볼 수 있다.

비록 확률표집방법이 통계적으로 더 나은 방법이라고 할 수 있으나 이론적으로 사용할 수 없는 경우도 있고 사용이 가능하더라도 실질적인 시행상의 문제가 있는 경우가 많기 때문에 비확률표집방법이 생활과학조사에서 널리 이용되고 있다. 즉, 표집방법의 선택은 연구상 요구되는 제반사항과 이용 가능한 요인 등을 고려하여 선택되어야 할 것이다. 표집방법의 종류를 보면 [그림 5-3]과 같다.

먼저 확률표집방법의 대표적인 종류로는 단순무작위표집, 체계적 표집, 층화표집, 군집표집 등이 있고 비확률표집방법으로는 편의표집, 유의표집, 눈덩이표집, 할당표집방법 등이 있다. 이상과 같은 두 가지 표집방법은 여러 가지 면에서 서로 다른 특성을 가지고 있다. 먼저 확률표집방법은 연구대상이 표본으로 추출될 확률이 알려져 있을 때 주로 사용하는 방법으로서 무작위적인 표집이라고 할 수 있다. 이 방

그림 5-3 표집방법의 종류

법은 표본에 대한 추출확률을 알고 있기 때문에 모수추정에 대한 편차가 존재하지 않고 표본분석결과의 일반화가 가능하며 표본오차의 추정도 가능하다. 그러나 확률표집방법은 시간과 비용이 많이 드는 큰 단점이 있다.

이에 비해 비확률표집방법은 연구대상이 표본으로 추출될 확률이 알려져 있지 않을 때 사용하는 표집방법으로서 인위적 표집방법이라고도 한다. 따라서 비확률표집방법은 모수추정에 대한 편차가 항상 존재하며 표본분석결과의 일반화에 일정 정도 제약이 따른다. 그리고 표본오차의 추정이 불가능하나 확률표집에 비해 시간과 비용이 적게 든다는 장점이 있다.

(1) 확률표집방법

확률표집방법은 모든 연구대상이 표본으로 추출될 확률이 알려져 있고 표본구성

〈표 5-1〉 확률표집방법과 비확률표집방법의 비교

확률표집방법	비확률표집방법
• 연구대상이 표본으로 추출될 확률이 알려져 있을 때 • 무작위적 표집 • 모수추정에 bias 없음 • 표본분석결과의 일반화 가능 • 표본오차의 추정가능 • 시간과 비용이 많이 듦	• 연구대상이 표본으로 추출될 확률이 알려져 있지 않을 때 • 인위적 표집 • 모수추정에 bias 존재 가능 • 표본분석결과의 일반화 제약 • 표본오차 추정불가능 • 시간과 비용이 적게 듦

요소들을 추출하기 위하여 무작위적인 방법을 적용하는 것이다. 이러한 특성 때문에 표본을 선정할 때 연구자의 주관적인 판단의 개입이 줄어들게 되므로 비교적 객관적인 방법이다. 확률표집의 의의는 표본조사에 따르는 오류의 한계를 알 수 있다는 점에 있다. 전수조사를 하지 않는 한 모집단 특성을 잘못 측정할 위험은 항상 남게 되는데 확률표집방법에서는 이 오류의 크기를 통제할 수 있다. 확률표집방법의 구체적인 내용에 대해 살펴보기로 한다.

① 단순무작위표집법

단순무작위표집법(simple random sampling)은 기초 조사에서 자주 이용되는 방법으로 크기가 N개인 모집단으로부터 모집단의 모든 표본단위가 선택될 확률이 모두 같도록 N개의 표본 단위를 선택하는 방법이다. 즉, 모집단 내의 모든 구성요소를 이 표본에 포함될 확률을 동일하게 하는 방법으로 난수표(random number table)를 이용하거나 컴퓨터를 이용하여 얻고 있다. 그러나 단순무작위표집법으로 이 방법을 적용하려면 먼저 모집단의 모든 사례를 동등하게 표집할 수 있어야 한다. 그 다음으로 한 사례를 표집할 때 다른 사례를 표집하는 것에 영향을 주지 않아야 한다. 또한 표집 도중에 모집단에 변화가 없어야 한다는 조건이 필요하다.

이 표집방법은 표집상의 오류의 개입이 적고 표본 오차의 계산이 용이하나 모집단에 대한 목록 이외에 다른 정보를 이용할 수 없고 동일한 표본 크기의 경우 층화표집보다 대표성이 떨어진다는 특성이 있다.

한편 단순무작위표집의 실제과정은 다음과 같다. 첫째, 모집단을 확정하고 표집목록을 작성한다. 둘째, 각각의 표본에 고유번호를 부여한다. 셋째, 출발점을 선택한다. 난수표를 이용할 때는 난수표에서 출발점의 선택을 그때그때 임의적으로 지정한다.

예를 들면, 어느 대학의 전체 학생들, 어느 지역의 전체 성인인구, 어느 기업체 사원들을 1번부터 N번째에 이르기까지 모두 일련번호를 부여한 후에 이들 중에서 필요한 표본의 크기만큼 임의로 조사대상 인구를 추출해 낸다. 이처럼 임의로 추출하는 데는 〈표 5-2〉와 같은 난수표를 사용한다. 만약 999명으로 구성되어 있는 집단에서 30명만을 표본조사한다면 전체 모집단이 999명인 3개의 숫자로 되어 있으므로 〈표 5-2〉에서 밑줄을 그어 놓은 해당되는 번호의 사람들을 표집하면 된다.

〈표 5-2〉 **약식 난수표**

2	1	6	7	5	3	2	1	0	2	7	5	2	2	1	2
2	0	6	3	2	2	2	4	0	3	9	6	0	3	2	3
3	5	2	6	5	7	2	1	5	5	4	4	9	4	3	4
4	2	5	8	4	3	5	0	8	4	4	3	7	5	1	5
6	0	2	4	0	5	8	2	0	0	5	3	6	6	9	6
8	2	2	2	5	1	7	0	1	9	1	2	5	7	5	7
8	5	5	4	6	3	5	4	9	6	2	2	4	7	6	7
9	4	0	5	2	5	3	6	8	5	0	2	3	8	3	8
6	8	6	7	1	4	2	4	6	4	3	3	2	9	4	9
4	9	2	2	2	0	3	5	4	3	0	4	4	0	6	3
5	6	1	0	0	6	0	4	7	2	4	5	4	2	7	2
6	2	0	5	5	8	5	3	6	1	6	6	5	3	8	3
3	0	5	8	7	9	7	8	0	4	4	7	6	4	9	41
3	4	5	6	7	8	9	9	0	5	2	1	1	1	2	0
7	2	4	9	4	2	5	2	1	5	5	8	5	5	2	2
2	5	6	7	8	9	0	2	3	4	6	6	7	8	7	9
3	5	3	6	3	6	2	0	3	6	9	1	3	6	1	3
5	3	4	5	6	7	8	8	9	0	2	3	5	7	6	3

그러나 실제 연구를 수행할 때 완전한 모집단의 목록을 확보하기는 매우 어렵고 가능하다 해도 모집단의 수가 많으므로 실제적으로 위와 같은 난수표를 통한 표집을 수행하기는 어렵다.

단순무작위표집법의 수행방법은 극히 단순하지만 실제로 시행하기는 어렵다. 모집단이 작고 쉽게 얻을 수 있는 경우에는 가능하나 전국 규모의 조사라면 단순무작위표집법의 활용은 매우 힘들다. 왜냐하면 전 국민에 대한 목록의 확보가 어려우며 설사 목록을 얻는다 하더라도 선택된 사람들이 전국 각지에 흩어져 있을 것이 분명하기 때문에 선택된 사람을 찾는 데 엄청난 노력이 요구된다.

한편 단순 임의표집법에 의하여 추출된 임의 표본이 모집단을 잘 대표할 수 있음을 어떻게 보장할 수 있을까? 사실상 난수표 등을 이용해서 표본을 추출하였다고 하더라도 표본이 정말로 모집단에 대한 정보를 잘 말해 줄 수 있는지는 알 수 없다. 예를 들어, 모 대학교 학생의 평균키를 추정하기 위하여 100명의 학생들을 임의 추출하여 평균키를 잰다고 했을 때 우연히 이들 학생 중에 농구부 학생들이 많이 선택되어 평균키가 더 높게 나올 수도 있다. 그러나 우리는 임의 표본을 추출하였기 때문에 이러한 표본 평균값을 그대로 받아들일 수밖에 없고 따라서 식생활의 개선으로 대학생들의 키가 부쩍 커졌다는 식으로 잘못 판단할 수도 있다. 그렇다면 난수표로 추출한 임의 표본도 믿을 수 없는 것 아닌가? 임의 표본이라 하더라도 모집단을 완벽히 대표한다는 식의 100% 보장은 하지 못한다. 통계학에서는 100% 보장과 같은 절대 확실한 진술은 하지 않는다. 그렇지만 임의 표본이라면 100%까지는 아니지만 적어도 99%는 모집단을 잘 대표한다고 할 수 있다. 즉, 임의 표본이 모집단을 잘 대표하지 못할 확률이 극히 미미하므로 임의 표본을 추출하여 통계적 추론의 기반으로 삼는 것이다.

② 체계적 표집법

체계적 표집법(systematic sampling)은 단순무작위 표집법을 다소 수정한 것으로 먼저 표본 간격을 결정한 다음 이 구간을 이용하여 모집단에서 표본을 추출하는 방법이다. 즉, 표집목록 내의 모든 요소에 번호를 부여하여 일정한 간격으로 표본을 선택하는 방법으로 여기에서 표집간격은 모집단의 크기를 표본 크기로 나누어서 구한다.

표집간격=모집단 크기/표본 크기

구체적으로 최초의 표본단위만 무작위로 표본 추출하고 나머지는 일정한 간격을 두고 표집하는 방법으로 최초의 표본단위의 표집에서 모집단을 표본의 크기로 나눈 값 이하의 번호에 해당되는 표본단위를 표출한다. 예를 들어, 전체모집단이 2,000명인 중학생 중에서 200명의 인원을 표본으로 선정하고자 하는 경우 2,000을 200으로 나눈 10 이하의 수에서 하나를 무작위로 선정하고 행당 간격을 10씩 계속 더해 나가면서 표출하면 된다.

이 방법은 중요한 속성별(중학생의 성적 순)로 번호가 부여되어 있는 경우에 층화의 효과를 가져올 수 있으며(성적이 높은 학생부터 낮은 학생까지 고루 표집될 수 있기 때문에), 표본의 선택에 시간이 많이 걸리지 않고 선택된 번호는 자동적으로 순서대로 배열되며, 분석하기 쉽게 이루어지게 되는 장점이 있으나 편의가 개재되기 쉬운 단점이 있다. 즉, 부여된 번호가 특정 특성에 대해 주기적인 성격을 갖는 경우 표집 간격이 이 주기와 일치하면 표본의 편중현상이 야기될 수 있는데 만약 날짜를 표집하는 데 7을 간격으로 체계적 표집을 하면 특정 요일만이 표집될 위험이 존재한다.

③ 층화표집법

층화표집법(stratified sampling)은 추정값의 표본오차를 감소시켜 표본의 대표성을 높이기 위하여 사용되는 방법으로서 모집단이 동질적이면 이질적인 모집단보다 표본오차가 더 적은 표본을 산출할 수 있다는 논리에 기초를 두고 있다. 층화표집법은 전체의 모집단에서 표본을 추출하는 것이 아니라 모집단을 일련의 하위집단들로 층화시킨 다음 각 하위집단에서 적절한 수의 표본을 뽑아내는 방법이다. 이러한 층화표집법은 모집단의 어느 일부분에 대하여 추정하거나 각 부분모집단에 대하여 별도의 추정을 하는 경우에 실시된다.

층화표집법에서 층화는 모집단을 층으로 나눔을 의미한다. 어느 대학교 학생을 대상으로 조사할 때, 학년과 같은 기준이 층이 된다. 만일에 각 단과 대학별로 응답 패턴이 다를 것이라고 예상된다면 단과대학을 층으로 잡을 수 있다. 또 학년과 단과대학 모두를 층으로 잡으면 이단 층화표집이 되며 학년과 단과대학, 학과를 층으로 잡으면 삼단 층화표집법이 된다.

한편, 층화표집법은 다음과 같은 세 단계를 거쳐 수행된다. 첫째, 모집단을 상호 독립적이고 포괄적인 소집단들로 나눈다. 둘째, 각 소집단들에서 얻을 표본의 비율을 정하여 각 소집단별 표본의 수를 결정한다. 셋째, 각 소집단별로 단순무작위표집 방법을 사용하여 표본을 추출한다.

층화표집의 단계에 대해 살펴보았는데, 여기서 소집단에서 뽑은 표본의 수에 따라 비례층화추출법과 비비례층화추출법으로 나눈다. 비례층화추출법은 이차집단에서 표본의 크기를 각 소집단의 크기에 따라 비율적으로 정한다. 반면 비비례층화표집법은 소집단의 크기와 분산도를 모두 고려하여 표본을 추출하는 방법이다. 즉, 분산도를 고려하여 큰 분산을 가진 소집단에서 더 많은 표본을 추출하는 방법이다.

결국, 층화표집을 비례적으로 할 것인가 또는 비비례적으로 할 것인가는 각 층의 분산이 동질적이냐 이질적이냐에 따라 결정하게 된다.

예를 들어, 어떤 제품의 가구별 소비량에 대한 조사를 하기 위하여 가구의 크기에 따라 층화표집을 실시할 경우 가구별 소비량이 가구의 크기에 따라 크게 차이가 나지 않는다면 비례층화로 표본을 추출할 수 있다. 그러나 조사하고자 하는 변수의 분산이 각 층간에 차이가 많이 날 때는 비비례층화표집이 더 적당하다.

층화표집에서 각 층에서 추출할 표본의 크기는 각 층의 크기에 비례적으로 배분하여 결정하는 것이 일반적이다. 앞에서 제시한 대로 학년을 층으로 잡을 경우, 표본 내에서 각 학년별 표본 크기는 반드시 전체 학생 수의 학년별 크기에 비례하여 표집해야 한다.

학년과 단과대학 모두를 층으로 잡는 이단층화를 사용할 경우를 예로 들어 보자. 어느 대학교 중 이과대학의 3학년 학생 수가 200명이고 대학교 전체 3학년 학생들의 총수가 4000명이며 표본크기를 100명으로 하였을 경우, 표본 내에 이과대학의 3학년 학생은 5명이 반드시 선택되어야 한다.

전국 규모의 조사에서는 대체로 성별, 연령대별, 지역별로 삼단층화표집을 사용하고 있으며 각 층의 크기는 인구비례로 결정하게 된다. 그런데 층화표집법은 선택된 층을 기준으로 임의 표본을 추출하기 때문에 모집단의 특성을 잘 반영하고 동시에 단순무작위표집법에 비하여 더욱 정밀한 결과를 얻을 수는 있지만 조사비용을 감소시키거나 조사가 더 편해지지는 않는다.

한편 비비례층화표집법의 실례를 통해 구체적으로 살펴보자. 출산의 태도에 대한 대학생의 의식을 알아보기 위하여 예비조사를 실시한 결과, 여자대학생의 태도는 비교적 유사하였으나 남자대학생의 태도는 다양하게 나타났다. 이런 경우 남녀 대학생의 비율을 동일하게 응답자를 선정한다면 이질적인 남성들의 태도를 정확하게 조사할 수 없게 될 것이다. 그러므로 이런 경우에는 남성과 여성비율을 7대 3, 혹은 8대 2로 표본을 추출하여야 한다. 물론 이처럼 비비례층화표집법을 적용할 때에는 자료를 분석하는 과정에서 여성응답자들에게 가중치를 부여하여 자료처리를 하여야만 표집과정에서 남성응답자들이 과다집계된 데 비롯되는 영향이 상쇄된다. 즉, 이 표집은 층화를 통하여 표본의 대표성이 높아지고 층별 특성을 파악할 수 있으나 층화를 위해 보다 많은 정보가 필요하고 층화가 너무 복잡하거나 잘못된 경우에는 오히려 표본오차가 더 커질 수 있으며 시간과 비용이 증가한다.

④ 군집표집법

군집표집법(cluster sampling)은 표집단위가 개인이 아니라 군집(cluster) 혹은 집단으로서 모집단이 매우 크며 단순무작위표집이나 체계적 무선표집을 이용하는 것이 불가능할 때 주로 이용되는 방법이다.

대부분의 확률표집법에서는 각 표본들을 개별적으로 추출하였으나 군집표집은 집단단위로 표본을 추출한다. 즉, 모집단을 몇 개의 집단으로 구분하고, 그중의 일부를 집단단위로 무작위로 추출한 다음 그 집단에 속하는 모든 항목을 표본으로 한다. 군집표집에서는 모든 군집을 선택하는 것이 아니라 그중 일부를 선택하는 것이기 때문에 만약 군집이 내부적으로 동질적이라면 한쪽으로 치우친 표본을 선택하게 될 위험이 있다. 그러므로 군집표집에서는 가능한 한 군집을 이질적인 요소로 구성하여야 한다.

군집표집의 절차로는 먼저 모집단을 상호배타적인 소집단으로 분류한다. 그 다음으로 분류된 소집단 중에서 무작위로 표본을 선택한다. 이때에 표본을 선정하기 위하여 세분된 소집단에 있는 모든 모집단 구성요소들을 연구자가 이용하는 경우에는 1단계 군집표집이라 하고 이와는 달리 표본으로 선정된 소집단에서 표본구성요소를 확률적으로 다시 선정하는 방법을 2단계 군집표집이라 한다.

군집표집에서는 소집단자체를 표본대상으로 하여 표본을 선정하기 때문에 각 소집단이 가능한 한 모집단을 대표할 수 있는 소규모의 집단이 되어야만 가장 이상적이라고 할 수 있다.

그러므로 군집표집법에서는 각 소집단들의 집단 내에서의 분포가 모집단만큼 많은 차이를 이루고 있도록 형성되는 것이 바람직하다.

예를 들어, K대학교에 15개의 단과대학이 있는데 이 대학교 대학생들의 소비행태를 조사한다고 하자. 연구목적을 달성키 위해 이 대학교 대학생들을 대상으로 군집표집을 수행하고자 할 경우 이 단과대학들 중 임의로 2개의 단과대학을 선택한다. 선택결과 이과대학과 생활과학대학이 선택되었다. 그리고 이과대학 내에서 다시 두 개의 학과를 임의 추출한다. 이 결과 통계학과와 수학과의 두 학과가 그리고 생활과학대학의 소비자정보학과, 의류학과가 선택되었다면, 이렇게 선택된 네 개 학과가 이 대학을 대표하는 것으로 간주하고 다시 각 학과별로 4개 학년 중 2개 학년을 임의로 선택한다. 이 결과 3학년, 4학년, 2학년, 3학년이 선택된다면 선택된 학년이 추출된 4개 학과를 대표하는 것으로 간주한다. 결국, 통계학과(3학년), 수학과(4학년), 소비자정보학과(2학년), 의류학과(3학년)의 학생들이 K대학교를 대표하는 것으로 간주하고 이들을 대상으로 소비자행태를 연구·조사하게 된다.

이상과 같은 군집표집의 예를 그림으로 나타내면 [그림 5-4]와 같다.

군집표집방법은 층화표집법이나 단순무작위표집법보다도 통계적으로 효율적이지 못한 경우가 많은데 그 이유는 군집표집법에서는 표본규모가 일정하다고 할 때 오류의 폭이 클 가능성이 많기 때문이다. 그러나 군집표집법이 통계적인 효율성이 낮은데도 불구하고 대규모의 표본조사에서 흔히 이용되는 이유는 조사비용이 상대적으로 낮기 때문이다. 그러므로 비용이 일정하다면 군집표집법을 이용하여 다수의 표본을 선택하는 것이 동일한 비용으로 소수의 표본을 선정하는 층화표집방법보다 유리하다고 하겠다.

그런데 군집표집을 할 때에는 또한 군집의 수와 군집 내의 요소의 수를 어떻게 배분할 것인가 하는 점을 고려하여야 한다. 표본의 크기를 1,000으로 할 경우 군집의 수를 1로 하면 군집 내의 구성요소의 수는 1,000이 될 것이고 반대로 군집의 수를 1,000으로 할 경우 구성요소의 수가 1이 될 것이다. 그러므로 표본의 크기와 한 개의 군집에서 몇 개의 구성요소를 뽑을 것인가에 따라서 군집의 수가 결정된다.

군집표집에서는 층화표집의 층에 해당하는 개체를 '군집'이라고 부른다. 전국 규모의 조사에서 군집 추출을 이용하면 조사지역이 제한되므로 조사비용과 시간의 소모를 줄일 수 있지만 정확도는 떨어진다. 그렇기 때문에 실제조사에서는 층화임의표집법과 군집표집법을 혼용하고 있다. 그러나 엄밀히 살펴보면 층화임의표집법과 군집표집은 매우 중요한 차이가 존재한다. 그것은 층화표집의 경우에는 각 층에 속하는 표본들을 분배하여 최종 표본을 추출하는 표집단위가 개인이 되는 반면, 군집표집의 최종 표집단위는 개인이 아니라 군집, 즉 집단이 된다는 사실이다.

5-3 자료수집 방법 : 표본 선정(표집)

조사의 내용이나 목적이 다양해도 본질적으로 대부분의 조사는 전체(모집단)를 다 조사하는 것이 아니다. 전체의 일부인 표본만을 조사해 전체에 대해 예측을 한다. 다시 말하면 대부분의 조사에서는 모집단의 일부를 뽑아 이 표본에 대해서만 특성을 조사한 뒤 이를 근거로 모집단의 특성을 추정하는 방법, 즉 표본조사를 사용한다.

표본조사의 가장 중요한 요소는 바로 좋은 표본을 뽑는 것이다. 좋은 표본이란 간단히 말해 '표본이 모집단의 축소판 닮은꼴'이 되는 것이다. 다른 말로는 모집단을 대표할 수 있는 표본, 즉 대표성을 갖는 표본을 뽑아야 한다. 대표성이 없는 표본으로부터는 아무리 신뢰성 있게 자료를 수집하더라도 모집단의 특성을 추정할 때 '장님 코끼리 만지기'와 같은 오류를 범할 수밖에 없다. 이런 오류를 줄이기 위해 대부분의 여론조사에서는 표본을 선정할 때 대표성을 높이기 위해 노력을 많이 한다.

예를 들어, 우연히 한쪽에 치우친 표본이 뽑힐 가능성을 줄이기 위하여 모집단을 여러 층(strata)으로 나눈 뒤 각 층에서 무작위 추출을 하는 방법도 흔히 사용된다. 이를 다단계층화 무작위표집이라고 하는데 여기에서 다단계란, 예를 들어 모집단을 지역, 성별, 나이 등으로 몇 단계를 거쳐 구분하는 것이며 이렇게 구분된 집단으로부터 무작위추출을 하게 된다. 그러나 설문조사에서는 표본의 대상인 사람을 뽑는 것뿐 아니라 뽑은 사람으로부터 어떤 방법으로 원하는 자료를 수집하는가도 중요한 문제가 된다. 자료수집방법은 3가지가 있는데 우선 개별면접법은 면접원이 응답자를 직접 만나서 필요한 정보를 얻는 것이다. 상세하고 다양한 내용의 질문을 할 수 있다는 측면에서 최선의 방법이지만 비용과 시간이 많이 든다.

우편조사는 비용이 가장 적게 들고 복잡한 질문에 대한 응답도 얻어낼 수 있지만 응답률이 낮다. 전화조사는 짧은 시간 내에 적은 비용으로 비교적 양질의 자료를 얻을 수 있기에 가장 많이 사용된다. 어느 방법을 선택하느냐는 소요시간과 비용, 질문의 양과 복잡도 등에 따라 정해진다. 수집할 자료의 내용이 아주 간단하다면 전화조사가 빠르고 정확할 수 있다. 내용이 복잡하고 많다면 우편조사나 개별 면접조사를 한다. 언론에 발표되는 사회적인 현안에 관한 여론조사는 대부분 전화조사로 이루어지고 있다.

전화조사의 문제점 중 하나는 표본의 대표성이 낮다는 것이다. 전화가 없는 가정이나 전화번호부에 등록이 안 된 가정은 제외되고 업무상 전화와 연결될 수도 있으며 통화가 안 되기도 한다. 통화가 되더라도 설문에 대한 응답을 거부하거나 끊어버리는 사람도 많다. 더욱이 전화번호부를 이용하여 지역별 성별 연령별로 층화표집을 한다고 할 때 전화번호부에는 연령에 관한 정보가 없으므로 통화가 된 가정에서 해당연령의 응답자를 찾아야 하는데 이런 경우에는 표본의 대표성이 더욱 낮아지게 된다. 조사의 응답률에 있어서도 응답률이 최소한 70% 이상, 즉 최초로 접촉한 사람의 70% 이상이 응답을 해야 최소한의 대표성이 유지된다. 대부분 조사의 경우 응답률이 얼마인지조차 밝히지도 않고 있다. 발표를 하지 못하는 이유는 아마 응답률이 낮기 때문일 경우가 많을 것이다. 열성적인 사람들은 대개 응답에 쉽게 동의를 한다. 따라서 응답률이 낮다는 것은 일부 열성적인 사람들만을 대상으로 조사한 것이 되고 만다. 응답률이 50% 이하가 되면 표본조사의 결과를 가지고 모집단에 대해서 추론을 한다는 것이 무리가 된다.

출처 : 한국경제, 2006년 1월 16일

(2) 비확률표집방법

비확률표집방법은 모집단으로부터 표본을 추출할 때 모집단을 대표할 만하다고 임의로 추출하는 표집방법으로서 각 표본단위가 표본에 포함될 확률을 사전에 판단되는 표본을 알 수 없는 표집방법이다. 이러한 비확률표집방법은 표집에 의해서 나타나는 편포(bias)를 측정할 수 없고 모집단을 대표한다고 말할 수 없으므로 연구결과를 일반화하는 데 제약이 있으나 다음과 같은 경우에 비확률표집방법이 많이 사용된다.

첫째, 모집단이 정확히 알려져 있지 않은 경우이다. 예를 들어, 양성성(bi-sexuality)에 대한 탐색적 연구를 하고자 할 때 양성적 개인을 탐색하기 어렵고 잘 알려져 있지 않으므로 연구자가 만나서 면접할 수 있는 소수를 대상으로 연구하게 된다. 이때 면접대상이 일반성을 지녔다고 할 수 없으므로 연구결과를 일반화할 수는 없다. 둘째, 모집단이 알려져 있다 하더라도 연구하고자 하는 현상이 거의 나타나지 않는 경우이다. 셋

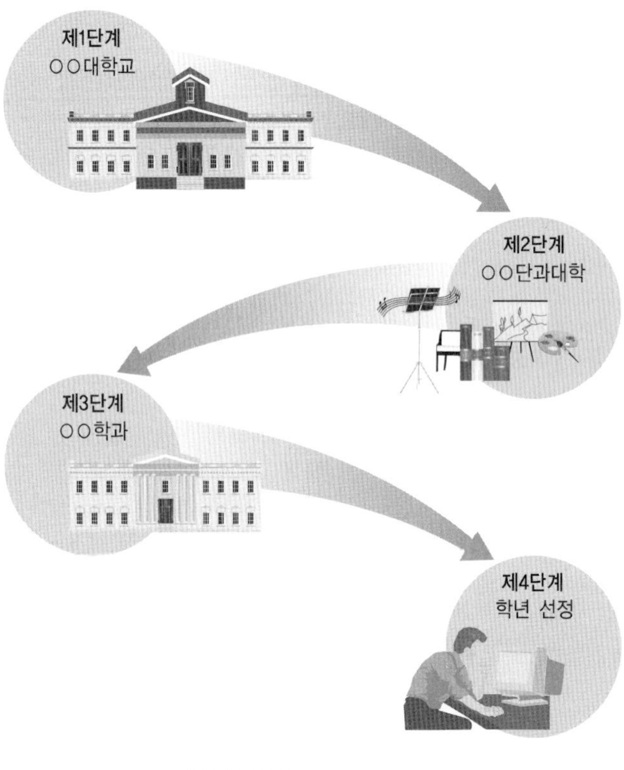

그림 5-4 군집표집의 예

째, 모집단의 정보가 없어 정의되지 않았거나 정의될 수 없는 경우이다. 이때는 탐색적 연구를 하거나 질문지 작성을 위한 사전조사로서 가설검증보다는 가설설정을 위한 연구를 한다. 넷째, 비교적 자주 일어나지 않는 현상을 연구하고자 할 때이다. 예를 들어, 무자녀 가정을 대상으로 부부관계를 밝히고자 연구하는 경우이다.

비확률표집방법의 기법의 공통된 특징은 표본으로부터 얻어낸 자료에 의해 표본오차를 추정할 수가 없어서 연구자가 추정치의 편차를 계산할 수는 없으나, 표집비용과 시간을 줄일 수 있다는 장점이 있다. 비확률표집방법의 대표적 유형인 할당표집법, 유의표집법, 편의표집법 등에 대해 자세히 살펴보자.

① 편의표집법

편의표집법(convenience sampling)은 표집이 용이한 대상을 표본에 포함시키는 경우로 필요한 정보를 빨리, 그리고 값싸게 수집하기 위하여 손쉽게 이용 가능한 대상만을 선택하는 표집방법이다. 이 방법은 표집방법 중에서 가장 비용이 적게 들고 시간을 절약할 수 있으나, 접근하기 쉬운 조사대상만을 표본으로 선정하게 되어 표본의 편중이 생기기 쉽다는 문제점이 있다.

이에 대한 가장 쉬운 예는 연구자가 미혼남녀의 동거에 관한 의식을 파악하기 위해 미혼인 자신의 친구나 동료를 표본을 추출하는 것이다. 따라서 편의표집법은 매우 경제적이기는 하지만 큰 단점은 모집단을 적절히 대표할 수 없다는 것이다. 위의 예에서 자신의 친구나 동료를 표본으로 선정하였는데 선정된 표본은 이 표본이 대표가 되고 있는 모집단이 어떠한지가 분명하지 않다. 이러한 제약요소 때문에 편의표집법으로부터 얻어낸 사실을 가지고 특정 모집단에 관한 모수를 추정하여 일반화하기는 어렵다. 편의표집법의 경우 표본의 크기를 확대한다고 하여도 표본의 모집단 대표성에 관한 문제를 해결할 수 없다.

따라서 편의표집법은 설문지의 사전조사나 하나의 아이디어 혹은 가설을 추출하기 위한 탐색연구에 주로 이용된다. 정확한 자료입수보다는 값싸고 신속하게 어느 정도 정확한 정보를 얻고자 할 때 주로 이용되는 반면, 기술조사나 인과조사를 위한 표집방법으로는 부적당하다. 그럼에도 불구하고 표본추출의 용이함, 적은 비용이나 시간으로 표본추출 가능 등의 장점이 있어 많이 사용되는 표집방법이다.

② 유의표집법

유의표집법(purposive sampling)은 판단표집법, 의도적 표집법이라고도 불리는데, 모집단에 대한 연구자의 주관적인 사전 지식을 바탕으로 표본을 추출하는 방법이다. 이 방법은 연구자가 모집단에 대한 지식이 많을 경우에 유용하게 쓰일 수 있다. 예를 들어, 연구자가 대학 행정 서비스에 대한 대학구성원들의 만족도 실태를 조사하고자 하는 경우 대학구성원의 수가 많지 않고 표집목록도 완벽하게 갖추고 있는 경우에는 확률표집방법이 사용될 수도 있으나, 연구자가 불평 소비자들에 대한 지식이 있을 경우 유의표집법이 조사목적에 더 부응할 수 있다. 왜냐하면 연구자가 대학 행정 서비스 실태를 잘 파악하고 있는 대학구성원들을 표본으로 추출할 수 있다. 구체적으로 신입생, 신임교수 등은 표본에서 제외시키고 3~4학년 대학생, 부임된 지 3년 이상의 교수 및 직원 등을 조사대상으로 할 수 있다.

이와 같이 유의표집법은 연구자가 표본의 구성에 대하여 잘 알고 있는 경우 적절한 표집방법으로서 무작위 표집 시 모집단을 적절히 대표할 수 없는 표본이 선정되는 것을 방지할 수도 있어 효과적인 표집방법이라 할 수 있다. 유의표집법의 경우 결과의 직접적인 일반화에 어려움은 있으나 조사결과를 매우 광범위한 모집단에 확대·적용시키지 않는다면 유용한 정보를 얻어낼 수 있다. 유의표집법은 주관적 판단에 의해 표본을 선정하는 것에 대한 객관적 기준이 없기 때문에 모집단의 특성을 실제로 얼마나 대표해 주는지를 알 수 없는 반면, 시간과 비용이 적게 들어 매우 경제적이다.

③ 눈덩이표집

최근 들어 널리 사용되는 표집방법으로서 연구대상자가 또 다른 연구대상자를 소개하는 방법이다. 눈덩이표집(snowball sampling)의 진행단계를 살펴보면, 처음 단계에서는 표집대상이 되는 소수의 응답자들을 찾아내어 면접하고 다음 단계에서는 이들 응답자들을 정보원으로 활용하여 비슷한 속성을 가진 다른 사람들을 소개하도록 하고 이들을 대상으로 면접을 수행한다. 이와 같은 절차를 지속적으로 반복하여 연구수행에 필요한 만큼의 표본수가 충족될 때까지 표집해 나가면 된다. 즉, 같은 특성을 가진 사람들끼리는 집단을 형성하므로 특히 찾기 어려운 대상일 경우 한 사람만 찾으면 연속적으로 쉽게 찾을 수 있는 장점을 이용한 표집방법이다.

눈덩이표집은 모집단을 잘 모르는 경우, 대상자가 눈에 잘 띄지 않아 일상적인 표집절차로서는 현실적으로 조사가 어려운 경우에 적합하다. 예를 들면, 동거 부부에 대한 동성 부부관계(게이)를 조사하고자 할 경우 동성부부를 찾기 어려운 상황에서 동성관계를 가진 사람 하나하나의 소개를 통해 표본을 찾는 경우가 이에 해당된다. 보통 관찰연구, 지역사회연구, 그리고 특정한 모집단을 표집하는 데 적합한 표집방법이다. 그러나 표본이 편포될 위험이 큰 것이 가장 큰 단점이다.

④ 할당표집법

확률표집법 중 층화표집법에 해당하는 할당표집법(quota sampling)은 비확률표집방법 중 가장 많이 쓰이는 방법으로 연구대상의 범주나 할당을 찾아내어 그 범주에 배당될 표본을 추출하는 방법이다. 할당표집법은 확률표집과 병행하여 쓰이기도 하고 다단계표집과정의 마지막 단계에서 많이 활용되며 특히 선거와 관련된 조사나 일반적인 여론조사에서 많이 활용되고 있다. 예를 들면, 가구조사에 있어 모집단을 성별, 나이, 소득, 또는 주소지에 따라 나누어 각 부문에 표본을 임의로 할당하는 방법으로서 이러한 방법을 사용하는 주된 목적은 일정한 특성을 지니고 있는 표본요소의 구성비율이 동일한 특성을 지니고 있는 모집단의 구성비율에 일치하도록 표본을 추출함으로써 모집단을 대표할 수 있도록 하는 데에 있다.

할당표집법의 이용은 저렴한 비용으로 대표성 있는 표본을 추출하는 것이므로 이 방법을 사용하기 위해서는 역시 모집단에 대한 사전지식을 가지고 있어야 한다. 그러나 표본을 추출하기 전에 개별적인 연구대상에 대한 정보를 필요로 하지 않기 때문에 명확한 표집목록은 필요하지 않다.

할당표집법은 2단계로 실시된다. 첫 단계는 자료를 수집할 연구대상의 범주(category)나 할당량(quotas)을 찾아내는 것이고, 두 번째 단계는 모집단의 특성을 갖게끔 최종적인 표본을 추출하는 과정이다. 첫 단계에서 규정된 범주들은 연구자가 사전에 가지고 있던 지식에 기초를 두고 규정된다. 이러한 범주들을 이용하여 할당표(quota matrix)를 작성하게 되고 다음 단계에서 각 범주에 배당될 표본구성요소를 추출하게 된다. 이때 표본을 추출하는 방법으로 임의표집방법이나 판단표집방법이 이용되며 일단 할당량이 선정되면 표본구성요소의 추출은 연구자의 자유재량에 의해서 이루어지게 된다.

한 예로 각종 연령×성별×직업별 소집단이 인구 중 차지하는 비율을 기존의 인구센서스 자료에 의해서 추정할 수 있다. 그 다음에 조사에서 사용하고자 하는 표본수를 각 소집단의 모집단에 대한 크기에 비례해서 결정한다. 예를 들어, 전체 표본수가 100명이고 40대 남자 전문직 인구가 전체 인구의 10%라면 10명의 표본이 이 소집단에 할당된다.

지금까지의 과정으로는 할당표집법은 비례 층화표집법과 같고 통계적으로도 완전한 것처럼 보인다. 그러나 할당표집법에서는 각 소집단에서 뽑히는 표본이 무작위로 선정될 필요가 없다는 점에서 층화표집법과 다르다고 할 수 있다. 즉, 할당표집법에서는 할당표에 따라 미리 정해진 방법으로 응답자를 선정하여 면접하므로, 해당기준에 따른 할당이 채워지면 대상자가 나타나더라도 배제하게 된다. 또한 표본으로 선정된 사람이 부재중인 경우 확률표집방법에서는 재방문을 해야 하나 할당표집법에서는 선정된 지역 내에서 비슷한 특성을 가진 다른 사람을 선정할 수도 있을 뿐만 아니라, 어떤 집에는 들어가고 싶지 않은 경우 다른 집을 임의로 선정할 수도 있기 때문에 확률표집방법보다 많은 표준오차가 생길 수 있다.

할당표집법을 할 때 유의하여야 할 점은 다음과 같다.

첫째, 각 범주에 할당된 응답자의 비율이 정확해야만 하고 모집단의 구성비율은 가장 최근에 얻어진 것이어야 한다.

둘째, 적절한 통제특성(control characteristics)을 설정해야 한다. 즉, 연구의 초점이 되는 모든 특성을 다 포함해야 한다. 만약 장발에 대한 사람들의 태도를 조사하고자 하는 경우에, 연령에 따라 이에 대한 태도가 달라질 수 있으므로 연령을 통제요소로 고려하지 않는다면 잘못된 결과를 가져올 수 있다. 그러나 지나치게 과다한 통제변수를 도입하게 된다면 분류로 인한 어려움이 따르게 된다.

셋째, 표본구성요소의 선정 시 조사원의 편견이 개입될 우려가 있다. 각 범주에 맞는 특성을 갖춘 응답자일지라도 조사원이 잘 모르는 사람이거나 인상이 좋지 않기 때문에 조사대상에서 제외될 수 있어서 조사과정에서 보이지 않는 편견이 개입될 수 있으므로 이를 고려해야 한다.

넷째, 표본이 가지고 있는 특성의 분포가 모집단의 분포와 일치한다는 사실만으로 표본이 모집단을 잘 대표한다고는 말할 수 없다. 특성상의 분포로 볼 때는 유사하더라도 연구자가 고려하지 않았거나 못하였던 특성으로 인해 커다란 차이가 있을 수 있기 때문이다.

5-4 출구조사의 허와 실

우리나라 선거에서 출구조사가 허용된 것은 얼마 안 됐다. 지난 97년 대선에서 처음 이뤄졌는데 당시 선거법 때문에 제때에 결과발표가 이뤄지지는 못했지만 상당히 정확하게 선거 결과가 예측됐었다고 전해진다. 그래서 자신감을 갖게 된 여론조사기관들은 2002년 대선에서 더 많은 표본을 대상으로 출구조사를 실시했다. 그러나 선거당일 출구조사 결과 발표는 선거법에 의해 금지돼 좌절됐고, 그 결과도 크게 빗나갔던 것으로 전해진다. 지지율 차이가 미세한데다 여론조사 기법이 성숙하지 못했던 것이 그 원인이다.

왜 대선후보들은 여론조사의 지지율 변화에 일희일비하는가? 여론조사 결과가 곧바로 선거 결과를 의미하는 것이 아니기 때문에 언뜻 생각할 때는 여론조사 결과에 크게 신경 쓸 필요가 없어 보인다. 하지만 우리나라뿐만 아니라 미국 같이 여론조사를 오래 전부터 해왔던 나라에서조차도 후보들은 여론조사 결과에 일희일비한다.

왜 그럴까? 스포츠 경기를 보면 대부분 경기는 우세한 쪽과 열세인 쪽으로 나뉜다. 특별히 응원하는 선수가 없던 관중의 경우 경기가 시작될 때는 어느 쪽도 응원하지 않다가 경기 막바지가 다가오면 크게 두 부류로 나누어진다.

첫째 부류는 이기고 있는 편을 응원하고, 둘째 부류는 지고 있는 편을 응원한다. 이때 이기고 있는 팀과 지고 있는 팀을 응원하는 비율은 상황과 관중의 성향에 따라 다르지만 대략 6 : 4 정도로 이기고 있는 팀을 응원하는 관중이 많다고 한다. 이러한 현상은 선거에서도 그대로 나타나는데 선거 막판까지 존재하던 부동층이 1위를 하는 후보와 2위를 하는 후보를 대략 6 : 4 정도로 지지하게 되는 현상이라고 한다.

이를 꽃가루 현상이라고 하는데 1위와 2위의 차이를 더 크게 벌리는 효과로 작용한다고 한다. 여론조사가 실질적인 영향력은 전혀 없지만 스포츠 경기 도중의 점수 같은 역할을 하기 때문에 선거 막판에 다다르면 지지하는 후보를 결정하지 못한 유권자들을 한쪽으로 몰아가게 된다는 것이다.

그래서 후보들은 아주 조금의 차이라도 여론조사 결과 1위를 하기 위해 노력하고, 그 결과에 일희일비한다. 선거법상 투표일이 임박해서는 여론조사 결과를 발표하지 못하도록 금지되어 있는 것도 그 때문이다.

사실 여론조사의 기법에 따라 결과가 맞거나 틀릴 수도 있다. 하지만 더 큰 문제는 여론조사를 조작하거나 악용하려는 사람들이 항상 존재한다는 것이다.

여론조사는 엄연히 과학이 될 수 있다. 하지만 여론조사가 '과학'으로 대접받기 위해서는 조사기관의 깊은 연구가 선행되어야 하고, 여론조사에 관련된 내용이 모두 공개되어 조사 자체의 신뢰성이 쌓여야 한다.

이번 대선에서도 많은 기관과 정당에서 여론조사를 실시해 결과를 발표했지만 표본추출과정과 질문 등에 대한 기본적인 조사방법조차 밝히는 곳이 없다. 이런 부분에서 공신력을 확보하지 않은 기관에서 발표한 조사결과는 일단 의심해 보는 것이 더 좋겠다고 생각한다.

출처 : 주간한국, 2007년 12월 28일

지금까지 표집과정 중에서 표집방법에 대해 크게 확률표집과 비확률표집방법으로 구분하여 살펴보았다. 전술한 바와 같이 이 두 가지 표집방법과 이를 구성하는 다양한 종류들은 각각의 특성과 장, 단점을 갖고 있으므로 반드시 어떤 표집방법이 우수하고 어떤 표집방법은 연구과정에 이용하기에 적절하지 않다는 결론을 내릴 수 없다. 다만 연구자가 자신이 수행하는 연구과제의 특성과 상황을 고려하여 이에 적합한 표집방법을 선택하여 사용할 수 있어야 한다. 그러기 위해서는 각 표집방법에 대한 체계적인 이해가 반드시 선행되어야 할 것이다.

4) 표본크기의 결정

표본의 선정과정에서 연구자는 표집방법과 함께 표본의 크기를 결정하여야 한다. 표본의 크기는 조사비용, 조사의 정확도 등과 관련하여 그 중요성이 나타난다. 표본의 대표성을 기준으로 하자면 표본의 크기가 클수록 안정감과 정확도가 있으나 표본의 크기는 조사비용과 비례하기 때문에 경제적으로 하면서도 대표성을 높일 수 있는 적정 크기를 찾고자 하는 문제가 핵심이 된다. 따라서 표본크기를 어떻게 결정하는 것이 바람직한가에 대해 살펴보자.

표본의 크기는 모집단의 성격과 연구의 목적에 의해 달라진다. 일반적으로 모집단이 클수록, 모집단이 이질적일수록 표본은 커진다.

통계적 자료분석에서는 표본 수가 작으면 각 집단에 해당되는 연구대상 수가 작아져 분석이 불가능해지며, 또한 실험 도중에서의 탈락이나 질문지법에서 응답자가 빠뜨린 문항 등을 제거하면 실제 분석자료로 사용되는 표본 수는 응답자 수보다 줄어들기 때문에 실제로는 표본의 크기가 100을 최소크기로 한다.

모집단을 대표하기 위해서 필요로 하는 최소한의 표본의 크기를 결정하는 통계적인 방법으로 신뢰구간접근법이 있다. 신뢰구간접근법은 모집단의 분산을 알고 있다고 가정하고 우리가 원하는 정확도의 정도를 결정하여 그에 따라 적정표본의 크기를 산정하는 것이다.

신뢰구간접근법을 이용하기 위해서는 첫째, 표준오차에 대한 허용수준과 신뢰도의 수준을 결정해야 한다. 둘째, 신뢰수준에 따른 표본통계량인 Z값(standard error)을 정한다. 예를 들어, 95%의 신뢰수준에서의 Z값은 1.96이 된다. 셋째, 모집단의 표본오차를 추정한다(σ). 모집단의 표본오차는 사전조사를 통하여 추정하거나 직관에 의하여 추정한다. 이때 흔히 쓰이는 방법은 표본의 최대값과 최소값의 차이를 6으로 나누는 것으로 이것은 $\pm 3\sigma$의 구간에 전 표본의 99.7%가 들어간다는 가정에 따른 것이다. 넷째, 표본크기를 결정한다. 표본에 의한 최대허용오차는 Z값과 표본오차의 곱으로 표시된다.

즉, $E = Z \cdot \sigma\chi$

$$= Z \cdot \frac{\sigma}{\sqrt{n}} \quad (\because \sigma\chi = \frac{\sigma}{\sqrt{n}})$$

그러므로 $n = \frac{Z^2}{E^2}\sigma^2$이 된다.

이번에 새로이 편입한 학생들의 나이를 예를 들어 보자. 임의로 식품영양학과 3학년에 편입한 학생 5명을 간단한 표본으로 삼아 조사한 결과 가장 나이 많은 사람이 40살이고 가장 나이 어린 사람이 22살이었다. 그러므로 최대값과 최소값의 차이는 18이며 이를 6으로 나누어 보면 표본오차인 σ는 3이 된다. 또한 허용 가능한 표본평균과 모집단평균 차이(E)를 1.0이라고 하자. 그리고 신뢰수준을 95%로 하면 Z값은 1.96이다. 이상의 값을 공식에 대입해 보면 필요한 표본의 수는 35개가 된다.

이 밖에 표본의 크기를 결정하는 통계적 방법으로는 모집단의 크기나 모집단의 동질성 정도를 파악하는 방법이 있다. 모집단의 크기에서는 모집단이 크면 표본의 크기도 상대적으로 커야 하는데 표본이 크면 표본평균이 모집단의 평균에 근접하기 때문이다. 그러나 표본의 크기가 반드시 모집단의 크기에 비례하여 커져야 하는 것은 아니고 오히려 표본크기의 절대치가 커지는 것이 더 중요하다. 그 이유는 표본오차를 계산할 때 표본과 모집단의 비는 실제로 큰 비중을 차지하지 않기 때문이다.

모집단의 동질성의 정도를 파악하는 것은 모집단이 이질적일수록 표본의 크기는 커져야 한다는 측면에서 표본의 크기를 결정하는 방법이다. 이는 완전히 동질적인 모집단의 경우 1개의 표본으로도 족하다는 의미이다. 그러나 이질적인 모집단이라고 하더라도 특정변수에 의하여 층화표집 또는 군집표집을 할 수 있으면 표본의 크기를 최소한으로 줄이면서 대표성을 확보할 수 있다.

층화표집의 경우에는 표집오차는 각 층의 표본의 크기에 따라 달라지지 전체 표본의 크기에 따라 달라지지는 않는다. 다만 각 층 간의 모집단의 크기가 너무 달라서 비비례표집을 해야 하는 경우에는 가중치를 부여해야 하는 부담이 있다.

군집표집에서는 군집의 수가 많아지면 각 군집 안에서 추출될 단위요소의 수가 한정될 소지가 크다는 점을 유의해야 한다. 이 경우에도 군집 간의 이질성의 정도와 군집 내의 동질성의 정도를 고려해야 한다.

표본의 크기를 결정하기 위하여 통계적인 기준 외에 좀 더 실용적인 기준으로는 수집된 자료를 어떻게 분석할 것이며 변수는 몇 개나 사용하는가 하는 점이다. 예를 들면, 종교와 교육 수준이라는 2개의 변수를 사용하고 2개의 변수가 각각 4개의 범주로 되어 있기 때문에 4×4분할표를 만들어서 분석하고자 한다면 모두 16개의 칸이 생긴다. 이 경우 각 칸마다 적어도 5사례는 확보되어야 하기 때문에 4×4×5=80사례는 있어야 한다. 만약 이 분석에서 변수를 추가시키려고 한다면 표본의 크기는 커져야 할 것이다. 또한 표본의 크기를 결정할 때에는 결측값(missing values)도 고려하여야 한다. 응답자는 서둘러서 질문지를 완성하기 위하여 몇몇 변수에 대한 응답을 빠뜨릴 수 있을 뿐만 아니라 예민한 주제의 경우 응답을 회피할 수 있기 때문이다.

한편 최적 표본의 크기를 추출하기 전에 고려하여야 할 몇 가지 사항들이 있는데 이에 대해 구체적으로 살펴보면 다음과 같다.

첫째, 연구목적상 아주 정확한 모수의 추정을 요구할 수도 있고 그렇지 않은 경우도 있다. 물론 앞에서도 신뢰도 수준 등을 결정하고 있으나 이를 결정하기 전이나 통계적으로 표본 수가 산출된 후에도 연구자가 이를 수정하기도 한다.

둘째, 시간제약으로 때때로 적정 수준의 표본을 추출할 시간이 없을 경우가 있다. 시간이 매우 중요한 연구인 경우에는 표본의 수를 정할 때 통계적으로 나온 표본 수보다 적게 표본을 추출할 수도 있다. 물론 결과의 정확도는 떨어지나 시간의 제약을 받는 경우가 종종 있기 때문이다.

셋째, 비용제약으로 시간제약과 마찬가지로 연구자가 가장 빈번하게 직면하는 제약이다. 표본의 수는 조사비용과 직접적으로 관련이 되어 있기 때문에 전체 실사비의 책정은 표본의 수 결정에 큰 영향을 미친다.

넷째, 자료분석상의 제약으로 표본의 수는 자료분석기법에 따라 달라질 수 있다. 특히 다변량분석이나 기타 통계기법들을 이용하여 분석할 때는 필요한 표본의 수를 충족시켜 주어야 한다.

쉬어가는 연구방법과 통계이야기 ▶

5-5 표본오차, 신뢰수준 유심히 살펴야

여론조사는 민주주의 사회에서 다수의견을 효율적으로 파악하는 지표가 될 수 있다. 그러나 그 과정이나 방법이 잘못되면 오히려 여론을 오도, 조작, 왜곡하는 역기능이 나타난다. 특히, 가장 먼저 유심히 보아야 할 것은 '표본오차'와 '신뢰수준'이라는 단어다. 2천만 명이 넘는 유권자들의 생각을 1천~2천명 안팎을 뽑아 알아봐야 하니 오차가 없을 수 없다.

예를 들면, 1천 30명을 조사했다면 95% 신뢰수준에서 ±3% 표본오차가 생겼다고 하자. 즉, 1위 후보가 30%, 2위 후보가 25% 지지율을 보였다면 실제 지지율은 1위 후보는 30±3(27~33%), 2위 후보는 25±3(22~28%) 사이에 있을 확률이 95%라는 의미다. 따라서 투표결과가 뒤바뀔수도 있다는 얘기다. 결국, 표본오차를 고려해도 후보 간 우열이 확실히 가려질 경우에만 '앞섰다'거나 '뒤졌다'하는 표현을 써야 한다.

출처 : 한국경제, 2006년 2월 27일

이상의 열거한 것 이외에도 연구의 결과를 이용하여 순수한 연구목적 이외에 대중을 선도하거나 계몽할 경우에는 의도적으로 많은 표본 수를 결정하기도 한다. 즉, 표본의 수가 많다는 것을 이용하여 연구결과를 일반화시키거나 타당하다고 대중을 믿게 할 수 있기 때문이다.

한편 통계학에서 가장 중요한 정리 중의 하나가 중심극한정리이다. 이는 모집단의 분포와 관계없이 표본크기 N을 충분히 크게 하면 표본분포는 항상 정규분포에 접근하게 된다라고 정의할 수 있다. 즉, 모집단 분포의 모양에 관계없이 표본크기 N만 충분히 크게 하면 표본분포가 정규분포에 접근한다는 사실이다. 일반적으로 우리의 관심대상이 되는 모집단은 그 형태가 정확하게 알려지지 않거나 분포가 비대칭인 경우가 많이 있다. 이때 표본을 추출하여 그 모집단 특성을 추정하고자 하는데 중심극한정리에 따라 표본크기 N만 적당히 크게 하면, 중심극한정리에 의해 취할 수 있는 각종 값들에 대하여 정규분포에 따라 확률계산을 쉽게 할 수 있게 된다.

이때 중심극한정리에서 말하는 충분한 표본크기란 도대체 어느 정도의 크기를 말하는 것일까? 이것은 일률적으로 이야기할 수가 없으며 모집단의 성격에 따라 좌우된다고 할 수 있다. 즉, 모집단이 정규분포일 때에는 표본분포는 표본크기에 관계없이 항상 정확하게 정규분포이다. 모집단의 분포가 정규분포는 아니지만 대칭에 가까울 때에는 표본크기를 30정도로만 늘려도 정규분포에 근접하게 되나 모집단의 분포가 아주 비대칭일 때에는 표본크기를 아주 크게 늘여야 정규분포에 근접하게 된다.

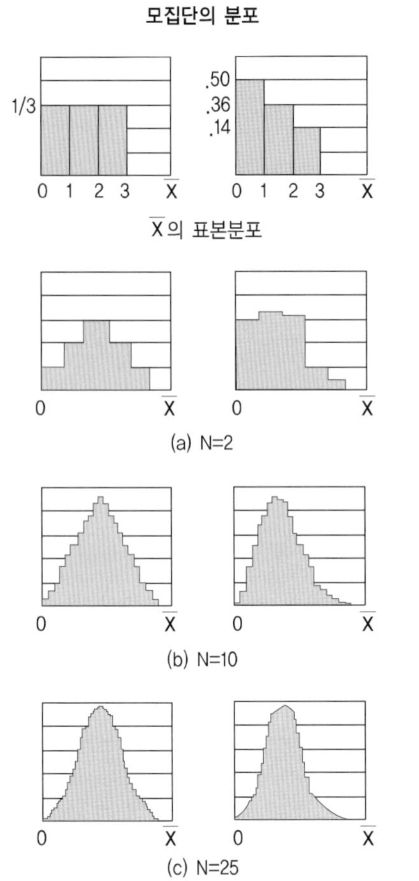

그림 5-5 N=2, 10, 25일 때의 $\overline{X}$의 표본분포

[그림 5-5]는 두 개의 모집단으로부터 N =2에서 N =25까지의 표본을 추출하였을 때 표본분포의 모양을 나타내고 있다. 모집단의 분포가 하나는 균등분포이고 다른 하나는 비대칭도가 심한 분포이다.

[그림 5-5]로부터 두 가지의 중요한 사실을 발견할 수 있다. 하나는 모집단의 분포의 모양과 관계없이 중심극한정리가 성립한다는 점이다. N =2에서 N =25로 표본크기가 증가할수록 표본분포는 정규분포에 근접하고 분산이 줄어듦을 알 수 있다. 그러나 첫 번째의 균등분포의 경우에는 N =10일 때부터 정규분포에 근접하지만 두 번째 분포의 경우에는 N =25일 때에도 정규분포와 거리가 있음에도 주목해야 한다.

4 표집오차

표본조사에서는 필연적으로 여러 유형의 오차들이 수반된다. 모집단 중 일부의 조사단위들만 조사되므로 생기는 오차도 있고 조사된 자료가 부정확하거나 부실하여 발생하는 오차도 있다. 표집오차에는 크게 미관측오차(errors of non-observation)와 관측오차(errors of observation)로 구분할 수 있는데, 여기서는 이를 중심으로 하여 오차가 발생하게 되는 원인과 표집오차를 줄이는 방안에 대해 살펴보고자 한다.

1) 표집오차의 원인

(1) 미관측오차(비관찰오류)

표본조사에서 표집목록이 목표모집단을 정확하게 반영하지 못하는 경우가 있다. 즉, 목표모집단의 대상들 중 일부가 표집목록에서 누락되어 발생하는 오차를 미관측오차라고 한다(이 책 6장의 '2. 자료수집과정에서의 오류' 참조). 예를 들어, 전화번호부를 표집목록으로 사용할 경우, 전화번호부에 등재되지 못한 가입자들은 표집에서 누락되어 발생하는 오차이다.

미관측오차의 가장 주된 원인은 무응답이다. 무응답은 특히 사람을 대상으로 하는 조사에서 많이 생기는 문제로서 해결하기가 쉽지 않다. 그러나 표본크기와 응답자 수를 비교하면 무응답률은 쉽게 구할 수 있는데, 이 무응답률에 의해 조사의 질을 가늠하려는 경우가 있다. 하지만 70세 이상의 노인과 같이 모집단 중 일정 부분에 대해서는 무응답률이 낮다고 해도 문제가 될 수 있으므로 무응답률로 조사의 질을 가늠하는 것은 오류를 유발할 수도 있다. 정반대로 무응답이 모집단 특성별로 골고루 발생하여 응답과 무응답의 특성이 대체로 비슷한 경우라면 비록 무응답률이 높은 경우라고 해도 유용한 정보가 될 수도 있는 것이다. 따라서 무응답의 문제에서 가장 중요하게 생각할 점은 무응답자의 특성이 무엇이냐 하는 것이다. 바람직한 조사가 되려면 무응답층이 응답층과 어떤 차이를 보이는지를 살필 수 있는 방안을 강구해야 한다. 무응답은 대체로 다음의 세 가지 중 하나의 원인에 의해 발생한다.

첫째, 조사단위와의 접촉을 하지 못하는 경우이다. 표본설계 과정에서 무작위추출의 원리에 의해 추출된 조사단위들을 대상으로 정확한 조사가 이루어져야 한다.

조사원은 표본으로 선택된 조사단위를 멋대로 다른 조사단위로 대체시켜 조사해서는 안 된다.

둘째, 응답자가 응답을 할 능력이 없는 경우이다. 응답자가 질문에 대답할 수 없는 경우가 생기면 사실을 파악해야 하는 조사에서는 문제가 심각해진다. 대체로 의식이나 태도에 대한 조사에서는 질문에 대한 응답범주 중에 보통 '잘 모르겠다' 라는 항목을 포함시키는데 응답 능력이 없는 사람이 표본에 많이 포함된다면 모두 '잘 모르겠다' 라는 항목으로 답하게 되어 이 범주의 비율이 지나치게 커질 수가 있다. 모든 조사에 일관적으로 적용시킬 수는 없지만 일반적으로 무응답률이 가장 높은 계층으로는 노인층과 교육수준이 낮은 층이라고 할 수 있다. 또한 1인 가구가 2인 이상 가구에 비해 무응답률이 높은 편인데 이것은 1인 가구 중에는 노인가구의 비율이 높은 점, 직장이나 개인 일로 바쁜 경우 접근하기가 어려운 점 등 때문이다.

셋째, 응답거부이다. 만일 어떤 조사에서 무응답률이 높다면 예상치 않게 편향이 크게 생기는 것을 방지하기 위해 조사연구자는 응답을 거부한 사람들에 대한 정보를 얻을 수 있는 방안을 강구해야 한다. 전화조사를 사용할 경우 매우 바쁜 사람, 고급공무원이나 최상류 계층 등의 응답자들은 응답을 거부 또는 기피할 가능성이 높다.

(2) 관측오차(관찰오류)

관측오차는 자료수집과정에서 사실과 다른 자료를 수집함으로써 발생하는 오차이다. 이러한 오차는 주로 조사원이나 응답자, 관측도구, 자료수집방법 등의 원인으로 분류해 볼 수 있다.

조사원은 질문에 응답하는 사람에게 직접적으로 영향을 미칠 수 있다. 조사원은 질문을 할 때 적절하지 않은 강조를 하거나 부적절한 인용을 함으로써 응답을 어떤 방향으로 유도할 수 있다. 조사에 응하는 대부분의 사람들은 견해가 다른 것으로 드러나는 것을 꺼려 하며 조사원이 확실히 원하는 방향이 있다면 그쪽으로 대답하는 경향이 있는데 자기 견해가 뚜렷하지 않은 응답자일수록 더욱 그러하다. 강압적인 조사원보다는 친근한 조사원이 일반적으로 효과적이다.

한편, 진실한 응답을 하고자 하는 동기나 능력은 응답자에 따라 상이하다. 그러므로 모든 응답자들이 주어진 질문이나 질문의 보기들을 정확하게 이해하도록 해 주고 성실하고 솔직한 응답이 될 수 있는 분위기 및 상황이 설정되어야 한다.

한편, 부정확한 관측은 관측도구와도 관계가 깊다. 예를 들면, 수치나 양을 파악하는 것이 목적인 질문을 사용할 때에는 반드시 단위가 무엇인지를 구체적으로 밝혀야 한다. 가령 물컵 수를 묻는다면 컵의 크기가 어떤 것인지를 명확히 밝혀야 한다. 일반적으로 질문에서 정의가 명확하게 내려져 있지 않을 때 부정확한 관측이 생기게 된다.

쉬어가는 연구방법과 통계이야기 ▶

5-6 인구 50만 명 '유령' 만든 통계청

2011년 10월 서울시장 선거에서 실제 후보 득표율과 사전 여론조사들의 결과치에 차이가 있어 빗나간 게 아니냐는 지적이 있다. 하지만 선거 전 6일부터 당일까지 여론조사 결과의 공표가 금지되어 마지막 일주일 여론 흐름을 대중에 전달하지 못하는 법적 제약이 있다는 점을 감안해야 한다.

2010년까지만 해도 여론조사는 주로 가구전화 조사방식을 사용했다. 그것도 2008년까지 공개되었던 KT전화번호부의 등재가구만을 대상으로 했다. 그러다 보니 등재되지 않은 가구는 원천적으로 배제됐다. 등재율도 전체 가구의 40% 정도에 그쳤기 때문에 가장 중요한 표본의 대표성(representativeness)이 충족되지 않았다. 그래서 이른바 RDD(임의번호 걸기)방식이 선을 보였다. 존재할 수 있는 모든 집전화번호를 생성해 무작위로 조사하는 방식이다. 개인정보 보호의식이 강해 전화번호를 공개하지 않은 가구와 신규 가구까지 조사대상에 포함함으로써 표심 왜곡을 일정 부분 해소할 수 있었다.

하지만 여전한 문제가 있다. 집전화만을 이용하다 보니 전화받을 수 있는 사람들만 표집된 것이다. 귀가가 늦거나 집 전화없이 휴대전화만 사용하거나 070 국번의 인터넷전화를 사용하는 사람들은 제외되었다. 이들은 다소 진보적 또는 야권 성향일 가능성이 있다는 지적이 있어 왔다. 이 같은 문제를 보완하기 위해 시도된 것 중 하나가 집전화와 휴대전화 조사를 혼합한 방식이다. 이를 통해 외부에서 생활하는 시간이 많은 유권자들도 표집대상에 포함되어 정확도를 높일 수 있었던 것이다.

그렇다고 여론조사에 대한 신뢰가 완전히 회복된 것은 아니다. 언론에서 발표할 때 사용된 질문 문구와 세부 통계표는 공개하지 않고 있다. 질문기법, 표본의 직업·학력별 비율 등도 함께 공개될 필요가 있다. 그래야 각 조사들에 대한 건전한 비판과 개선 논의가 가능하다. 지면의 한계가 있다면 언론사의 홈페이지 등에 보조적으로 게재할 수 있을 것이다.

출처 : 세계일보, 2011년 10월 31일

2) 오차를 줄이는 방안

미관측오차와 관측오차는 조사의 정확성에 큰 영향을 미치게 된다. 조사에서 오차를 완전히 없앨 수는 없지만 정확한 표본설계와 표본설계를 주의 깊게 따르면 오차를 크게 줄일 수 있다. 조사오차를 감소시키기 위한 방안에 대하여 살펴보면 다음과 같다.

(1) 재조사

표본으로 선정된 조사단위들에 대한 재조사계획을 정확히 수집하면 무응답을 줄일 수 있다. 표본조사 단위들에 대해 일정 수의 재조사계획을 세우는데, 재조사는 주중 다른 요일, 하루 중에서도 다른 시간대에 시도해야 한다. 처음 조사결과 무응답자들 가운데서 재조사를 통해 일부라도 응답을 얻게 되면 편향(bias) 요소를 줄이는 데 도움이 된다.

면접조사인 경우 면접을 위해 방문시간을 정할 때에는 가능하면 최소한의 방문으로 최대의 응답을 얻을 수 있도록 주의를 기울여야 한다. 특정개인을 지목하여 조사하는 경우 조사원이 처음 방문에서 응답을 얻을 확률이 낮다(보통 40% 정도). 가구방문조사의 경우 집 안에서 조사대상을 구체적인 사람으로 한정하지 않고 대상의 범위를 넓히면 처음 방문에서 응답을 얻을 확률은 다소 높아진다. 가구만 지정하고 가구 내에서 누구나 응답할 수 있게 하면 처음 방문에서 응답을 얻을 가능성이 더욱 높아진다.

(2) 보상과 특혜

조사에 협조를 구하기 위해 응답자에게 보상을 하는 경우도 있다. 조사에 응하는 사람에게 현금을 지급할 수도 있고 제품에 관한 소비자조사에서는 그 제품을 답례로 줄 수도 있다. 조사를 위해 객관적인 절차를 거쳐 표본으로 선택된 사람들에게 보상을 해야 한다. 하지만 보상을 하겠다고 홍보한 후 이에 응한 사람들 중에서 표본을 뽑는 것은 적절하지 못하다. 왜냐하면 보상을 기대하고 온 사람들은 일반적으로 전체 모집단에 대한 대표성이 떨어지기 때문이다.

연구 중인 문제에 대해 관심이 많은 그룹들을 대상으로 하여 표본을 선택하는 경우 응답에 대하여 적절한 특혜를 베풀면 매우 효과적이다. 가령 보험에 가입한 운전자들을 대상으로 자동차 보험에 관한 설문조사를 하려 할 때 설문지의 겉면에 보험협회장 명의의 안내문을 싣고 이 조사 결과 보험율을 낮춰줄 수도 있음을 알리면 조사에 더욱 협조적일 것이다. 즉, 응답자들이 조사결과 자신에게 유리한 점이 있다고 생각하게 되면 조사에 잘 협조하게 된다.

(3) 잘 훈련된 조사원 사용

면접조사이든 전화조사이든 조사원의 자질에 따라 조사자료의 질이나 양이 달라진다. 훌륭한 조사원은 질문을 할 때 응답자들이 정직한 응답을 할 수 있도록 격려하며 응답자가 정말 몰라서 응답을 못하는지 아니면 응답을 꺼리는지를 분별할 줄 알아야 한다. 훈련되지 않은 조사원들에 대해서는 실제조사에서 만날 수 있는 전형적인 응답자 유형에 따라 각 유형별로 조사하는 실습이 필요하다. 조사실습 시간에는 숙련된 조사원이 옆에서 잘 관찰하며 조사를 평가해 주고 조사능력을 향상시킬 수 있는 개선방안을 제시해 주어야 한다.

(4) 자료점검

조사원이 설문지를 다 작성하고 나면 다른 사람이 그 설문지를 주의 깊게 살펴보아 정확하게 작성되었는지를 확인하는 것이 필요하다. 가령 나이를 묻는 항목에서 1040과 같은 수가 기록되었다든지, 결혼한 성인의 나이가 9세로 기록된 경우, 또는 12세 이하인 자녀의 수를 묻는 질문에 53이라는 숫자가 기록된 경우 등은 사전에 미리 찾아내어야 한다.

예를 들어, 응답자의 나이를 묻는 질문과 생년월일을 묻는 질문을 동시에 주어서로 일치하는지를 살필 수 있게 하는 것이다. 비율인 경우 0에서 1 사이의 값이어야 하며, 하루 중 작업시간에 대해서는 24시간을 초과할 수 없다는 것과 같이 단순히 수값들을 점검하는 것도 자료점검의 한 부분이 되어야 한다. 또한 표본자료들이 모집단에 대해 이미 알려진 어떤 사실들을 제대로 반영하고 있는지를 점검하여야 한다. 가령 모집단에서는 여성의 비율이 50%인데 표본에는 여성이 10%만 있을 수도 있다. 이 경우 표본자료를 가지고 성별을 구분하지 않은 전체 평균을 나타내는 통계값을 발표한다면 문제가 생길 수 있다.

응답자들의 평균수입이 다른 경로로 입수된 모집단 평균임금에 비해 낮게 나타났다면 수입과 관련한 변수들의 조사가 잘못되었을 가능성이 있는 것이다. 예상되는 이런 여러 문제들은 표본 수를 늘여서 해결할 수도 있고 분석방법을 바꿈으로 해결할 수도 있다. 설령 문제가 해결되지 않는다고 해도 최종분석을 할 때 이러한 불일치에 대해 설명할 수가 있다.

연구문제

1 표집과정에 대해 구체적으로 서술하고 이중 모집단과 표집목록의 개념에 대해 설명하라.

2 표집방법 중 확률표집법에서 층화임의표집법과 군집표집법의 공통점과 차이점에 대해 설명하라.

3 어떤 집단에 속한 사람 중 가장 나이가 많은 사람은 50살이고 가장 어린 사람은 21살이다. 그리고 처음 가능한 표본평균과 모집단평균 차이(E)는 2.0이라고 하자. 이때 신뢰수준은 95%일 때 Z값은 1.96이다. 이상과 같은 집단특성을 바탕으로 하여 필요한 표본의 수를 신뢰구간접근법을 이용하여 산출하라.

자료수집방법

연구수행과정 중 자료수집과정은 연구결과의 신빙성 및 연구의 전체적 질을 결정하는 주요 요인이므로 매우 중요하다. 생활과학 분야의 연구에서 가장 많이 사용하는 자료수집방법은 설문지조사, 면접, 관찰, 실험, 현장조사, 사례연구 등이다. 이처럼 다양한 자료수집방법은 연구설계가 실험설계인가 비실험설계인가에 따라 실험자료 수집방법과 비실험자료 수집방법으로 나누기도 한다. 사회과학 분야 및 가족학, 소비자학 등의 분야에서는 비실험설계방법인 설문지조사, 면접, 관찰, 현장조사 등을 주로 사용하는 반면, 행동과학 및 식품영양학 등의 분야에서는 실험법을 사용하여 자료를 수집하는 경향이 있다.

최근 컴퓨터의 발달과 통계분석방법의 발전으로 인해 명확한 구분 없이 연구주제 및 취지에 따라 사회과학적 연구에서 실험을 통해, 행동과학연구에서 비실험연구설계에 의해 자료를 수집하기도 하며, 필요에 따라서는 여러 방법을 한꺼번에 활용하는 등 다양한 방법으로 자료를 수집한다.

어떤 방법으로 자료를 수집하든 간에 필요한 정보의 종류와 변수측정방법, 분석내용, 자료수집 후 사용할 통계분석방법 등에 대한 충분한 이해와 사전 계획이 충분히 수립된 후 자료수집방법을 결정하고 자료수집을 시작하여야 한다. 충분한 연구설계, 분석방법, 결과에 대한 개괄적인 논의방향 등에 대한 작업이 진행되지 않은 상태에서 자료를 수집한 후, 뒤늦게 잘못된 부분이 발견되거나 추가적인 자료가 필요할 경우 재조사가 어려운 점을 인지하여야 한다.

여러 가지 다양한 자료수집방법 중 어느 것을 선택할 것인지는 연구주제, 연구목적, 자료의 특성에 따라 선택하게 되는데, 필요에 따라서는 두 가지 이상의 방법을 선택하여 혼용하기도 한다. 다양한 유형의 자료수집방법에는 각각 장점과 단점이 있으므로 각 방법에 대한 충분한 이해를 바탕으로 전문가의 조언과 경험을 반영하여 가장 적절한 방법을 선택하는 것이 바람직하다.

자료수집방법 선택 이외에 자료수집과 관련하여 고려하여야 할 것은 자료수집과정에서의 오류, 조사대상자의 보호, 무응답 또는 응답거절에 대한 처리 등에 관한 것이다. 따라서 이 장에서는 다양한 자료수집방법에 대해 먼저 구체적으로 살펴보아 양질의 자료를 수집하기 위한 기초를 쌓는 데 도움을 주고자 한다. 뿐만 아니라 자료수집과정에서의 오류에 대해서 살펴보고 자료수집과정에서 고려하여야 할 사항들에 대해 구체적으로 살펴보고자 한다.

1 다양한 자료수집방법

연구목적을 달성하기 위한 자료수집방법은 다양하다. 연구취지와 목적에 따라 연구설계가 실험설계인가 비실험설계인가에 따라, 일반화하는 것이 연구목적인지의 여부에 따라, 가설검증형태에 따라 가장 적합한 자료수집방법을 선택하게 된다. 다양한 자료수집방법에 대해 구체적으로 살펴보자.

1) 설문지조사법

설문지조사(survey) 또는 질문지(questionnaire)조사라고 부르는 이 방법은 설문지 또는 질문지를 통해 필요한 정보를 얻는 방법이다. 조사대상자에게 설문지를 나누어주고 조사대상자가 스스로 응답을 기입하는 자기기입식(self-administered questionnaire)의 형태를 통해 정보를 얻는 방법이 보통이다. 사회과학 그리고 생활과학 분야에서 가장 널리 사용하는 방법으로 비실험설계조사의 대표적인 유형이다.

쉬어가는 연구방법과 통계이야기 ▶ **6-1 여론조사 솔직응답 59%**

대통령 선거, 각종 정책에 대한 여론 조사 등에서 앞다퉈 벌이는 여론조사결과를 얼마나 믿을 수 있을까? 조사기관의 발표에 따르면 대부분의 결과에 대한 신뢰도는 95% 이상이라지만 이를 액면 그대로 받아들일 수 없는 것이 현실이다.

한국갤럽조사연구소가 펴낸 '여론조사에 대한 여론조사'에 따르면 우리나라 성인 남녀 중 61%가 여론조사를 받아 본 경험이 있는 것으로 나타났다. 그러나 실제 전화여론조사 경험자의 59.6%만이 '솔직히 응답했다'라고 답했고, 36.8%가 솔직히 응답하지 않았다고 답하였다. 응답자의 익명성 보장과 관련하여서도 45.3%만이 '보장된다'고 답해 솔직한 답변을 기대하기가 원천적으로 어려움을 알 수 있다.

결국 이 조사를 통해 많은 응답자들이 솔직하게 답하지 않고 있으며, 익명성 보장에 대해 신뢰하지 않는 것으로 나타나 끊임없이 발표되는 많은 여론조사의 결과를 얼마나 믿을 수 있을지 의문이 간다.

출처 : 김진호(2008). **괴짜 통계학**. 한국경제신문사.

설문지조사는 대규모 전국적인 조사를 하고자 할 경우 유용한 자료수집방법이다. 설문지조사에서는 대표성 있는 자료를 수집하는 것이 중요하며 표준화된 질문지를 통해 정보를 수집하여야 한다(Babbie, 1983). 우리나라의 경우 정부나 연구소 등에서 조사한 자료(data)가 부족한 상태에서 많은 연구자들이 스스로 자료를 수집해야 하므로 설문지조사를 많이 실시하게 된다.

(1) 설문지조사 수행방법

설문지조사는 조사자가 질문지를 작성하여 응답자가 스스로 응답하는 방법을 통해 정보를 수집하는 방법이다. 설문지 또는 질문지는 설문지조사의 필수요건인데, 질문지는 실험, 현장조사, 면접법 등의 다른 형태의 자료수집방법에서도 사용할 수 있다(Babbie, 1983). 예를 들면, 실험을 주된 자료수집방법으로 사용하면서도 실험대상자들의 연령, 교육수준, 소득 등과 같은 기초적인 정보를 얻기 위해서 설문지조사를 병행할 수 있다.

설문지는 응답자가 직접 기입하는 자기기입식(self-administered)의 형태와 면접 또는 대화를 통해 면접자가 설문지에 대한 응답을 대신 기입해 주는 타기식(他記式) 방법이 있다. 자기기입식이든 면접자가 대신 기입하는 타기식이든 간에 연구목적을 달성할 수 있는 질문을 통해 자료를 구하게 되는데 우편, 전화, 그리고 직접면담을

〈표 6-1〉 설문지조사 수행방법의 장·단점

설문조사 수행방법	장 점	단 점
우편 설문조사	• 사적인 내용 질문 가능 • 비밀의 원칙으로 응답의 정확성 • 조사자의 무영향력	• 응답률이 저조함 • 복잡한 질문 불가능 • 질문에 대한 오해, 잘못 기록 등의 문제
전화 설문조사	• 응답률이 높다 • 자료수집 시간과 비용 절약 • 전국적 조사에 유용	• 특정인의 경우 접근의 불가능 • 조사시간의 제약 • 조사내용의 양적 제약
면접 설문조사	• 복잡하고 방대한 양의 질문 • 심층적 자료수집 가능 • 추가질문, 자세한 정확한 정보수집	• 면접자의 존재가 응답에 미치는 문제 • 시간과 비용의 문제 • 거짓 응답의 우려

통해 자료를 수집하는 것이 보통이다. 이해를 돕기 위하여 설문지조사 수행방법의 장점과 단점을 〈표 6-1〉에 요약·정리하였다.

① 우편 설문조사

설문지조사를 수행하는 대표적인 방법으로 우편을 통하여 질문지를 배포하여 자료를 얻는 방법이 있다. 우편을 통해 질문지를 우송하여 응답자가 자기기입식으로 질문에 응하는 방법은 미국 등에서 많이 사용하는 방법이지만, 우리나라의 경우 응답률이 낮아 많이 사용하지 않는 경향이 있다. 우편을 통해 설문지조사를 수행하는 절차에 대해 간단하게 살펴보자.

우편 설문조사 시 제일 먼저, 연구자의 성명과 소속, 연구 협찬기관, 연구조사의 목적, 연구조사의 중요성, 응답의 비밀유지 등에 대한 설명과 협조를 당부하는 협조문을 발송하게 된다. 필요에 따라서는 설문 참여 시 얻을 수 있는 혜택이나 사은품 또는 현금사례에 대한 정보를 제공하여 설문에 응답하고자 하는 참여동기를 부여한다. 질문지에는 응답자 스스로 응답을 하여야 하므로 응답요령 등에 대한 자세한 지시사항이 첨부되어야 한다. 주소가 기재된 회신용 봉투를 함께 동봉하여 보내는 것은 기본적인 사항이다. 어느 정도 시간이 지난 후 질문지가 회수되지 않을 경우 조사대상자에게 독촉의 편지를 발송한다. 전화연락이 가능한 경우 전화통화를 통해 협조부탁을 하여 응답률을 높이도록 한다.

〈표 6-1〉에 제시한 바와 같이 우편으로 설문지조사를 수행할 경우의 첫 번째 장

점은 비용이 적게 든다는 점이다. 응답자가 스스로 응답을 기입하므로 조사를 위한 별도의 비용이 들지 않는다. 뿐만 아니라 조사과정도 간단하고 간편하다.

둘째, 응답자 신분이 노출되지 않아 사적인 내용도 조사 가능하고, 비밀이 보장되므로 정확한 정보를 얻을 수 있는 장점이 있다. 개인적 접촉이나 만남이 없으므로 익명성이 보장되어 응답자는 사적인 질문이나 응답을 꺼리는 질문에 솔직하게 응답하는 경향이 있다. 뿐만 아니라 조사자 또는 면접자와 만나지 않으므로 조사자의 존재나 태도에 따라 응답이 달라지는 등의 문제가 발생하지 않는다.

셋째, 전국적인 조사나 여러 지역에 흩어진 조사대상자들을 조사할 경우 적합한 자료수집방법이다. 대인면접이나 기타 방법으로 전국적으로 흩어진 조사대상자를 만나 조사한다는 것은 화폐적 비용이나 시간낭비가 크며 비효율적이다. 이런 장점 때문에 미국과 같이 땅이 넓은 나라에서는 우편을 통한 설문지조사가 기타의 어떤 방법보다 널리 사용되고 있다.

우편을 통한 설문지조사의 단점을 살펴보자. 첫째, 면접이나 다른 자료수집방법에 비해 응답거절률이 높은 단점이 있다. 우리나라에서 설문지조사를 할 경우 응답거절의 문제가 발생할 가능성이 높다. 특히 노인, 저학력자, 매우 바쁜 사람 등은 응답을 거절하는 대표적인 집단이다. 연구결과의 일반화가 주된 연구목적인 경우 우편을 통한 설문지조사법의 응답률이 낮은 점은 연구결과 신빙성과 타당도에 문제를 일으킬 수 있다.

둘째, 대리대답이 발생할 가능성이 있으며, 주변사람과 논의하여 응답할 가능성이 있다. 남편의 설문지를 부인이 대신 대답한다거나, 노인의 설문지를 자식이 대답할 우려가 있다. 더욱 심각한 것은 이 같은 대리대답을 확인 또는 통제하기가 어렵다는 점이다. 또한 주변사람의 의견에 영향을 받아 솔직하지 않고 부정확한 응답을 할 우려가 있다는 단점이 있다.

셋째, 추후질문이나 추가질문을 할 수 없다. 부적절한 응답, 모호한 응답, 일부문항의 무응답 등이 발견된다 해도 재조사 또는 추가조사를 하기 어렵다.[5)]

끝으로, 우편을 통한 설문지조사법은 우편으로 자료를 수집하므로 약 30분 이내에 작성할 수 있는 분량이어야 한다. 다시 말해 질문의 양이 적고 단순하여야 한다.

5) 이 단점을 보완하기 위하여 설문지를 발송하기 전에 설문지에 어떤 형태의 표시나 식별번호를 기재한 후 발송하여 나중의 재조사나 추가조사를 위한 주소 추적을 가능하도록 하는 전략을 사용하기도 한다.

질문 전체의 양이 너무 많거나 질문이 복잡하고 어려운 경우 일부 문항의 무응답 및 응답거절률이 높아지게 되기 때문이다. 결국 복잡한 질문을 할 수 없고, 양적으로 충분한 자료를 수집하기 어려운 단점이 있다.

② 전화 설문조사

전화를 사용하여 질문지의 질문을 조사하는 방법이다. 전화보급률이 낮았던 시절에 전화조사는 표집편중과 관련한 문제로 제한적이었으나 전화보급률이 높아지면서 매우 유용한 자료수집방법으로 각광받고 있다. 전화를 사용한 자료수집이 더욱 유용하게 된 또 하나의 이유는 전화장비의 발전과 전화번호책자를 이용한 무작위표집이 수월한 점이다.

전화를 사용하여 설문조사를 할 경우 가장 큰 장점은 비용이 적게 들고 간편하다는 것이다. 면접, 실험, 관찰 등 많은 자료수집방법 중에서 가장 비용이 적게 들고 간편한 자료수집방법이라고 하겠다.

둘째, 응답률이 매우 높아 대규모의 전국적 조사에 매우 적합하다. 특히 방문을 꺼리는 도시지역 거주자, 시간제약이 심한 취업주부, 접근이 어려운 근로자(예 : 이동이 잦은 근로자)들을 조사대상자로 하여 정보를 얻고자 할 경우 전화사용은 매우 효율적이고 유용하다. 면접법, 관찰, 실험 등과 같은 자료수집방법을 사용하여 전국적인 조사나 전국에 흩어진 조사대상자를 중심으로 자료를 수집할 경우 비용이 높은 문제를 안고 있으며, 우편으로 전국적 조사를 할 경우에는 비용문제는 감소하나 응답률이 낮은 문제점이 있다. 따라서 전화를 사용한 자료수집방법이 가장 유리한 방법이라고 하겠다.

전화조사의 단점을 살펴보면, 첫째 전화를 사용하여 자료를 수집할 경우 조사시간의 제약으로 질문의 양이 제한적이라는 단점이 있다. 전화를 통해 질문을 할 경우 전화시간은 약 10여분이 적당하다는 것이 지배적인 견해이다. 이 같은 시간의 제약으로 복잡하거나 심층적인 질문을 하기 어렵다.

둘째, 전화의 보급이 확산되면서, 한 가계에서 두 대 이상의 전화를 보유한 경우, 전화번호부에 누락되었거나 잘못 기재된 경우가 있어 표집오류가 발생할 수 있는 단점이 있다.

③ 대인면접

대인면접법은 일대일의 대인면접(personal interview)을 통해 설문지조사를 실시하는 방법으로, 이미 작성된 설문지를 우편이나 전화가 아닌 일대일의 접촉이나 면접을 통해 조사를 수행하는 방법이다. 자기기입식 응답이 어려운 노인, 아동, 특수층, 저교육자 등이 조사대상자인 경우 우편보다는 면접을 통해 정보를 얻는 것이 유리하다. 이때 대인면접은 이미 표준화된 설문지의 질문을 일대일의 접촉을 통해 면접자가 대신 기입한다는 의미로서 다음에 논의될 면접법과는 구별된다.

면접을 통해 자료를 수집할 경우, 첫째 장점은 이미 정해진 설문지의 질문에 대해 반복적 질문, 추가질문, 자세한 설명 등이 가능하여 정확한 정보를 얻을 수 있는 것이다. 우편으로 조사할 경우 응답자가 질문을 오해하거나 잘못 표기하는 문제가 발생할 수 있는데 이 같은 문제는 면접을 통한 조사의 경우 줄어든다.

둘째, 대인면접법은 자유응답형 질문 등 구체적이고 심층적인 정보를 필요로 하는 설문조사 시 적합하다. 자유응답형 질문이 포함된 질문지조사를 우편을 통해 할 경우 자유응답형 질문에 대한 무응답이 많고 구체적인 정보를 얻을 수 없으나 면접을 통해 조사자가 기록할 경우, 보다 정확하고 깊이 있는 정보를 얻을 수 있다.

일대일의 면접을 통한 설문지 자료수집의 경우 시간과 화폐적 비용이 높은 단점이 있다. 대규모 조사 또는 표본의 수가 많은 경우 접촉시도 및 면접을 위한 시간과 화폐적 비용은 더욱 높아진다.

둘째, 조사자의 외모 및 특성, 질문방법 등에 따라 응답자의 응답이 달라질 우려가 있다. 어떤 경우에는 면접자의 편견, 기대, 의도에 따라 조성된 조사방법, 질문의 분위기 때문에 응답자가 솔직하게 대답하지 않을 가능성이 있다. 또한 여러 사람의 조사자가 면접을 통해 자료를 수집할 경우 면접자마다 표준화되지 않은 각기 다른 면접방식으로 인해 응답의 차이를 초래할 가능성이 있다. 특히 자유응답형 질문의 경우 이 문제가 심각한 경향이 있다.

셋째, 면접자와의 접촉 및 응답자의 신분노출로 인해 거짓 정보를 제공할 우려가 있다. 질문내용이 사적이거나 답하기 꺼리는 것일수록 이 같은 문제가 발생할 우려가 높다.

지금까지 여러 가지 방법으로 설문지조사를 수행할 수 있음을 알 수 있었다. 각 방법마다 각기 장점과 단점이 있으므로 각 방법의 특성에 대한 충분한 파악 후 연구

취지, 연구목적, 조사자의 능력에 따라 적절한 방법을 선정하여야 한다. 필요에 따라서는 한 가지의 방법이 아닌 여러 방법을 병행하여 자료를 수집하는 것도 전략적으로 요구된다. 예를 들면, 사전조사 또는 예비조사는 대인면접방법을 취하고, 본 조사는 우편을 이용하여 조사하며, 일부문항의 무응답 또는 추가적 질문에 대하여는 전화면접을 시도하는 것도 좋은 전략이다. 자유응답형 질문이 포함된 설문지조사의 경우 일대일 면접을 통해 폐쇄형 질문을 스스로 기입하게 하는 자기기입식을 취하고, 자유응답형의 질문은 조사자가 질문, 기록하는 타기식으로 하는 것도 전략적이다.

(2) 설문의 구성요건

연구목적과 취지에 따라 설문지 구성이 차이가 있을 수 있으나 일반적인 형태의 질문지에서 필요한 구성요건을 살펴보자.

① 협조요청

무엇보다도 가장 먼저 필요한 것은 협조요청이다. 이 협조요청은 우편이나 간접적인 방법으로 자료를 수집할 경우 서면으로 전달하게 되며, 전화나 대인면접에서는 구두로 전달하는 것이 보통이다. 우편으로 설문조사를 할 경우 질문을 담고 있는 설문지를 송부하기 전에 협조요청의 서면을 보내는 것이 필요하다. 협조요청은 조사자 또는 조사기관에 대한 소개, 연구조사의 목적이나 취지에 대한 설명, 비밀보장의 약속 등에 대한 내용을 포함한다. 뿐만 아니라 협조요청은 연구의 중요성에 대한 호소, 응답자에 대한 보상 등의 정보제공을 포함하여 응답률을 높이고 정확한 정보를 얻기 위한 하나의 전략으로 사용한다. 우편을 통한 설문지조사의 경우 응답률이 낮은 것이 보통이므로 협조문 작성에 노력을 기울여야 한다.

② 고유번호

설문지의 고유번호는 설문지의 일련번호로서 설문지를 구분하기 위하여 필요하다. 고유번호는 추가조사, 사후확인 및 검토를 위해 필수적이다. 고유번호를 정할 경우 임의로 정하기도 하나 자동차 번호와 같이 일괄적인 원칙에 의해 정하면 효율적이다. 예를 들면, 고유번호의 5자리 중 첫 번째와 두 번째는 지역별 분류로 구분하는 경우 효과적이다. 이 같은 방법은 조사가 대규모로 이루어지거나 표본의 크기가 큰 경우 필수적이다.

설 문 지

안녕하십니까?

본 설문지는 ○○대학교 대학원 석사학위논문을 위한 기초자료를 얻기 위해 작성된 것입니다. 모든 문항에는 정답이 있는 것이 아니므로, 사실 그대로 응답하여 주시면 연구에 많은 도움이 되겠습니다. 여러분의 응답내용은 연구의 귀중한 자료가 되오니 바쁘시더라도 한 문항도 빠짐없이 솔직하고 성의 있게 기입해 주시면 감사하겠습니다. 무기명으로 된 여러분의 응답은 연구목적 이외에는 사용되지 않을 것을 약속드립니다. 감사합니다.

______ 년 ______ 월

__________________ 대학교 대학원

_________ 학과 이름 : _________

그림 6-1 설문지 커버의 사례

③ 지시사항

본격적인 질문을 위하여 설문지에 대한 응답요령, 주의사항 등에 대한 구체적이고 자세한 지시문이 있어야 한다. 특히, 우편을 통한 자료조사의 경우 응답자 스스로 응답을 하게 되므로 보다 구체적이고 자세한 응답요령에 대한 정보제공이 필요하다. 반면, 전화나 대인면접과 같이 조사자가 자료를 기록할 경우 응답자가 아닌 조사자를 위한 지침이 필요하다. 조사자가 취하여야 할 기본적 원칙, 면접에 대한 시행규칙, 세부사항 등 조사자를 위한 자세한 지시사항이 있어야 한다.

④ 질문문항

설문조사의 가장 중요한 부분인 질문문항들이 나오게 된다. 질문문항들을 어떻게 작성할 것인가, 어떤 배열과 어떤 형식으로 작성할 것인가 등에 대해 충분한 검토를 통해 효과적인 자료수집이 되도록 한다.

쉬어가는 연구방법과 통계이야기 ▶ **6-2 통계의 기본원리, 여론조사와 과학**

여론조사 방법에서 가장 중요한 것 중 하나는 '어떤 식으로 질문하느냐'이다. 최근 미국에서는 직접적인 질문을 던지기보다는 간접적인 질문을 통해 여론을 측정한다고 한다. 가령, 어떤 자동차나 담배를 좋아하는지 물어 봄으로써 답변자의 성향을 파악한다는 것인데, 이는 많은 축적된 데이터와 분석 노하우가 있어야 가능하다.

우리나라의 여론조사는 아직 여러 기법을 활용하는 수준에 이르지 못한 상태다. 예를 들어서 김밥과 볶음밥 선호도에 대한 여론조사를 할 때 "당신은 볶음밥보다 김밥을 좋아하십니까? (예/아니오)"라고 물을 수도 있고, "당신은 볶음밥과 김밥 중 어떤 것을 더 자주 드십니까? (볶음밥/김밥)"라고 물을 수도 있다. 언뜻 같은 질문인 것 같지만, 그 결과는 크게 다르게 나타난다. 심지어는 볶음밥과 김밥의 위치를 바꾸기만 하더라도 응답의 결과가 다르게 나타난다.

우리나라 여론조사기관의 경우 이러한 차이에 따른 여러 기법을 합당하게 활용하기는커녕 당장 신뢰성조차 확보하지 못한 상태다. 의도된 결과를 얻기 위해 하나하나의 단어를 조작하는 경우도 상상해 볼 수 있다. 우연히 여론조사 전화를 받는 경우에 그들의 문구 하나하나를 살펴보면 심하게 변형된 질문들이라는 것을 알게 된다. 특히 우리나라 여론조사는 응답자가 여러 이유로 답을 결정하기 어려운 경우에 선택할 수 있는 답변항목이 없는 경우가 대부분이다. 우리나라 여론조사에서 흔히 응답률이 극단적으로 낮은 이유 중 하나는 모호한 질문과 선택지의 제한성 때문일 것이다.

출처 : 주간한국, 2007년 12월 28일

⑤ 감사의 표시

질문이 모두 끝나면 응답에 대한 감사의 표시 또는 감사에 대한 적절한 내용이 있어야 한다.

⑥ 기타 정보를 기재하는 공간

연구의 목적 또는 취지에 따라서는 필요한 추가적인 정보를 적기 위하여 설문지 맨 앞 또는 맨 뒤에 여백이나 기록공간을 마련한다. 주로, 인구·통계적 정보, 사적 정보, 또는 분석에 필요할지 모르는 추가정보를 적기 위한 공간이다. 예를 들면, 가구번호, 면접자 이름, 방문일시, 면접시간, 응답자의 성명이나 연락처, 조사지역의 특성, 응답자의 협조상태 등에 대한 기록을 표시한다.

(3) 설문지상의 질문의 형태

질문의 형태는 크게 두 가지로서 자유응답형 질문(open-ended questionnaire)

또는 개방형 질문과 폐쇄형 질문(closed-questionnaire)이 있다. 폐쇄형 질문은 다시 다지선다형과 양자택일형으로 나누어 살펴볼 수 있다. 어떤 형태의 질문을 통해 자료를 수집할 것인가는 자료수집 후 통계분석에도 중요한 영향을 미치므로 충분한 이해와 사전 계획을 수립한 후 결정하는 것이 바람직하다.

예를 들어, 월평균 소득에 대하여 질문할 경우 두 가지를 생각할 수 있다. 첫 번째 방법은 자유응답형의 형태로 소득수준이 얼마인가를 직접 적게 하는 경우, 즉 등간 척도로 측정하는 경우이다. 다른 방법은 100만 원 이하, 101~200만 원 사이(1백만 6천 원 등의 경우 반올림), 201~300만 원 사이, 301만 원 이상 등 응답선택의 범위를 다지선다형으로 제한하여 응답자에게 선택하게 하는 것으로 서열 척도화하여 소득수준을 측정하는 것이다. 다지선다형의 질문을 선택할 경우, 즉 서열 척도로 소득수준을 측정할 경우 자료수집 종료 후 등간 척도 이상으로 측정된 경우에만 사용할 수 있는 통계분석방법을 사용할 수 없게 된다. 그럼에도 불구하고, 응답자들이 소득수준을 정확히 기입하는 것을 꺼리는 점을 반영하고 싶은 경우, 자료수집 후 서열 척도로 측정된 소득변수를 사용할 수 있는 통계분석방법을 계획하고 있다면 다지선다형의 질문을 선택한다. 그러나 소득 수준의 경우 조사대상자들에 대한 기초적이며 중요한 정보이므로 가급적 정확한 값(등간 척도)으로 측정하는 것이 유리하다. 결국 어떤 질문의 형태로 어떻게 측정할 것인가 하는 것은 통계분석방법과 관련하여 매우 중요하기 때문에 이 두 질문형태의 장점과 단점 등에 대한 충분한 이해를 바탕으로 결정하는 것이 바람직하다. 자유응답형과 폐쇄형 질문에 대해 구체적으로 살펴본 후 각각의 장점과 단점에 대해 살펴보자.

① 자유응답형 질문과 폐쇄형 질문

자유응답형의 질문은 주관식 형태의 질문으로 무엇보다도 연구자가 예기치 못했던 또는 이해하지 못했던 정보나 문제점 등을 파악할 수 있는 장점이 있다. 자유응답형 질문은 응답의 범위를 제한하지 않으므로 응답자의 생각, 의견, 느낌, 관심 등 모든 가능한 응답을 유도하기 위한 방법으로 적합하다. 연구자가 연구하고자 하는 주제에 대한 충분한 이해가 부족한 경우, 기존의 연구가 미비하여 새로운 연구를 시도할 경우, 기존의 연구가 많았으나 그 연구들과는 다른 이론 및 결과가 기대되는 경우 자유응답형 질문을 많이 사용한다. 탐색조사 또는 예비조사에서 자유응답형의 질문을 많이 사용하기도 한다. 응답자의 대답을 제한하지 않고 응답의 꼬리에 꼬리를 무는 형식의 계속적인 질문을 통해 포괄적인 정보를 수집하는 데 유리하다.

폐쇄형의 질문은 객관식 질문의 형태로서 응답자에게 응답의 범위를 주어 쉽게 응답을 고를 수 있게 하는 질문유형이다. 폐쇄형의 질문은 크게 다지선다형과 양자택일형이 있다. 다지선다형의 질문에서는 주어진 응답선택 중 하나 또는 하나 이상을 선택하게 한다. 이때 응답의 선택항목은 상호 배타적이고 모든 가능한 응답을 포괄할 수 있어야 한다. 또한 항목들 간에 중복되는 내용이 없어야 한다. 예를 들어, 종교에 대해 질문할 경우 선택 가능한 응답이 기독교, 천주교, 불교 이외에 기타 종교 및 무종교의 항목이 주어져야 모든 응답자가 응답을 할 수 있을 것이다. 양자택일형의 경우는 둘 중 하나만을 선택할 수 있도록 만들어진 질문형태로서 역시 포괄적이면서 상호 배타적이어서 두 개 모두를 선택할 수 없도록 작성되는 질문형태이다.

② 폐쇄형 질문과 자유응답형 질문의 장·단점

폐쇄형과 자유응답형 질문의 장·단점은 〈표 6-2〉에 정리하여 제시하였다.

먼저, 자유응답형 질문의 장점에 대해 살펴보자. 첫째, 자유응답형 질문은 심층적인 내용이나 탐색조사를 위한 자료수집을 용이하게 한다. 응답의 범위가 제한되지 않으므로 자연스럽게 다양한 응답이 나오므로 포괄적인 정보를 수집하는 데 유용하다.

둘째, 응답범주가 광범위하여 일일이 나열하기 힘든 경우의 질문에 유용하다. 다시 말해, 몇 개의 범주로 구분하기 어려운 질문의 경우 그리고 여러 개 이상의 답을 요구하는 복합적인 응답이 필요한 질문의 경우 자유응답형 질문이 유용하다(서정

〈표 6-2〉 폐쇄형 질문과 자유응답형 질문의 장·단점

폐쇄형(객관식 질문)		자유응답형(주관식) 질문	
장 점	단 점	장 점	단 점
• 자료의 기록 및 수량화 용이 • 자료처리비용절감 • 응답률이 높음 • 응답범위 관련오류의 최소화 • 사적 질문, 꺼리는 질문 용이	• 다지선다형 작성 어려움 • 응답범위제한으로 응답자 의도가 충분히 반영 안 됨 • 응답자가 질문을 잘못 이해할 우려	• 탐색조사 용이 • 응답범주가 광범위한 질문 및 복합질문에 유용 • 질적 연구에 유용	• 자료의 기록 및 수량화의 어려움 • 불필요한 응답으로 조사비용 높음 • 응답거절률 및 무응답 문항 증가

희, 1996). 예를 들면, 소비자가 최근 구입한 제품을 조사(여러 개 조사)할 경우 그 제품을 직접 적도록 하는 자유응답형 질문이 적합하다고 하겠다. 구입할 수 있는 제품은 한없이 많으므로 일일이 응답범주를 제시하기 쉽지 않으므로 주관식 형태의 응답이 효율적이다.[6)]

셋째, 자유응답형 질문은 질적 연구에 매우 유용한 방법이다. 연구목적이 개괄적인 정리나 요약 또는 연구결과를 일반화하는 데 목적이 있는 경우에는 폐쇄형의 질문이 유리하나 가능한 한 많은 정보 그리고 질적인 형태의 정보를 얻고자 할 때 자유응답형의 질문이 유용하다.

자유응답형 질문의 단점을 살펴보자. 자유응답형 질문은 응답범위가 제한되지 않으므로 다양한 범위의 응답을 기록, 처리, 또는 코딩하기가 쉽지 않으며 자료의 수량화가 어려운 단점이 있다. 이 같은 문제는 기록하는 과정에서 기록자의 편견이나 오류가 개입될 여지를 주게 된다. 표준화되지 않은 자료처리 또는 코딩으로 인한 문제는 연구의 타당도 문제를 야기할 수 있으므로 이를 극소화하기 위한 노력이 필요하다. 이 문제를 보완, 해결하기 위해 여러 명의 자료처리자가 한 질문에 대해 처리한 결과들을 비교·검토하거나 평균점수를 취하는 방법을 많이 사용한다.

둘째, 응답범위가 제한되어 있지 않으므로 지나치게 광범위한 응답, 희귀한 응답, 필요 없는 응답, 분석에 유용하지 않은 응답이 속출하여 자료수집의 시간과 비용이 높은 단점이 있다.

셋째, 응답을 위한 시간과 비용이 많이 들기 때문에 응답을 거절할 가능성이 높다. 특히, 어린 자녀를 가진 취업주부, 경영관리자, 전문직 종사자 등 시간의 여유가 없는 사람들의 응답거절 가능성이 높을 뿐만 아니라, 설문문항 중 무응답 문항이 많아 설문지 부실기재 가능성이 높다.

한편, 폐쇄형 질문의 장·단점에 대해 살펴보자. 폐쇄형 질문의 가장 큰 장점은 자료의 집계, 코딩(coding)이 수월하다. 또한, 통계분석 시 간편하고 자료의 비교가 수월하다. 이같이 간편하고 신속한 자료처리과정은 시간과 비용을 절약하는 요인이 된다.

둘째, 자유응답형의 질문에 비해 응답이 간편하여 응답률을 높일 수 있으며 일부 문항에 대한 무응답이 적게 나타나는 경향이 있다.

---

6) 물론, 자료수집 후 연구목적에 적합하도록 제품의 종류를 나중에 재코딩하면 된다.

셋째, 응답자들에게 응답범위를 주므로 응답범위와 관련한 오류를 최소화할 수 있다. 고르기만 하면 되므로 부적합한 응답이나 필요 없는 응답을 줄일 수 있다.

끝으로 민감하거나 사적인 질문, 꺼리는 질문에 대한 응답을 쉽게 할 수 있게 한다. 단순히 주어진 선택항목 중 고르기만 하면 되므로 사적 질문, 꺼리는 질문에 대한 응답을 쉽게 할 수 있어 무응답 가능성을 줄일 수 있다.

폐쇄형 질문의 단점을 살펴보자. 첫째, 다지선다형을 만들기 위해 많은 시간이 요구된다. 설문지를 잘 만들기 위한 노력과 경험이 요구된다.

둘째, 응답의 범위가 주어지므로 응답자의 의도를 충분히 반영하지 못하는 단점이 있다. 응답자가 답하고 싶은 응답범위가 없을 경우 적절한 응답을 상상하거나 아무 범주에 응답할 우려가 있다. 어떤 경우에는 응답의 범위가 무수히 많은 경우 또는 응답범주 중 한 개 이상의 복수응답을 하여야 하는 경우가 있음에도 하나만을 선택하도록 하는 문제가 발생할 수 있다.

셋째, 응답자가 질문의 의도를 잘못 이해하거나 응답을 잘못 표기하는 경우 해결방법이 없다.

(4) 질문작성 시 주의사항

존재하는 대규모 질적인 자료가 많지 않은 우리의 현실에서 많은 연구자들이 자신의 연구를 위하여 스스로 설문지를 작성하여 자료를 수집하는 것이 보통이다. 따라서 질문지를 어떻게 작성하여야 할 것인가는 자료의 정확성, 나아가서는 연구결과의 신빙성과 전체적인 연구의 질에 많은 영향을 미치므로 매우 중요하다. 따라서 질문지 작성과 관련한 많은 이해와 경험 그리고 노력이 필요하다고 하겠다. 정확하고 유용한 정보를 획득하기 위하여 질문지 작성을 할 때 고려하여야 할 것에 대해 살펴보면 다음과 같다.

① 질문은 연구문제, 연구목적, 이론, 가설 등을 잘 반영하여야 한다. 전체적 연구 취지에 잘 부합되는 질문을 만들기 위하여 설문지 작성 이전에 개념에 대한 정확한 이해, 조작적 정의, 그리고 측정과 관련한 충분한 이해와 계획이 선행되어야 한다. 예를 들어, 추상적 개념의 경우 한 문장으로 측정이 가능한지, 여러 개의 문항으로 측정하고자 할 경우 어떤 질문이 적당한지 등에 대한 선행연구고찰 및 충분한 이해력을 바탕으로 작성하여야 한다.

• 질문예제 1

① 대부분의 기업은 소비자에 대한 서비스보다는 이윤추구에 더 관심이 많다.
② 기업의 판촉활동은 가난하거나 교육을 적게 받은 소비자를 차별하고 있다.
③ 공장의 폐수 및 배기로 인한 환경오염의 정도는 매우 심각하다.
④ 소비자는 광고에 의해 반드시 필요하지 않은 물건도 사도록 설득당한다.
⑤ 소비자는 상품과 서비스로부터 받은 피해를 고발해야 한다.

위의 예제는 서정희, 이기춘(1986)이 소비자주의 개념을 측정하기 위하여 사용한 질문 13개 중 일부인 5개만을 제시한 것이다. 위의 문장에 대한 응답은 5점 리커트 척도에 의해 매우 동의한다(5로 코딩), 동의한다(4), 보통(3), 동의 안 한다(2), 전혀 동의하지 않는다(1)로 측정하였다. 위의 예제처럼, 하나의 추상적인 개념을 측정하기 위해 여러 질문문항을 통해 측정할 수 있음을 알 수 있다.

② 질문은 간단하면서도 명확하고 구체적이어서 응답자가 쉽게 이해할 수 있어야 한다. 응답자는 학문적인 용어나 다소 어려운 표현에 익숙지 않은 경우가 많은 반면, 연구자는 연구과제 및 영역에 치우쳐져 있어 자신도 모르게 어렵고 복잡 질문을 할 수 있다. 따라서 보다 쉽고 간단하며 명확한 표현을 사용하여 응답자가 질문을 잘못 이해하여 부정확한 정보를 제공하는 일이 없어야 한다. 필요한 경우 사용한 단어의 명확한 뜻을 추가적으로 제공하는 것이 필요하다. 한편, 오해나 오인을 일으킬 수 있는 단어, 주거지역이나 사회경제적 계층에 따라 의미가 다른 용어는 사용하지 않는 것이 좋다.

• 질문예제 2

"당신의 소득은 얼마입니까?" ____________ 원

위의 질문 '당신의 소득은 얼마입니까?'는 좋지 못하다. 소득은 월평균소득인지 1년 소득인지, 세금공제 이전 소득인지 이후의 소득인지 알 수가 없으며, 게다가 근로소득만을 의미하는지, 아니면 재산소득도 포함하는지를 알 수가 없으므로 보다 명확한 표현을 통해 혼돈과 오해를 초래하지 않아야 한다.

• 질문예제 3

"당신의 가사노동 시간은 몇 시간입니까?" ____________ 시간

위의 질문인 '당신의 가사노동 시간은 몇 시간입니까?' 역시 좋지 못한 질문이다. 가사노동 시간에 대한 기간이 명시되어 있지 않으므로 좋지 않다. 우선, 하루 평균시간인지, 1주일간의 시간인지에 대한 의문이 제기되며, 하루 평균이라고 할 경우에도 주중의 하루인지 주말의 하루인지에 대한 구체적인 질문으로 바뀌어야 한다. 또한 가사노동 시간이 지난주의 경우를 의미하는지 일상의 경우를 의미하는지 명확하지 않다. 질문이 기억이나 과거의 회상을 근거로 하는 경우 기억하기 어려운 긴 기간을 설정하지 않아야 한다.

• 질문예제 4

"당신의 연령은 몇입니까?" ____________ 세

위의 예제처럼 연령을 질문하는 경우 만 나이를 의미하는지의 여부를 명확히 하는 세심한 주의가 필요하다.

• 질문예제 5

"당신의 직업은 무엇입니까?"

① 전문직 ② 비전문직 ③ 무직

직업의 유형에 관한 질문에서도 단순히 전문직, 비전문직 등의 표현보다는 전문직, 비전문직의 구체적인 직업 예를 명시하여 응답의 혼돈을 방지하여 정확한 정보를 얻도록 한다.

• 질문예제 6

"당신의 거주지역은 어디입니까?"

① 서울 ② 수도권 ③ 지방

거주지역에 대한 질문에서도 수도권지역이라는 표현보다는 수도권이 어디까지를 의미하는지, 지방은 어디를 의미하는지를 명확히 하는 것이 바람직하다. 직접 거주지를 적게 한 후 조사자가 나중에 위 세 개의 범주로 코딩하는

것도 한 방법이 될 수 있다.

• **질문예제 7**

"당신의 종교는 무엇입니까?"

① 기독교 ② 천주교 ③ 불교 ④ 여호와 ⑤ 종교 없음

위 질문의 문제점은 응답자가 선택할 수 있는 범위가 충분하지 않다는 점이다. 객관식의 질문은 포괄적이면서도 상호배타적이어서 가능한 모든 응답을 포괄하여야 한다. 위의 종교 이외에 신흥종교나 소수의 다양한 종교를 믿는 사람은 응답할 선택의 범주가 없다는 것이 위 질문의 문제점이다. 따라서 ⑥번 기타 종교라는 범주가 하나 더 추가되는 것이 바람직하다.

③ 질문작성 시 응답을 유도하는 표현을 사용하여 응답자들의 응답에 영향을 미치지 않도록 한다. 자기기입식 설문조사에서 가장 문제가 되는 것은 응답자들이 사회적으로 인정되고 기대되는 방향으로 답하려는 경향(social desirability problem)이 있다는 것이다. 따라서 가치 중립적인 표현을 통해 이 같은 문제를 초래하지 않도록 한다.

• **질문예제 8**

"생명을 가진 태아에 대한 살인행위인 낙태를 찬성합니까 아니면 반대합니까?"

① 매우 찬성한다. ② 찬성한다. ③ 중간이다.
④ 찬성하지 않는다. ⑤ 전혀 찬성하지 않는다.

위의 예제는 질문방식에 따라 응답이 달라질 수 있음을 보여 주는 유도성 질문이다. 유도성 질문이란 질문 자체에 미리 도덕적인 가치판단을 은연중에 제시하여 놓음으로서 원하는 방향으로 응답을 유도하는 질문이다. 사람들은 자기의 소신이나 가치판단에 앞서 사회적으로 바람직한 방향으로 대답하려는 경향이 있으므로 위와 같이 낙태를 살인행위로 가치판단을 부여한 유도성 질문은 좋지 않다. 위의 질문의 경우 "당신은 낙태를 찬성합니까?"라고 간단히 묻는 것이 좋다.

• **질문예제 9**

귀하가 특정 식품점만을 간다고 한다면 그 이유는 무엇입니까? 구체적으로 적어 주십시오.

위의 질문예제처럼 조사자가 임의의 가정을 해서는 안 된다. 특정 식품점만을 간다고 한다는 표현은 이미 하나의 가정을 전제로 하고 있다. 또 다른 예를 들면, 가사노동에 관한 질문에서 가사노동은 주부가 담당하는 일이라는 표현이 있다면, 실제 자신의 의견이나 행동에 관한 정보를 제공하지 않고 사회적으로 바람직한 방향으로 답하게 될 우려가 있다.

④ 질문의 순서나 배치와 관련하여 쉽고 일반적인 질문 그리고 흥미를 유발하는 질문을 먼저 배치한다. 사적인 질문이나 대답이 곤란한 질문은 뒤에 배치하여 응답자가 처음부터 거부감을 갖지 않도록 한다. 질문의 배열은 시간의 흐름과 논리적인 질서를 갖고 배열한다. 새로운 주제의 질문을 시작할 경우 갑자기 주제를 바꾸기보다는 앞의 질문과 나중의 질문이 연결되어 자연스럽게 주제를 전환하는 것이 필요하다. 이때 앞의 질문이 다음 질문에 대한 응답에 연상작용을 주어 정확한 응답을 하는 데 방해해서는 안 된다.

⑤ 응답자가 정보를 제공할 수 있는지의 여부와 응답자가 필요한 정보를 알고 있는지를 생각해 보아 질문한다. 응답자가 알 수 없는 질문을 하여 응답자가 응답하지 못하는 결과를 초래하거나 응답 자체를 거부하지 않도록 한다.

• **질문예제 10**

"귀하의 시간당 임금률은 얼마입니까?" ____________ 원

위의 질문은 응답자가 답하기 어려운 질문이다. 직장에서 월급 또는 연봉으로 취업한 근로자의 경우 매주마다 또는 매달마다 근로시간이 정확하지 않으며 부정기적인 야근이나 추가근로를 하게 되므로 시간당 임금을 계산하기 어렵다. 따라서 연구자가 시간당 임금을 조사하고자 할 경우 다른 방법을 강구하여야 한다.

⑥ 질문 문항 수가 너무 많아 응답거절 가능성을 높이거나 일부 문항에 무응답이 생기지 않도록 한다. 무엇보다도 연구에 꼭 필요한 질문인가를 살펴보아 질문이 너무 많아지지 않도록 한다. 연구자는 만약의 경우를 대비하여 양적으로 충분한 정보를 수집하고자 하는 경향이 있어 질문 문항 수가 늘어나기도 하는데, 지나치면 응답률이 낮아지고 시간과 경비의 낭비가 초래된다.

또한, 충분한 정보를 얻기 위하여 지나치게 자세한 응답을 요구할 경우 비응답률이 높아지고 비응답문항이 많아질 수 있다. 질문이 너무 많거나 자세한 응답을 요구할 경우 설문의 뒷부분은 엉터리로 건성건성 답하는 상황이 초래될 수 있으므로 주의가 요구된다.

• **질문예제 11**

"귀하 가계의 지난 달 문화비 지출현황에 대해 적어 주십시오."

신문비 _____ 원　잡지비 _____ 원　전문서적비 _____ 원

영화비 _____ 원　스포츠 관람비 _____ 원

어떤 연구자가 가계의 지출구조를 조사하기 위하여 지출비 항목을 11개로 구분하고 각 항목별 지출액수를 조사하고자 위의 예제처럼, 11개 항목 중 하나인 문화비 지출 현황에 대해 조사하고자 한다고 하자. 이때 11개 지출항목 중 하나인 문화비 지출 상황을 알기 위하여 위와 같이 자세하게 질문을 한다면 이는 문제가 된다. 대부분의 응답자가 엉터리로 기록하거나, 무응답할 가능성이 높다. 또한 11개 항목별 지출비를 총합한 결과가 응답자 가계의 한달 평균지출 액수와 맞지 않게 나타날 가능성이 높다.

⑦ 하나의 질문으로 두 가지 이상의 대답이 나올 수 있게 하는 질문이어서는 안된다. 다시 말해, 조건부 질문의 경우 주의가 요구된다.

• **질문예제 2**

"취업한 당신의 주당 근로시간은 몇 시간입니까?"　__________ 시간

위의 질문은 두 개의 질문을 한꺼번에 하고 있으므로 좋지 않다. 위의 질문은 2개로 분리하여 취업 여부에 대한 질문을 하고 나서 취업한 사람에게만 근

남편의 시간사용에 관한 설문지를 각각 작성하였다. 그 후 예비조사를 통해 회수한 설문지를 가지고 코딩을 하려는 과정에서 커다란 문제점을 발견하였다. 예비조사에서 설문지를 배포할 당시 설문지에 부부임을 표시하는 어떤 조치도 취하지 않아 부인용과 남편용 설문지가 각각 별개로 회수되는 문제가 발생하였다. 저자는 하는 수 없이 예비조사 때 회수한 설문지는 모두 폐기하고, 본 조사에서는 조사를 시작하기 이전에 남편과 부인의 설문지 식별번호에 001a와 001b, 002a와 002b 등으로 표시하여 배포함으로써 같은 번호의 a와 b는 서로 부부관계임을 표시하였다. 결국 예비조사를 통해 분석단위의 문제를 해결할 수 있었다.

한편, 본 조사가 우편이나 전화를 통해 조사할 예정이라고 해도 예비조사에서는 일대일의 면접을 통해 조사를 실시하는 것도 고려할 만하다. 그 이유는 면접 또는 일대일의 대화를 통해 질문의 각종 문제점, 예기치 못했던 상황, 각종 시행착오 등이 잘 발견될 수 있기 때문이다. 결론적으로 예비조사는 자료의 질뿐만 아니라 전체 연구의 질을 결정하는 중요한 조사임을 인식하여 예비조사를 가볍게 또는 형식적으로 실시하지 않는 것이 바람직하다.

(6) 설문지조사법의 장점과 단점

설문지조사를 통한 자료수집방법은 장점과 단점이 있는데 〈표 6-3〉에 정리·요약하여 제시하였다. 설문조사의 가장 큰 장점은 다른 자료수집방법과 비교할 때 자료수집이 신속하게 이루어진다는 것이다. 면접법, 실험법, 관찰법 등의 방법에 비해 자료수집 절차가 비교적 간단하여 시간과 비용 면에서 유리하다. 표준화된 질문지를 통해 많은 수의 표본을 대상으로 정보를 수집할 수 있어 양적 연구에 적합하다.

둘째, 정확한 정보수집이 가능하다. 자기기입식의 경우 익명으로 답하게 되므로 면접, 실험, 또는 관찰 등의 다른 자료수집방법보다 정확하고 솔직한 응답을 얻을 수 있다.

끝으로 표준화된 설문지형식, 용어, 질문내용 등으로 응답의 비교가 용이하고 수량화하기가 수월하다.

설문지조사법의 단점을 살펴보자. 첫째, 설문지조사를 통해 자료를 수집할 경우 질적 자료의 수집이 어렵다. 연구목적 및 취지가 질적 측면을 강조하는 연구일 경우, 예를 들면 응답자의 신념, 느낌, 태도, 의식과 같은 정서적이며 질적인 측면을 강조하는 연구의 경우 설문지조사를 통해 충분한 정보를 얻기 힘들다. 이 같은 경우는 응답자와 직접 접촉하여 정보를 얻을 수 있는 면접법, 관찰법 등과 같은 방법이 적절하다.

둘째, 자기기입식 방법이 갖는 문제로서 응답자가 질문의 내용을 충분히 정확하게 이해하지 못한 경우 잘못된 정보를 제공할 우려가 있다. 특히 우편조사의 경우 이 문제가 더욱 우려되는데 이와 같은 문제가 발생한 경우 이를 다시 조사하기도 어려워 심각하다. 이 같은 문제를 보완하기 위하여 질문을 정확하고, 쉽게, 간단하게 작성하고 응답을 위한 지시사항을 충분하게 제공하는 등 여러 가지 형태의 노력을 기울여야 함은 물론이다.

셋째, 응답자를 통제할 수 없어 거짓응답 또는 정확한 응답이 되지 않을 우려가 있다. 응답자가 사회적으로 바람직한 방향(social desirability)으로 거짓 응답을 하거나 중립적 응답을 하는 경향이 있어 문제가 된다. 때에 따라 대리 대답, 동료와 의논하여 답하거나 배우자 또는 가족에게 영향을 받아 대답할 우려가 있다.

끝으로 다른 자료조사방법에 비해 응답률이 낮은 경향이 있고 응답을 한 경우에도 일부 응답에 부실기재하거나 아예 일부 문항에 답을 하지 않을 수 있는 단점이 있다.

어느 자료수집방법이나 장점과 단점이 있는 만큼, 연구주제 및 연구목적에 적절한 방법을 선택하여야 한다. 표집방법, 질문지 작성, 설문지조사 후 사용할 통계분석방법 등에 대한 충분한 이해와 기초를 바탕으로 설문지조사법의 장점을 충분히 살리고, 단점을 극소화시켜 질적인 자료를 수집하고자 하는 노력이 필요하다.

〈표 6-3〉 **설문지조사법의 장점과 단점**

장 점	단 점
• 신속하다 • 비용이 적다 • 정확한 정보수집가능 • 응답의 비교용이 • 자료의 수량화 용이	• 질적 자료수집이 어렵다. • 응답자의 오해로 부정확한 정보제공 가능 • 거짓응답의 가능성 • 응답률이 낮다. • 부실기재 가능성

(7) 설문지조사 시 응답률을 높이기 위한 방안

무응답률을 줄이기 위하여, 즉 응답률을 높이기 위하여 응답 거절의 원인이 무엇인지를 찾아내어 이를 극복하기 위한 많은 노력이 요구된다. 응답률을 높이기 위하여 실제 연구수행 시 다양한 방법을 사용하는 것이 보통인데 다양한 전략들에 대해 살펴보자.

① 연구자, 연구협찬 기관 등에 대한 정보제공

연구자, 연구기관, 또는 연구협찬자(sponsorship)에 대한 정보를 제공하여 응답 참여동기를 부여한다. 설문지응답 요청시 연구자 소속기관, 연구협찬기관, 연구주관기관에 대한 정보를 기재하여 공신력을 높임으로써 응답하고자 하는 참여동기를 부여한다. 또한 연구의 중요성이나 필요성에 대한 충분한 설명으로 조사참여가 사회적 발전이나 학문적 발전에 기여함을 강조하는 것도 응답의 동기를 높이는 방법이 된다. 다시 말해, 참여자들의 참여정신, 이타정신, 애국심 등에 호소한다.

② 응답의 혜택제공

반송봉투, 각종 기념물, 할인권, 현금 등을 제공하여 응답참여 동기를 제공한다. 이 방법은 조사비용을 증가시키는 단점이 있으나 응답참여 동기를 높이는 가장 효과적인 방법이어서 많이 활용되고 있다. 응답한 설문지 발송과 관련하여서도 반송봉투의 동봉은 물론이고 반송봉투에 주소를 사전 기재해 송부하는 것도 필수적이다.

③ 응답 여부 재확인

여러 번의 확인(follow-up) 또는 재촉을 통해 응답률을 높이도록 한다. 설문지를 보내기 전과 후에 여러 차례 응답 여부를 확인하는 등 관심과 노력을 보여 준다. 설문작성을 마친 조사자에게 감사의 편지나 카드를 보내 설문지조사에 대한 좋은 이미지를 주어 미래의 설문지조사에 대한 협조 의지를 심어 주는 것도 필요하다. 베일리(Bailey, 1982)가 제시한 바에 따르면, 〈표 6-4〉와 같이 우편조사에서 계속적인 응답 여부 재확인절차에 따라 응답률이 높아지는 것으로 나타나고 있어 응답 여부 재확인절차의 중요성을 알 수 있다.

〈표 6-4〉 우편조사 절차에 따른 응답률의 변화

우편조사 절차	응답률
1. 처음 우편으로 설문지 송달 후	46.2%
2. 응답요청에 대한 기억의 편지 송달 후	12.2%
3. 추가적 설문지송달 및 재확인 요청편지 송달 후	8.8%
4. 전화로 조사참여 재요청	10.1%
최종 응답참여율	77.3%
최종 응답거절률	22.7%

출처 : Bailey, K. D.(1982). *Methods of social research*(p. 170).

쉬어가는 연구방법과 통계이야기 ▶

6-4 한 질문에서 둘 이상의 질문은 안 됨!

응답항목이 질문의 내용과 일치해야 하는 것은 설문작성의 기본적인 요건이다. 그런데 이런 요건마저 지켜지지 않는 경우가 종종 있다. 특히 한 질문이 둘 이상의 질문을 포함하는 경우 문제가 된다.

아래의 질문은 1995년 6·27 선거 전 한 일간지의 선거조사 설문 중 하나다. 이런 설문은 아직까지도 종종 반복되고 있다.

"당신은 이번 선거에서 어느 정당을 지지하는가?"

자민련( ) 민자당( ) 민주당( ) 아직 결정하지 않았다( ) 인물에 따라 투표( )

정당지지도에 대한 질문에 '인물에 따라 투표'라는 투표기준을 응답 항목에 포함시킨 것이다. 이 질문에 대한 응답을 근거로 '정당지지도를 묻는 질문에 대해서는 과반수인 55%가 정당과 관계없이 인물에 따라 투표하겠다고 대답했다.'라고 분석하고 있지만 이런 분석은 잘못된 것이다.

먼저 투표기준, 즉 정당을 보고 찍는지 인물에 따라 찍는지를 묻고 나서 정당에 따라 찍는다고 대답하면 어느 정당을 지지하는지 물어야 한다. 비슷한 조사에서 같은 응답항목에 대한 응답률이 큰 차이를 보이는 이유에는 조사에 따라 질문과 응답항목이 불일치하기 때문인 경우가 대부분이다. 질문과 응답항목이 일치되는 경우에도 올바른 순서로 질문을 해야 한다. 따라서 전화조사의 경우 전화를 거는 조사원에 대한 세심한 사전훈련이 필수적이다. 여론조사에 응해 달라는 전화를 받은 것은 지난달 어느 일요일 늦은 오후였다.

…… 마침 우리나라의 정치여론조사, 특히 질문은 어떻게 하는가가 궁금해서 여러모로 한번 분석해 보려던 터라 차근차근 질문에 응했다.

…… 그런데 한 질문에서 세 정당의 지지도를 묻다가 대답이 적극적이지 않으니까 그러면 인물을 보고 투표하느냐고 묻는다.

설문을 만들 때 지켜야 할 원칙 중 중요한 것은 질문의 카테고리 간의 균형을 유지하는 일이다. 그러니까 정당을 보고 찍는지, 아니면 인물을 보고 찍는지를 먼저 묻고, 그 다음에 정당이면 셋 중 어느 정당, 또 인물이면 능력, 됨됨이 등을 물어야 하는 것이다.

출처 : 한국경제, 2006년 1월 16일

④ 응답자 선정전략

응답자의 선정을 전략적으로 한다. 응답자의 선정은 연구주제, 표집방법 등에 의해 주로 결정되나 모집단의 특성을 크게 변화하지 않으면서 응답률은 높이기 위하여 전략적으로 선정하는 것도 한 방안이 될 수 있다. 예를 들면, 전문직 종사자를 대상으로 설문지조사를 할 경우 같은 전문직 종사자 중에서도 응답에 적극적인 집단(예 : 교육관련 종사자, 공무원)을 고려하여 응답자를 선정하는 전략을 사용할 수 있다. 그러나 이 방법은 표집의 오류문제를 야기할 수 있으므로 주의를 요한다.

⑤ 미적인 질문지 사용

질문지의 형식, 글씨, 질문지 모양 등 미적인 설문지를 만들어 응답자의 관심과 참여동기를 높인다. 아름다운 색상, 보기 좋은 글씨체, 좋은 질의 종이, 적절한 공간 등은 참여하고 싶은 충동을 일으킬 수 있다. 특히 질문지의 커버가 매우 중요하다는 지적도 있다. 또한 질문에 있어서도 지나치게 형식적인 표현보다는 약간의 인간적인 뉘앙스의 표현이 응답률에 영향을 미친다는 지적이 있다(Nachmias & Nachmias, 1987).

2) 면접법

면접법(interview)은 면접조사자가 조사대상자와 직접 면담 또는 대화를 통해 자료를 수집하는 방법이다. 보통 면접은 일대일의 만남을 통해 대화를 하면서 자료를 수집하는데, 필요에 따라서는 전화를 통해 대화를 하기도 한다. 일단 면접 또는 면담이 성공적으로 성사되면 설문지조사, 관찰, 또는 실험 등에 의한 자료수집방법에 비해 신속하게 자료를 수집할 수 있다. 정확한 자료수집을 위하여 면접조사자와 면접대상자 간의 신뢰감과 면접대상자의 협조의지가 중요하다. 면접조사자가 반복적인 질문이나 추후질문(probe)을 통해 정확한 정보를 얻을 수 있다. 이때 추후질문은 사전에 정해 놓기도 하나 비구조화된 면접의 경우 상황에 따라 조사자가 질문을 추가하기도 한다.

(1) 면접법의 유형

면접법의 형태는 면접을 위한 질문내용의 범위, 사용언어, 면접과정, 자료기록 등의 측면에서 어느 정도 구조적으로 또는 계획적으로 짜여져 있는가 또는 어느 정도 표준화되어 있는가에 따라 크게 세 가지로 나누어 볼 수 있다. 구조화된 면접법, 반구조화된 면접법, 비구조화된 면접법이 그것이다. 이 세 가지의 면접의 유형에 대해 구체적으로 살펴보자.

① 구조화된 면접법

면접대상자와 접촉하기 이전에 면접 시 취할 질문내용, 면접절차, 면접 진행계획, 사용언어 등이 면접수행 이전에 표준화되어 잘 짜여져 있는 경우 구조화된 면접법이라 한다. 모든 면접대상자에게 일정하게 정해진 질문, 면접 규칙, 순서 등을 적용하여 면접을 실시하며, 표준화된 응답범주, 고정화된 언어, 추후질문 등을 사용하여 면접을 실시한다는 차원에서 구조화된 면접법(structured interview)이라고 한다. 구조화된 면접법은 이미 작성된 질문지 또는 정해진 질문목록을 가지고 자료를 수집한다는 면에서는 설문지법과 유사하나, 대화를 통해 면접자가 정보를 수집한다는 면에서 차이가 있다.

② 비구조화된 면접법

비구조화된 면접법(unstructured interview)은 면접 이전에 질문내용, 절차 등에 관한 어떤 계획이나 틀 또는 구조가 완벽하게 짜여져 있지 않은 상태에서 면접을 통해 자료를 수집하는 방법이다. 사전 계획이나 절차가 획일적으로 짜여 있지 않고 면접상황 및 면접대상자의 응답에 따라 융통성 있게 진행된다. 면접대상자의 무의식적이고 주관적인 감정이나 태도 등에 대한 것까지 알아 낼 수 있는 조사방법으로 매우 자세하고 세세한 질문을 하기도 하므로 숙련되고 경험 많은 면접조사자가 이 방법을 통해 자료를 수집하는 것이 중요하다. 구조화된 면접법의 경우보다 비구조화된 면접법은 개방형의 질문이 많은 것이 보통이다. 비구조화된 면접의 경우 면접대상자의 예기치 못한 응답이나 상황에 따라 융통성 있게 면접을 진행하여 정확한 자료 그리고 질적인 자료를 얻을 수 있는 장점이 있다. 정신과 의사 또는 심리학자가 면접대상자의 정신치료를 위한 조사나 심리적 측면을 조사하기 위한 방법으로 많이 사용한다.

③ 반구조화된 면접법

면접을 수행하기 이전에 질문할 내용이나 절차 등이 어느 정도는 짜여져 있으면서도 어느 정도는 융통성 있는 경우 반구조화된 면접법(semi-structured interview)이라 한다. 질문이 어느 정도 구조화되어 있다고 해도 언어사용은 고정되어 있지 않는 것이 보통이다. 따라서 면접과정에서 예기치 못한 질문이나 응답 등이 나올 수 있다.

결론적으로 반구조화된 면접법은 구조화된 면접법과 비구조화된 면접법의 중간 형태로서 질문내용, 면접절차, 면접규칙, 응답범주, 일정한 추후질문 등에 대한 사전 계획이나 구조가 어느 정도 짜여져 있으면서도 필요에 따라서는 융통성 있는 질문, 계획에 없던 자세하고 세세한 질문 등이 면접과정에서 용납되는 경우의 면접법이다. 면접법의 특성을 충분히 살리면서도 효율적으로 자료를 수집하기 위하여 실제연구에서는 완벽하게 구조화된 면접법이나 전혀 구조화되지 않은 면접법보다 반구조화된 면접법이 많이 사용된다.

(2) 면접의 과정 및 절차

정확하고 신뢰성 있는 양질의 자료를 수집하기 위하여 면접을 시행하게 되는데 면접을 효과적으로 수행하기 위한 절차에 대해 살펴보자.

① 의사소통단계

첫 단계는 면접대상자와 신뢰감형성을 위한 의사소통(establishing rapport)단계이다. 이 단계에서는 면접대상자에게 연구목적, 조사대상자 선정경위, 면접방식 및 일정, 면접소요시간, 면접내용의 신뢰성 및 비밀유지 등에 관한 설명이 필요하며 이 같은 절차는 면접조사자와 면접대상자 간의 협력과 신뢰감을 형성하는 데 도움이 된다. 면접과정을 녹음 또는 녹화를 할 경우 반드시 면접조사자에게 녹음 또는 녹화 여부를 알리고 동의(permission)를 받아야 한다.

② 질문단계

두 번째 단계는 대화의 형식으로 질문을 통해 본격적으로 자료를 수집하는 단계이다. 질문은 보통 폐쇄응답형(closed questionnaire)과 자유응답형(open ended questionnaire)의 질문을 취하게 되며, 질문내용과 추가적 질문의 융통성은 비구조화된 면접법인가 구조화된 면접법인가에 따라 차이가 있다.

질문은 일반적인 질문에서부터 시작하여 구체적인 질문을 하는 것이 보통이다. 면접 시 묻는 처음 질문은 연구에 필요하지 않은 쉬운 질문이나 연구와 관련한 간단한 질문을 취하여 분위기를 부드럽게 하거나 긴장을 풀게 하면 좋다. 질문하는 방식도 직접적인 질문을 피하고 유사질문을 통해 보다 정확하고 유효한 정보를 얻고자 하는 방법(lead-in question), 조사대상자의 경험 면에서 질문이 적합한지를 결정하고자 하는 질문(filter question), 하나의 질문주제에서 다른 질문주제로 넘어가기 전 교량적 역할을 하는 질문(transition question) 등을 고려하여 면접이 보다 효율적으로 진행되도록 하는 것이 필요하다.

③ 면접결과의 정리·기록 단계

마지막 단계는 응답자들의 반응이나 응답 등 면접내용을 정리·기록하는 단계이다. 이미 전 단계에서 기록한 내용의 경우는 체계적으로 정리한다. 이는 정확하고 완전한 정보를 얻기 위해 필요한 정리 그리고 후일 기억해야 할 것들을 메모하여 두는 단계이다.

(3) 면접법의 장점과 단점

어느 자료수집방법이나 장점과 단점이 있게 마련이다. 따라서 연구주제에 맞는 적절한 방법을 선정하게 되는데 장점을 충분히 살리고 단점을 극소화하고자 하는 노력이 중요하다. 면접법의 장·단점은 〈표 6-5〉에 제시하였는데 이에 대해 구체적으로 살펴보자.

면접의 첫 번째 장점은 응답률이 높고, 신속하게 자료를 수집할 수 있다는 것이다. 면접을 위한 사전접촉으로 면접약속이 정해지고 나면 그 이후에는 매우 신속하게 정보를 수집할 수 있다. 설문지조사의 경우 응답률 또는 일부문항의 무응답이 높은 경우가 빈번하나, 면접을 통해 질문을 하게 되면 면접대상자가 면담요청을 거절하지 않는 한 모든 질문에 대한 정보를 얻을 수 있다.

둘째, 정확한 정보를 얻을 수 있다. 면접법은 상호면담 또는 대화를 통해 자료를 수집하므로 자세하고 심층적이며 정확한 정보를 얻을 수 있다. 또한 설문지법이나 다른 자료수집방법에서 얻을 수 없는 정보를 얻을 수 있다. 앞뒤가 맞지 않는 응답,

〈표 6-5〉 **면접법의 장·단점**

장 점	단 점
• 응답률이 높음 • 면접약속 후는 신속한 정보수집 • 정확하고 자세한 정보수집 가능 • 정확성을 높일 수 있음	• 비용이 시간이 많이 듦 • 면접자의 편견 작용 우려 • 사적 정보를 얻기 어려움 • 특별한 대상자는 접촉이 불가능

모호한 응답, 잘 모르겠다는 응답의 경우 반복적 질문 또는 질문에 대한 추가적 설명 등을 통해 정확한 응답을 유도할 수 있다. 다시 말해, 필요한 정보가 누락되거나 빠질 가능성이 적다.

셋째, 교육수준이 낮아 질문의 이해도가 낮은 대상자의 경우, 예를 들면 노인이나 어린이와 같이 읽기에 문제가 있는 경우 면접법을 통해 자료를 수집하면 정확하고 자세한 정보를 신속하게 얻을 수 있는 장점이 있다. 일대일의 면접을 하게 되므로 대리대답이 불가능하고 다른 응답자에게 영향을 받지 않는 점도 정확한 정보를 얻을 수 있게 한다.

넷째, 면접법은 대화를 통해 자료를 수집하므로 보다 복잡하고 자세한 질문이 가능하고, 비언어적 행동의 관찰을 통해 응답의 타당도를 추정할 수 있는 등 심층적이며 풍부한 정보를 얻을 수 있다. 예기치 못한 응답이나 조사자가 전혀 알지 못한 정보가 나올 경우 계속적인 질문이나 추후질문(probe)을 통해 양적으로나 질적으로 풍부한 정보를 얻을 수 있는 장점이 있다. 이때 면접조사자가 응답자의 대답에 어떤 영향을 줄 수 있는 유도적인 추가 질문이나 추후질문이 되지 않도록 하면서 정확하고 풍부한 정보를 얻기 위해 노력하여야 함은 물론이다.

지금까지 살펴본 바와 같이 면접법이 갖는 장점이 많음에도 불구하고 다른 조사방법과 마찬가지로 몇 가지의 단점을 갖고 있다. 첫째, 단점은 비용과 시간이 많이 든다는 것이다. 면접대상자와 접촉하기 위한 절차 및 대화로 인한 시간과 면접대상자에 대한 사례, 교통비 등 화폐적 비용이 많이 드는 단점이 있다. 특히, 응답자와의 접근이 어려운 경우 접근시도를 위한 시간과 비용의 문제는 높아진다.

둘째, 면접자의 편견이나 오해로 인해 면접대상자의 응답을 잘못 기록 또는 처리할 우려가 있다. 질문을 빠뜨리거나 추가질문을 충분하게 하지 않은 경우, 신중하게 듣지 않거나 응답자의 대답에 대해 면접조사자가 나름대로 해석하는 경우, 응답자에게 불충분한 시간을 주는 경우 등 면접조사자의 편견이나 오류로 인하여 부정확한 정보를 얻게 될 우려가 있다. 또한 면접대상자가 면접자의 외모, 성별, 사회적 지위, 나이 등에 영향을 받아 정확한 정보를 제공하지 않을 수 있다. 특히, 이 같은 단점은 구조화된 면접법보다는 비구조화된 면접법에서 많이 나타날 수 있다.

셋째, 직접 만나서 대화를 통해 조사를 하는 과정에서 면접대상자의 신분이 노출될 수 있으므로 면접대상자는 사적인 정보나 정확한 정보를 제공하지 않을 우려가 있다. 때에 따라서는 응답자가 면접에서 좋은 인상을 주고 싶거나 사회적으로 인정되지 않는 부분은 감추고자 하는 거짓 대답의 문제가 나타날 수도 있다.

끝으로, 연구주제 및 연구대상이 특별하거나 제한적인 경우 면접대상자와의 접근이 어렵거나 응답률이 낮을 수 있다. 예를 들면, 조사대상자가 신분이 높은 직위에 있는 사람의 경우, 지나치게 바쁜 사람인 경우, 여러 지역에 널리 분포되어 있는 사람을 면접대상자로 할 경우 접근 자체가 어려울 수 있다.

3) 관찰법

관찰법(observation)은 특정사건이나 사람(조사대상자)들의 행동을 관찰하여 자료를 수집하는 방법이다. 행동 이외에 언어, 준언어적 행동, 표정, 몸짓, 때에 따라서는 주변환경 등을 관찰하여 필요한 정보를 얻기도 한다. 관찰을 할 때 연구목적에 맞게 공식화(formulate)되고 계획화(planned)된 방법으로 관찰하기도 하며 표준화된 사전 계획이나 구조 없이 관찰하기도 한다. 관찰법은 특히 오랜 기간 동안 특정 행동에 대해 구체적으로 연구하고자 할 때 유용하다. 또한, 질문지법이나 면접법 등과 같은 자료수집방법을 사용하기 이전에 예비조사로서 사용하기도 하며, 다른 자료수집방법과 병행하여 사용하기도 한다. 심리학, 교육학, 아동학 등 행동과학을 연구하는 학문 분야에서 많이 사용하는 방법으로 기술발달로 인하여 관찰법을 사용할 경우 녹화하는 것이 일반화되어 있다.

(1) 관찰의 유형

관찰을 통해 자료를 수집하는 방법은 관찰장소, 관찰의 사전 계획 정도나 구조화된 정도, 관찰자의 역할, 직접 관찰인가 간접 관찰인가의 여부에 따라 관찰방법의 유형을 분류할 수 있다. 이 같은 관찰유형의 분류는 관찰방법을 보다 정확하게 이해하는 데 도움이 된다. 관찰에 대해 자세하게 살펴보자.

① 실험실 관찰과 비실험실 관찰

관찰법은 관찰하는 장소, 즉 자연환경인가 인위적 환경인가에 따라 실험실 관찰과 비실험실 관찰 또는 현장(field/natural setting) 관찰로 구분한다. 실험실 관찰은 말 그대로 실험실에서 이루어지는 관찰로서 구조화된 상황에서 획일적인 관찰이 이루어지는 것이 보통이다. 비실험실 관찰은 연구목적과 주제를 충분히 고려하여 연구대상자의 행동을 자연스럽게 관찰 할 수 있는 장소나 현장에서 관찰하는 방법이다. 자연스럽고 일상적인 행동을 잘 관찰하기 위하여 가정, 학교, 유치원, 운동장, 놀이터, 백화점 및 시장, 직장 등 연구주제, 연구목적, 연구대상을 고려하여 적절한 장소에서 관찰을 하게 된다. 예를 들면, 새로운 브랜드의 상품이 출하되었을 경우 이 제품에 대한 소비자들의 선호도를 조사하기 위하여 관찰자가 구매현장(예 : 슈퍼마켓)에서 소비자들의 구매행동을 직접 관찰할 수 있다.

실험실 관찰은 자연적 상황에서 관찰하는 경우 당면하는 기다림, 준비, 우연적 돌발사태에 대한 대비 등과 관련한 시간과 노력의 낭비가 적다. 관찰을 효과적으로 하기 위한 실험자재 준비(예 : 일방경), 실험 진행자의 훈련 등과 같은 사전준비가 가능하여 실험이 일단 시작되면 신속하고 효율적으로 연구목적을 달성할 수 있는 장점이 있다. 그러나 실험실에서 관찰할 경우 연구대상자의 실험실 행동이 실제 상황에서의 행동 또는 일상생활에서의 행동과 다르게 나타날 수 있는 반응(reactivity)의 문제점이 있다. 특히 두 사람 또는 셋 이상의 사람이 모여 이루어지는 인간 관계, 사회적 관계 등에 연구 초점을 두는 경우 실험실 관찰을 통한 자료수집은 한계가 있다. 또한, 실험실 관찰의 경우 비실험실 관찰보다 적은 수의 관찰대상자를 가지고 관찰할 가능성이 높은데 이럴 경우 관찰을 통한 연구결과를 일반화시키기에 어려운 단점이 있다.

비실험실 관찰의 장점은 앞서의 실험실 관찰의 단점과 같은 맥락에서 설명할 수 있다. 자연스러운 일상생활에서 일어나는 행동을 관찰하게 되므로 보다 현실적이고 정확한 정보를 얻을 수 있으며, 대표성 있는 관찰로 인하여 연구결과를 일반화시키는 데 있어 실험실 관찰보다 유리하다. 한편, 현장 관찰의 단점은 현장에서 필요한 정보를 얻기 위해 많은 시간을 기다리는 등 시간 및 비용이 많이 드는 단점이 있다. 또한, 관찰자의 존재가 관찰대상자의 행동에 변화를 초래할 수 있으며, 생각지 않았거나 예기치 못한 사건이 발생하여 외부변인이나 외생변수의 통제가 잘 되지 않는 문제점이 있다.

② 구조적 관찰과 비구조적 관찰

면접법과 마찬가지로 관찰을 통해 자료를 수집할 경우에도 관찰을 위한 관찰내용, 규칙, 목록표(check-list) 등과 같은 관찰 이전 사전 계획이 짜여진 경우 구조적 관찰(structured observation)이라 한다. 구조적 관찰은 관찰자가 어떤 현상이나 행동을 관찰할 것인가, 어떤 가설을 검증할 것인가 등에 대한 사전적 지식이나 계획이 구조화된 경우이다. 구체적으로, 관찰회수, 관찰기간, 조심스러운 세부적 조절 등에 대한 구체적 계획이나 목록표가 작성된 상태에서 관찰을 시작하는 방법이다. 사전계획이 있으므로 관찰과정에서 신뢰도나 타당도를 높이기 위한 조절이 가능하다.

반면, 관찰할 행동이나 사건 등에 대한 사전적 계획이나 표준화가 되어 있지 않는 경우 비구조적 관찰(unstructured observation)이라 한다. 사전가설이 정해져 있지 않으며 관찰결과를 전반적으로 자세하게 기술하게 되므로 과정에 초점을 두는 질적 연구에 적합하다. 다시 말해, 관찰을 진행과 관련한 사전 계획이나 구조를 설계해 두지 않고 모든 행동이나 사건을 관찰 또는 녹화하는 것이 보통이다.

두 관찰의 중간 상태라 할 수 있는 반구조적 관찰(semi-structured observation)은 자연적 환경에서 관찰하되 구조적인 관찰도구를 사용하는 경우이다. 반구조적 관찰은 일반적으로 현장관찰 또는 자연적 환경에서 관찰을 하되 관찰하는 방법은 구조화된 관찰방법을 사용하는 것을 의미한다.

③ 참여 관찰과 비참여 관찰

관찰자의 역할의 정도에 따라 관찰자가 관찰대상 집단의 행동에 참여하여 관찰하는 경우 참여 관찰(participant observation)이라 하며, 관찰자가 관찰대상집단에 참여하지 않고 관찰대상자들의 행동이나 사건에 영향을 미치지 않으면서 관찰하는 경우 비참여 관찰(non-participant observation)이라 한다.

참여 관찰의 경우 관찰자가 참여대상자들의 집단에 같이 거주하거나 같이 일하면서 보다 세밀하고 심층적으로 관찰하는 방법이다. 관찰자가 집단의 일부가 되어 정보를 수집하게 되므로 관찰대상에 대해 깊은 이해를 가지고 정확한 관찰을 할 수 있는 장점이 있다. 그러나 이중역할로 인해 생길 수 있는 문제점들이 발생할 수 있으므로 주의가 요구된다.

비참여 관찰의 경우 관찰자가 관찰대상 집단에 참여하지 않으므로 관찰자의 존재가 관찰대상자들의 행동이나 활동에 영향을 미치지 않는 장점이 있다. 예를 들면, 관찰자가 어떤 형태의 주제나 자극을 주고 관찰대상자가 볼 수 없는 곳에서 일방경(one-way mirror)을 통해 대상을 관찰하는 경우 비참여 관찰의 대표적인 예가 될 수 있다. 그러나 현장 또는 실험실 관찰의 경우 비참여 관찰이라 해도 관찰자가 존재한다는 사실이 조사대상자들에게 인지되므로 그들의 행동에 변화를 초래할 수 있다. 멀리서 관찰하는 사람이 있다는 사실만으로도 사람들의 행동을 다르게 할 수 있기 때문이다.

④ 간접 관찰

직접적으로 조사대상자나 사건을 관찰할 수 없는 경우 사용하는 방법이다. 과거의 오래된 문서, 소설, 필름, 창작물 등을 통해 과거의 사회, 문화, 경제 등을 조사하는 방법이 가장 대표적인 간접 관찰이라고 하겠다. 이와 같은 문서기록(archival records) 이외에도 퇴적물(accretion traces)이나 부식 또는 침식(erosion traces) 등을 통해 간접적인 정보를 얻을 수 있다. 예를 들면, 도서관의 책의 닳은 정도를 보고 선호하는 책의 유형이나 종류를 알아 낼 수 있다.

(2) 관찰방법

관찰의 방법은 대화를 기록하는 방법, 특정행동이 발생할 때마다 관찰하여 기록하는 방법, 특정시간마다 관찰하는 방법 등을 사용하게 된다. 대화기록은 자세한 정보를 제공하게 되고 다른 연구의 출발점으로 사용될 수 있어 유용하다. 특정행동의 관찰과 기록은 관찬자가 필요한 행동 또는 관찰할 행동에 대해 사전 정의를 내리고 이 같은 행동이 보이면 그때마다 관찰하고 기록하는 방법이다. 한편 특정시간마다 일정시간을 정하여 기록하기도 한다. 예를 들면, 매 20분마다 5분씩 관찰을 한다든지 하는 방법으로 관찰시간을 절약하고 자주 발생하는 행동을 관찰할 때 유용하다.

(3) 관찰법의 장점과 단점

관찰법의 장점과 단점은 〈표 6-6〉에 정리하였는데, 이에 대해 구체적으로 살펴보자. 첫째, 관찰법의 경우 관찰대상자들의 행동을 녹화하는 것이 보통이므로 조사대상자의 기억이나 판단 또는 해석에 근거하여 응답함으로써 오는 오류가 일어나지 않는 장점이 있다. 다시 말해, 응답자의 주관적 리포트 능력이나 의지와 관계없이 관찰자의 관찰을 통해 자료를 수집할 수 있다.

둘째, 비언어적 행동에 대한 자료수집이 매우 용이하다. 어린 아이, 노인, 정신적·육체적 미숙 또는 장애자 등 제한적인 연구대상의 행동이나 언어, 사건 등에 대한 자료를 쉽게 수집할 수 있는 장점이 있다.

셋째, 장기간의 관찰을 통해 종단적 연구를 할 수 있는 이점이 있다. 시간에 따른 변화 및 발전 등에 관한 연구를 위하여 적합한 자료수집방법이다.

관찰법의 가장 큰 단점은 관찰자의 존재가 관찰대상자들의 행동에 영향을 미칠 수 있다는 것이다. 다시 말해, 관찰자의 개입으로 관찰대상자의 행동에 반응(reactivity)이 일어나 일상적인 행동, 자연스러운 행동을 보여 주지 않을 수 있는 문제가 제기된다. 따라서 관찰의 장소가 실험실이건 비실험실이건 관찰자의 존재가 관찰대상자들의 행동에 영향을 미치지 않도록 하여야 한다.

예를 들면, 부모자녀 간의 의사소통에 대해 관찰하고자 하는 실험실 관찰의 경우 관찰하고 있다는 사실이 부모들에게 보다 교양 있는 언어와 행동을 유발시킬 수 있다는 것이다. 이 같은 반응의 문제는 실험실 관찰보다는 현장 관찰을 통해 자료를 수집할 경우 다소 완화될 수 있다. 그러나 실험실 관찰과는 달리, 현장 관찰의 경우 자연적 상황에서 관찰하다 보니 특별한 사건이 생기거나 예기치 못한 일이 발생하는 등 외적 변인의 통제가 어려운 문제가 있다.

〈표 6-6〉 **관찰법의 장·단점**

장 점	단 점
• 기억오류 및 판단오류를 방지 가능 • 비언어적 행동에 대한 자료수집 용이 • 특수대상자의 행동관찰이 용이 • 종단적 연구의 용이	• 관찰자의 존재로 대상자의 반응 • 자료 코딩이나 기록의 어려움 • 결과의 일반화가 어려움 • 사적인 것, 민감한 내용의 관찰이 어려움

둘째, 자료의 기록 또는 코딩의 오류가 발생할 수 있다. 이 같은 문제는 보통 두 가지에 의해 발생하게 되는데 하나는 관찰자의 편견이나 기대감에 의한 경우이며, 하나는 실수로 인한 경우이다. 관찰자의 편견으로 인한 문제를 줄이기 위해서는 속임수 관찰(blinding observation)을 실시하기도 한다. 즉, 관찰자에게 연구가설이나 대상집단에 대한 정보를 제공하지 않아 관찰자의 사전 기대감이나 편견이 생기지 않도록 한다. 한편 관찰자의 실수로 인한 기록상의 오류는 관찰자료의 체계적이고 객관적 범주화 및 부호화가 어려운 점에서 기인한다고 하겠다. 관찰자의 실수로 인한 기록상의 오류문제를 극소화하기 위하여 관찰행동에 대한 정의를 보다 명확히 하고 행동범주 또는 행동목록을 자세하고 객관적으로 만들도록 한다.

셋째, 적은 수의 관찰대상자를 통해 수집한 자료이므로 관찰결과를 일반화하는 데 어려움이 있다. 특히 이 문제는 실험실 관찰의 경우 심각한데 많은 대상자들의 행동을 관찰한다는 것은 비용이 많이 들어 적은 수의 대상을 관찰하는 것이 보통이다.

끝으로, 연구주제가 매우 사적인 것이거나 민감한 주제일 경우 익명이 보장되지 않으므로(녹화를 하니까) 관찰대상자로 접근하는 것 자체가 어려울 수 있다. 뿐만 아니라 관찰이 불가능한 행동이 있을 수 있다(채서일, 1992).

(4) 반응을 줄이기 위한 방안

관찰대상자의 반응문제는 관찰법의 가장 큰 문제점 중의 하나인데 이를 최소화하기 위한 방법은 조사대상 집단에게 관찰자의 존재를 익숙하게 하여 습관화하는 방법이다. 관찰을 시작하기 전에 관찰자를 소개시키고 어느 정도 시간이 지나 서로가 익숙해져 관찰대상자들의 행동이 자연스러울 때 관찰을 시작함으로서 반응의 문제를 감소시킨다. 또 다른 방법은 관찰 중임을 비밀로 하는 방법이다. 숨어서 관찰하거나 일방경을 통해 관찰하는 방법인데, 이 방법은 관찰대상자의 알 권리를 침해할 수 있어 윤리적 문제가 따르는 단점이 있다.

4) 실험법

실험법은 한 변인을 조작(manipulate) 또는 처치(treatment)하여 그 조작이나 처치가 다른 결과변수에 미치는 효과를 관찰하고 측정하여 자료를 수집하는 방법이다. 연구자가 인위적으로 원인을 조작, 통제한 후 그 영향력을 조사하여 인과관계를

쉬어가는 연구방법과 통계이야기 ▶ **6-5 임상실험결과 발표**

월요일에는 커피가 암 발생과 관련 있다는 결과에 놀랐는데, 목요일에는 그렇지 않다는 결과를 듣는다. PC 모니터가 인체에 해롭다든지, 휴대용 전화기가 뇌암을 일으킨다든지, 전자레인지에서 나오는 전자파가 임산부에게 유산을 일으킬 수도 있다든지 하는 기사는 당연히 모든 사람에게 심각하게 받아들여지고 있다.

그런데 한 가지 분명한 사실은 소수의 사람을 대상으로 수행한 한두 번의 실험결과는 별 의미가 없는 것이므로 그런 조사결과는 무시해도 좋다는 것이다. 또 그런 결과를 발표하는 학자들이나 전달하는 언론도 그 보고가 많은 사람들을 혼란에 빠뜨리지 않도록 신뢰성을 검증해야 한다.

특히 어떤 약이나 치료법이 예비실험에서 소수의 환자에게 효과가 있음을 연구자가 확인한 경우 연구자는 이 결과를 발표할 것인가 말 것인가를 결정해야 한다. 그러나 임상실험이야말로 병과 치료의 인과관계를 밝힐 수 있는 가장 과학적인 방법이다. 따라서 임상실험이 얼마나 올바르게 진행됐느냐에 따라 예비실험 결과를 발표할 것인가의 여부를 결정해야 한다. 그렇다면 올바른 임상실험은 어떤 것인가 바로 주의 깊게 계획된 것이어야 한다. 실험의 계획(design), 수행방법, 실험대상 수 등이 실험목적에 비추어 적절하게 결정되고 실험과정에서 있을 수 있는 오류 가능성이 분석되고 제거되어야 한다.

출처 : 김진호(2008). **괴짜 통계학**. 한국경제신문사.

밝히는 것이 실험법의 주요 목적이다. 실험법은 생물학, 의학 등 자연과학에서 전통적으로 많이 사용해 온 자료수집 또는 연구방법이다. 그동안 사회과학 분야에서는 많이 사용해 오지 않은 조사방법이었으나, 최근 들어 사회과학 분야에도 활용범위가 넓어지기 시작하여 교육학, 가정학 분야에서 점차 많이 사용하고 있다.

(1) 실험법의 기본조건

앞서 연구설계에서 살펴본 바와 같이 연구설계는 크게 실험설계(experimental design)와 비실험설계(non-experimental design)로 구분할 수 있다. 실험법은 실험설계의 대표적인 경우이며, 설문지조사법, 면접법, 현장조사 등이 대표적인 비실험설계에 해당한다. 실험설계인가 비실험설계인가를 구분하는 방법은 사전(pretesting)·사후검사(post-testing)가 존재하는가, 처치 또는 조작을 취하였는가, 실험집단(experimental group)과 비교집단(control group)이 존재하는가를 조사하여 이 중 어느 것이라도 발견할 수 있다면 일단 실험설계라고 볼 수 있다. 처치 또는 조작, 실험집단과 통제집단, 사전조사와 사후조사는 실험법의 기본조건인데 이에 대해 구체적으로 살펴보자.

① 처치 또는 조작

비실험설계에 의한 자료수집의 경우 설문지조사, 면접, 관찰 등과 같은 처치, 조작, 또는 통제가 이루어지지 않고 있는 그대로의 상황과 현상에 대해 조사한다는 점에서 실험법과 가장 큰 차이가 있다. 실험설계가 성립되기 위해서는 무엇보다도 실험변수와 결과변수가 존재하여야 하고 이를 위하여 조작 또는 처치를 한다. 인과관계를 조사하기 위하여 어떤 한 변수에 처치 또는 조작을 하게 되는데 이 변수를 실험변수(experimental variable) 또는 처치변수(treatmental variable)라고 부르며, 보통의 독립변수와 같은 의미를 갖는다. 처치 또는 조작의 영향력을 나타내는 변수는 결과변수라고 부르며 종속변수와 같은 의미이다.

② 실험집단과 통제집단

처치 또는 조작을 통해 처치를 하지 않은 집단과 처치를 한 집단으로 분류하게 되는데 처치를 한 집단은 실험집단(experimental group), 그렇지 않은 집단은 통제집단(control group) 또는 비교집단이다. 이 두 집단 간의 차이를 비교하여 처치 또는 실험의 순수효과를 알 수 있다. 따라서 실험집단과 통제집단이 존재하여야 실험설계라고 할 수 있다.

③ 사전조사와 사후조사

처치하기 전과 처치 후의 결과를 비교함으로 처치의 효과 또는 처치 전과 후의 인과관계를 알 수 있으므로 사전조사와 사후조사가 실험설계의 또 다른 필요 조건이다. 때에 따라 실험을 통해 자료를 수집할 경우 사전조사가 빠지기도 하는데 원칙적으로 사전조사는 실험법의 기본 조건이다.

지금까지 실험법의 세 가지 조건에 대해 살펴보았는데, 실험을 통한 자료수집의 실제 예를 통해 이해를 높이면 다음과 같다. 어느 제약회사가 태아 발육을 돕는 새로운 비타민을 개발하였다고 하자. 이 회사는 이 비타민의 영향력을 조사하기 위하여 임신초기의 임산부를 100명씩 두 개의 집단으로 나누고 처음에 이 두 집단의 태아 발육상태를 측정한다. 그러고 나서 한 집단에는 이 회사에서 개발한 비타민을 먹게 하고 다른 집단에는 먹이지 않은 후(기대효과를 막기 위하여 태아 발육과 무관한 비타민과 같은 모양의 어떤 것을 먹게 함) 태아 발육상태를 매달마다 측정한다. 최종적으로 두 집단의 처음 태아 발육상태와 나중의 발육상태를 비교하여 연구목적을 달성하게 된다. 이 실험의 예에서 우리는 사전·사후검사, 처치(비타민을 먹게 함), 그리고 비교집단이 존재함으로서 실험법의 기초조건이 모두 충족하고 있음을 알 수 있다.

④ 외생변수

실험변수가 아니면서 실험결과에 영향을 미치는 변수들을 외생변수(extrageneous variable)라고 부르는데 실험설계에서 외생변수를 얼마만큼 통제할 수 있는가는 실험을 통한 연구결과의 신뢰성 및 타당도를 결정하는 매우 중요한 요인이다. 따라서 외생변수에 대해 충분히 살펴볼 필요가 있으며 외생변수의 영향을 받지 않도록 외생변수를 통제 또는 제거하는 방안을 강구하여야 한다. 실험과 관련하여 발생할 수 있는 외생변수는 우발적인 사고, 성숙효과, 사전조사효과, 표본의 편중, 실험대상자의 소멸 등이다(채서일, 1995). 이들에 대해 간단히 살펴보고 이 같은 변수를 통제하는 방법을 살펴보면 다음과 같다.

- 우발적 사건 : 우발적인 사건이나 사고는 현장실험의 경우 많이 발생할 수 있는 예기치 못한 다양한 종류의 사건발생이다. 예를 들면, 백화점에서 특정 음식제품에 대한 시식회가 소비자구매행동에 미치는 영향력을 조사하기 위하여 현장실험을 하고자 한다고 하자. 우선 시식회를 시작하기 전에 사전조사로서 소비자구매행동을 조사한 후 시식회를 시작하여 사후조사로서 소비자구매행동을 조사하고 있는데 갑자기 외국관광단 수십 명이 들이닥쳐 우리나라 음식을 시식하는 차원에서 시식회에 대거 몰려드는 우발적인 사건이 터졌다. 이 같은 우발적인 사건이나 사고는 사실상 통제가 어려워 심각하다고 하겠다.
- 성숙효과 : 성숙효과는 실험의 기간이 긴 경우 많이 발생하는 문제로서 실험기간 내에 실험대상자의 여러 특성 변화로 인하여 실험결과에 영향을 미치는 것이다. 예를 들면, 새로 개발한 철분제가 태아발육에 미치는 영향력을 실험하려고 할 때, 1년간의 조사결과에서 철분제가 아닌 자연적인 성장을 도외시할 수 없다. 이때 자연성장은 하나의 성숙효과라고 할 수 있다. 실험기간이 길 경우 성숙효과의 문제를 충분히 고려하여야 한다.
- 사전조사효과 : 사전조사의 효과는 한 번의 조사경험이 차후의 계속되는 실험조사결과에 영향을 미치는 효과이다. 예를 들면, 청소년 대상으로 새로운 교육프

로그램으로 특별교육을 시킨 후 이 프로그램의 효과를 조사하기 위하여 교육 전 청소년 수학능력(예 : 집중력, 창의력, 성취감)을 조사하고 교육 후의 수학능력을 조사한다고 하자. 이때 처음의 사전 수학능력조사는 조사대상자인 청소년들에게 대답방법, 사고방향, 문제유형 등에 대한 요령을 터득하게 하므로 다음 조사에 영향을 미쳐 보다 나은 점수가 나올 가능성이 있다. 이 같은 사전조사의 효과는 특별교육의 순수효과를 파악하기 어렵게 하며 연구결과의 신빙성과 타당도에 영향을 미친다.

- **표본편중** : 표본의 편중은 실험 이전에 선정한 실험집단과 통제집단 간이 이질적이기 때문에 실험 후의 두 집단의 차이가 순수하게 실험으로 인한 차이로 보기 힘든 경우의 문제이다. 표본의 편중으로 인한 문제를 해소하기 위하여 표집과정에서 보다 세심한 주의가 요구되며 실험집단구성원 또는 통제집단구성원 간의 동질적인 구성원을 표집하고자 하는 노력이 필요하다. 다시 말해, 집단 선정에서 균형화(matching)를 이루기 위한 주의가 필요하다.

앞서의 실험 예를 다시 살펴보면, 청소년을 표본으로 선정할 때 같은 청소년이라 할지라도 편모가정의 여부, 주거지역, 부모의 교육수준 등과 같은 특성에서 처음부터 실험집단 내의 구성원과 통제집단의 구성원들간의 특성이 서로 이질적인 경우 특별교육의 순수효과를 파악하기 어려우므로 여러 특성에서 유사한 집단을 실험집단 그리고 통제집단으로 선정하는 것이 중요하다.

- **실험대상소멸** : 실험대상의 소멸은 실험대상이었던 사람이 실험대상에서 이탈되는 경우이다. 예를 들면, 노처녀들을 대상으로 '위기적 상황에 대한 대처능력' 에 대한 조사를 수집하기 위한 실험을 한다고 하자. 실험대상소멸은 실험을 위해 조치(위기적 상황)를 취한 후 결과를 조사하는 과정에서 실험기간이 길어서 일부 실험대상자가 결혼하여 실험대상에서 탈퇴하는 경우이다. 결혼이 아닌 갑작스럽게 먼 곳으로 이사를 가는 경우도 이에 해당한다. 이와 같은 실험대상의 소멸로 인하여 실험을 효과적으로 수행하기 어려운 상황에 부딪치게 된다. 이 경우 탈퇴한 실험대상자와 여러 특성상 유사한 새로운 대상자를 영입하는 방법이 차선책이다.

(2) 실험법의 장점과 단점

실험법의 장·단점은 〈표 6-7〉에 제시한 바와 같다. 먼저 장점은 크게 두 가지로 설명할 수 있다. 실험법은 연구 목적상 관심 있는 변수만을 선별하여 연구자의 조작 또는 조치에 의해 인과관계를 집중적으로 관찰·분석할 수 있다. 다시 말해, 연구목적에 맞추어 원인을 제공하여 결과변수의 변화를 살펴봄으로써 연구목적을 효과적으로 달성할 수 있는 장점이 있다.

둘째, 원인변수가 결과변수에 미치는 영향력 조사에서 결과에 미칠 수 있는 외생변수(extrageneous variable)를 통제하여 연구의 오차를 줄일 수 있는 장점이 있다. 연구대상이 되는 현상과 관련된 실험변수와 결과변수 이외의 변수는 모두 외생변수로 보는데 과학적인 연구가 되기 위하여 외생변수의 영향력을 제거 또는 방지하여야 한다. 다른 조사방법보다 실험법을 사용하여 자료를 수집할 경우 외생변수의 통제 또는 제거가 수월하여 순수한 실험변수의 효과를 알 수 있는 장점이 있다. 다시 말해, 원인변수의 영향력을 다른 변수의 영향력으로부터 분리할 수 있어 유리하다.

실험법이 갖는 몇 가지 단점에 대해 살펴보자. 실험법이 인위적인 환경(artificial environment)의 조작을 통해 수행되므로 실험대상자들의 행동이나 태도에 반응(reactivity)이나 변화가 올 수 있어 자료의 신빙성과 연구결과를 일반화시키는 데 문제가 발생한다. 실험실에서 실험대상자는 자신이 실험의 대상이라는 것을 인지하므로 평상시와 다른 행동을 보일 수 있다. 둘째, 실험자 자신의 기대감이나 편견이 연구결과에 영향을 미칠 수 있다. 실험진행자 및 연구자는 실험의 목적, 절차 등에 대해 잘 알고 있으므로 사전의 기대감이나 편견이 형성될 수 있다. 이 같은 형성은 실험과정에서 또는 실험결과 분석에서 오류를 범할 수 있다.

셋째, 실험의 대상자 수가 적을 경우 결과를 일반화하는 데 문제가 있다. 실험실에서 실험을 할 경우 통제된 실험을 하기 위하여 적은 수의 실험대상자를 중심으로 실험하는 것이 보통이므로 결과의 일반화에 있다.

〈표 6-7〉 **실험법의 장·단점**

장 점	단 점
• 연구목적에 필요한 변수만의 효과를 효율적으로 조사 가능 • 외생변수 통제의 용이성	• 인위적인 환경 및 조작으로 조사대상자들의 반응의 문제 • 실험주체자의 편견이나 기대감의 실험과정 또는 실험결과분석 시 오류 발생 가능 • 적은 수만 실험 가능하므로 일반화하기 어려움

(3) 순수실험과 현장실험

실험법은 실험을 어디서 하는가, 즉 실험장소에 따라 순수실험과 현장실험으로 분류할 수 있다. 연구목적을 달성하기에 효과적으로 적합한 장소를 선정하게 되는데 이에 대해 자세하게 살펴보면 다음과 같다.

실험을 통한 자료수집은 실험실에서 이루어지는 것이 보통이다. 그런 의미에서 실험실 실험을 순수 실험법이라고 본다. 실험실에서 실험이 이루어지기 전에 조작이나 조치를 위한 사전준비, 실험과정을 위한 준비과정을 통해 실험이 이루어진다. 예를 들면, 비디오 시청을 통한 부모교육의 효과를 실험하고자 하는 경우, 조치(부모교육 실시)를 취하기 이전에 두 개의 부모집단을 대상으로 자녀양육과 관련한 부모의 태도 및 지식을 측정한다. 그 이후 실험집단만을 대상으로 자녀양육과 관련한 교육용 비디오를 시청하게 한 후 두 집단을 대상으로 자녀양육과 관련한 부모의 태도 및 지식을 조사한다. 두 부모집단의 사전과 사후검사의 비교를 통해 교육용 비디오의 효과를 판정한다. 뿐만 아니라 실험집단과 통제집단 간의 비교를 통해 비디오 시청을 통한 부모교육의 효과를 조사한다.[7]

연구목적에 따라서는 실험실이 아닌 현장(field setting)에서 실험이 이루어지기도 하는데 이 경우 현장실험(field experiment)이라 부른다. 실험실 실험이 어려운 경우, 인위적인 조치나 조작이 실험실에서 불가능한 경우, 자연스러운 현장에서 실험하는 것이 효과적인 경우 현장에서 실험을 하게 된다. 우리가 생활을 하고 있는 자연상태하에서, 예를 들면 학교, 유치원, 놀이터, 병원, 쇼핑 센터, 가정 등 조사자가 연구목적에 따라 적절한 현장에서 조치나 조작을 통한 실험 결과를 가지고 자료를 수집할 수 있다. 현장에서 실험을 할 경우 자연적인 상황에 끼여들어 실험을 하게 되므로 사전에 실험방법, 실험과정, 실험 후 자료처리에 대한 세밀하고 구체적인 계획이 요구된다. 현장실험은 현장조사(field study)와 순수실험의 중간단계로 보면 된다. 현장조사는 조치나 조작 등이 없이 그저 현장에서의 관찰, 조사, 면접 등을 통해 자료를 수집하므로 현장실험과는 구별이 된다.

---

7) 이때 앞서 논의한 외생변수의 한 유형인 사전조사 효과를 고려하여야 한다. 부모의 태도 및 지식에 대한 사전조사를 받은 실험집단은 교육용 비디오를 시청하면서 자녀양육과 관련한 정보를 보다 적극적으로 찾게 될 수 있다. 다시 말해, 사전조사가 자녀양육과 관련한 관심과 흥미를 유발할 수 있다. 즉, 사전조사 효과는 내적 타당도의 문제를 일으킬 수 있음을 주지하여야 한다.

현장실험의 이해를 돕기 위해 현장실험의 가상적인 예를 들어보자. 만약 어느 연구자가 소비자들의 환경친화제품에 대한 선호도에 관심을 갖고 할인매장에서 소비자들을 대상으로 실험을 하고자 하였다. 사전조사로서 할인매장에 온 소비자들의 샴푸 및 세제 등 필수제품 구입상황을 관찰한다. 처치 후 조사로서 일부 샴푸 및 세제 제품에 환경친화제품이라는 선전 및 광고물을 부착한 후 소비자들의 구입상황을 관찰하여 광고물 부착 이전과 이후의 소비자들의 선택을 비교할 수 있다. 이 같은 실험은 할인매장이라는 현장에서 실험을 하는 경우이다.

실험의 장소가 실험실이거나 현장이든지 간에 연구설계방법, 자료수집과정, 자료처리방법 등의 측면에서는 큰 차이가 없다. 다시 말해, 실험법의 기본요건인 처치 또는 조작, 사전·사후 검사, 그리고 통제집단은 존재하게 된다. 물론 이 요건 중 일부가 빠지는 실험설계를 계획하여 자료를 수집할 수도 있다. 위의 예제인 환경친화제품에 대한 소비자 선호조사에서 환경친화제품이라는 광고물부착은 조치 또는 조작이 되며, 사전·사후 조사가 있었으므로 실험법의 요건을 갖추고 있다고 할 수 있다.

② 순수실험과 현장실험의 장점과 단점

실험실 실험 또는 순수실험에 대한 자세한 이해를 돕고자 순수실험과 현장실험의 장단점을 〈표 6-8〉에 제시하였다. 현장실험의 장점과 단점을 순수실험과 비교하면서 살펴보자.

먼저, 현장실험의 장점을 살펴보자. 현장실험은 실제 상황에서 이루어지므로 자연스럽게 실험대상자들의 행동을 관찰할 수 있는 장점이 있다. 다시 말해, 실험실에서 실험을 할 경우 처치, 조작 등 인위적인 측면으로 인한 실험대상자들의 반응

〈표 6-8〉 **순수실험과 현장실험의 장·단점**

순수실험		현장실험	
장 점	단 점	장 점	단 점
• 연구목적에 맞도록 실험가능 • 외생변수통제 용이 비용이 낮다	• 인위적 처치 및 조작으로 실험 • 대상자들의 반응문제	• 자연스럽게 실험 가능 • 현실문제에 대한 해결의 용이성 • 일반화가 용이함	• 외생변수통제 어려움 • 정확도 및 실험결과의 질 하락 • 실험 및 통제집단 선정의 어려움 • 비용이 높다.

(reactivity)이나 경직감 등의 문제가 현장실험에서 완화될 수 있다. 또한 실제상황에서 실험이 이루어지므로 이론검증 및 현실문제에 대한 질문을 해결하기가 유용하고 결과에 대한 일반화에 있어서 순수실험보다 유리하다.

현장실험의 가장 큰 단점은 실제상황에서 이루어지는 실험이므로 실험변수의 순수효과를 파악하기 곤란하다. 다시 말해, 조작 또는 처치가 어렵고 외생변수의 통제가 어려운 단점이 있다. 실험실이 아닌 현장에서는 예기치 못한 상황, 통제되지 않는 요인 등이 발생하여 실험의 정확도, 실험결과의 질이 떨어질 우려가 있다. 결론적으로, 순수실험이 일반화의 문제, 즉 외적 타당도의 문제가 심각하다면, 현장실험은 내적 타당도의 문제가 있다고 하겠다. 반면 실험실 실험의 경우 통제, 통제방법, 주위환경이나 상황의 통제 등이 잘 이루어지므로 연구목적에 잘 맞는 실험을 할 수가 있다. 또한 정해진 표본으로 외생변수를 충분히 통제한 상태에서 편리하고 경제적으로 실험을 진행할 수 있는 장점이 있다.

현장실험의 또 다른 문제점은 실험집단과 통제집단을 선정하는 문제이다. 실험실에서 실험을 할 경우 집단의 선정은 사전의 계획이나 원칙에 의해 선정하게 되므로 무선표집(random sampling)이 가능하다. 그러나 현장에서 실험대상집단과 비실험집단을 선정할 경우 무선표집의 어려움이 발생한다. 예를 들면, 위의 환경친화적 상품에 대한 선호도 실험에서 실험대상 집단은 할인매장의 위치나 할인매장의 특성, 실험시간 및 실험시기에 따라 무선표집이 되지 못할 우려가 높다.

끝으로 현장실험의 경우 실험실 실험보다 실험비용이 높다. 실제 현장에서의 조작 및 처치 그리고 관찰 등과 관련한 시간, 에너지, 그리고 화폐적 비용은 실험실에서의 조작 및 처치에 비해 높은 단점이 있다. 특히 현장실험의 문제점인 조작, 처치의 문제 그리고 외생변수의 통제를 줄이기 위한 노력이 많이 요구되므로 시간과 비용이 높아지는 단점이 있다.

(4) 실험설계의 여러 가지 유형

앞서 살펴본 바와 같이 실험법의 기본조건은 조치 또는 처치, 사전·사후조사, 그리고 실험집단과 통제집단의 존재이다. 이 세 가지 조건은 실험법의 기본적 조건이나 연구목적, 필요에 따라서는 이 세 가지 중 어느 조건이 빠지기도 한다. 이 조건들의 충족여부에 따라 실험설계 또는 실험법을 분류할 수 있다. 실험설계의 대표적인 유형을 Touliatos와 Compton(1988)의 분류를 〈표 6-9〉를 중심으로 살펴보자.

① 사전·사후 통제실험설계

실험설계의 가장 대표적인 유형으로 〈표 6-9〉에 나타난 바와 같이 조치를 취하기 전의 사전 및 사후조사(pretest · post-test control group)를 포함하는 설계이다. 또한, 실험집단과 통제집단으로 나누어 조치의 영향력을 조사하는 실험설계방법으로 실험법을 위한 3가지 요건을 모두 갖추고 있는 경우이다.

② 사후 통제실험

사후 통제실험(posttest only control group)설계는 위의 사전·사후 통제 실험설계보다 단순하고 간단한 실험형태이다. 이 경우는 실험법의 기본 3가지 조건 중 사전 조사만이 빠진 경우의 설계방법이다. 〈표 6-9〉에 제시한 바와 같이, 집단을 2개로 나누고 하나의 집단인 실험집단에만 조치 또는 조작을 취한 후 비조치집단, 즉 통제집단과 결과를 비교하는 실험방법이다.

이 실험설계유형에서 확대하여 연구주제 및 목적에 따라서는 한 개의 통제집단에 여러 개의 실험집단을 갖는 형태의 실험설계도 가능하다. 사전조사가 불가능한 경우, 불필요한 경우, 또는 사전조사가 다소 어려운 경우에는 이와 같이 사전조사를

〈표 6-9〉 **면접법의 여러 가지 유형**

실험설계유형	집단개수	집단분류	사전조사	조치/처치	사후조사
사전·사후, 통제실험	두 집단	집단 1 집단 2	v v	v	v v
사후, 통제실험	두 집단	집단 1 집단 2		v	v v
솔로몬 4집단 실험	네 집단	집단 1 집단 2 집단 3 집단 4	v v	v v	v v v v
유사 실험	① 한 집단 ② 두 집단 ③ 한 집단	집단 1 집단 1 집단 2 집단 1	 v v	v v v v	v v v v
시계열 실험	한 집단	집단 1	v v v	v	v v v

출처 : Touliatos와 Compton(1988)의 분류를 재구성

쉬어가는 연구방법과 통계이야기 ▶ **6-6 사용 전과 사용 후의 비교광고**

성급한 단순화의 오류 중에서 대표적인 것은 '사용 전'과 '사용 후'의 비교사진을 보여주는 광고일 것이다. 신문이나 잡지에 흔히 등장하는 비만치료에 대한 광고에는 사용 전의 뚱뚱한 모습과 사용 후의 날렵한 모습이 확연하게 차이를 보이고 있다. 대부분의 경우 사용 전 사진은 흐리게 나타나서 두 사진의 인물이 동일한 사람인지를 확인하기도 어려운 경우가 많다. 그러고는 이런 변화의 유일한 원인이 바로 특정한 치료제나 치료방법이라고 주장한다. 사진에 등장한 사람이 이 치료제 외에도 살을 빼기 위하여 동시에 행했던 식사조절, 운동 등 여러 가지 노력의 공은 모두 특정한 치료제나 치료방법이 차지한다. 이러한 왜곡적인 주장은 광고뿐만 아니라 사람들 간의 대화 속에서도 흔히 나타나므로 그런 주장의 허점을 조목조목 공략할 수 있어야 한다.

출처 : 김진호(2008). **괴짜 통계학**. 한국경제신문사.

제외한 사후 조사만을 갖는 실험설계를 사용할 수 있다. 이 경우 사전조사가 갖는 영향력 또는 사전조사가 사후조사에 미치는 상호영향력을 걱정하지 않아도 되는 장점이 있다.

③ 솔로몬 4개 집단설계

솔로몬 4개 집단설계(Solomon four-group)는 사전조사와 사후조사 그리고 통제집단을 조합하여 4개의 집단으로 분류하여 그 차이를 조사하는 실험설계유형이다. 〈표 6-9〉에 제시한 바와 같이, 두 개의 집단만을 사전조사하고 이중 한 개의 집단만 실험을 위한 조치를 취한다. 사전조사를 하지 않은 두 개의 집단 중 역시 하나의 집단에만 조치를 취한다. 그 후 최종적으로 조치를 취하였거나 취하지 않았거나를 막론하고 4개의 모든 집단을 대상으로 사후조사를 실시한다. 이와 같은 실험설계의 경우 실험을 수행하기 위한 시간과 노력이 다소 필요하나 조치의 순수효과(집단 3과 4의 사후조사 비교를 통하여)와 사전조사의 상호영향력(집단 2와 4의 사후조사 결과를 비교하여)을 모두 조사할 수 있어 연구목적을 효과적으로 달성할 수 있다. 이 방법에서는 사실상 2번의 실험이 동시에 반복적으로 이루어지므로 연구목적을 충분히 달성할 수 있는 이점이 있다.

④ 유사실험설계

유사실험설계(quasi-experimental design) 또는 준실험설계라고 부르는 이 방법은 순수실험설계의 3가지 조건 중 일부가 빠진 형태의 실험설계이다. 이 방법은 주로 현장실험(field setting), 즉 비실험실실험에서 주로 많이 사용된다. 순수실험설계가 불가능한 경우 많이 사용하게 되는데 순수실험설계보다는 다소 열등한 방법으로 완전통제가 가능한 실험만이 실험연구라고 주장하는 학자들은 이와 같은 유사실험설계, 또는 준실험설계를 실험연구라고 보지 않는 학자들도 있다(Touliatos & Compton, 1988).

실험설계와 유사실험설계의 차이는 크게 두 가지로 하나는 실험을 위한 기본 조건 중 하나가 또는 일부가 빠진 형태의 실험이라는 것이다. 이와 같은 맥락에서 어떤 학자는 유사실험을 부분실험설계라고도 부른다. 또 하나는 실험대상자의 표집으로서 유사실험설계에서는 실험대상자를 무선표집할 수 없다는 것이다.

유사실험설계의 대표적인 유형은 위의 〈표 6-9〉에서 제시한 바와 같이 단일집단, 사후 측정설계(one-group posttest only design)가 있다. 통제집단이 없으며, 사전검사가 없이 단지 처치 후의 사후검사만 있는 경우이다. 이 방법은 사전검사를 하기 어려운 경우나 사전검사 없이도 사전 상황에 대해 충분한 정보가 있는 경우에 많이 사용하나 인과성을 밝히는 데 어려움이 있다. 예를 들면, 자동차의 안전도검사를 위하여 자동차를 콘크리트 벽과 충돌시킨 후 자동차 상태를 알아보고자 하는 경우이다.

두 번째 유사실험설계의 유형은 비동질사후설계(posttest-only design with non-equivalent groups)로서 실험집단에게 사전·사후검사를 하고(때에 따라 사전검사를 하지 않기도 함), 통제집단은 사전검사 없이 사후검사만을 하는 경우이다. 이때, 통제집단이 실험집단과 비동질적 집단이어야 한다. 예를 들면, 지진을 당한 집단과 지진을 당하지 않은 집단의 분노에 대한 행동을 비교한다고 하자. 이 경우 지진을 당한 집단과 당하지 않은 집단은 연구목적에 따라 사전에 동일집단으로 구분되지 않은 경우이며 이 두 집단은 동질집단이 아니다.

세 번째 유형은 통제집단 없이 하나의 집단에 대해 사전·사후검사를 하는 경우이다. 예를 들면, 어느 유치원 한 반의 유아 모두에게 현재의 언어발달상태를 조사한 후 컴퓨터를 통한 언어교육 후 언어발달상태를 조사할 경우이다. 이 세 번째의 경우 역시 인과관계를 규명하기에는 부적당하다.

⑤ 시계열 실험설계

시계열 실험설계(time-series design)는 통제집단을 포함하기 어려운 경우 하나의 유사실험설계법의 확대된 형태로 통제집단을 갖기 어려운 경우 사용한다. 이 설계는 시간이 지남에 따라 처치효과의 변화를 측정하고자 하는 실험설계법으로 한 집단만의 사후조사 또는 한 집단만의 사전·사후조사 설계보다 발전·보완된 설계이다. 위의 〈표 6-9〉에서 나타난 바와 같이, 특정한 조치를 취하기 전에 시간의 지남에 따라 3번의 사전조사를 하고 나서 조치를 취한 후 다시 3번 정도 사후조사를 실시하는 경우이다.

5) 현장조사

현장조사(field study)는 질적 연구방법의 대표적인 자료수집방법으로 사람들의 일상의 삶의 현장에서 그들의 행동과 삶을 연구·조사하는 방법이다. 자연환경 또는 삶의 현장에서 자료를 수집한다는 측면에서 다른 조사방법과 구별된다. 인류학자, 민속학자, 사회학자들이 일상의 행동이나 삶에 대한 자료수집을 위하여 현장에 방문 또는 동거를 통해 정보를 수집하는 것이 보통이다. 예를 들어, 노사문제에 대한 연구하고자 할 경우 노사문제가 빈번하게 발생하는 산업현장이나 공장을 선정하여 직접 그 현장에 가서 노동자, 노동조합, 경영주 및 경영자들에 대해 관찰 및 면담 등 다양한 방법으로 자료를 수집하는 경우 현장조사에 해당한다. 필요한 경우 노사협상이 이루어지는 현장 또는 협상장소에 가서 관찰 또는 면담을 통해 자료를 수집하기도 한다.

1920년대 미국 시카고대학 사회학자들은 사회개혁운동의 일환으로 도시빈민의 삶과 생활에 대해 현장조사를 시도함으로써 사회과학분야에서의 현장조사 수행의 시발점이 되었다. 당시, 자료수집방법은 개인적 서류, 이력, 삶의 기록, 일기, 편지, 그리고 조사자의 소극적인 참여를 통해 이루어졌다. 그 후, 현장조사와 관련한 방법적인 발전을 거듭하게 되었고, 연구자의 적극적 참여를 중시하게 되었다(Nachmias & Nachmias, 1987).

(1) 연구자의 역할

현장조사에서 연구자 또는 관찰자의 역할은 지역사회 또는 현장에서의 참여 정도에 따라 참여(complete participant) 조사와 비참여(non-participant) 조사로 구분한다. 연구자 또는 관찰자가 한두 번의 현장방문을 통해 자료를 수집하거나 연구자가 중립적인 입장을 취하면서 자료를 수집할 경우 연구자의 소극적 참여 또는 비참여 조사라고 할 수 있다. 이때 질문지에 기초한 면담, 녹음이나 녹화, 일방경을 사용한 관찰 등의 다양한 방법으로 정보를 얻게 된다. 반면, 연구목적을 충분히 달성하기 위하여 장기간 동안 지역사회 또는 현장에서 숙식, 동거하면서 심층적이고 완전한 정보를 얻기도 하는데 이 경우 적극적 참여 조사라고 할 수 있다. 민속학, 인류학 분야에서 많이 사용하는 방법으로 연구대상 집단의 한 구성원이 되어 그들의 행동, 삶, 신념과 태도 등에 대한 깊은 이해와 관찰을 필요로 하는 경우 많이 사용한다.

(2) 현장접근과 연구대상자 선정

현장조사를 통해 자료를 수집할 경우 가장 중요한 사항은 어떻게 현장에 접근(access)할 것인가 하는 문제와 어떤 연구대상자와 접촉(contact)할 것인가 하는 연구대상자 표집의 문제이다. 이 두 가지는 양질의 자료를 얻기 위하여 매우 중요한 과제라고 할 수 있다.

① 현장접근

연구주제와 관련한 현장접근의 용이성이 가장 먼저 접하는 과제인데, 일반적인 방법은 협조문 보내기이다. 전문가 또는 관련인사의 사전 접촉으로 현장접근의 통로마련을 준비하는 것이 필요하다. 현장책임자 또는 접근하고자 하는 현장의 실무자와 사전 접촉하여 연구자의 소속과 신분 소개, 현장조사의 필요성과 중요성, 현장조사의 취지 및 연구목적 등에 대한 정보제공을 통해 현장조사의 원활한 수행을 위한 협조를 요청한다. 현장에서 연구대상자들의 적극적인 협조의사가 양질의 자료수집의 성패를 좌우하는 만큼, 현장방문 전에 현장접근 및 협조에 대한 충분한 노력이 필요하다.

② 연구대상자 선정

현장접근이 가능해진 경우 현장에서 구성원과의 사회적 관계를 잘 성립하여야 한다. 구성원들에 대한 충분한 이해 또는 친밀한 상호관계는 조사를 수행하기 전에 필요한 과정이다. 어느 정도 조사를 위한 기반이 마련된 후에는 연구조사를 위해 필요한 정보를 많이 갖고 있는 대상자를 선정하여야 한다. 누가 충분한 정보, 정확한 정보를 갖고 있는지에 대한 정보를 입수하는 것이 급선무이다. 결국 현장에서 연구대상자를 선정하는 것 역시 매우 중요한 과제라고 하겠다.

현장조사와 관련하여 연구대상자를 표집하는 대표적인 방법은 크게 3가지이다. 연구목적과 취지에 잘 맞는 대상자를 연구자가 임의로 정하는 경우 의도표집(purposive sampling) 또는 판단표집(judgement sampling)을 사용하고, 연구대상자들의 추천을 받아 그들의 주위 사람들을 대상자로 선정하는 제보자표집(snowball sampling), 그리고 어떤 특성과 기준에 따라 일정한 비율로 대상자를 선정하는 할당표집(quota sampling) 등이 대표적인 방법이다.

의도표집과 제보자표집방법은 연구대상자가 제한적인 경우에 많이 사용하는 표집방법으로, 할당표집의 경우 연구대상자를 무작위로 선정하여 대표성 있는 자료를 수집하여 연구결과를 일반화하고자 하는 경우 많이 사용한다. 의도표집은 현장조사에서 가장 많이 쓰이는 방법으로서 연구자의 사전이해나 지식을 기초로 연구대상자로 적절한 사람을 선택하는 방법이다. 이때에도 현장책임자나 관련자와의 사전 접촉을 통해 연구대상자 선정과 관련하여 자문이나 조언을 받고 또한 협조요청을 해두는 것이 필요하다. 그러나 연구주제가 민감한 경우, 현장책임자나 실무자의 추천이나 선정에만 의존하여 대표성 있는 자료를 수집하지 못하는 경우도 있으므로 주의를 요하기도 한다.

제보자표집방법은 연구대상자 또는 현장책임자들의 조언으로 연구조사에 적절한 대상자를 선정하여 면담 또는 정보를 얻은 뒤 이 사람들을 통해 다시 적절한 연구대상자를 추천받아 선정하는 방법으로 현장조사에서 많이 사용되는 방법이다. 연구주제 및 연구목적이 특정 대상자를 중심으로 조사하여야 하는 경우, 즉 제한적인 표본을 필요로 하는 경우 많이 사용된다.

할당표집은 조사대상자가 많이 필요한 경우 또는 조사결과를 일반화시키기 위한 경우에 많이 사용한다. 양적인 연구에 치중할수록 할당표집을 많이 사용하게 된다.

(3) 수집자료의 처리

현장조사에서 자료수집방법은 연구자의 기록, 녹음이나 녹화, 사진촬영 등 다양한 방법을 사용한다. 장기간의 현장조사의 경우 현장에서 매일매일의 관찰을 기록하는 것이 보통이다. 기록을 할 때는 날짜, 시간, 장소, 주변환경 등에 대한 자세한 기록을 그때그때 해 두며, 시간이 지남에 따라 잊어버리거나 잘못 이해하게 될 우려가 있으므로 관찰 또는 조사 이후 바로 메모 및 정리를 해 두는 습관이 필요하다. 연구자의 편견이나 잘못된 이해 등으로 부정확한 자료를 수집할 우려가 있으므로 조사대상자가 직접 표현한 내용은 직접 인용 방법으로 기록하고, 그 당시의 연구자의 생각이나 느낌 또는 주관적 인상에 대한 기록의 경우 연구자의 의견임을 명확히 표시해 둔다. 다시 말해, 실제 관찰한 사실인지, 연구자의 주관인지에 대한 구별을 해 두어 연구자의 편견이 개입되거나 기억상의 오류가 발생하지 않도록 한다. 한편 전에 발견하지 못한 사실에 대한 정보가 발견된 경우 이에 대한 정보를 적어 두고 추가정보임을 적어 둔다.

현장조사를 통해 자료를 수집하는 경우 질적 연구를 하는 경우가 많은데 필요에 따라서는 자료를 수량화시켜 양적 연구를 할 수도 있다. 필요에 따라서는 두 가지 방법을 병행하여 보다 구체적이고 풍부한 정보를 수집하기도 한다. 따라서 현장조사를 수행하기 전에 연구설계를 명확히 하고, 자료를 어떻게 처리 또는 분석할 것인지를 결정한 후 현장에 접근하는 것이 필요하다. 장기간의 현장조사를 통한 자료수집을 계획한 경우에는 조사과정에서 자료분석을 직접 시행하거나, 그 과정에서 새로운 가설을 세우거나, 또는 기존에 세워 둔 가설을 삭제하기도 하는 등 자료분석, 결과분석, 논문의 작성을 병행하기도 한다.

(4) 현장조사의 장점과 단점

현장조사의 장·단점은 〈표 6-10〉에 정리·요약하여 제시하였다. 현장조사의 가장 큰 장점은 연구자가 연구대상자 또는 연구대상에 직접 접촉함으로써 보다 현실적이고, 자연스러운 일상을 조사하기에 유리하다는 것이다. 연구목적이나 취지가 심층적 조사 또는 일상의 생활을 파악하고자 하는 질적 연구의 경우 현장조사는 매우 유용한 조사방법이다. 객관적이고 일반적인 정보만으로 연구대상에 대한 충분한 연구가 되지 않는 경우 현장조사를 통해 자세하고, 심층적이며, 정서적인 측면의 조사·연구가 가능하다.

〈표 6-10〉 **현장조사의 장·단점**

장 점	단 점
• 현실적이고 자연스러운 일상을 조사할 수 있음 • 질적 연구에 적합	• 자료수량화의 어려움 • 현장에서 외생변수통제의 어려움 • 비용이 높음 • 연구대상자들에 대한 윤리적 문제

현장조사의 단점은 현장에서의 관찰 또는 기록 등을 통해 수집한 자료를 수량화하거나 코딩 처리하기 어렵다는 것이다. 양적 연구의 일환으로 현장조사를 수행할 경우 자료의 기록이 어려운 단점이 있다. 질적 연구의 경우 이 같은 문제가 다소 완화될 수 있으나 연구대상자들에 대한 주관적 해석의 여지를 완전히 없애기는 힘들다. 장기간 그 지역구성원으로 살아가면서 현장조사를 할 경우 객관적이고 중립적인 시각을 잃어 주관적이고 지나치게 조사대상자들의 입장에서 사고하고 판단할 우려가 있다.

둘째, 현장에서 너무 복잡하고 생각지 않았던 많은 변수들이 존재하여 이를 통제하지 못하는 문제가 발생할 수 있는 단점이 있다. 이는 현장에서 직접 조사하므로 발생할 수 있는 문제이다.

셋째, 시간과 노력 등 전체적으로 조사비용이 많이 드는 단점이 있다. 현장에서의 조사는 시간, 에너지, 금전적 비용 등 비용이 높아지게 된다.

끝으로, 다른 자료수집방법에 비해 연구조사 대상자들에 대한 윤리적 문제가 심각하게 대두될 수 있다. 관찰 또는 조사하고 있음을 알리지 않을 경우에도 문제가 될 수 있으며, 연구결과 발표 시 연구대상자들에 대한 직접·간접적인 정보공개로 인한 윤리적 문제가 발생할 수 있다.

2 자료수집과정에서의 오류

자료수집과정에서 발생하는 오류는 크게 표집오류(sampling error)와 비표집오류(nonsampling error)이다. 표집오류는 표본의 선정 또는 연구대상자의 선정과정에서 발생하는 오류이며 비표집오류는 자료수집과정에서 발생하는 오류로서 관찰

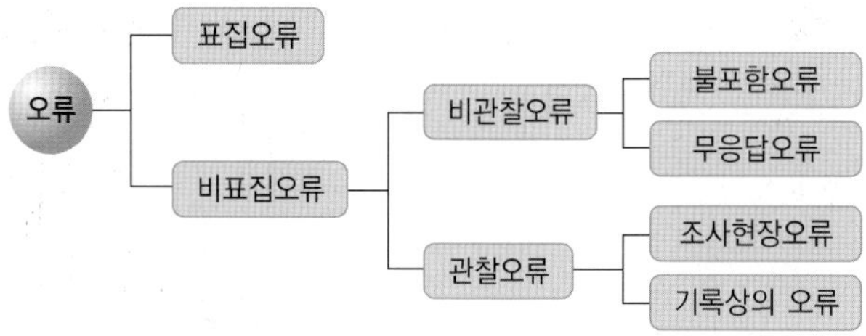

그림 6-2 자료수집과정에서의 각종 오류의 분류

출처 : 채서일(1995). 사회과학 조사방법론(p. 323).

오류와 비관찰오류로 나누어 볼 수 있다.[8] 비관찰오류는 불포함오류와 무응답오류를 포함하며 관찰오류는 조사현장에서의 오류와 기록상의 오류를 포함한다. 자료수집과정에서의 오류에 대한 이해를 돕기 위하여 오류의 형태를 위의 [그림 6-2]에 정리하였는데 이에 대해 구체적으로 살펴보자.

1) 불포함오류

불포함오류는 표본체계가 완전하지 않아 발생하는 오류로서 모집단에는 포함되었으나 사실상 조사대상이 될 가능성이 없어진 경우에 발생하는 오류이다(채서일, 1995). 모집단의 규정이 모호하거나 정확히 규정하기 어려운 경우에 이 같은 오류가 발생한다. 이때 심각한 문제는 불포함오류가 발생하였는지의 여부를 발견하기가 사실상 어렵다는 데 있다. 불포함오류의 대표적인 예를 들면, 전화번호부를 사용하여 무작위로 표본을 추출하는 경우에 발생할 수 있는 오류이다. 전화가 널리 보급되어 전화가 없는 경우 모집단에 포함되지 않는 오류는 줄고 있으나 전화가 2대가 있는 경우, 전화번호부에 누락되었거나 잘못 기재된 경우, 거주지와 현주소가 틀려 완전한 전화번호부를 얻지 못하는 경우 불포함오류가 발생한다.

2) 무응답오류

무응답오류는 응답자가 의도적으로 응답을 거절한 경우, 응답자와의 접근이 어려워 조사대상자에서 누락된 경우 발생하는 오류이다. 연구목적이 대규모 표본으로

8) 표집과 관련한 것은 앞에서 다루었으므로 여기서는 생략한다.

대량의 설문조사를 통해 연구결과를 일반화하고자 하는 경우 이 같은 무응답오류는 문제시된다. 일반적으로 노인, 저학력자, 매우 바쁜 사람 등은 응답을 거절하는 대표적인 집단으로 이 집단들이 응답에 참여하지 않음으로써 대표성 있는 자료를 수집하지 못하게 되어 결과적으로 연구결과의 일반화에 문제가 발생할 수 있다 (Nachmias & Nachmias, 1987).

예를 들어, 가계지출조사를 시행하고자 하는 경우 연구목적상 한 달의 지출상황에 대한 기록을 중점적으로 조사한다고 할 경우 취업주부, 특히 어린 자녀를 가진 매우 바쁜 취업주부의 경우 응답을 거절할 가능성이 높다. 더구나 한 달의 지출상황을 모두 기록한다는 것은 응답자에게 많은 시간과 노력을 요구하므로 시간제약이 심한 주부는 응답을 회피할 가능성이 높다. 또한 평상시에 한 번도 가계부 기록을 하지 않는 주부의 경우도 조사참여를 거절할 가능성이 높다. 응답을 거부한 사람들을 제외한 조사참여자들만을 대상으로 얻은 자료는 응답거절자들만의 공통적 특성(예 : 조사비참여 가계의 무절제한 가계소비지출, 높은 외식비지출경향 등)에 대한 정보가 포함되지 않아 자료의 신빙성에 문제가 있을 수 있고, 연구결과의 일반화가 어렵게 된다. 다시 말해, 응답거절의 문제는 응답을 거절한 사람들의 어떤 특성이 참여자들과 현저한 차이가 있는 경우 심각하다고 하겠다.

3) 조사현장오류

조사현장오류는 면접법이나 관찰법 그리고 실험법을 통해 자료를 얻고자 하는 경우 조사현장에서 많이 발생하는 오류이다. 일대일의 대인면접을 통해 자료를 수집하는 경우 면접자의 외모, 학력, 언어사용, 면접방식 등에 따라 조사대상자의 태도나 행동, 협조의지 등에 변화가 생겨 오류가 발생할 수 있다. 관찰의 경우에도 관찰자의 존재 및 관찰자의 관찰방식에 따라 관찰대상자들의 행동이 달라질 수 있으므로 관찰을 시행하기 전에 관찰방법, 관찰자의 역할, 관찰과정 등에 대한 충분한 계획 및 검토가 필요하며 숙련된 관찰자가 관찰을 하는 것이 바람직하다. 조사현장오류를 줄이기 위하여 면접자 또는 관찰자를 신중하게 선발하여야 하는데 조사대상자와 여러 가지 특성상 비슷한 사람을 선정하는 것도 하나의 방안이다. 그러나 면접대상자와 서로 잘 아는 사이에 있는 사람을 면접조사자로 선정하는 것은 정보수집상의 오류를 낳을 수 있으므로 바람직하지 않다. 선발한 조사자는 철저한 교육을 통해 숙련된 조사자로서 활용하여 보다 양질의 자료를 수집하도록 하여야 한다.

4) 기록상의 오류

기록상의 오류는 자료기록 및 처리과정에서 발생하는 오류로서 어떤 형태의 자료수집방법을 사용하든지 간에 발생할 수 있는 오류이다. 설문조사는 다른 자료수집방법에 비해 기록상의 오차가 적게 나타나기는 하나, 기록상의 오류를 발견하고 수정하기 위한 작업이 필요하다. 설문지조사기록상의 오류를 수정하기 위하여 가장 많이 사용하는 방법은 평균값, 최소값, 최대값을 면밀히 살펴보아 의심이 되거나 상식 밖의 응답을 찾아내어 수정하는 방법이다. 예를 들면, 주부를 대상으로 설문조사를 하였는데 연령의 최소값이 10이었다면 이것은 기록상의 문제임을 쉽게 알 수 있어 교정한다.

면접을 통해 정보를 수집한 경우 면접대상자의 표현이나 대답을 충분히 이해하지 못하거나 오해하여 기록상의 오류가 발생할 수 있다. 어떤 경우는 연구자의 편견으로 인해 응답을 과장하여 기록할 수도 있으므로 주의가 요구된다. 특히 개방형의 질문이나 비구조적인 면접을 통해 자료를 수집할 경우 이 같은 문제가 많이 발생한다. 이 같은 문제를 완화시키기 위해 면접이나 관찰 동안의 대화를 녹음하거나 영상화하여 기록상의 오류를 극소화한다. 이미 녹음 또는 영상화된 자료를 기록함에 있어서도 여러 사람(2~3명)이 코딩 또는 기록한 후 여러 사람이 기록한 자료의 일치 여부를 재검토하여 수정하는 방법을 강구하는 것이 좋다. 또한 기록의 표준화, 객관화를 실행한다. 관찰의 경우 관찰행동의 분류상의 문제, 사건 또는 관찰행동 기록상의 오류 등을 줄이기 위하여 관찰 및 기록의 표준화 또는 객관화를 취하여 기록상의 오류를 줄이도록 노력하여야 한다. 비디오 테이프로 녹화한 후 여러 사람이 테이프로 기록한 것을 비교 또는 중간값을 취하는 것도 하나의 전략적인 방법이다.

지금까지 조사과정에서 발생할 수 있는 오류들에 대해 살펴보았는데, 어떤 형태의 자료수집방법을 사용하든지 간에 발생 가능한 여러 가지 오류를 충분히 감안하여 조사자료의 신뢰성과 타당도를 높이기 위한 노력이 필요하다. 조사 전체를 위한 사전 설계가 명확하고 철저하게 이루어져 오류를 방지하도록 하여야 한다. 다양한 쉬어가는 연구방법과 통계이야기 ▶ **6-7 상어는 남자만 공격한다?**

어느 해 미국 해변에서 일어난 상어 습격의 통계를 보면 희생자의 대부분이 남자로 나타났다. 이 결과를 보고 사람들은 상어들이 여자의 냄새를 싫어하고 남자의 냄새에는 자극을 받아서 공격한다는 엉뚱한 상상을 한다. 과연 그럴까? 대부분의 상어 공격은 해변에서 멀리 떨어진 곳에서 일어난다. 그런데 해변에서 멀리 떨어진 곳까지 수영을 하는 사람들은 주로 남자들이므로 상어 공격의 희생자들 중에 남자들이 압도적으로 많은 것이다. 이처럼 어떤 대상들을 비교할 때 원래 대상들의 크기에 차이가 있다는 사실을 고려하지 않으면 잘못된 결론에 도달하게 된다.

출처 : 한국경제, 1999년 2월 8일

형태의 자료수집방법의 특성과 문제점을 충분히 파악하고 각 자료수집방법과 관련하여 발생할 수 있는 자료수집과정에서의 오류에 대처하기 위한 철저한 노력이 필요하다.

3 자료수집과정에서의 고려사항

양질의 자료를 얻기 위하여 그리고 자료수집을 성공적으로 수행하기 위해 연구자는 몇 가지 고려하여야 할 점이 있다. 응답거절, 부실기재된 설문지, 연구대상자에 대한 윤리적 문제 등이 그것이다. 이에 대해 구체적으로 살펴보자.

1) 응답거절의 문제

설문지조사를 통해 자료를 수집하는 경우 무응답과 응답거절에 대한 문제가 발생한다. 그중에서도 우편을 통한 설문지조사의 경우 무응답과 응답거절의 문제가 더욱 심각하다. 따라서 앞서 논의한 바와 같이 연구결과에 부정적 영향을 미칠 수 있는 응답거절률을 낮추기 위한 다양한 전략을 구사해야 함은 물론이다. 이때 응답거절과 관련하여 주의할 것은 연구조사 결과를 발표할 때 응답거절률을 알려야 한다. 조사자료의 신빙성문제가 대두될 것을 우려하여 응답거절률을 숨기거나, 임의로 다른 표본을 모집단에 추가시켜 응답거절률을 낮게 보이도록 하는 것은 바람직하지 않다.

응답거절률을 줄이기 위한 최대한의 노력에도 불구하고 응답거절률이 높은 경우 여러 가지 대안을 고려해 보아야 한다. 가장 간편한 방법은 유사한 주제나 연구목적으로 연구를 수행한 기존의 선행연구결과와 비교하여 높은 응답거절률로 인한 연구결과의 신빙성 여부를 검증한다.[9] 불가피한 경우 무응답자들의 특성을 유추하여 이에 가중치를 두어 자료를 재조정하는 방법을 사용한다(채서일, 1995).

2) 설문지 부실기재의 문제

실험설계를 통한 자료수집이나 조사자가 기록·관찰하는 자료수집방법과는 달리, 설문지조사의 경우 응답자가 스스로 기재하므로 부실기재된 설문지가 속출한다. 주로, 일부 문항에 대한 무응답이 많은 경우로서 전체 설문지 문항의 1/4 또는 1/5 이상 무응답한 경우는 폐기하여야 한다. 따라서 부실기재된 설문지의 경우 가능하다면 재조사 또는 추가조사를 통해 무응답문제를 해결한다. 전체문항 중 극소수의 문항에 대해 무응답한 경우 여러 가지 방법으로 부실기재 문제를 해결할 수도 있다. 예를 들면, 다른 문항에의 응답을 통해 빠뜨린 문항의 답을 유추할 수 있는가를 살펴본다. 표본의 수가 적어 연구의 어려움이 높은 경우 다른 응답자들의 평균 응답값을 취하여 사용하기도 한다.

3) 조사대상자에 대한 윤리적 문제

인간을 대상으로 하는 사회과학 분야 연구 및 생활과학 분야 연구에서 조사대상자들의 권리, 및 복지에 관한 윤리적 문제(ethic issues)를 고려하여야 한다. 자료수집과정과 연구발표와 관련하여 응답자의 권리, 자존심, 위험, 비밀누설 등에 관한 연구자의 주의가 요구된다. 바비(Babbie, 1983)에 의하면 연구자는 조사대상자의 참가의 자유, 조사참가로 인한 위험, 익명, 비밀보장 등의 사항에 대해 충분히 고려하여야 한다고 하였다.

우리나라의 경우 설문지조사와 관련하여 조사대상자들과의 마찰 또는 윤리적 문

9) 무응답자만을 모집단으로 하여 표본을 다시 설정한 후 이 표본을 중심으로 재조사를 실시한다. 재조사한 자료를 가지고 분석한 결과와 처음의 연구결과, 즉 무응답자를 제외한 자료를 가지고 분석한 결과와 비교한다. 이때 결과상의 큰 차이가 발견된다면 원점으로 돌아가 무응답자들에 대한 추가조사를 실시한다.

제가 심각하게 발생하지 않는 편이며, 많은 조사대상자들이 우호적으로 협조하는 편이다. 그러나 서구 나라에서는 조사대상자와 연구자 간의 갈등 또는 연구결과 발표와 관련하여 사회적 물의를 빚는 경우가 종종 발생하며, 심하게는 법적 소송까지 제기되기도 한다.

이 같은 사회적 분위기 때문에 서구 나라에서는 자료수집요청 이전에 조사참여에 대한 동의서 또는 허락서(consent form)를 받는 것이 보편화되어 있다. 질문지조사, 면접, 관찰, 실험 등 어떤 방법으로 자료를 수집하든 간에 사전에 조사에 참여하겠다는 동의서 또는 허락서를 받는 것이 필요하다. 미국의 경우 정부로부터 프로젝트를 수여받아 연구수행 시 조사대상자로부터 참여 허락서 또는 참여 동의서를 받도록 의무화하고 있다(Nachmias & Nachmias, 1987). 동의서를 받을 때 조사과정, 조사로 인한 위험이나 불편함의 발생 가능성, 조사로 인한 이익이나 혜택, 조사대상자에게 유리한 적절한 차선책에 대한 정보, 조사과정 중 조사참여의 거절이나 취소의 자유 등에 대한 충분한 정보(informed consent)를 조사대상자에게 알리도록 하고 있다(Nachmias & Nachmias, 1987). 이 같은 조사대상자보호에 관한 미국정부

조사참여 동의서 양식의 실례

본인은 년 __월 __일 focus group interview에 자의적으로 참여할 것을 동의합니다. 모든 질문에 본인은 믿을 만한 정보를 제공할 것이며, 본인의 응답은 어떤 방식으로든 본인의 신원이 밝혀지지 않도록 다른 응답자들의 응답과 함께 섞여서 보고 될 것입니다. 면접은 비디오 테이프를 통해 이루어질 것이며, 이 테이프는 단지 연구과정의 정확한 기록으로서 연구목적에만 사용될 것임을 알고 있습니다. 본인은 어떤 질문에는 응답하지 않을 수도 있으며, 언제라도 면접을 중단할 것을 본인이 선택할 수 있음을 알고 있습니다.

날 짜 : ____________

서 명 : ____________

그림 6-3 조사참여 동의서 양식의 실례

의 조치는 광범위하게 인정되어 학위논문은 물론 대부분의 연구수행 시 조사대상자들에게 참여 허락서를 받고 있다. 미성년자나 아동의 경우에도 부모에게 조사계획을 알리고 부모로부터 동의서를 받는 것이 일반화되어 있다.

아직까지 우리나라에서는 사전동의서 또는 허락서를 받는 것이 보편화되어 있지 않으며, 의무화되어 있지 않으나 조사대상자들을 보호한다는 의미에서 사전동의서를 받는 절차가 필요하다. 조사 또는 질문과정에서도 조사대상자를 보호하기 위한 여러 가지 노력을 하여야 한다. 어떤 정보를 얻기 위해 심문조로 질문하거나, 자존심을 건드리는 행위나 질문은 하지 않아야 하며 응답자의 기분을 상하게 하거나, 꺼리는 질문에 강제적으로 응답하도록 해서는 안 된다.

연구문제

1 시간과 노력 그리고 금전적 비용 측면을 중심으로 여러 자료수집 방법에 대해 비교·평가하라.

2 우리나라에서 우편설문조사를 실시할 경우 발생할 수 있는 어려움 또는 문제점에 대해 설명하라.

3 노인을 대상으로 하는 연구에서 자료수집방법 시 고려해야 할 것들에 대해 서술하라.

4 관찰법을 사용하여 연구를 수행할 수 있는 연구문제를 하나 선정하라. 또한 그 주제를 연구하기 위해서 특히 관찰법이 자료수집방법으로 필요한 이유에 대해 논의하라.

5 IQ 테스트를 중학생을 대상으로 2개월 간격으로 2회 실시할 경우 나타날 수 있는 문제점을 나열하라.

6 조사대상자에 대한 윤리적 문제를 해결하기 위한 방안을 제시해 보자.

CHAPTER 7 인터넷 자료조사

인터넷 자료조사란 인터넷을 이용한 조사기법의 일종으로 많은 사람에게 답변을 받아야 할 때, 단기간에 많은 정보를 얻고자 할 때 유용하다. 최근 스마트폰, 태블릿 PC 등이 일상화되어 인터넷으로 자료를 수집하는 경우가 많아지고 있는데 많은 사람들에게 동시다발적으로 답변을 받을 수 있기 때문에 더욱 각광받는 조사방법으로 대두되고 있다. 인터넷으로는 조사대상자의 사적 정보나 신상을 파악할 수 없어 솔직하고 진솔한 대답을 이끌어 낼 수 있으며 대면조사보다 시간을 용이하게 사용할 수 있다는 점이 인터넷 자료조사가 가진 장점이다. 시공간을 초월한 조사가 가능하며, 다양한 방법으로 응답자들을 모을 수 있어, 인터넷 자료수집방법은 장점이 많다. 인터넷 이용자의 급격한 증가와 더불어 면접원의 방문에 따른 응답거부와 무응답이 증가하는 상황에서 인터넷을 활용한 조사방법의 가치는 더욱 높아지고 있다. 여기서는 인터넷 자료조사에 대해 구체적으로 논의하고자 한다.

1 자료수집방법의 발전과정

과거 전화가 도입되면서 일대일면접을 통한 자료수집방법은 전화조사법의 등장으로 많은 변화를 맞은 바 있다. 그런데 최근 컴퓨터가 자료수집에 활용되면서 자료수집방법의 변화는 더욱 속도를 더하게 되었다.

컴퓨터 활용 자료수집방법은 CADC(Computer Assisted Data Collection), 또는 CAI(Computer Assisted Interviewing)라고 부르는데 크게 세 가지로 구분할 수 있다.

첫째, CATI(Computer Assisted Telephone Interviewing)이다. 이는 컴퓨터를 이용한 전화조사법의 전형으로 조사자는 모니터에 나타난 설문을 전화로 질문하고 조사대상자의 응답은 조사자에 의해 컴퓨터에 입력한다(Nicholls & Groves, 1986).

둘째, CAPI(Computer Assisted Personal Interview)로 조사자는 노트북 컴퓨터를 갖고 조사대상자의 집을 방문하여 일대일면접을 컴퓨터를 이용하여 진행한다. 수집된 결과는 모뎀이나 전자메일, 디스켓을 이용하여 취합한다.

셋째, CASI(Computer Assisted Self Interviewing)로 앞의 두 방법과 달리 조사원이 없다. 조사대상자가 스스로 질문을 읽고 스스로 응답을 입력한다. 이 방법은 조사자가 함께 있지 않고 응답자에게 모든 것을 맡기는 것이 문제가 될 수 있다. 이에 대한 대안으로 개발된 것에는 CASI에서 조사자가 도움을 주는 CASIIP(Computer Assisted Self Interviewing with Interviewer Present, Scherpenzeel, 1995)나 디지털 음성이나 테이프로 질문을 읽어 주는 Audio-CASI 등이 있다.

그런데 최근 인터넷이 실용화되면서 인터넷을 활용한 자료조사방법이 적극 활용되고 있다. 인터넷 자료조사란 인터넷 사용자들을 대상으로 웹이나 전자메일을 이용하여 설문을 진행하고 응답하는 일련의 행위를 말한다. 인터넷이라는 수단을 이용하여 설문지를 작성하고 응답자를 선정하며, 응답자의 응답내용을 자료로 만들고, 그 자료를 통하여 원하는 통계분석 결과까지 해결하는 원스톱(one-stop)개념의 조사 방식으로 일련의 통합조사방법의 형태로까지 확장되고 있다.

우리나라의 경우 1997년 KISSNET을 필두로 언론사나 기업체에서 포털사이트를 자료수집방법으로 이용하기 시작하여 최근 각 언론사와 방송사 및 여러 여론조사기관에서 인터넷을 적극 활용하고 있다. 2000년 4·13총선의 여론조사는 우리나라에서 인터넷 자료조사를 선거여론조사에 활용한 원년으로 기록되고 있다.

인터넷 자료조사 방법을 과거의 방법과 비교해 보자. CADC의 경우는 수집된 자료가 모두 취합된 상태에서 자료분석을 실시한다. 부분적 취합상태에서 자료분석이 가능하지만, 매번 자료의 취합과정을 거쳐야 한다. 이에 비해 인터넷 자료조사는 자료의 취합을 자동으로 처리하며, 자료의 취합과정 중에도 자료에 대한 실시간 분석이 가능하다. 즉, 조사진행자가 조사 진행과정 중에 수립된 자료에 대하여 실시간으로 자료를 검색하고 분석하는 것이 가능하다. 이러한 실시간 분석기능은 취합과정에서 데이터베이스와의 원활한 연결기능과 웹 OLAP(On-line Analytical Process)을 구현할 수 있기 때문이다. 결국 인터넷 자료조사는 단순히 웹을 이용하여 응답을 받고 자료를 저장하는 것 이상을 의미하며, 데이터베이스 연동기술, 실시간 자료처리기술 등이 융합된 조사방법이라 할 수 있다.

2 인터넷 자료조사의 특징

1) 인터넷 자료조사 대상선정방법

인터넷 자료조사는 HTML이라는 언어를 사용하여 자료조사 내용이 웹사이트에 올려진다. 인터넷, 즉 인터넷(on-line)상으로 응답자를 모집할 수 있으며, 그 후 전통적 방법인 우편이나 전화 등과 같은 고전적인 방법을 이용하여 자료조사 대상을 모집할 수 있다. 이 경우 응답자는 특정한 웹사이트를 방문하여 지시에 따라 설문에 대한 응답을 하게 된다.

표본추출방법은 크게 세 가지이다. 첫째, 설문작성에 참여하기를 원하는 모든 인터넷 이용자들에게 개방되는 무제한적인 방법이다. 이 경우 자기선발 편의(self-selection bias) 문제가 발생한다. 둘째, 확보하고자 하는 표본의 특성에 기초하여 부과된 할당(guota)에 의해 응답자를 선정하는 것이다. 선발기준은 주로 인구통계학적 특성인 경우가 많다. 셋째, 패널(panel)을 모집하여 표본의 특성을 명확히 하는 방법이다. 조사하고자 하는 대상과 특성이 일치하는 패널을 선정(모집)한다.

인터넷 설문조사의 가장 큰 문제는 대표성에 관한 것이다. 인터넷 조사에 참여하는 이들이 과연 모집단을 대표할 수 있을까? 이는 팩스를 활용한 설문조사나 전화기가 일반적으로 보급되기 전에 실행했던 전화 설문조사에 대한 비판과 유사하다. 따라서 위의 세 가지 방법 중 어떤 것을 사용하든 대표성 확보에 주의를 기울여야 한다.

2) 인터넷 자료조사방법의 유형

인터넷 사회조사는 인터넷, 인터넷 서비스, 인트라넷 등 컴퓨터 통신망상에서 이루어지는 사회조사를 통칭하는 용어이다. 인터넷 자료조사는 질문 내용이 질문지나 면접원의 구술이 아닌 컴퓨터 화면장치로 전달되며, 응답 내용의 처리, 부호화과정, 자료입력과정이 통합되어 컴퓨터에 의해 이루어진다. 이러한 특성 때문에 인터넷 사회조사에서는 사용자가 화면장치를 통하여 접하게 되는 고객응용프로그램의 방식과 서버 컴퓨터의 자료기록과정이 중요한 역할을 담당한다. 인터넷 사회조사는 표집방법(sampling frame), 응답자들과의 접촉 방식, 질문지의 형태 등을 기준으로 몇 가지로 유형화시킬 수 있다. 특정한 사이트나 메뉴에 접속하는 사람들이 자발적으로 참여하는 방문자조사, 미리 선정된 회원이나 가입자를 대상으로 하는 회원조사, 전자 설문조사, 전자우편 사용자를 대상으로 하는 전자우편조사 등이 있다.

(1) 회원조사

회원들에게 전자우편 또는 우편(전화) 등으로 조사에 참여해 줄 것을 공지한 후 응답하게 하는 방법이다. 선정된 조사대상자들에게는 등록된 회원정보를 기초로 전자우편이나 전화를 이용하여 조사 참여를 공지하며 질문지는 웹문서로 작성된다.

(2) 방문자조사

방문자조사는 특정한 사이트나 메뉴에 조사에 대한 링크나 배너를 만든 후 사용자들이 자발적으로 조사에 참여하는 방식이다. 이 조사에서 확률표집은 특정 사이트에 들어오는 모든 이용자들에게 조사를 노출시키는 것이 아니라 무작위로 선별하여 조사에 참여시키는 경우 가능하다. 방문자조사의 질문지 형식은 인터넷의 경우

〈표 7-1〉 **인터넷 자료조사 유형의 특성 비교**

조사의 유형	표집틀	응답자 접촉	질문지 형태	사이버 공간
회원조사	회원 DB	전자우편	웹문서	인터넷
방문자조사	–	배너/링크	웹문서, 전자설문	인터넷 서비스
전자우편조사	전자우편목록	전자우편	텍스트 문서, 일반 문서	인터넷 서비스
전자설문조사	가입자 DB	전자우편	전자설문	인터넷 서비스

웹문서로 작성되는 것이 일반적이며 인터넷 서비스에서는 텍스트 방식의 전자설문이 대부분이다.

(3) 전자우편조사

설문지를 텍스트 파일 형식으로 작성하여 확보된 이메일 주소록의 대상자들에게 전자우편의 형태로 송신한 후 응답자가 응답한 내용을 수신하는 자료수집방법이다. 전자우편에 질문지를 조사대상자들에게 발송하고 응답자들의 완성된 질문지를 회신받는 방법이다. 전자우편의 경우 일반 우편보다 신속하게 오갈 수 있고, 질문지를 다수의 수신자들에게 효율적으로 발송할 수 있다.

(4) 인터넷 표적집단 면접법

인터넷상에서 표적집단 면접을 수행하는 것으로 약 6명 정도의 응답자들이 1명의 토론 중재자의 도움을 받아 인터넷상에서 특정 주제에 대해 자신의 의견을 피력하게 하는 것이다. 기존의 오프라인 표적집단 면접법에 비해 쉽고, 경제적으로 양질의 정보를 획득할 수 있다.

(5) 전자설문조사

회원조사와 방문조사의 중간 유형으로 인터넷 서비스에서 실시되는 사회조사를 일반적으로 지칭하는 것이다. 가입자의 데이터베이스에 있는 사람을 조사대상으로 질문지를 게시하여 응답자를 모집하는 방법이다. 가입자의 데이터베이스를 근거로 한다는 점에서 회원조사와 유사하지만, 조사대상 선정은 편의표집방법이다. 기술적으로는 가입자 데이터베이스를 토대로 하여 확률표집을 하거나, 방문자조사와 같이 무작위로 조사를 노출시키는 방식이 가능하다.

3) 인터넷 자료조사의 장점과 단점

인터넷 자료조사방법의 장점을 살펴보자.

(1) 장 점

첫째, 인터넷 자료조사의 가장 큰 장점은 비용이 적게 든다는 것이다. 조사내용에 따라 상이하지만 대략적으로 전화조사의 경우 50% 정도 데이터베이스를 이용한 우편조사의 경우 20% 정도로 비용이 저렴한 것으로 알려지고 있다. 즉, 금전적으로나 시간적으로 비용이 절감되고 자료입력의 노력이 경감될 수 있다. 인터넷 설문조사는 인터넷이 가지는 시간의 지속성으로 인해 기존의 일반 사회조사에 비해 시간과 비용, 노력의 막대한 절감을 가져올 수 있다. 표본의 수가 많아져도 추가 비용이 거의 들지 않는다는 점도 금전적인 면에서의 큰 장점이라고 할 수 있다.

둘째, 조사 소요기간이 짧다는 장점이 있다. 인터넷 자료조사는 기상상태 또는 시간대의 제약이 없을 뿐만 아니라, 전화조사가 2~3주, 우편조사가 4~6주 정도 소요되는 것에 비교하면, 인터넷 자료조사는 2~3일 정도로 1/7에서 1/14 정도로 조사 소요기간이 단축될 수 있다.

셋째, 인터넷 자료조사에서는 표본추출이 용이하고 설문지 제작 시 그래픽, 음성 또는 동화상을 이용할 수 있어 응답자의 이해도를 증진시킬 수 있고 응답률을 높일 수 있다.

넷째, 조사자와 응답자 간 의사소통을 원활히 함으로써 정성적 자료를 수집할 수 있을 뿐만 아니라 추가조사 또는 재조사가 가능하다.

다섯째, 자료수집과 처리가 신속하고 빠른 시간 내에 많은 응답을 기대할 수 있기 때문에 조사결과의 실시간 제공이 가능하다. 인터넷 설문조사는 데이터 코딩 없이 통계처리 단계로 바로 진입할 수 있기 때문에 자료의 수집이 신속하며 동시에 자료의 처리도 빠른 것이 특징이다. 또한 이러한 특성은 신속한 결과가 필요한 조사(예 : 선거의 여론조사, 신상품반응 조사, 광고 카피 조사 등)에 매우 유용하게 사용될 수 있다.

여섯째, 시각적 자료의 활용이 가능하다. 인터넷 설문조사는 장래에 통신 인프라 장비에도 의존하지만, 인터넷 독자의 멀티미디어적 방법에 의해 조사도 가능하게 된다. 화상이나 음성을 제시하여 이미지를 응답하게 하는 것도 가능하다. 프로그램 언어인 HTML 또는 CGI를 이용한 질문지를 멀티미디어형 질문지(영상, 음성제시의 질문지), 하이퍼 링크질문지(복수의 질문지의 링크에 의해 복잡한 질문구성이 가능), 인터렉티브 질문지(대화형으로 응답 패턴이 다른 메시지를 다시 보내거나 재질문이 가능)의 세 가지로 분류할 수 있다. 멀티미디어형 질문지에서는 3차원 화상, 비디오 영상, 음성제시 등이 가능한 조사표로서 사진이나 일러스트에 비해 훨씬 리

얼리티 있는 조사가 가능하다. 또한, 이러한 특성을 이용하여 응답자의 흥미를 유발시킬 수 있다. 이 조사기법은 다양한 화상 이미지 전달이 가능함에 따라 신제품 콘셉트 테스트, 광고 스토리 보드와 카피 테스트 등 기존의 설문 조사방법으로는 불가능했던 영역 특히 음성이나 비디오 회상을 실시간으로 표현하는 것이 가능하다. 케이블 TV망이나 고속, 대용량의 통신회선이 무리 없이 사용되는 환경이라면 조사화면상에서 텔레비전 CM을 보고 인지도나 평가를 행할 수 있고, 움직이는 3차원 화상을 이용한 상품조사 등에도 활용할 수 있다. 최근 현대 사회가 통신과 방송, 컴퓨터와 통합을 지향한다고 할 때 인터넷 자료조사의 효용성은 더욱 증폭될 것이다.

일곱째, 전국조사 및 국제비교조사가 용이하다. 인터넷 망이 한 나라의 범위를 넘어 전 세계를 묶는 망이기 때문에 대상범위가 국내에만 한정되지 않고 전 세계로 확대됨으로써 나라 간에 비교연구나 국제조사와 같은 대규모적인 조사가 가능하다. 또한, 국내적으로도 지역 간에 동시다발적인 조사가 가능하다는 장점을 갖고 있다.

여덟째, 오류의 가능성을 사전에 점검할 수 있다. 인터넷을 통한 조사는 예비조사를 쉽게 행할 수 있기 때문에 조사과정에서 발생할 체계적인 오류의 가능성을 사전에 잘 점검할 수 있다. 응답자의 응답이 바로 전자적 데이터로 되기 때문에 집계가 용이하고 중간집계 등으로 응답상황을 조사자가 파악할 수 있다.

아홉째, 인터넷 자료조사 참여자에 대한 DB 구축이 가능하다. 인터넷 설문조사에 참여한 응답자와 조사자 간에 장기적 관계의 성립이 가능하다. 하지만 유의할 점으로 응답자의 프라이버시 보호 차원에서 조심스럽게 접근해야 한다. 인터넷 자료조사 자료는 텍스트 자료, 차트 등으로 보존할 수 있다.

(2) 단 점

인터넷 자료조사의 단점을 살펴보자. 첫째, 인터넷 자료조사는 무응답자에 대한 보조적인 자료수집방법을 병행하기 어렵다. 주어진 기간 내에 응답이 없을 경우에는 설문시의 반복적인 전송과 응답의 재촉은 가능하지만, 설문지 분실 또는 응답자의 수신 여부에 대한 확인이 불가능하다.

둘째, 웹페이지를 이용한 조사에서는 간단한 질문만 가능하고, 조사도구 또는 컴퓨터 운영체제와 브라우저에 따라 호환성에 제한이 있을 수 있다.

셋째, 일반적인 모집단을 대표할 수 있는 표본추출 틀을 얻을 수 없는 경우가 많다. 인터넷 이용률이 70~80%가 되더라도 인터넷을 사용하지 않는 집단과 이용하는 집단 간의 특성이 다를 수 있으므로 인터넷 비이용자에 대한 별도의 분석이 필요하다.

넷째, 설문의 양에 대한 제한을 지닌다. 인터넷 설문조사의 문항 수는 평균 20항목 이내의 짧은 설문이 대부분이다. 동시에 인터넷 설문조사는 대부분 폐쇄형 질문의 형태를 띠고 있으며, 개방형의 경우에는 매우 짧은 답을 요구하는 경우만 사용가능하다.

다섯째, 인터넷 자료조사 거의 대부분이 비확률적 표집추출방법에 근거하여 대표성이 떨어진다. 예를 들어, 배너광고를 통해 인터넷 사용자들을 끌어들여 1만 명의 응답을 하루만에 얻어냈다고 하자. 이 경우의 조사는 전체 인터넷 사용자 중 해당 배너광고를 본 사람, 그중에서도 배너광고를 클릭한 사람, 또는 그중에서 끝까지 설문조사에 응답한 사람의 결과이기 때문에 일부 특정그룹의 결과요약에 불과할 수 있다. 또 다른 예로써 이메일 조사의 경우 해당 모집단의 전체 이메일 리스트를 가지고 있는 것이 거의 불가능하기 때문에 비확률적 추출의 문제점을 피할 수 없는 단점을 가지고 있다. 인터넷 사용자는 일반인에 비해 젊고 교육수준이 높은 성향을 보이고 있으며, 정치, 사회문제에 적극적인 참여성향을 보이며, 기술 수용에 개방적이기 때문에 인터넷 자료조사결과를 일반인에게 그대로 적용하기 어렵다. 즉, 설문에 응답한 응답자의 속성과 행동, 의식이 편향되어 있기 때문에 조사결과의 일반화가 곤란하다.

여섯째, 인터넷 설문조사는 조사자와 조사대상자 사이에 상호신뢰를 형성하기가 힘들다. 기존의 대면적 관계에서 행하던 사회조사나 전화조사의 경우에는 조사대상자들의 심리적 상황 및 태도를 직접 감지하면서 조사의 전체적 과정을 조절할 수 있었으나, 인터넷 자료조사는 비대면적조사로써 응답과정 속에서 조사대상자들이 체계적인 오류의 가능성이 있다.

4) 인터넷 자료조사의 오차요인

인터넷 자료조사의 경우 오차요인은 크게 표본오차와 비표본오차로 나눌 수 있다. 표본오차에는 모집단의 문제와 표본에 대한 접근성 문제가 있고, 비표본오차에는 면접원의 편향, 응답자 관련오차, 측정도구 관련오차가 있다.

(1) 표본오차

① 모집단의 문제

인터넷 자료조사는 네티즌을 대상으로 하기 때문에 전 국민을 대상으로 하는 전화조사에 비해서는 모집단 편향의 가능성, 즉 모집단의 비대표성 문제가 상대적으로 더 높다. 그러나 전화조사를 위한 모집단이 되는 전화번호부 등재율이 70%라는 점을 감안하면, 인터넷 조사도 충분한 네티즌의 자료를 확보한다면, 표본의 대표성에서 전화번호부에 상응하는 모집단을 갖출 수 있다.

② 표본에 대한 접근성 문제

인터넷 자료조사에 있어서 표본에 대한 접근성, 즉 조사자가 조사대상자들과 접촉하여 성공하는 확률은 4.5% 정도로 추정되고 있다. 이 확률은 인터넷 자료조사가 전화조사에 비해 응답자에 대한 접근율이 크게 떨어지지 않는 것을 보여 주는 것이다.

③ 표본오차의 개선방안

인터넷 자료조사의 체계적인 편향을 극복하기 위한 방안으로, 기존의 2차 자료(통계청 인구센서스 자료 등)를 준거로 하여, 표본오차를 최소화하기 위한 가중치 최적화모델을 만들 필요가 있다.

(2) 비표본 오차

인터넷 자료조사는 전화조사에 비해 상대적으로 비표본오차의 가능성은 낮은 편이며, 특히 면접원들이 면접과정에서 만들어 낼 수 있는 면접원 편향과 응답자들의 소극적인 태도로 야기되는 무응답률(태보유보)에 따른 오차요인은 전화조사에 비해 매우 낮다.

5) 인터넷 자료조사 시 주의사항

인터넷 자료조사에서의 가장 큰 문제점은 대표성 있는 표본을 어떻게 구성하느냐하는 것이다. 이외에도 인터넷 자료조사를 수행할 경우 주의해야 할 사항에 대해 살펴보자.

(1) 모집단의 규정과 표본추출 틀의 구성

인터넷 자료조사에서는 연구목적에 합당한 목표 모집단의 규정이 곤란할 뿐만 아니라 목표 모집단을 설정했을지라도 목표 모집단을 대표할 수 있는 표본추출이 쉽지 않다. 인터넷 이용자들 중에서 자발적인 조사참여자만을 대상으로 한 결과는 대표성을 갖기 어렵다. 인터넷 자료조사에서 모집단 대표성 문제와 관련하여 조사자가 유의할 사항은 다음과 같다.

첫째, 인터넷 자료조사가 어떠한 모집단을 대표할 수 있도록 설계된 것인가를 확인하여야 한다. 둘째, 인터넷 자료조사의 표본이 어떻게 추출되어졌는지를 확인하여야 한다. 대부분의 인터넷 자료조사는 우연히 웹사이트를 방문한 사람들을 대상으로 조사되는 경우가 많은데 이 경우 모집단을 대표한다고 보기 어렵다. 셋째, 사람들이 중복 응답을 할 수 없도록 연구자가 특정 조치를 취하여야 한다. 넷째, 자료에 어떤 가중치가 적용되었는지를 확인하여야 한다. 조사 자료가 어떤 변수와 높은 상관관계가 있는 경우 가중치 적용을 통하여 편향과 오차를 효과적으로 줄일 수 있기 때문이다. 다른 자료수집방법보다 무응답률이 높게 나타나는 단점이 있다. 응답률이 낮은 경우에는 오히려 연구가 지연되므로 무응답률이 높은 점을 해결해야 할 것이다. 설문지의 반복적인 전송과 응답의 재촉은 가능하지만, 응답자의 수신 여부를 확인하는 것이 불가능하다는 것이 문제이다. 다섯째, 응답자 주위의 제3자의 의견이 조사에 반영될 가능성 또한 배제할 수 없다. 정확한 조사가 진행되지 않을 수 있다는 것이다. 그리고 인터넷을 이용하다 보니 컴퓨터 운영체제와 브라우저에 따라 호환성에 제한이 있을 수 있다는 것이 단점이다.

(2) 유효표본의 크기와 접속자의 사회경제적 속성

인터넷 이용자들의 접속시간이 연령대별, 교육수준별, 직업별로 상이한 주기를 갖고 있거나 요일별로 분포가 다를 경우 조사기간의 결정이 응답률에 영향을 줄 수 있기 때문에, 유효표본의 크기를 정할 때 접속지간에 대한 특성을 파악해야 한다. 중복 응답자들을 식별하기 힘든 것도 해결되어야 할 문제이다. 불순한 의도를 갖고 있는 중복 응답자들에 의해 편향된 조사결과는 타당성과 정확성 측면에서 문제가 될 수 있다. 인터넷 사용자의 특성을 조사한 자료에 의하면, 우리나라 인터넷 이용자는 2개 이상의 이메일 계정을 갖고 있는 것으로 되어 있기 때문에, 사용자 신분을 확인할지라도 중복응답을 방지하기는 어렵다.

(3) 인터넷 환경에 대한 고려

응답자의 인터넷 환경을 고려하지 못할 경우에는 성공적으로 응답을 얻을 수 없으므로, 조사 대상자들의 인터페이스 환경을 신중하게 고려해야 할 것이다. 인터넷 자료조사에서 개인의 비밀보장과 비밀사항에 대한 보안성을 확신할 수 없을 뿐만 아니라 의도적인 해킹에 대한 완벽한 보안대책이 없는 것도 해결되어야 할 과제이다. 인터넷 기술의 발달속도가 빠르기 때문에 조사 관리자들은 최신 그래픽이나 시청각 보조장비를 이용할 수 있는 환경에서 조사를 수행할 수 있다. 그러나 응답자의 인터넷 환경을 고려하지 못할 경우에는 성공적으로 응답을 얻어낼 수 없다. 인터넷 자료조사에서 개인의 비밀보장과 비밀사항에 대한 보안성을 확신할 수 없을 뿐만 아니라 의도적인 해킹에 대한 완벽한 보안대책이 없는 것도 해결되어야 할 과제이다.

(4) 인터넷 사회조사의 표본설계

① 모집단 규정의 문제

인터넷 자료조사방법에서 모집단 규정이 문제가 되는 것은 모집단 자체가 비정형이기 때문이다. 최근 급변하고 있는 사이버 공간에 대한 적절한 규정을 내리기 쉽지 않다. 일반적으로 개인이 분석의 단위가 되는 경우 모집단은 지역적 경계, 연구 모집단의 기본적 특성, 응답자의 연령, 그리고 주거단위에 대한 정의도 이러한 차원들을 중심으로 정의될 수 있으나 사이버 공간의 경우, 예를 들면 지리적 경계의 설정이 어렵다.

② 표집 틀의 문제

표집 틀 오차는 표집이 모집단의 특성을 제대로 반영하지 못하는 경우에 발생한다. 표집방법 틀을 평가하는 기준은 포괄성, 효율성, 동일한 추출확률이다. 모집단

구성요소의 일부가 누락되거나 배제되는 경우 포괄성이 떨어진다. 표집 틀의 효율성은 중복된 요소가 있는지의 여부에 따라 결정된다. 또한 확률표집이 가능하기 위해서는 표집 틀에 포함된 구성요소의 추출확률을 확인할 수 있어야 한다. 표집단위가 혼재되거나 중복된 요소가 많은 경우에는 추출확률의 계산이 불가능하게 된다. 편의표집에 의존하는 전자우편조사나 방문자조사에서는 표집 틀의 개념을 적용시킬 수가 없다. 다만 조사대상이 특정화되어 있는 전자우편조사에서는 전체 조사 대상의 전자우편 주소를 표집 틀로 한 확률표집이 가능하다.

표집 틀에 의한 오차를 줄이기 위해서는 엄밀한 회원가입 절차를 마련하거나, IP 주소나 전자우편 주소 등을 이용하여 응답자의 중복성을 선별함으로써 효율성을 높일 수 있다. 표집 틀의 확보가 불가능할 경우 다단계의 층화표집을 활용할 수 있다.

③ 추출오차

추출오차는 조사 참여자를 선별하는 과정에 체계적인 편차가 생김으로써 발생한다. 표집 틀이 완벽하더라도 응답자의 선정이 부적절한 절차에 의해 이루어진다면 추출오차는 커지게 된다.

(5) 인터넷 자료조사 시 설문작성 전략

인터넷상의 조사를 진행할 때의 주의할 사항에 대해 살펴보자. 첫째, 설문지를 다양한 계층에 맞추어 쉽게 작성하여 응답자들이 오류를 범하지 않도록 해야 한다. 여성, 빈곤층의 사람, 교육수준이 낮은 사람, 고령자 등은 인터넷 자료조사 대상에서 누락될 가능성이 높다.

둘째, 질문에 사용되는 용어와 질문을 표현하는 방식에 따라 조사의 결과가 상당히 달라질 수 있기 때문에 어떤 용어를 사용하여 어떠한 방식으로 질문하는 것이 가장 적합할 것인가를 결정하는 일은 매우 중요하다. 응답자의 입장에서 알기 쉽고 명확하며, 가능한 한 가치중립적인 용어를 사용해야 한다. 그리고 종종, 자주, 가끔, 거의 등의 모호한 답변보기를 제공하기보다는 정확한 숫자로 제시하는 것이 좋다. 특히 편견을 내포하거나 특정한 응답을 부추기는 질문은 피해야 한다. 무엇보다 간결한 느낌이어야 하고 간단하게 보여야 응답자의 오류 방지 및 도중이탈을 방지할 수 있다.

셋째, 표본추출이 편향적일 수 있으므로 가능하다면 인터넷 자료조사와 함께 일반 조사방법을 혼합하여 사용하는 것이 좋다. 응답자들이 설문에 응답할 만한 동기를 유발하는 것도 중요하다. 연구결과를 설문에 참여하는 모든 사람과 함께 공유한다고 제안하면 좋다. 특히, 청년층과 청소년층은 설문에 참여하는 대가로 설문결과를 알게 되는 것을 환영한다. 설문내용과 설문대상에 따라 설문을 발송하는 시간과 요일을 미리 계획한다. 집에서 이메일을 확인할 가능성이 높은 늦은 오후, 저녁, 또는 주말에 설문 관련 메일을 발송한다. 특히 설문 내용이 집에 있는 물건을 확인해야 하는 경우는 더욱 그렇다. 만약 부모-자녀를 대상으로 하는 설문이라면 아이들이 학교에 있어 설문에 응답하지 못하는 오전보다는, 오후가 좋다. 좋은 응답에 대한 가장 적합한 답례품이 무엇인지를 확인한다. 긴 설문일수록 더 큰 인센티브가 필요하다. 15분 이내로 조사시간을 제한하는 것이 좋다.

넷째, 응답자들의 사적 정보를 존중해야 한다. 이메일을 통한 조사를 행하여서 응답자들을 무작위로 추출해 메일을 보내었다면, 응답자들의 이름과 전자메일 주소 등이 다른 용도로 사용되거나 다른 곳에 공개되지 않도록 해야 한다.

다섯째, 용어사용의 일관성 및 이해를 높이는 설명이 중요하다. 예를 들면, 설문에 초대하는 설명과 실제 설문지에 동일한 용어를 사용하라. 예를 들어 설명할 때는 '고유 확인번호'라고 하고, 응답할 때는 '비밀번호'를 입력하라고 하는 경우가 있다. 용어를 바꾸면 혼란을 야기할 수 있다. 간단하고 평이한 용어를 사용하여야 한다. 설문 응답 화면으로 이동하는 링크를 화면 제일 밑에 두지 마라.

여섯째, 기술적인 제한점을 인지하여야 한다. 예를 들어, Web TV 사용자는 자바 프로그램을 활용하는 설문조사에 접속할 수 없다. 만약 자바 프로그램을 활용하거나 특정 프로그램을 필요로 하는 설문조사라면 조사 첫 부분에 이를 미리 설명하여야 한다.

6) 인터넷 자료조사의 윤리적 문제

(1) 응답자의 프라이버시

전통적인 조사매체인 우편설문, 전화, 개인면접보다 인터넷 자료조사에서 응답자의 프라이버시가 침해될 가능성이 높다. 이로 인해 인터넷 자료조사에서 응답의 신뢰성과 조사결과의 정확도에 대한 의문이 제기되고 있다. 특히 회원조사와 전자설문조사의 경우 응답자의 실제적 정체성과 연결되어 있기 때문에 응답내용에 대한 비밀유지가 절대적으로 중요하다. 전자우편조사의 경우 질문지 발송과정에서 뿐만 아니라 전자우편 명부의 확보과정에서도 프라이버시 침해가 발생할 수 있다. 전자우편 리스트를 이용한 대량 우편의 발송은 수신자의 동의 없이 이루어진다는 점에서 이용자의 프라이버시를 침해할 수 있다. 또한 정당한 절차를 거치지 않고 전자우편 주소를 확보하는 과정에서도 프라이버시가 침해될 수 있다.

(2) 통신예절의 존중

면접성의 결여와 익명성으로 특정 지어지는 사이버 공간에서도 응답자들을 대상으로 하는 예절, 적절한 통신예절을 준수하여야 한다. 특히 전자우편조사의 경우 조사의 취지나 목적에 대한 충분한 설명이 없이 이루어지는 질문지의 발송은 그 자체가 스패밍으로 간주될 수 있다. 조사대상자들의 동의를 얻는 것도 매우 필요한 절차이다.

3 인터넷 자료조사방법의 발전방안

1) 인터넷 자료조사 전용패널 구축

인터넷 자료조사 전용패널을 구축하여 인터넷 자료조사를 실행한다면 표본의 대표성 문제는 해결될 것이다. 패널구축을 위한 방법은 다양한 광고수단을 이용하여 패널 참여자를 모집할 수 있으나, 참여자에 대한 인센티브가 또 다른 단점이 될 것이다. 만일에 목표 모집단과 구축된 패널 간의 특성이나 구조적인 분포 형태가 통계적으로 유의할 정도로 클 경우, 모집단의 통계적 모형기법을 이용하거나 유사통계조사에서 추가적인 정보를 발췌하여 추정 값의 편향을 보완해 주는 방안이 연구되어야 한다.

2) 다중혼합기법

여러 자료조사 방법을 인터넷 자료조사와 함께 병행할 필요가 있다. 예를 들면, 전화조사를 통해 다양한 기초정보를 확보하고 그 다음 조사부터는 인터넷조사를 실행할 수 있다. 이는 인터넷 자료조사 모집단의 구성과 전화조사 모집단의 구성이 일치하지 않을 때 적용될 수 있는 방법으로, 각 조사기법의 장점을 살려 표본조사의 특성이나 정확성, 경제성과 신속성을 충족시킬 수 있다.

3) 통합 인터넷 자료조사 시스템 구축

효율적이고 통합적으로 인터넷 자료조사를 실행할 수 있는 통합인터넷 조사시스템의 구축에 대한 검토가 필요하다. 통합인터넷 자료조사시스템이란 패널구축, 조사와 설문지의 설계, 조사실행, 자료입력과 통계분석 과정을 총괄적으로 처리할 수 있는 조사시스템을 의미한다.

4) 인터넷을 통한 조사응답률 제고 방안

(1) 설문지 디자인

전자우편조사를 할 때에 전자우편을 보낼 경우 조사의 목적과 기관에 대한 자세한 정보가 있어야 한다. 그렇지 않은 경우 응답자는 대부분 스팸메일로 간주하여 응답을 거부하게 된다. 그러므로 환영 인사, 조사의 목적, 동기부여, 유의사항, 회신 방법 등을 자세하게 작성하여 보내야 한다. 친숙한 디자인을 만들어 응답자에게 거부감 없이 다가갈 수 있도록 해야 한다. 그러나 지나친 그래픽 등은 다운로드에 시간을 소요하게 만들어 자칫 응답자가 설문에 대한 거부를 할 수 있다. 그러므로 질문지의 양을 적당하게 만들어야 한다. 그리고 응답자가 응답을 보내 왔을 경우 감사의 글올 진해야 한다.

(2) 응답 재요청

인터넷 자료조사의 장점 중 하나가 손쉽게 응답 재요청을 할 수 있다는 점이다. 응답 재요청은 응답률을 높일 수 있지만 문제도 존재한다. 빈번한 응답 재요청은 응답자가 수신거부할 수 있기 때문이다.

(3) 인센티브

인센티브는 응답률을 높이는 데 가장 큰 기여를 한다. 인터넷조사 수행자는 적절한 정도의 조사 인센티브에 대해 고민해 보아야 한다.

(4) 시스템의 안정성과 보안성

기술이 발달하여 인터넷 사용이 급증하였다. 하지만 아직도 여전히 기술적인 문제는 존재한다. 그렇기 때문에 이에 대한 사전 준비는 필수며 조사가 수행되는 동안 수시로 점검하여 시스템의 안정성이 유지될 수 있도록 해야 한다.

4 인터넷 자료조사의 유용 연구 및 조사영역

1) 전수조사가 가능한 인터넷 및 인트라넷 조사

전수조사가 가능한 인터넷조사의 예로는 2010년에 실시됐던 인구주택총조사를 들 수 있다. 인구주택총조사는 대한민국의 모든 국민을 대상으로 5년마다 통계청에서 조사를 실시하는데 과거에는 방문조사에 의해 이루어졌지만 2010년부터는 인터넷조사와 방문조사가 함께 실시되었다. 인구주택총조사는 전수조사가 이루어지기 때문에 인터넷조사의 가장 큰 단점인 표본의 대표성문제가 나타나지 않고 방문조사에 비해 시간과 비용을 절약할 수 있다는 장점이 있다. 2010년 인구주택총조사의 경우 통계청에서는 조사참여율을 높이기 위해 학생들에게는 봉사활동시간이라는 인센티브와 추첨을 통해 텔레비전, 노트북 등과 같은 상품을 제공하였다.

2) 민감한 현안의 신속한 여론조사

민감한 현안에 대한 반응을 짧은 시간에 분석하고 여론의 동향을 살필 수 있다는 점에서 인터넷 자료조사의 강점이 있다. 인터넷 자료조사는 접속횟수가 비교적 많은 언론사나 전문조사기관에서 사용하면 더욱 효율적이다.

3) 연예 및 오락 프로그램에 대한 인기조사

인터넷 자료조사는 인터넷 상용자들을 통해서 TV나 라디오의 연예 및 오락 프로그램에서의 연기자 및 프로그램에 대한 반응, 인기가수의 노래에 대한 반응을 즉각적으로 알아볼 수 있게 한다. 인터넷망을 기반으로 하는 인터넷 자료조사에서는 텍스트뿐만 아니라 정지화상 등과 같은 다매체를 사용함으로써 조사의 효율성을 기할 수 있고 단기적인 반응뿐만 아니라 프로그램의 시작부터 끝까지 장기간에 걸쳐 프로그램에 대한 반응을 볼 수 있다. 인터넷 포털사이트인 Daum에서는 '나는 가수다' 라는 MBC프로그램의 대한 대중들의 반응을 즉각적으로 알아보기 위하여 인터넷 투표를 진행한 바 있다.

4) 기업 및 상품에 대한 시장조사

현재 인터넷 사용자들의 특성은 상품의 주요 소비자층인 10~30대층이므로 기업에 대한 이미지 및 상품에 대한 시장조사의 영역으로써 인터넷 자료조사의 효용성이 아주 높다. 특히 인터넷 인구의 폭발적인 증가는 기업의 이미지와 상품에 대한 선전의 장으로서의 기능이 확대되고 있다. 인터넷 자료조사는 인터넷 이용자들의 기업의 인지도 및 상품에 대한 태도 등과 같은 광고를 위한 예비조사로서의 역할을 가장 효율적으로 행할 수 있는 방법이라고 할 수 있다.

5) 광고에 대한 소비자반응조사

인터넷이 새로운 광고매체로 부각된 지 오래인 상황에서 인터넷에서 광고뿐만 아니라 기존의 TV, 신문, 라디오 등 전통적 광고매체에서의 소비자의 반응을 인터넷 자료조사방법을 통해 쉽게 파악할 수 있다. 대중매체를 통해서 제공할 광고문을 미리 웹상에 올려 광고에 대한 소비자의 반응을 파악하는 예비적 단계로서 사용함으로써 소비자의 기호에 맞는 광고를 만들어낼 수 있다. 예를 들면, 광고업체가 만든 몇 가지의 광고물을 웹상에서 실시간으로 보고 비교·선택할 수 있는 방식을 통해서 예상광고물에 대한 평가를 받고 선택의 기준으로 삼을 수 있다. 매 순간 광고에 대한 소비자의 반응을 파악할 수 있는 인터넷 자료조사방법은 시간과 비용을 대폭 줄여 줄 수 있다.

6) 생활문화에 대한 시민의식조사

인터넷 자료조사가 기존의 국민·시민 생활조사를 대체할 만한 새로운 형태로 제시될 수 있다. 인터넷 자료조사는 이러한 지역 주민 및 국민의 생활조사에 대한 시간과 비용 부담을 줄여 줄 수 있을 뿐만 아니라 공간의 범위를 무한정 확대할 수 있기 때문에 타국민과의 의식 및 생활비교가 가능하다.

5 인터넷 자료조사 전망 및 SNS 활용조사방법의 등장

1) 인터넷 활용조사의 확대

인터넷이라는 네트워크의 중요성이 증가되고 있어 인터넷 자료조사방법이 더욱 활성화될 것으로 보인다. 인터넷 자료조사가 가진 여러 문제점에도 불구하고 급속한 인터넷의 활용 증가는 인터넷 자료조사 확대의 가능성을 높여 준다. 인터넷 자료조사는 다음의 특성으로 인해 더욱 확대될 것이다. 첫째, 인터넷 이용자 수의 증가로, 사무실이나 대학 등의 급속한 인터넷 사용으로 인터넷 조사는 더욱 증가할 것이다. 둘째, 인터넷 이용자층의 확대로 미국의 경우 인터넷 자료조사대상자의 특성이 모집단의 특성에 접근하는 경향을 보이고 있다. 셋째, 인터넷 서비스가 확대되어 일반인의 일상적 생활을 조사하는 데 무리가 없는 상황이 되고 있다. 넷째, 인터넷 기술의 진화로 통신속도, 소프트웨어의 향상이 인터넷 자료조사설계를 최적화하고 결과해석의 최적화를 가능하게 할 전망이다.

2) 인터넷 활용조사의 한계 극복

인터넷조사의 장점이 많고 활용이 확대되고 있는 상황에서 인터넷 자료조사의 한계를 극복하기 위한 노력이 필요하다. 이를 위해서는 첫째, 정보관리를 철저히 하고 데이터보안에 신경을 써야 한다. 개인정보를 확보하기 위한 시스템에 대응해서 정보를 지켜낼 수 있어야 하고 또 데이터를 제공한 제공자의 익명성은 반드시 보장되어야 한다. 둘째, 조사 협력자에게는 정보를 제시해야 한다. 조사실시의 주체나 자료수집의 목적 등을 명시해야 하며, 특정 영역에서의 DB정보에로의 엑세스권, 데이터 파기권 등을 부여해야 한다. 셋째, 인터넷 자료조사의 한계나 시스템 보유조건 등을 명확히 하고 설문조사지 작성 등에서 애매한 표현 등을 피함으로써 고객 및 조사 의뢰자로부터 신뢰를 확보해야 한다. 응답자의 신뢰를 얻을 수 있는 방법을 모색해야 한다. 인터넷 자료조사에 대한 방법론적 문제와 그 적용 가능성과 미래에 대한 논의를 바탕으로 보다 효율적이고 활용 가능한 자료조사방법을 개발해야 한다.

3) SNS활용 자료조사방법의 등장

소셜 네트워크 서비스(SNS)는 기존의 오프라인이나 인터넷 방식을 크게 변화시키고 있다. 원래 인터넷 설문조사라 하면 이메일이나 블로그, 기업의 사이트 방문을 통하여 이루어 졌다면 현대의 인터넷 설문조사는 스마트폰의 사용 급증 등 기술적인 발달로 인하여 설문조사가 이루어지는 방식이 크게 확대되고 있다. SNS는 단순히 인터넷 사용자들의 만남의 장이 아니라 전 세계적 문제를 공유하고 의견을 교환할 수 있는 중요한 수단이 되고 있다. 예를 들면, 트위터는 무료로 제공되는 마이크로 블로그 형태의 사회관계망 서비스이다. 트위터의 유저라면 누구나 쉽게 투표를 할 수 있다. 트위터를 활용하면 간단한 버튼으로 투표를 만들어내고, 개인적인 질문에서부터 복잡한 사회적 이슈의 질문까지 다양한 질문지를 만들어 이를 다른 유저들과 공유하고 투표함으로써 자신들의 의견을 표출할 수 있는 수단으로 이용할 수 있다. 이런 식의 설문조사는 링크 주소의 복사를 통하여 페이스북이나 다른 인터넷 공간에도 공개될 수 있다. 그만큼 정보의 확장성은 대단하다고 할 수 있다. SNS는 기존의 사회관계망 서비스에 비해 참여가 쉽고, 일반 휴대폰 등 다양한 환경에서 사용할 수 있는 여건이 마련되어 있어 시간과 장소에 구애받지 않고 활용이 가능하다. 특히 오프라인 토론 문화가 인터넷으로 옮겨 오면서 실제 사회의 논쟁문제에의 참여가 용이해졌다.

SNS를 통한 자료조사는 향후 크게 확대될 것으로 예상된다. SNS를 활용할 경우 질문에 대한 여러 보기를 주고 기타 의견도 쓸 수 있게 함으로써 다양한 정보수집을 가능하게 한다. 스마트폰의 보급으로 트위터나 페이스북 등은 걸어가면서도 실시간으로 언제 어디서나 이용할 수 있기 때문에 인터넷을 이용한 설문조사보다 SNS활용

실시간 조사가 이루어질 수 있다. 다만 트위터나 페이스북은 자신을 드러내는 매체이기 때문에 사생활에 접근하는 민감한 질문에는 응답률이 낮을 확률이 높다. 응답자가 어떻게 대답했는지도 실시간으로 보여지기 때문이다. 또한, SNS는 정보의 파급력이 큰 만큼 무분별한 정보가 퍼질 우려가 존재한다. 대부분 소셜 네트워크에 정보를 올리는 사람들은 비전문가인 경우가 많기 때문에 이들의 검증되지 못한 정보들이 왜곡된 상태로 다른 유저들에게 전달된다면 사회적인 문제를 일으킬 가능성이 존재한다.

지금까지 논의한 바와 같이 SNS는 개인 사용자가 인터넷을 통해 손쉽게 설문조사를 할 수 있는 도구를 제공하는 큰 장점이 있다. 그러나 블로그나 카페, 페이스북이나 트위터 등을 바탕으로 설문조사를 진행하는 만큼 모집단이 일반적으로 무작위 추출된 대중이 아니라 일부 인터넷을 활용하는 사람들로 구성된다는 단점이 있다. 결국 SNS활용 자료조사는 논문이나 신뢰성 높은 자료로 활용되기에는 한계가 있다.

CHAPTER 8

자료의 평가 및 처리 : 통계분석 준비

자료의 평가 및 처리 단계는 수집된 자료를 분석할 수 있는 형태로 전환하고 준비하는 단계이다. 수집된 자료에서 응답 범주를 정리하고, 이 범주들을 수량적 분석이 가능하도록 코딩하고 컴퓨터에 입력하며 입력된 자료의 확인 및 수정을 거쳐 통계분석을 준비한다. 아울러 이번 장에서는 자료의 수집과 분석의 중간단계에서 자료를 평가하고 처리하는 방법과 자료에 적합한 통계방법의 선정에 관하여 알아보도록 한다.

1 예비편집 : 자료의 평가

자료의 정확성은 과학적 연구에서 매우 중요하므로 자료의 수집이 완료된 후 연구자는 원자료를 검토하여 잘못된 부분이 없는지 예비편집하는 과정을 반드시 거쳐야 한다. 이 과정은 자료의 정확성을 기하기 위해 매우 중요하며, 원자료를 하나하나 훑어보며 자료의 효용성을 검토해야 하는 것이다. 예를 들면, 하나만 응답해야 하는 문항에 대한 복수응답, 터무니없는 수치의 응답, 여러 문항 혹은 한 페이지에 걸친 무응답, 같은 번호를 연속적으로 응답한 한쪽으로 치우친 성의 없는 응답, 또는 설문지 페이지의 누락 등을 눈으로 확인하고, 자료로서의 가치가 없는 자료는 제외시켜야 한다.

예비편집 과정에서 유념해야 할 것은 무응답에 대한 처리인데, 이에 대한 오류가 많으므로 특히 주의해야 한다. 한 섹션이나 한 페이지 전체가 무응답인 경우에는 자료로서의 가치가 없으므로 제외할 수밖에 없지만, 산발적으로 몇 군데에서의 무응답은 추후 컴퓨터 프로그램을 이용하여 처리할 수 있을 뿐만 아니라 연구자의 의도적 삭제로 인해 표집오차를 높일 소지가 있으므로 모두 자료로 포함시켜야 한다. 무응답은 일반적으로 9, 99, 999 등과 같이 각 변수가 차지하는 칸의 수에 따라 9라는 수치를 이용하는 것이 통례인데, 만일 해당 변수가 9라는 코딩이 사용된 경우이면 빈칸이나 0과 같은 다른 방법을 이용한다.

2 응답 범주의 코드화 : 코딩체계

예비편집이 끝나면 수집된 자료의 응답 범주를 통계분석에 적합한 범주로 전환하여 수치를 부여하는 코딩작업을 해야 한다. 일반적으로 코딩은 연역적 방법과 귀납적 방법의 두 가지로 이루어지는데, 연역적 코딩(deductive coding)은 개념적 정의에 입각하여 조작적 정의가 이루어지고, 그에 따라 응답범주가 자료수집 단계에서 이미 확정된 경우에 사용하는 것으로써, 대개 응답범주에 매겨 놓은 번호를 그대로 혹은 응답의 방향을 바꾸기 위해 반대로 사용하고, 때로는 약간의 응답범주 수정을 하기도 한다. 이에 반해 귀납적 코딩(inductive coding)은 자료수집 단계에서 응답자가 자신의 표현으로 자유롭게 응답한 결과를 수집이 완료된 후 비슷한 응답유형을 찾아 응답범주를 분류하고 수치를 부여하는 코딩방법이다.

1) 코딩체계

일반적으로 코딩체계는 연구문제와 밀접하게 관련되어야 하고, 다음과 같은 세 가지의 조건을 충족해야 한다. 첫째는 완전성(exhaustiveness)으로서 모든 응답이 빠짐없이 범주화되어야 하며, 둘째는 상호배제성(mutual exclusiveness)으로서 모든 응답은 오직 하나의 범주에 분류되어야 하며, 셋째로 세부성(sufficient detail)으로서 자세한 내용이 파악될 수 있을 정도로 충분한 범주로 나누어져야 한다. 대체로 응답 범주는 자세하게 나누는 것이 크게 나누는 것보다 좋은데 그 이유는 응답 범주의 수는 추후에 언제든지 자료변환 과정을 통해 조정할 수 있기 때문이다.

2) 코드집

코딩체계를 확정한 다음에는 코드집(codebook)을 구성해야 한다. 코드집은 수집된 모든 변수에 관련된 정보를 일목요연하게 정리해 놓은 것으로서 응답에 인위적으로 부여한 수치나 수량적 수치의 의미와 그 위치에 대한 정보를 담고 있다. 연구자는 자료를 입력하기 전에 다음의 〈표 8-1〉과 같이 코드집을 만들어야 한다. 변수명은 연구자 자신이 기억하기 쉬운 8개 글자 이내의 단어로 하며, 칸 위치(columns)는 각 변수의 자료가 데이터 파일의 어느 위치에 입력되는지 나타내며, 변수의 응답범주와 그 단위는 추후 여러 가지 통계분석 결과를 해석할 때 꼭 필요한 정보를 제공한다.

〈표 8-1〉 **코드집의 예**

문항번호	변수명	칸위치	변수설명 및 응답범주 단위
ID	1~3	응답자 일련번호	
1 SEX	4	성별	1) 남 2) 여
2 AGE	5~6	연령	만____세
3 NUMFAM	7~8	가족 수	____명
4 INCOME	9~12	월평균가족수입	____만 원
5 JOB	13	직업	1) 전문기술직 2) 사무직 3) 자영·상업 4) 판매직 5) 기능직 6) 노동생산직
6 EDU	14	학력	1) 국졸 2) 중졸 3) 고졸 4) 전문대졸 5) 대졸 6) 대학원 이상

3 자료의 입력과 컴퓨터 편집

대부분의 연구는 컴퓨터를 사용하여 자료를 입력하고 통계분석을 수행한다. 이때, 자료는 기존의 워드프로세서(엑셀)를 사용하여 입력한 후 통계 패키지에서 불러들이거나 통계 패키지 자체에서 편집기능을 이용할 수 있다.

자료는 정확하게 입력해야 하고, 일단 입력이 끝나면 컴퓨터를 이용해 다시 한 번 점검하는 과정을 거쳐야 한다. 자료 점검방법은 크게 두 가지로, 입력된 자료를 출력하여 눈으로 칸과 줄의 정렬을 점검하는 방법과 기초분석을 수행하여 평균, 표준편차, 범위 등의 기초 분석결과를 검토하는 방법이다(자세한 사항은 제8장 참조). 예를 들면, 평균이나 최대·최소값을 점검하여 응답범주에서 벗어나는 잘못된 수치가 입력되어 있는지를 확인하고 정정하는 과정을 거쳐 정확한 자료로 완성한다.

실제적으로 자료를 어떻게 코딩하며, 또한 통계분석을 수행하기 위해 통계 패키지에서 어떻게 이용하는가에 대해 살펴보기로 하자. 수집한 자료를 입력하는 방법은 다음과 같이 네 가지로 나눌 수 있다.

- SAS상에서 자료를 직접 입력하여 프로그램을 작성하는 방법
- 엑셀 등의 스프레드시트(spreadsheet)상에서 자료를 입력·저장한 후에 SAS에서 불러오는(import) 방법
- SPSS상에서 자료를 직접 입력하여 프로그램을 작성하는 방법
- 한글 등 문서용 소프트웨어상에서 자료를 저장 후 SPSS 또는 SAS에서 불러오는 방법

자료를 입력하거나 편집하는 방법에 대해 보다 자세하게 살펴보면 다음과 같다.

1) SAS에서 직접 데이터 입력하기

자료의 크기가 너무 크지 않은 경우 SAS 프로그램상에 직접 자료를 입력하는 방법을 사용한다. 예를 들면, [그림 8-1]처럼 입력하는 방법으로, 첫 두 칸은 설문지 고유번호(ID)를, 3·4칸에서는 연령(Age)을, 5째 칸에는 성별(Sex)을, 6·7째 칸에는 교육수준(Edu)을 입력할 것이라는 자리를 지정하여 준 후 데이터를 CARDS 명령어 이후에 직접 입력하는 방법이다. PROC MEANS의 명령어는 앞서 입력한 4개 변수의 평균값을 산출하라는 명령어이다.

[그림 8-1]의 첫째 칸을 보면 DATA TASK ; 라고 되어 있다. 이때 DATA 뒤의 TASK는 임의로 연구자의 주관에 따라 DATA의 속성이나 논문의 주제 혹은 기타 여러 가지 의미로 달리 쓰일 수 있다. 즉, DATA PARK ; 혹은 DATA CHILD ; 등

모두 가능하다. 독자들의 연구주제에 맞추어 다양하게 시도해 보기로 한다.

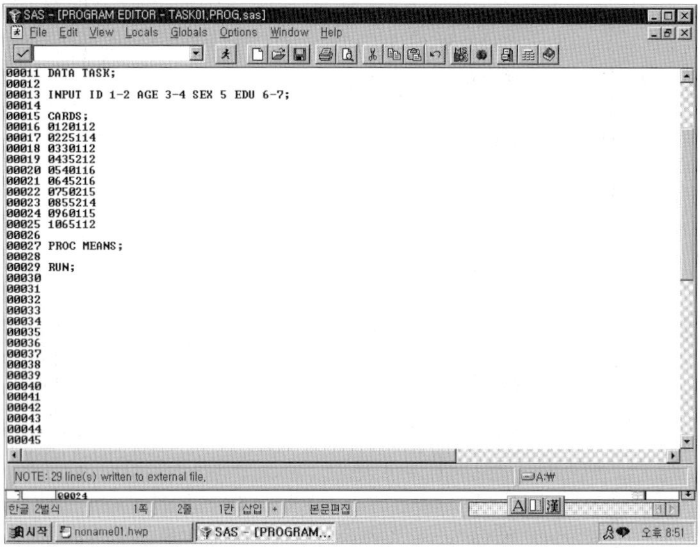

그림 8-1 SAS에서 데이터를 직접 입력하는 경우

2) SAS에서 다른 드라이브에 저장된 데이터 파일 불러오기

외부 파일로부터 데이터를 불러올 때는 SAS 프로그램 내에서 INFILE 명령어를 사용한다.

[그림 8-2]의 둘째 칸을 보면 INFILE 'A:₩ DATA.TXT' ; 라고 되어 있는데, 이는 A:\ 드라이브의 DATA.TXT를 불러오라는 의미이다. 자판기에 따라 역슬래쉬(\)가 원화(₩)로 되어 있는 경우가 많으므로 독자들이 혼동하지 않기를 바란다. 즉, 'A:\DATA.TXT' ; 로 타이핑하는 것이 원칙이다.

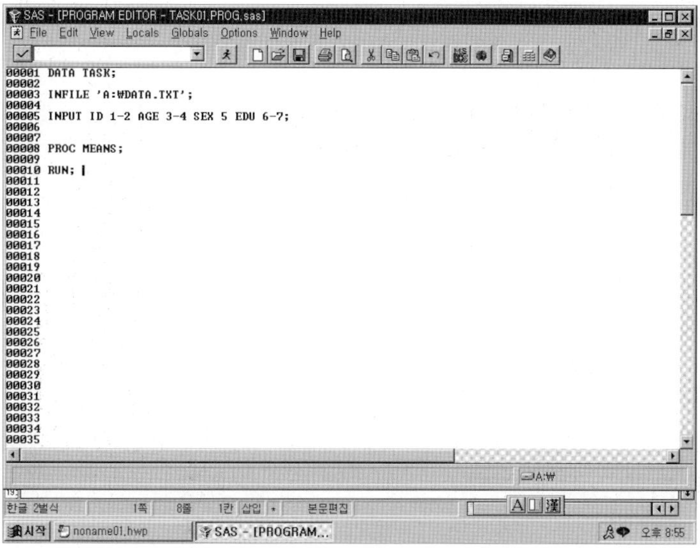

그림 8-2 외부 파일로부터 데이터를 불러오는 경우

[그림 8-2]는 한글에서 저장한 텍스트 파일인 data.txt를 불러들이고 있다. 이때 첫 두 칸은 설문지 고유번호, 3·4칸에는 연령, 5번째 칸에는 성별, 6·7번째 칸에는 '교육수준'으로 변수이름을 지정하여 data.txt라는 텍스트 형태로 저장하여 불러온 것이다. 이때에 한글에서 텍스트 형태를 선택하되, 완성형 혹은 조합형 어느 것이나 무관하다.

3) 엑셀에서 작업한 파일을 SAS 프로그램으로 불러오기

엑셀에서는 [그림 8-3]과 같이 데이터를 입력하여 저장 형태를 'Microsof. Excel 97 & 5.0/95 통합 문서 혹은 2000(*.xls)' 형식으로 저장한다([그림 8-4] 참조).

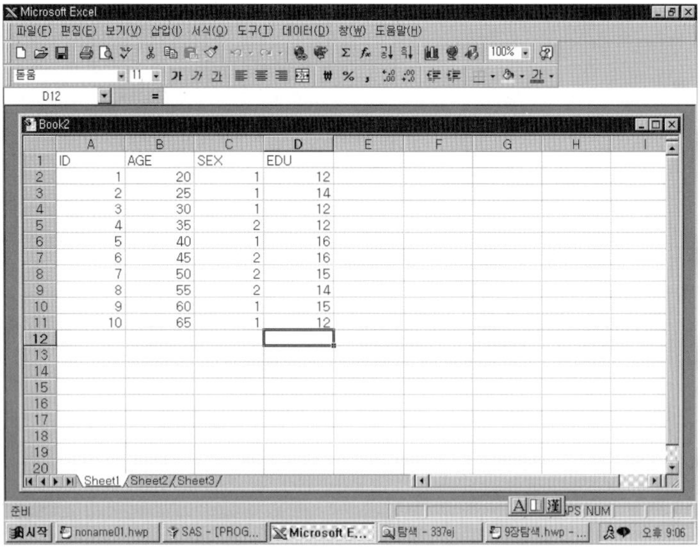

그림 8-3 엑셀에서 데이터 입력하기

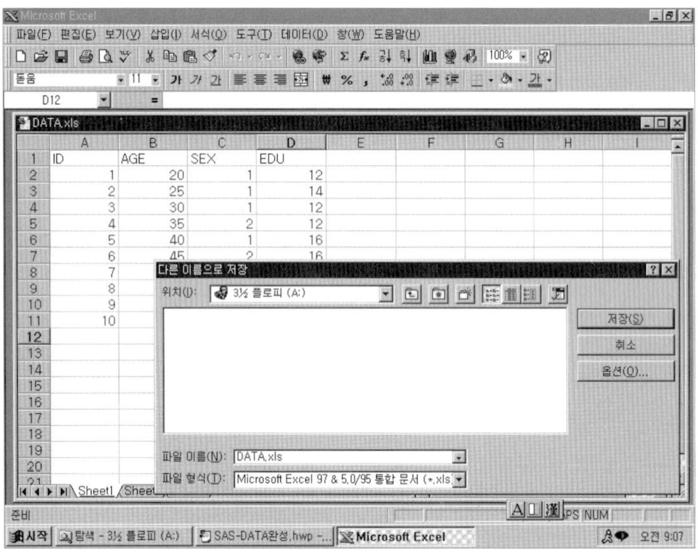

그림 8-4 저장하기

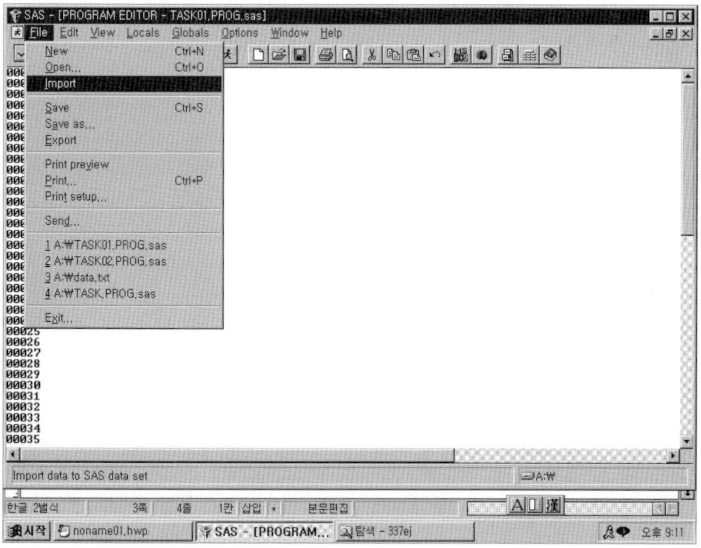

그림 8-5 저장한 데이터를 SAS 프로그램으로 불러오기

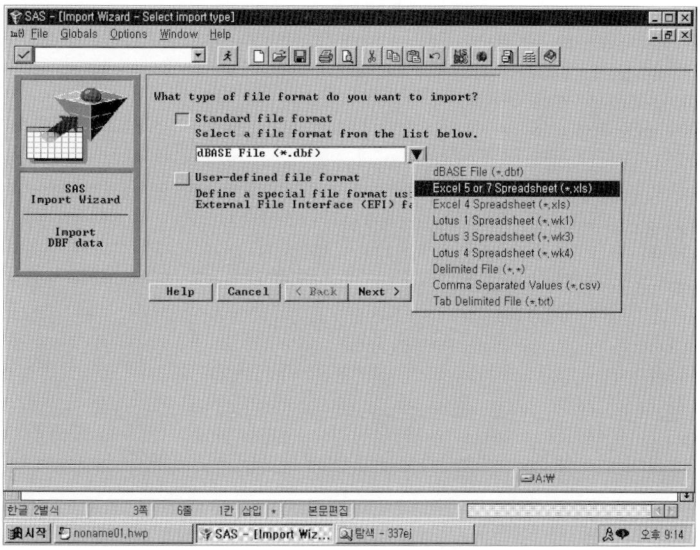

그림 8-6 SAS 프로그램에서의 데이터 파일 포맷 형식 선택

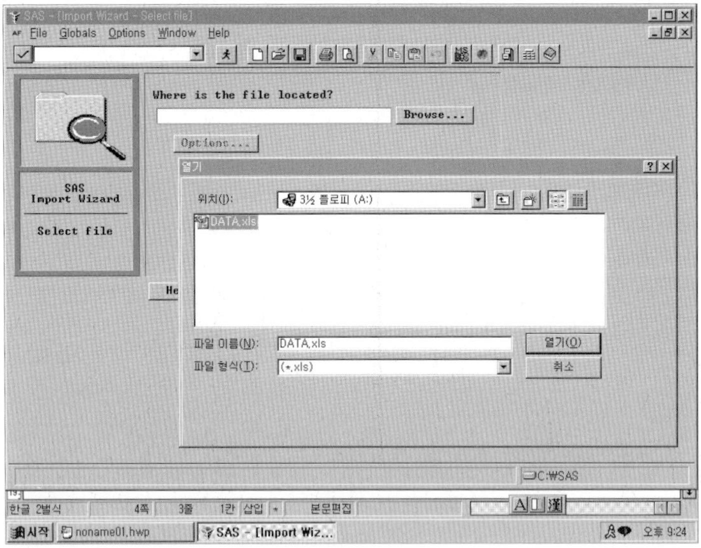

그림 8-7 SAS 프로그램에서 데이터 불러오기

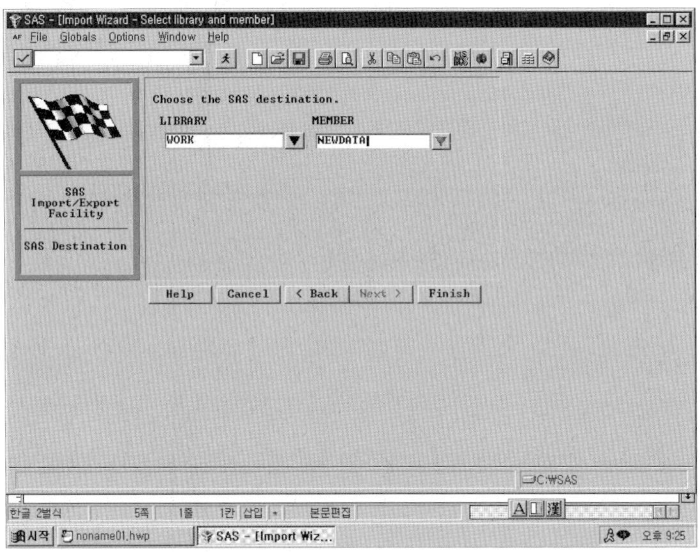

그림 8-8 SAS 프로그램에서의 데이터 이름 정하기(set data)

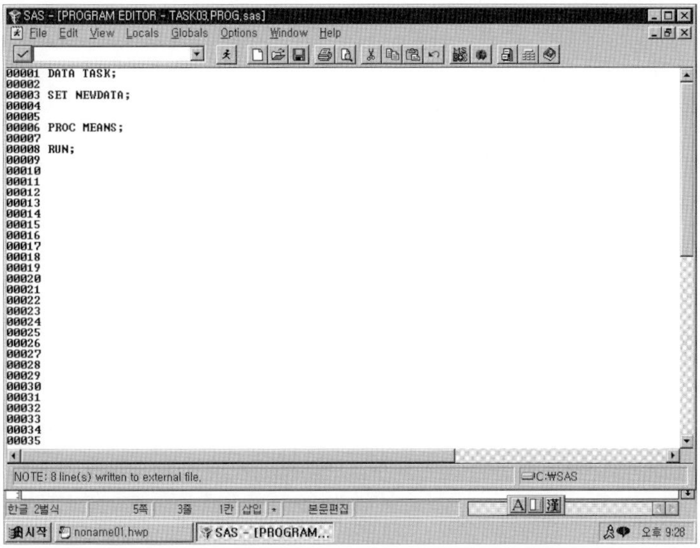

그림 8-9 SAS 프로그램에 엑셀에서 작업한 데이터 실행하기

엑셀에서 데이터를 코딩한 후 [그림 8-4]와 같이 저장하여 반드시 엑셀 창을 닫은 후에 SAS의 import 과정을 밟게 된다. [그림 8-5]처럼 SAS에서 불러온 다음 [그림 8-8]처럼 SAS 프로그램 형태의 파일로 저장을 마친 후 [그림 8-9]와 같이 최종 데이터 파일을 사용하여 각 변수들의 평균값을 구하도록 PROC MEANS의 명령어를 실행해 본다. 이때 SET NEWDATA는 [그림 8-8]의 MEMBER 하단부에 타이핑한 NEWDATA와 동일해야 함을 명심한다.

데이터 이름을 정한 후 Finish를 클릭하여 엑셀에서 SAS로의 데이터 파일 형식의 변환을 마친다.

4) SPSS상에서 데이터를 직접 입력하는 방법

SPSS 상에서 데이터를 직접 입력하는 방법은 [그림 8-10]에 제시한 바와 같이 변수 3개의 데이터를 직접 입력한 후 상단의 SPSS 메뉴 바에서 데이터 변수정의를 순서대로 클릭한 후 변수이름을 적으면 된다. 이처럼 데이터 입력이 끝나면 SPSS 파일 형태인 데이터 파일 이름(~. sav)으로 저장한다.

그림 8-10 SPSS상에서 데이터를 직접 입력

5) 문서용 소프트웨어에서 입력한 데이터를 SPSS상에서 불러오는 방법

한글 등 문서용 소프트웨어에서 데이터를 입력한 후 SPSS상에서 불러오는 방법에 대해 살펴보자.

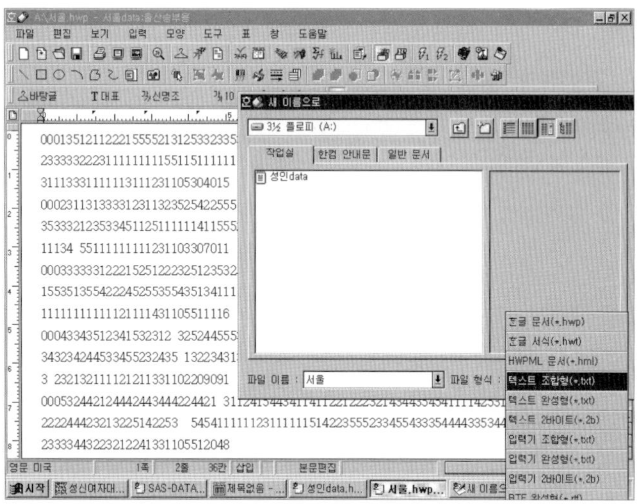

그림 8-11 한글에서 데이터를 입력 후 텍스트 파일 형태로 저장

그림 8-12 한글에서 저장한 데이터 불러오기 첫 단계

[그림 8-11]처럼 한글에서 text 파일 형태로 데이터를 저장한 후(파일명 : 서울.txt) SPSS에서 자료를 불러들이는 방법은 [그림 8-12]와 같다.

[그림 8-12]에서처럼 SPSS 프로그램상에서 파일, ASCII 데이터 읽기, 고정형식을 클릭한다. 여기서 고정형식을 선택하는 이유는 [그림 8-11]에서처럼 데이터를 빈 칸 없이 계속 입력한 경우 고정형식(fixed format)으로 코딩한 것이므로 고정형식으로 불러들인다. 만약, 데이터 입력 시 연령변수, 성별, 소득수준 등의 변수를 입력할 때 변수 하나를 입력한 후 다른 변수를 입력하기 전에 띄어쓰기를 한 경우는 자유형식(free format)으로 코딩하는 방법이다.[10]

[그림 8-13]에서는 앞서의 단계에서 저장된 서울.txt 데이터 파일을 불러들여 어떻게 변수이름을 지정하는가를 보여 주고 있다. 무엇보다도 찾아보기에서 데이터 파일인 서울.txt 파일을 찾은 후 제일 먼저 id라는 이름의 변수를 지정하여 보자. 변수 이름인 id, 레코드는 데이터 첫 번째 줄을 의미한다. id라는 변수는 1열부터 4열까지를 의미하므로 시작열은 1, 끝열은 4를 의미한다. 같은 이치로 지역이라는 변수는 레코드는 데이터 첫 번째 줄을 의미하므로 숫자 1을, 지역변수는 한 자릿수

10) [그림 8-11]에서의 데이터를 자유형식으로 입력할 경우의 예 : 0001 3 5 등으로 입력한 경우로 첫번째 응답자(0001), 지역(3 : 서울), 라이프스타일(5)의 의미

쉬어가는 연구방법과 통계이야기 ▶ **8-1 통계청 주관 2011 통계활용대회 대상 수상자에게 듣는 통계활용 노하우 : 오군의 활용사례**

통계의 날인 2011년 9월 1일 정부대전청사 대강당에서 '2011 전국 어린이 및 중학생 통계활용대회' 시상식이 진행되었다. 초중고교 교육현장에 실용수학의 중요성이 강조되면서 '통계'에 대한 학생과 학부모의 관심이 높아졌다. 학생들은 수학에서 단순 계산이나 공식을 활용한 문제풀이보다 수치(데이터)를 요약·분석해 숫자가 갖는 사회·과학적 의미를 찾는 과정에 초점을 맞춰 공부한다. 이 날 수상하게 된 초등학생과 중학생의 통계공부방법과 통계활용 노하우를 통해 통계가 학업에 어떤 도움이 될 수 있는지 살펴보자.

교과서 속 수학공식과 그래프를 아무리 들여다봐도 수학에 흥미가 생기지 않는다면? 통계를 활용하는 게 도움이 될 수 있다. 스포츠 경기결과나 흥미 위주 설문조사의 결과 같은 재미난 통계자료를 분석함으로써 숫자와 계산에 대한 거부감을 없애는 것이다. 나아가 통계를 통해 수학적 사고력을 사회 여러 분야로 확장·적용시킬 수 있다.

오군이 통계에 관심을 갖기 시작한 건 초등 4학년 때. 평소 좋아하던 야구경기의 결과와 더불어 야구선수들의 각종 기록을 분석하면서부터였다. 오군은 인터넷과 신문으로 타율, 방어율, 장타율 등 야구선수들의 기록을 유심히 살펴보며 자료 분석에 흥미를 갖게 됐다. 프로야구 한화 이글스팀의 타자 강동우 선수의 팬이었던 오군은 당시 '2할6푼'이었던 강 선수보다 타율이 낮은 다른 팀의 한 타자가 강 선수보다 '더 좋은' 타자라는 평가를 받는 현상을 보고 의문이 들었던 것. '왜 타율, 즉 안타를 칠 확률이 더 높은 강 선수가 더 높은 평가를 받지 못하는 걸까'를 고민하던 오 군은 타자를 평가하는데 있어서는 '출루율'(안타든 사구든 가리지 않고 타자가 1루 베이스에 나갈 확률)과 '장타율'(안타 중 2루타 이상의 큰 안타를 칠 확률) 등을 종합 고려해 경기력 전체를 살펴야 한다는 흥미로운 사실을 알게 됐다.

중학교에 진학하면서 오군은 자료 분석의 범위를 넓혔다. 기상청 홈페이지에서 온도 및 습도 변화, 시간대별 강수량을 분석하며 생활 속 과학지식을 익혔다. 또 신문 경제 면에서 '시간대별 환율의 변화량과 변화율' 등을 직접 계산해 보고, 스스로 구한 통계 자료를 바탕으로 이후 환율변화를 예측해보기도 했다. 오군은 "자료를 주어진 조건에 따라 계산하고 재가공해 본 경험 덕분에 중학교 수학의 통계 단원에 등장하는 표준편차나 분산 등 좀 어려워 보이는 개념도 쉽게 이해할 수 있었다"면서 "수학이 실생활에서 어떻게 활용되는지 직접 접하면서 수학공부에 더욱 흥미를 갖게 됐다"고 말했다.

출처 : 동아닷컴, 2011년 9월 6일

로 5열에 코딩하였으므로 시작열 5, 끝열 5를 입력한다. 이같이 변수지정이 모두 끝나면 추가(A)를 클릭한 후 확인을 다시 클릭하면 SPSS 형식의 데이터 파일로 저장하게 된다. 이때 확인을 클릭하기 전에 명령문(p)를 클릭하면 지금까지의 변수지정 작업프로그램 자체를 저장하는 것으로 후일 변수지정 과정에서의 수정이나 추가 보완 등의 작업을 할 때 요긴하게 사용할 수 있다.

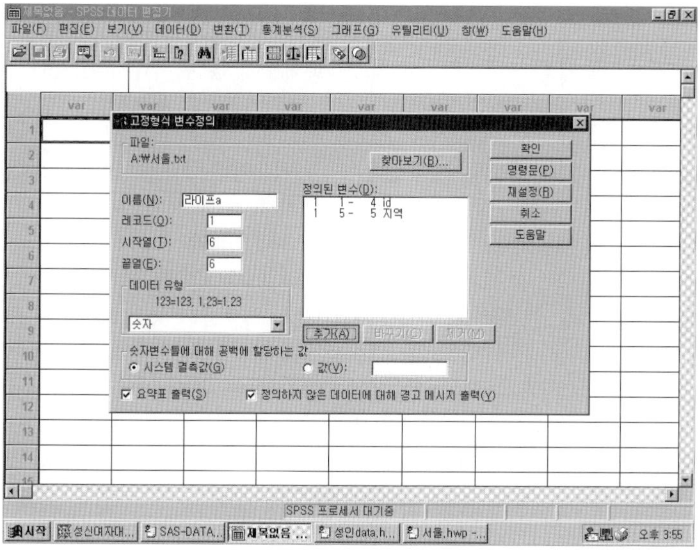

그림 8-13 변수이름 지정 단계

4 자료 분석 준비 : 통계방법의 선정

연구자가 설정한 연구문제에 대한 해답은 자료의 분석만으로 얻을 수 없다. 연구문제에 대한 해답은 자료로부터 뜻을 찾고 해석하여 설명할 수 있어야만 가능하다. 즉, 컴퓨터에 입력된 원자료를 분석하고 그 결과를 해석할 수 있어야 하는 것이다.

분석(analysis)이란 연구문제에 대한 해답을 얻기 위해 자료를 비슷한 범주로 나누고, 크기 순서대로 정리하고 조작하며 요약하는 과정을 의미한다. 분석의 목적은 원자료에 숨겨진 뜻을 찾고 그것을 해석할 수 있기 위한 형태로 원자료를 변형하고 간추리는 데에 있다. 그러므로 자료의 분석은 연구문제를 설정할 때 포함된 변수의 성격에 따라 자료의 수집 이전에 미리 계획되어야 한다.

대개 자료의 분석이란 통계분석(statistical analysis)을 의미하며, 자료를 정리하고 의미 있는 방식으로 나타내며 해석하기 위해서는 통계분석이 절대적이다. 통계(statistics)[11]란 수량적 사실의 집합이며 수량적 자료를 다루는 방법을 의미한다. 통

11) 영어로 statistics라는 단어는 두 가지로 사용되는데, 하나는 각종 집성한 수치(numbers)라는 '통계'의 의미이고, 다른 하나는 학문분야로서의 '통계학'의 의미로 사용된다. 이때에는 Statistics라고 표기한다.

계의 목적은, 첫째로 수집된 수량적 자료를 쉽게 이해할 수 있고 처리할 수 있는 형태로 간추리고, 둘째로 연구대상이 되는 총체, 즉 모집단(population)을 대표할 수 있는 일부인 표본(sample)으로부터 모집단의 성질을 추측하며, 셋째로 자료에 나타난 현상에 관한 의사결정의 보조수단이 되며, 마지막으로 이론체계로부터 어떤 결론을 유추하고 검증하는 데에 있다.

이러한 목적에서 수행되는 통계는 크게 두 가지의 기능을 담당하고 그 기능에 따라 통계방법은 두 가지로 구분된다. 하나의 기능은 수집된 자료를 더욱 유용한 자료로 만들기 위해 수량적으로 요약하고 기술해 주는 기술적 기능(descriptive function)이며 이러한 기능을 수행하는 통계방법을 기술통계(descriptive statistics)라 한다. 또 다른 기능은 표본을 통하여 모집단의 특성을 추정하거나 확률이론에 입각하여 가설을 검증하는 추리적 기능(inductive function)이며 이러한 기능을 수행하는 통계방법을 추리통계(inductive 혹은 inferential statistics)라 한다([그림 8-14] 참조).

이 두 종류의 통계방법의 근본적인 차이를 명확하게 하기 위해서는 모수치(parameters)와 통계치(statistics)의 차이를 이해해야 한다. 모수치란 모집단의 어떤 변수를 측정한 값을 의미하고 일반적으로 그리스문자로 표기한다. 통계치란 표본의 어떤 변수를 측정한 값을 의미하고 일반적으로 영문자로 표기한다.

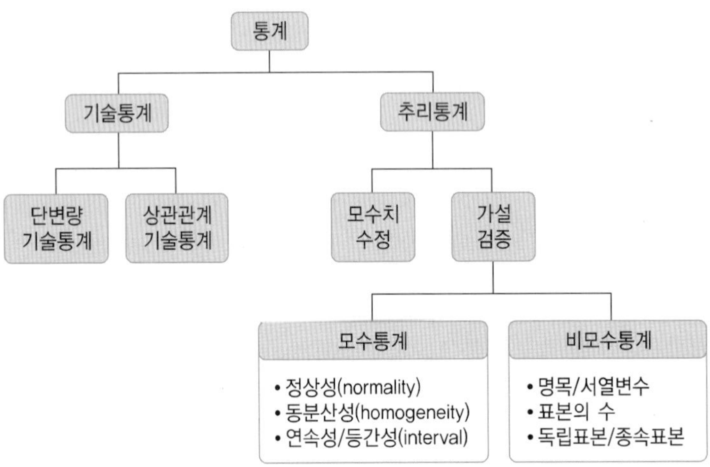

그림 8-14 통계분석의 종류

〈표 8-2〉 **기술통계방법**

<table>
<tr><th rowspan="2">구 분</th><th>단변량 기술통계</th><th colspan="3">상관관계 기술통계</th></tr>
<tr><th>단일변수</th><th>2변수</th><th colspan="2">다변수</th></tr>
<tr><td>명목 척도</td><td>• 비율·백분율·비
• 빈도분포
• 최빈치
• 범위</td><td>• 가트맨의 람다(λ)
• 유관상관계수(C)</td><td colspan="2"></td></tr>
<tr><td>서열 척도</td><td>• 중앙치
• 사분편차</td><td>• 굿맨과 크루스칼의 감마(γ)
• 켄달의 타우(τ)
• 스피어맨의 로우(ρ)</td><td colspan="2">• 켄달의 일치도계수(W)
• 켄달의 부분순위상관계수($\tau_{12 \cdot 3}$)</td></tr>
<tr><td>등간 척도
및
비율 척도</td><td>• 산술평균치
• 표준편차</td><td>• 피어슨의 적률상관계수(r)</td><td>• 중다상관계수(R)
• 부분상관계수($r_{12 \cdot 3}$)</td><td>요인분석
(상호상관관계의 원리 이용하여 공통된 군집, 즉 요인 추출방법)</td></tr>
</table>

기술통계는 모수치나 통계치에 관계없이, 즉 모집단이나 표본의 속성을 첫째로 수량적으로 요약하거나, 둘째로 두 개 혹은 그 이상의 변수들 사이의 상관관계를 기술해 주는 두 가지의 기능을 담당한다. 그러므로 기술통계는 하나의 변수나 집단의 특징을 파악하여 요약하는 단변량 기술통계와 두 개 이상의 변수 간의 상관관계를 파악하는 상관관계 기술통계로 나누어 볼 수 있다. 이와 같은 기술통계는 기술하고자 하는 현상에 포함되어 있는 변수의 수와 변수의 측정수준에 따라 다음의 〈표 8-2〉과 같이 다양한 방법이 포함된다.

추리통계는 그 목적에 따라 표본으로부터 얻은 통계치를 가지고 모집단의 모수치를 추정하는 모수치 추정(estimation)과 모집단의 변수들 간의 관계를 검증(test)하는 가설검증(hypothesis testing)의 두 가지로 나누어 볼 수 있다([그림 8-14] 참조). 모수치 추정이란 가설설정 없이 확률이론에 입각하여 통계치로부터 모수치를 추리하는 것으로서 여기에는 단일수치의 추정(point estimation)과 구간 혹은 급간추정(interval estimation)의 두 가지가 종류가 있다. 모수치의 추정은 단일수치보다는 일정한 범위의 값을 제시하고 그 범위 안의 어느 값이 모수치일 것이라고 추정하는 급간추정이 주로 쓰이고 있다. 가설검증의 추리통계는 두 개 또는 그 이상의 통계치들 사이의 차이 혹은 상관관계 등이 우연적인 결과인지 아니면 실제 결과인지를 통계적 혹은 가설로 설정해서 검증하는 것이다.

쉬어가는 연구방법과 통계이야기 ▸ **8-2 소수점 이하 퍼센트**

23.17% 혹은 15.35% 등은 읽기에도 불편한 숫자다. 그런데 가끔씩 이렇게 소수점 이하 두 자리까지 퍼센트를 표시하는 사람이 있다. 왜일까? 소수점은 수학적, 논리적이고 따라서 정확하다는 인상을 준다. 퍼센트에서 소수점을 쓰는 까닭은 이렇게 소수점이 갖는 정확하다는 인상을 이용하여 진실을 말하고 있다는 느낌을 주기 위한 것이다.

말싸움에서 이기기 위해서 혹은 자기 주장을 설득력 있게 보이려고 소수점 이하 두 자리까지 퍼센트를 사용하면 상대방은 그 신빙성에 이의를 제기하지 않고 권위에 입을 다물게 된다. 소수점 둘째 자리까지 퍼센트를 나타내는 것은 읽기도 성가실 뿐 아니라 원래의 퍼센트 사용목적에도 맞지 않는다. 퍼센트로 표시할 때 대부분 소수점 이하는 반올림해서 사용하는 것이 무난하다.

출처 : 김진호(2008). **괴짜 통계학**. 한국경제신문사.

가설검증의 추리통계는 다시 가정이나 조건에 따라 모수통계(parametric statistics)와 비모수통계(nonparametric statistics)로 나누어 볼 수 있다. 모수통계는 특별한 가정이나 조건을 요구하는 반면, 비모수통계는 전제조건으로부터 자유롭다. 모수통계에서 요구되는 가정(assumptions)은 다음의 세 가지로 집약된다.

첫째, 표본의 모집단은 정상분포를 이루어야 한다는 정상성(normality)의 가정

둘째, 집단 내의 분산이 동일해야 한다는 동분산성(homogeneity of variance)의 가정

셋째, 변수의 측정수준이 최소한 등간 척도 이상이어야 한다는 측정치의 등간성·연속성(interval and continuity of measures)의 가정

반면에 비모수통계는 위와 같은 가정이 요구되지 않는 방법으로서 모집단의 분포와 변수의 측정수준에 대한 제약을 받지 않는 자유로운 방법이다. 그러므로 비모수통계는 모수통계에 적용될 수 있는 경우에 사용 가능하다는 장점을 가지고 있으나, 가설검증력이 정밀하지 않다는 단점을 가지고 있다. 그러므로 비모수통계는 대체로 명목척도나 서열척도로 측정된 변수들에 대한 검증에 사용된다.

이상과 같이 다양한 통계방법 중에서 어떤 방법을 선정해야 하는가는 연구설계 단계부터 고려되어야 하며, 그 기준은 첫째, 몇 개의 변수를 분석할 것인가? 둘째, 변수의 측정치를 단순히 요약하고 묘사할 것인가(기술통계), 아니면 그 측정치로부터 추론할 것인가(추리통계)? 셋째, 변수의 측정수준(명목, 서열, 등간, 비율)은 무엇

인가에 따른다. 이를 변수의 수를 기준으로 정리하여 그림으로 나타내면 다음의 [그림 8-15]에서 [그림 8-18] 까지와 같다.

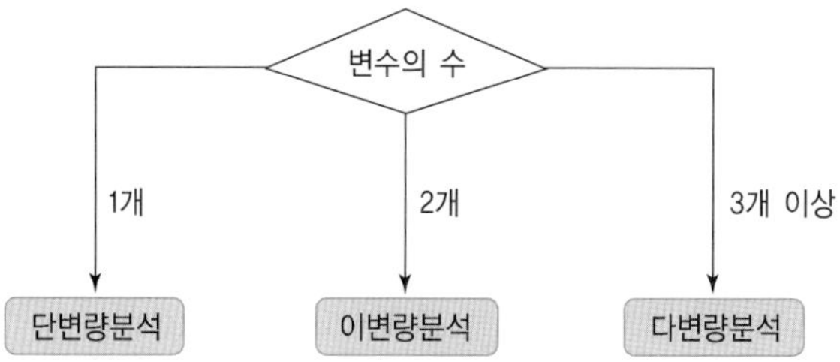

그림 8-15 통계분석의 분류

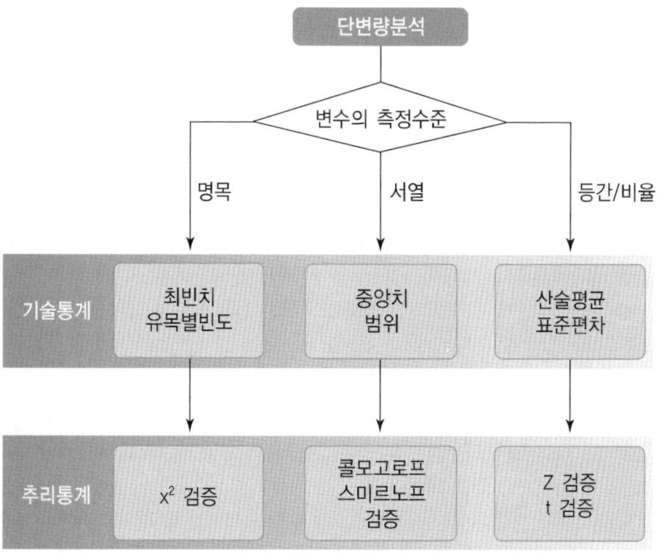

그림 8-16 단변량분석

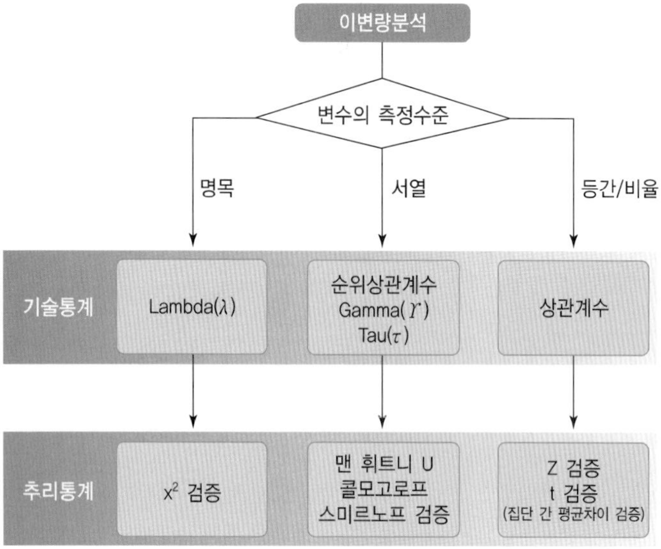

그림 8-17 이변량분석

쉬어가는 연구방법과 통계이야기 ▶

8-3 일기예보

날씨에 관한 정보는 개인의 휴가나 여가활동뿐만 아니라 심지어는 정치적인 일정을 정하는 데까지 필수적으로 고려대상이 된다. 어쩌다가 기상예보가 틀리기라도 하면 사람들의 항의전화가 기상대에 빗발친다. 정확한 기상예보를 위해 기상대가 슈퍼컴퓨터를 도입하려는 것도 이 때문이다.

기상예보에서 사람들이 가장 관심을 갖는 것은 무엇보다 비가 내릴 것인가 하는 것이다. 비가 올 확률이 예를 들어, 50%라는 것은 무엇을 의미할까? 비가 올 확률이 50%라는 것은 바로 경험적 확률을 말한다. 즉, 내일의 기상조건과 유사했던 과거의 많은 사례들을 조사했더니 그런 날들 중에서 절반(50%)은 비가 왔다는 의미이다.

비가 올 확률에 대해 사람들이 민감한 이유 중 하나는 과연 우산을 가지고 나가야 할 것인가를 결정해야 하기 때문이다. 여기서 비가 올 확률이 정확히 50%라면 어떻게 할까? 차를 운전하다가 우연히 라디오를 켰더니 DJ를 보고 있던 배철수 씨가 다음과 같은 말을 하고 있었다. "내일 날씨 예보에서 비가 올 확률이 50%라고 해요. 이런 날은 조심하세요. 비올 확률이 50%인 날은 우산 잃어버릴 확률이 100%이거든요."

사람들이 어떤 식으로 우산의 소지 여부를 결정하더라도 우산을 안 갖고 나가 불편했거나 우산을 갖고 나갔다가 잃어버린 경험들만이 기억에 오래 남게 된다. 그러고는 소위 '머피의 법칙'이 작용해 낭패를 보았다고 투덜댈 것이다.

출처 : 한국경제, 1999년 1월 25일

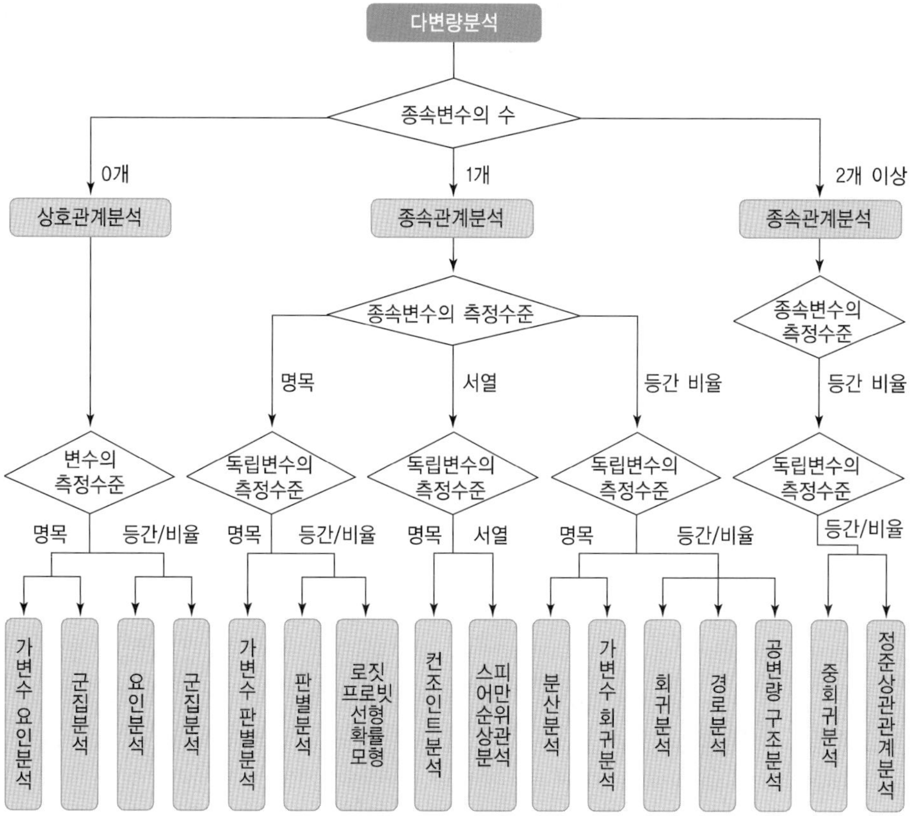

그림 8-18 다변량분석

연구문제

1 무응답의 적절한 처리방법에 대하여 설명하라.

2 코딩체계가 갖추어야 할 조건에 대하여 설명하라.

3 분석(analysis)의 의미와 목적을 설명하라.

4 통계(statistics)의 의미와 목적을 설명하라.

5 통계의 기능과 그에 따른 통계방법의 종류를 설명하라.

6 모수치와 통계치를 비교·설명하라.

7 가설검증의 추리통계의 종류와 조건에 대하여 설명하라.

부록

▌SAS로 자료처리하는 방법(DOS 버전 사용 시)

다양한 자료수집방법을 통해 코딩한 데이터를 SAS(DOS 버전)를 사용하여 자료를 C:\ 드라이브나 A:\ 드라이브에 저장하여 불러오는 방법은 다음과 같다.

1. C:₩ 드라이브에 자료를 불러들이는 SAS 프로그램 예시

```
data huh;
infile 'a:\data.txt' ;
input
     id 1-2 age 3-4 sex 5 educ 6-7 ;
proc means;
run;
```

위의 프로그램은 한글에서 자료의 입력을 하되 첫 두 칸은 설문지 고유번호를, 3·4 칸은 연령을, 5째 칸에는 성별, 6·7째 칸에는 교육수준을 연도로 입력한 자료를 data.txt 라는 텍스트 형태로 저장한 것을 불러온 것이다. 또한 각각의 변수에 평균값을 산출하는 명령어를 실시하였다.

2. A:₩ 드라이브에 자료를 불러들이는 SAS 프로그램 예시

```
data huh;
        input
             id 1-2 age 3-4 sex 5 educ 6-7 ;
        cards
        0120112
        0230213
        0340216
        0450112
        0560214 ;
        proc means;
        run;
```

앞의 프로그램에서 첫 두 칸은 설문지 고유번호를, 3·4칸에서는 연령을, 5칸에는 성별을, 6·7칸에는 교육수준을 연도로 입력할 것이라는 자리를 지정하여 준 후에 자료 입력을 하여 각각의 변수에 평균값을 산출하는 명령어를 실시하였다.

PART 03

탐색적 자료분석과 검토

CHAPTER 9. 자료검토 및 탐색적 자료분석

CHAPTER 10. 기술통계분석

CHAPTER 9 자료검토 및 탐색적 자료분석

지금까지 여러 과정을 거쳐 자료를 수집하여 코딩하는 과정에 대해 살펴보았다. 그렇다면 이제 코딩을 마친 자료(data)를 가지고 연구주제나 목적을 달성할 수 있는 통계분석을 시작하여야 하는 단계이다. 그런데 통계분석을 시작하기 전에 준비된 자료에 문제가 있는가, 문제가 없더라도 어떤 형태의 자료인가 등 자료에 대한 기본적인 특성을 파악하여야 한다. 다시 말해, 자료의 특징과 내재하는 구조를 알아 내기 위한 작업이 필요한데, 이 같은 자료에 대한 기초조사 작업과정을 탐색적 자료분석(exploratory data analysis)이라고 한다.

탐색적 자료분석방법은 1977년 투키(Tukey, J. W.)에 의해 개발된 것으로 주어진 자료를 토대로 어떤 특정 가설이 적용되는지 또는 그렇지 않은지를 확인하는 이른바 확인 위주의 자료분석(confirmatory data analysis)방법과는 구별되는 자료처리 방법이다. 이 분석방법은 최근 관심을 받고 있는 데이터 마이닝(data mining), 즉 대규모 자료에 내재하는 의미 있는 패턴 및 관계, 경향 등을 나타내는 일련의 자료분석과정이다. 탐색적 자료분석방법을 수행하게 되면 자료의 특성 및 분포양상이 일목요연하게 나타나게 되므로 어떤 자료를 어떻게 사용하는 것이 좋은지에 대해 직감적으로 알 수 있다.

쉬어가는 연구방법과 통계이야기 ▶

9-1 점의 통계학

역술에 대한 수요에 있어서 우리나라는 다른 나라의 추종을 불허한다. 신년운수, 입시, 결혼, 선거, 작명, 사업확장, 빌딩 위치, 개업일, 이사, 묏자리 등 운세를 따지지 않는 것이 없을 정도다. 특히, IMF 경제위기 때는 미래에 대한 불안감으로 수요가 급증한 바 있다.

역술은 전문자영업이다. 전문업이라고 하지만 의사나 변호사처럼 자격시험을 통과해야 하는 것은 아니다. 물론 필요한 경우에는 신이 내렸다던가 계룡산에서 수도를 했다고 우기면 된다. 또 자영업이라지만 자본이 없으면 공원에서 돗자리를 펴고 시작해도 되고, 약간 투자를 하고 싶으면 사무실을 얻어 '동양철학원' 혹은 '미래정보센터' 라는 간판을 달면 된다. 적은 투자에 비해 수익성은 높다.

실제로 점보는 일은 그리 어렵지 않다. 초보자라 할지라도 2~3 개월의 속성학원에서 충분히 배울 수 있다. 더욱이 점 보는 고객들은 까다롭지가 않다. 궁합, 택일, 합격 여부, 당락 여부 등에 대해서는 객관적인 상황과 주관적인 판단을 결합하여 결정하면 된다. 경험이 쌓이면 이 분야에서도 맞힐 확률을 높일 수 있다. 점이 우연히 맞게 되면(이런 우연은 생각보다 흔하게 일어난다), 사람들은 놀래서 용하다고 선전을 열심히 하고 다니므로 저절로 광고가 된다. 점이 혹시 틀리는 경우에도 문제가 전혀 없다. 사람들은 자비롭게도 틀린 점은 당연하다는 듯이 잊어버린다. 점이 틀렸다고 찾아가서 항의했다는 얘기는 들어본 적이 없다.

창업은 경제의 활성화로 이어져야 한다. 그런 측면에서 경제에 대한 기여도가 낮은 역술업의 창업 붐은 우리 사회의 병리현상을 보여 주는 한 단면이다. 어려울 때일수록 점보는 데에 시간을 낭비하지 않고 자신의 의지와 노력으로 이를 극복하려는 자세가 더욱 필요하다.

출처 : 한국경제, 1999년 2월 1일

사회통계학이건 순수통계학이건 자료분석은 처음에는 탐색적 방법에서 시작되었다. 그러나 점차 가설검증을 중요시하는 추리통계학(inferential statistics)이 발전되면서 탐색적 자료분석방법의 중요성이 낮게 인식되고 있다. 그러나 탐색적 자료분석방법은 자료에 대한 기초적 특성파악 및 추리통계분석의 기초단계로서 그 중요성이 경시되어서는 안 된다.

이 장에서는 통계분석을 수행하기 이전에 코딩된 자료가 통계분석을 수행하는 데 문제가 없는지, 자료가 충분하게 정리되었는지, 자료의 특성은 어떤 것인지를 검토하는 과정에 대해 살펴보고자 한다. 구체적으로, 측정 및 척도 그리고 분석단위의 검토, 기초통계 분석방법인 기술통계분석(descriptive statistics), 즉 평균값, 중앙치, 최소최대값, 빈도수 등을 통해 수집된 자료의 특성파악 및 자료가 문제가 없는지의 여부를 검토하는 것에 대해 살펴본다. 또한, 그래프를 통한 자료검토, 자료의 분포도에 대한 검토, 자료의 재표현 등의 방법을 통한 탐색적 자료분석방법에 대해 구체적으로 살펴보고자 한다.

1 측정 및 분석단위상의 자료검토

자료가 수집된 경우 측정과 척도 그리고 분석단위를 검토하여 연구목적에 적합한 자료분석을 수행할 수 있는지의 여부에 대한 사전검토가 필요하다. 이에 대해 구체적으로 살펴보자.

첫째, 변수 간의 관계를 규명하고자 하는 경우가 대부분의 추리통계의 목적이다. 그런데 어느 한 변수라도 관찰치의 변동폭(variation)이 제한적이라면 전체 집단에 대한 통계적 추정이 제대로 정확하게 되지 않는다. 다시 말해, 두 변수는 실제로 서로 관계가 있으나 한 변수의 측정방법이 부적절하여 분산(variation)이 적게 측정된 경우 두 변수는 무관한 것으로 나타날 수가 있다. 예를 들면, 임금수준에 미치는 교육수준의 효과를 조사하고자 할 때 교육수준의 측정을 대졸 여부(가변수 처리)로 측정 또는 코딩 처리하였다면 이는 다소 문제가 있다. 임금구조는 교육수준에 의해 결정되는데 고졸 이하, 대졸, 대학원 졸업 등 다양한 교육수준의 범위에 의해 결정되므로 보다 세부적인 측정척도가 요구된다. 따라서 측정이나 코딩과 관련한 자료의 사전 검토가 필요하다고 하겠다.

둘째, 측정수준(level of measurement)이 적절한가를 검토하여야 한다. 각 변수들의 측정방법이 적절한지를 검토한 후 측정수준에 맞는 통계적 방법을 선정하여야 한다. 이에 대해서는 8장에서 이미 자세히 살펴보았는데, 자료검토의 과정에서도 다시 한 번 그 적절성에 대해 검토할 필요가 있다.

셋째, 자료를 검토함에 있어 분석단위에 대해 생각해 보아야 한다. 분석단위가 개인인지, 두 사람의 상호관계인지, 아니면 여러 구성원들인지를 잘 검토하여야 하며 이에 직합한 척도를 통해 측정되었는가를 검토하여야 한다. 개인별 자료이나 집단적 자료로 사용하고자 하는 경우 이에 적절한 자료 전환 등의 작업이 필요하다.

예를 들면, 연구의 주요 목적이 남편의 가사노동에의 공헌도를 조사하고자 하는 것이라면 남편의 가사노동 시간을 분석단위로 할 것인지, 남편과 부인의 가사노동 시간의 합 중 남편의 시간을 비율화한 것을 사용할 것인지 등에 대해 충분한 검토가 필요하다. 뿐만 아니라, 시간 조사가 시간·분으로 측정되었다면 효과적인 분석을 위하여 조사단위를 분으로 통일·정리할 필요가 있다. 예를 들어, 1시간 30분의 경우 90분으로, 3시간은 180분으로 통일시키는 것이 통계분석 및 결과해석에 효율적이다. 결국, 개념적 차원 그리고 분석단위를 충분히 고려하는 작업을 마친 후 자료의 분포도, 정상도(normality) 등을 검토하는 다음 단계로 넘어갈 수 있다.

2 기술통계분석을 이용한 자료검토

1) SPSS 프로그램을 사용한 자료검토 I

수집된 자료가 통계분석을 수행하는 데 문제가 없는지, 자료가 잘 코딩되어 있는지를 조사하고, 자료의 기본적 특성을 파악하기 위하여 기술통계분석을 수행한다. 다시 말해, 평균값, 최대최소값, 중앙치, 빈도수 등을 통한 탐색적 자료분석을 실시한다.

평균값, 최대최소값, 중앙치, 빈도수 등을 파악하기 위하여 소비자불평행동 자료를 이용하여 SPSS 프로그램으로 기술통계분석을 수행한 결과는 | SPSS 예시 9-1 | 과 같다.

결과를 간단하게 살펴보자. 먼저, id는 응답자들의 식별번호로서 조사대상자는 320명임을 알 수 있다. 성별(sex)의 경우 평균값은 1.62이며, 최소값은 1, 최대값은 3으로 나타났다. 코딩 과정에서 1은 여성, 2는 남성으로 처리하였으므로 여기서 3이 최대값으로 나타난 것은 오류가 있음을 암시한다. 구체적으로, 빈도수 조사결과에서 3으로 처리된 빈도수는 1개로 나타났으므로 이는 코딩상 오류임을 확인하게 한다. 따라서 어느 id 번호에서 오류가 있었는가를 찾아가 자료 코딩한 작업에서 교정(원 설문지를 대조하여)하거나, 분석 시 3은 무시하고 새로운 변수 female을 만들어서 가변수 처리하여 사용할 수 있다.[12)]

연령(age)의 경우 평균은 31.92세이며 최소연령은 18세, 최대연령은 65세임을 알 수 있다. 이 조사를 처음 시행할 때 조사대상자를 20세 이상 남녀 소비자로 하였다면 20세 미만 조사대상자는 분석에서 제외하는 것이 효과적인 방법이다.

---

12) SPSS상의 처리방법 : if (sex=1) female=1. if (sex≥2) female=0.1))

spss pc +

Number of	Valid	Observations	(listwise)=	304.00	
Variable	Mean	Std Dev	Minimum	Maximum	N
id	160.50	92.52	1	320	320
sex	1.62	0.49	1	3	318
age	31.92	11.91	18	65	320
edu	3.59	1.33	1	6	320
job	3.23	2.38	1	9	318
mwh	17.79	22.23	0	98	309
cexp	12.57	27.14	0	315	304
marry	1.44	0.50	1	5	316

spss pc +

sex

Value Label Percent	Value	Frequency	Valid Percent	Cum Percent
	1	160	50	50
	2	157	49	99
	3	1	1	100

edu

Value Label Percent	Value	Frequency	Valid Percent	Cum Percent
	1	5	1	1
	2	27	8	9
	3	121	38	47
	4	142	44	91
	5	24	8	99
	6	1	0.3	100

marry

Value Label Percent	Value	Frequency	Valid Percent	Cum Percent
	1	154	49	49
	2	161	51	100
	5	1	0.3	100

| SPSS 예시 9-1 | **자료검토를 위한 SPSS 기초통계분석 결과**

교육수준(edu)의 경우 국졸, 중졸, 고졸, 대졸, 석사, 박사 6단계로 구분하여 조사한 결과 평균값은 3.59이며 최소값은 1, 최대값은 6임을 알 수 있다. 빈도수조사 결과를 통해 조사대상자들의 교육수준분포를 잘 알 수 있는데 대졸 응답자가 가장 많은 142명임을 알 수 있다.

직업유형(job)은 최소값 1에서 최대값 9로서 9단계로 구분하여 조사하였으므로 일단 최소·최대값 측면에서는 문제가 없는 것으로 보인다. 직장에서의 주당 근로시간(mwh)은 최소값 0에서 98시간인 것으로 나타났다. 옷에 지출한 한달 평균액수(cexp)는 125,700원으로서 최소값은 0원, 최대값은 3,150,000원인 것으로 조사되었다. 이 결과를 통해, 의류구입비 변수를 실제 통계분석에 사용할 경우 최소값과 최대값 등 극단치의 문제가 있으므로 최대값을 어떻게 처리할 것인지, 의류비를 전혀 지출하지 않는 집단은 어떻게 처리할 것인지를 생각해 보아야 함을 알 수 있다. 보통, 극단치는 제외하고 분석하거나, 극단치를 포함하는 변수를 서열척도화하여 분석하기도 한다.

결혼 여부(marry)를 조사한 결과 미혼(코딩 1)의 경우 154명으로, 기혼자는 161로 나타났는데 5로 코딩된 경우가 1개 존재하고 있어 이는 오류임을 알 수 있다. 따라서 성별과 마찬가지로 교정이 필요하다.[13)]

2) SPSS 프로그램을 사용한 자료검토 II

SPSS Window 10.0 한글 버전을 이용하여 자료검토를 다시 한번 수행하기 위해 | SPSS 예시 9-2 | 에 제시한 바와 같이 소득, 교육년수, 연령, 성별 자료를 입력하였다. 이때, 자료를 처음 입력하면 변수이름은 var00001, var00002, var00003 등으로 적혀져 있다. 따라서 변수이름을 적어야 하는데 그 방법은 아래의 창에서 맨 아래에 위치한 변수보기를 클릭한 후 이름에 가서 두 번 클릭하여 변수이름을 입력하여 적어 넣으면 된다. 변수이름 지정 및 자료입력이 끝나면 다시 말해, | SPSS 예시 9-2 | 창과 같이 만든 후 저장을 한다. SPSS 프로그램에서 자료(data) 파일은 자동적으로 확장자가 .sav로 저장된다는 점을 기억해 두면 좋다.

이제 자료입력이 끝났으므로 기술통계분석을 수행해야 하는 단계이다. 언제나

13) 이때, 어느 응답자의 결혼 여부 코딩이 잘못되었는가, 즉 id 번호를 알아내기 위해서는 SAS 프로그램의 UNIVARIATE을 이용하면 좋다.

SPSS Window 최근 버전에서는 프로그램을 수행하기 위해 자료 파일 창(SPSS 예시 9-2처럼)을 열어 둔 뒤 메뉴에서 분석이라는 key button을 사용해야 한다.

이제 기술통계분석을 수행하기 위해 | SPSS 예시 9-2 | 에서 제시한 바와 같이 자료를 불러 놓은 후 맨 위 메뉴에서 분석 → 기술통계량 → 기술통계를 클릭한다. 클릭이 끝나면 | SPSS 예시 9-3 | 과 같은 창이 뜨게 된다. 이 창에서 왼쪽에는 변수 목록이 자동적으로 뜨게 되는데, 이들 모든 변수를 클릭하여 오른쪽 창인 변수에 넣은 후 확인을 클릭한다. 확인을 클릭하면 자동적으로 | SPSS 예시 9-4 | 와 같은 결과 창이 뜨게 된다. 이 창은 output, 즉 기술통계분석 결과로서 다음을 위해 저장해 둘 경우 확장자 .spo를 사용하게 된다. 물론 필요한 경우 결과 창에 editing, 즉 글자를 삽입하거나 여러 형태의 편집도 가능하다. 결과 파일을 다른 word processor 프로그램 등에 삽입할 수도 있다. 이로써 SPSS Window 10.0 한글 버전을 사용하여 기술통계분석 수행이 끝난 것이라고 할 수 있다.

다음 단계는 | SPSS 예시 9-4 | 의 기술통계분석 결과를 해석해야 하는 것이다. 먼저 본 분석에서 사용한 자료는 크기가 10, 즉 10개의 표본을 가지고 있음을 알 수 있다. 10개 표본의 평균 교육년수는 15년이며 가장 적은 교육년수는 12년(최소값), 가장 많은 경우는 18년(최대값)임을 알 수 있다. 교육년수의 표준편차는 1.94임을 쉽게 알 수 있다. 다른 변수에 대한 결과도 마찬가지로 해석하면 된다.

추가적으로 빈도수 분석을 수행하기 위해서는 | SPSS 예시 9-2 | 로 되돌아가서 분석 → 기술통계량 → 빈도분석을 클릭하면 된다. 결과는 | SPSS 예시 9-5 | 에 제시한 바와 같은데 쉽게 그 결과를 해석할 수 있다. 12년의 교육년수를 가진 사람은 2명, 14년도 2명, 16년, 즉 대졸은 5명, 석사졸업인 18년은 1명임을 알 수 있다. 한편, 이 자료에서 성별 변수의 경우 남성=0, 여성=1로 가변수 처리하였다. 그런데, | SPSS 예시 9-4 | 에 제시한 결과에서 성별의 최소값은 0, 최대값은 2로 나와 코딩(자료입력)상에 오류가 있었음을 알 수 있다. 성별은 0 또는 1로 코딩되어야 하므로 최대값 2는 오류이다. 보다 구체적인 사항을 알아보기 위하여 빈도수 조사를 수행한 | SPSS 예시 9-5 | 의 결과에 따르면 0으로 코딩된 표본은 4개, 1로 코딩된 경우 5개, 2로 코딩된 경우 1개로 나타나 성별에서 한 응답자의 성별을 입력하는 과정에서 오류가 있었음을 확인할 수 있다. 따라서 자료파일을 열어 성별이 2로 잘못 코딩된 것을 발견하여 수정해야 한다.

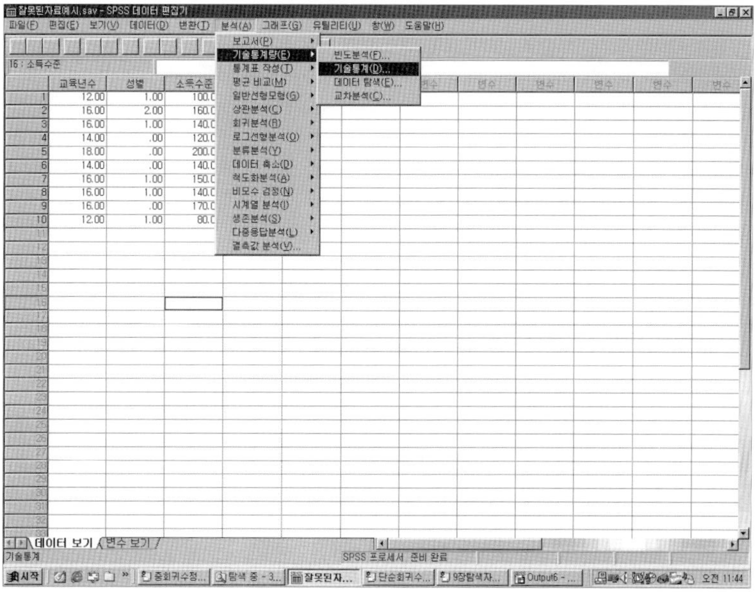

| SPSS 예시 9-2 | 자료검토를 위한 기술통계분석 수행과정 1

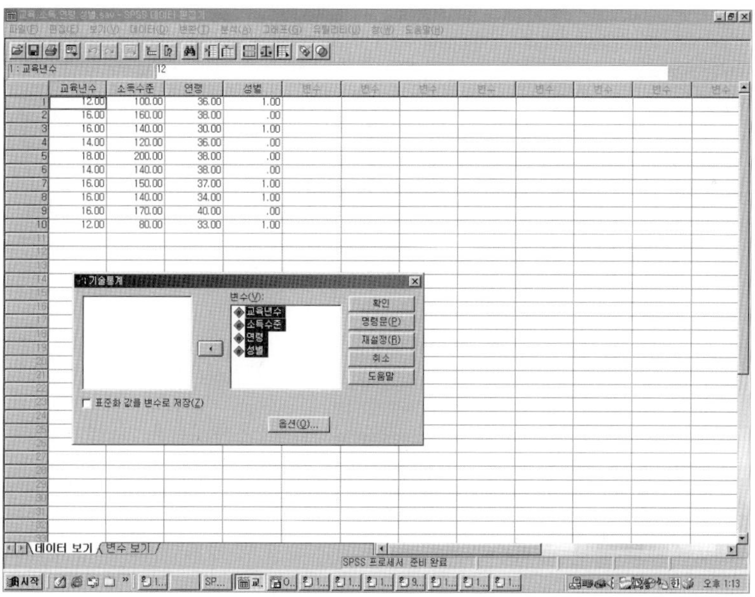

| SPSS 예시 9-3 | 자료검토를 위한 기술통계분석 수행과정 2

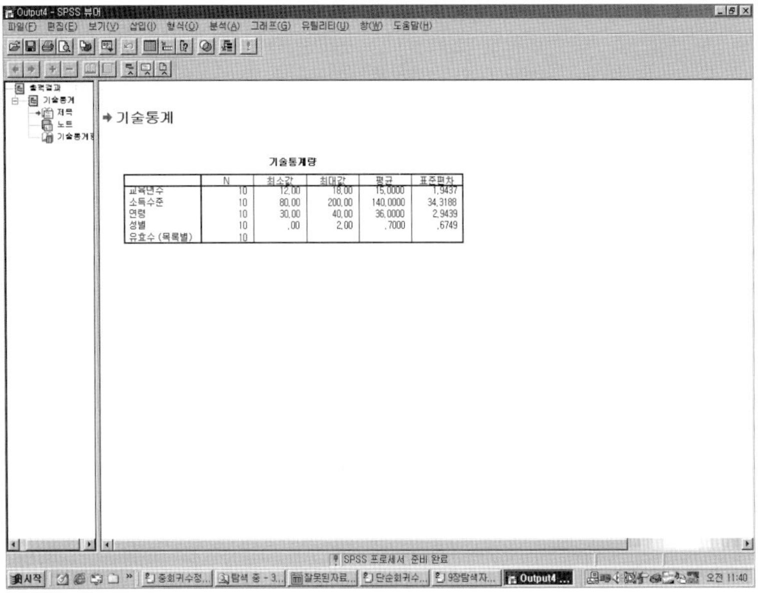

| SPSS 예시 9-4 | 자료검토를 위한 기술통계분석 수행결과

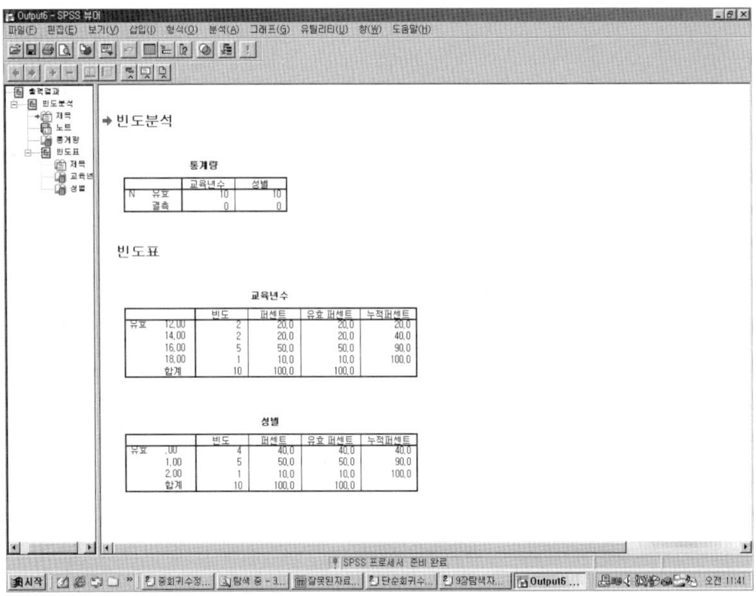

| SPSS 예시 9-5 | 자료검토를 위한 빈도분석 수행결과

쉬어가는 연구방법과 통계이야기 ▶ **9-2 어림수의 허와 실**

대화를 할 때 약간의 수치를 곁들이면 그 내용을 빠삭하게 알고 하는 말처럼 들린다. 두서없는 주장이라도 그 속에 몇 개의 수치를 인용하면 사람들은 쉽게 수긍을 한다. 이처럼 숫자는 과학적이라는 이미지와 설득력 있는 힘을 갖기 때문에 노련한 말꾼들은 필요한 경우에 숫자를 갖다 붙인다. 그러나 그런 숫자들은 대부분 어떤 근거도 없는 어림수인 경우가 많다. 자기의 주장을 인상적으로 보이게 하거나 순전히 논쟁에서 이기기 위해 억지로 꾸며낸 숫자일 수가 있는 것이다.

문제는 숫자에 주눅이 든 '수문맹'들에게는 하늘에서 떨어진 것처럼 전혀 근거가 없는 어림수일지라도 언제나 효과를 발휘한다는 사실이다. 갑자기 상대방에게 몇 개의 통계숫자를 갖다 대면 상대방은 어리벙벙해져서 반박도 하지 못하는 것이다.

재미있는 예를 들어보자. 영국수상을 지낸 디즈레일리(Disraeli)는 항상 통계수치를 인용하는 것으로 유명했다. 국회에서 의원들의 날카로운 질문에 대해 각종 통계수치를 조목조목 인용해 대답함으로써 의원들의 예봉을 잘 피해 나갔다고 한다. 그리고 대답을 할 때마다 그는 항상 메모지를 보면서 각종 통계수치들을 인용했다고 한다. 디즈레일리 수상이 국회에서 답변을 하던 어느 날에 일어난 일이었다. 수상은 그 날도 그의 특기를 살려서 숫자가 포함된 조리 있는 대답으로 의원들의 말문을 막았다. 그런데 수상이 자기 자리로 돌아올 때 실수를 해 그의 메모지를 바닥에 떨어뜨렸다. 그러자 수상의 통계수치 인용에 대해 평소에 감탄(?)해 온 한 호기심 많은 국회의원이 그것을 주웠다. 그 의원은 도대체 메모지에 무엇이 써 있을까 하는 것이 매우 궁금했던 것이다. 메모지를 본 의원은 깜짝 놀랐다. 수상이 열심히 들여다보며 참고를 했던 메모지는 숫자 하나 적혀 있지 않은 백지였던 것이다(김양호·조동준 공저, 화술과 인간관계 4, 도서출판 시몬, 1992, p. 229 인용).

출처 : 한국경제, 2006년 6월 12일

3 그래프를 통한 자료검토

자료에 대한 기본적 특성 파악은 그래프를 통해 시각적으로 쉽게 파악할 수 있다. 특히 자료의 분포특성에 대한 시각적 파악은 막대그래프, 줄기와 잎 그림, 상자와 수염 그림 등을 통해 가능하다.

1) 도수분포표와 막대그래프

도수분포표는 숫자로 관측된 양적 자료(연속형 자료)를 일정한 구간으로 나눈 후에 각 구간에 속한 개수들의 수를 도수로 나타낸 표이며, 막대그래프는 도수분포표에서 각 구간의 관측도수를 막대형태로 표현하여 그 크기를 비교할 수 있도록 하는 자료의 요약방법이다. 실제자료를 이용하여 도수분포표와 막대그래프를 통해 자료의 분포를 살펴보자.

〈표 9-1〉은 어느 학기에 가계경제학 과목을 수강한 학생 76명의 학기말고사 점수를 나타낸다.

〈표 9-1〉 가계경제학 과목 수강생 50명의 학기말 점수

65	62	73	85	65	46	36	49	81	76
60	44	43	72	21	33	83	46	64	49
12	74	91	78	60	48	24	62	54	97
69	31	89	96	96	97	86	88	85	61
95	54	85	89	51	77	81	72	47	35
62	65	65	69	77	74	78	75	69	62
74	72	74	72	75	77	72	74	76	74
54	54	51	51	54	54				

이 학기말고사 점수자료를 이용하여 도수분포표를 작성한 것이 〈표 9-2〉이다.

〈표 9-2〉 학기말고사 점수자료의 도수분포표

측정구간	도 수	상대도수
11~20	1	0.013
21~30	2	0.026
31~40	4	0.052
41~50	8	0.105
51~60	9	0.118
61~70	15	0.197
71~80	21	0.276
81~90	10	0.131
91~100	6	0.078
총 계	76	1.00

한편, 이 자료를 이용하여 막대그래프를 작성하면 [그림 9-1]과 같이 나타낼 수 있다.

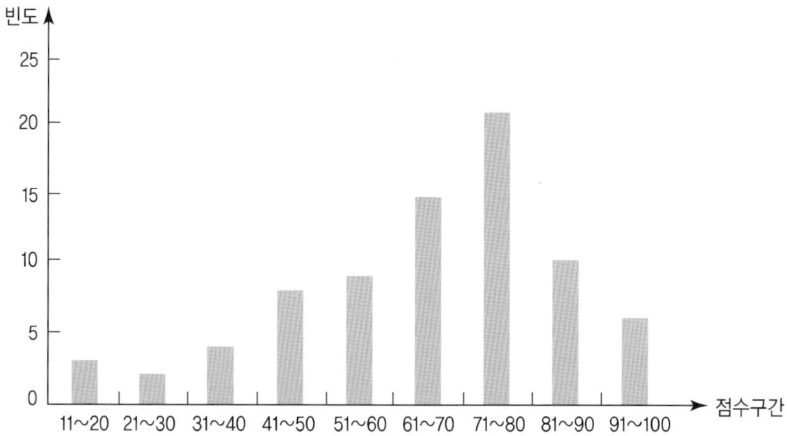

그림 9-1 학기말고사 점수자료를 사용한 막대그래프

2) 줄기와 잎 그림

탐색적 자료분석방법 중의 하나인 줄기와 잎 그림(stem-leaf plot)은 각 자료에 대한 상세한 정보를 시각적으로 제공하는 장점이 있다. 줄기와 잎 그림은 숫자로 관측된 양적 자료를 정리하는 방법으로 막대그래프와 유사하나 막대그래프에서 얻을 수 없는 정보인 자료의 최소값, 최대값 그리고 각 구간 내부에 있어서의 자료의 분포에 대한 정확한 정보를 제공해 준다. 줄기와 잎 그림은 숫자로 관측된 자료에서 숫자를 단위(1단위, 10단위 …)에 따라 두 부분으로 나눈 후에 큰 단위값을 줄기(stem), 작은 단위값을 잎(leaf)으로 하여 정리한다.

예를 들어, 두 자릿수 12를 10단위수 1과 2로 나누어서 1을 줄기로 하고 2를 잎으로 정리한다. 이와 같은 방법을 모든 숫자에 적용하여 줄기를 순서대로 정리한 후에 각 줄기에 속한 잎을 크기 순서로 정리하는 방법이 줄기와 잎 그림이다.

앞서 〈표 9-1〉의 가계경제학 학기말 점수자료를 사용하여 탐색분석을 수행한 결과 중 일부인 기술통계분석 결과는 '〈표 9-3〉 탐색적 자료분석 결과'와 같다.[14)]

---

14) SPSS 윈도우 버전 프로그램에서 탐색적 자료분석을 수행하기 위해서는 먼저 데이터를 부른 후 통계분석, 기초통계, 데이터 탐색을 순서대로 클릭하면 '〈표 9-3〉 탐색적 자료분석 결과', [그림 9-2], [그림 9-3]과 같은 결과를 모두 얻을 수 있다.

〈표 9-3〉 탐색적 자료분석 결과 : 가계경제학 점수 탐색분석 결과 중 기술 통계분석 결과

케이스 처리 요약

구 분	케이스					
	유 효		결 측		전 체	
	N	퍼센트	N	퍼센트	N	퍼센트
점 수	76	100.0 %	0	0 %	76	100.0 %

기술통계

구 분		통계량	표준오차
점수 평균		65.6711	2.1464
평균의 95% 신뢰구간	하한	61.3951	
	상한	69.9470	
5% 절삭평균		66.4094	
중위수		69.0000	
분산		350.144	
표준편차		18.7121	
최소값		12.00	
최대값		97.00	
범위		85.00	
사분위수 범위		23.0000	
왜도		-.566	.276
첨도		.119	.545

한편, 탐색분석 결과 중 기말고사 점수를 줄기와 잎 그림으로 표현한 것이 [그림 9-2]이다. 여기에서 줄기와 잎 그림은 10단위 숫자를 줄기(stem)로 하고 1단위 숫자를 잎(leaf)으로 하여 각 줄기에 대한 잎의 분포를 정리해 놓은 것이다.

[그림 9-2]에서 점선은 막대그래프로 그렸을 때의 분포를 나타내는데 막대그래프가 각 구간 내 자료의 형태에 대한 정보를 제공하지 못하는 데 비하여 줄기와 잎 그림은 자료의 요약에 따른 정보의 손실이 전혀 없음을 알 수 있다. 즉, [그림 9-2]에서 최소점수는 12점이고 최대점수는 97점이며, 70점대가 21명으로 가장 많이 분포되어 있는 것과 같이 각 점수대별 분포와 구체적인 점수를 쉽게 파악할 수 있다. 또한 줄기와 잎 그림을 이용하면 다음 절에서 설명하는 각종 순서통계량(최소값, 최대값, 중위수, 사분위수 등)을 쉽게 구할 수 있다.

```
점수 Stem-and=leaf plot
Frequency       Stem & Leaf
    1.00 Extremes   (=<12)
    2.00       2.  14
    4.00       3.  1356
    8.00       4.  34667899
    9.00       5.  111444444
   15.00       6.  001222455559999
   21.00       7.  222223444444556677788
   10.00       8.  1135556899
    6.00       9.  156677

Stem width:      10.00
Each leaf:       1 case(s)
```

그림 9-2 가계경제학 과목 성적의 줄기와 잎 그림

3) 상자와 수염 그림

탐색적 통계분석방법에서는 양극단치(최대 · 최소값)와 중앙치(median)를 중요시한다. 왜냐하면 평균값(mean)과 이를 기준으로 한 편차를 갖고 분석하는 경우, 극단치에 민감하여 실제 데이터의 분포 특성이 반영되지 않기 때문이다.

이처럼 중앙치, 최소·최대값, 그리고 중간값(최소·최대치와 중앙치 사이의 중간에 위치한 데이터값)의 다섯 가지 수치를 요약하여 하나의 그림에 나타내어 데이터의 특성을 알아보고자 하는 것이 상자와 수염그림(box & whisker plot)이다.

앞서 〈표 9-1〉의 자료를 사용하여 탐색자료분석을 수행한 결과 중 상자와 수염그림 결과를 나타내면 [그림 9-3]과 같다.

[그림 9-3]처럼 중앙치(median)를 횡선으로 표시하고, 최소값과 최대값에서의 중간값으로 막은 네모꼴 상자를 그린다. 그리고 상자의 양끝에서 수염을 그리고 양극단값에서 끝에 세로로 표시한 울타리 범위 안을 정상분포 곡선의 95% 신뢰구간으로 생각할 수 있다.

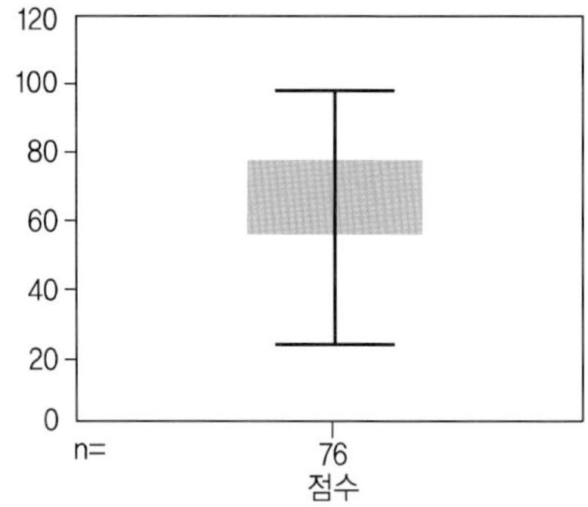

그림 9-3 기말고사 점수의 상자와 수염(box-and-whisker) 그림

쉬어가는 연구방법과 통계이야기 ▶

9-3 어림수와 허세

다음은 1950년의 세계연감(World Almanac)에 실린 내용 중 하나다(Langley, Practical Statistics—simply explained, Dover, 1970, p. 37). 그 해에 전 세계에서 헝가리 언어를 사용하는 사람이 800만 1112명이라고 나와 있었다. 방금 말을 배운 어린아이까지 정확하게 포함된 숫자라는 인상을 주기보다는 하늘에서 떨어진 숫자라는 느낌을 준다. 미국의 권위 있는 일간지인 뉴욕 타임즈에 뉴욕시에서 있었던 퍼레이드의 비용에 관한 기사가 실렸었다.(Langley. 앞의 책, p. 13) 이 기사에 따르면 성(聖) 패트릭 축제일(St. Patrick's Day) 퍼레이드에 시 당국은 8만 5559.61달러의 비용을 지출했고, 푸에르토리코의 날(Puerto Rican Day) 퍼레이드에는 7만 4169.44달러를 지출했다고 발표했다.

상식적으로 생각할 때 퍼레이드에 든 비용을 몇 원까지 정확히 계산할 수 없을 것이다. 이처럼 정확한(?) 어림수를 발표하는 것은 이 신문사가 이 문제에 대해 매우 관심이 높고 사소한 것에도 정통하다는 인상을 독자에게 심어 주려는 의도인 것이다.

'이 신문은 매우 정확한 정보를 제공하는구나'라고 생각하는 독자가 많을까, 아니면 어떻게 해서 그렇게 정확한 숫자가 나왔을까 하고 궁금해 하는 독자들이 많을까? 내 생각에는 후자의 독자들이 훨씬 많을 것 같다.

로치(Hal Roach)라는 코미디언이 자연사 박물관의 안내원에 관한 이야기를 소개한 적이 있다. (Mauro, Statistical Deception at Work, New Jersey·LEA,I nc, 1992, p. 62) 어느 날 한 방문객이 선사시대의 공룡의 뼈를 구경하다가 그 뼈가 얼마나 오래된 것인가를 안내원에게 물었다. 안내원은 머뭇거리지도 않고 300만 17년이 된 것이라고 대답했다. 그 연대의 정확함에 놀란 방문객이 그렇게 정확한 숫자의 근거를 다시 물었다.

안내원은 "내가 여기에서 처음 일을 시작했을 때, 그 뼈는 300만 년 된 것이라고 들었다. 그 후로 나는 여기에서 17년 동안 일을 했다"고 대답을 했다. 공룡의 나이 300만 년은 원래부터 추정치인 것이다. 거기에다 17년을 덧붙여서 말하는 것은 정확한 수치라는 인상을 주려는 것에 지나지 않는다. 물론 이 예는 과장된 것이기는 하다. 그러나 유사한 상황에서 사람들은 그저 허세를 부리거나 아니면 논쟁에서 이기기 위해 어림수를 정확성으로 종종 치장하는 것이다.

출처 : 한국경제, 2006년 6월 12일

4 분포의 정상성 평가 및 독립성 검증

주어진 자료를 가지고 통계분석을 수행하기 이전에 자료의 분포도를 조사하는 것은 자료의 이상 여부 확인 및 자료에 대한 정보를 얻는 데 필수적인 작업이다. 따라서 자료의 분포가 정상분포인지 등을 파악하기 위한 여러 방법에 대해 살펴보면 다음과 같다.

1) 분포의 정상성 검증

자료가 정상적(normal)으로 분포하는지의 여부를 조사하는 것은 표본집단이 모집단으로부터 무선적으로 표집(random sampling)되어 표집이 전집을 대표할 수 있는지의 여부를 조사하는 것이다. 분포의 정상성을 조사하는 방법은 크게 네 가지이다.

(1) Shappro-Wilk 검증

이 방법은 분석하려는 변수가 정상분포를 이루는 모집단으로부터 무선표집되었다는 귀무가설(영가설)을 검증하는 것이다. 사례수가 51 이하이면 Shaporo-Wilk의 W검증(W값의 범위는 0에서 1)이 이용되는데, W값이 0에 가까울수록 귀무가설은 기각된다. 귀무가설이 기각되면 표집이 정상성을 잃은 것으로 해석하게 된다. 그러나 표집수가 51 이상이면 표집의 평균과 변량이 전집과 다르다는 귀무가설을 검증하게 된다. W값이 1에 가까울수록 귀무가설을 부인(reject)하고 표집의 정상성을 입증하게 된다.

- **표본의 크기 50 이하의 경우 귀무가설**
  H_0 : W = 0 (귀무가설의 의미 : W 값이 0에 가까워 비정상성이다)
- **표본의 크기 51 이상의 경우 귀무가설**
  H_0 : W = 1(귀무가설의 의미 : W 값이 1에 가까워 정상성이다)

표본의 크기에 따라 귀무가설은 서로 반대되고 있으나, 어느 경우이든지 W값이 1에 가까울수록 정상분포를 갖는 것으로 전제하고 있다.

(2) 왜도(skewness)지수

자료의 분포상태, 즉 편포를 조사하는 간편한 방법은 평균과 중앙값(median)을 비교하는 것으로, 두 점수 간의 차이가 클수록 편포(skewness, 또는 왜도)의 정도가 심하다고 해석할 수 있다. 분포의 기울어진 정도를 좀 더 객관적으로 나타내는 지수가 왜도지수이다. 자료가 좌우대칭이며 봉우리가 하나인 정상분포를 이루지 않고 한쪽으로 치우쳐 편포된 정도를 측정하는 왜도지수는 그 값이 0에 가까울 때 정상적인 분포를 나타내며, ±1보다 클 경우 자료가 편포되었다고 해석할 수 있다. 앞서의 가계경제학 기말고사 점수자료를 가지고 탐색분석을 수행한 결과 '〈표 9-3〉 탐색적 자료분석 결과'에 제시한 바와 같이 왜도지수가 -0.566이므로 크게 편포되어 있지 않다고 하겠다.

왜도지수가 +값인 경우는 정적 편포로 [그림 9-4]의 (b)와 같으며, -값인 경우는 부적 편포로 (c)와 같은 모양을 나타낸다. SPSS의 FREQUENCIES 프로그램에서도 왜도지수가 계산되며, 줄기와 잎 그림이나 상자와 수염그림 등의 그래프를 통해서도 시각적으로 분포의 치우친 정도를 파악할 수 있다.

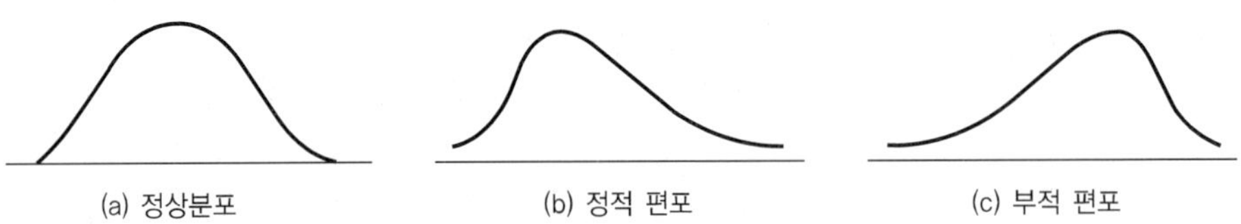

그림 9-4 분포의 유형

(3) 첨도(kurtosis)지수

자료의 분포 또는 변이(variation)의 정도를 파악하기 위해 범위나 표준편차가 주로 이용되지만 자료의 정상분포를 기준으로 할 때 분포의 봉우리가 얼마나 뾰족한가 하는 정도를 나타내는 것은 첨도지수이다. 표준편차가 클 때, 즉 첨도가 -1보다 클 때는 정상분포곡선보다 평평한 봉우리(platykurtic)가 되며, 표준편차가 작을 때,

즉 첨도가 +1보다 클 때에는 정상분포곡선보다 뾰족한 봉우리(leptokurtic)를 이룬다. 앞서의 가계경제학 점수자료를 사용한 탐색분석 결과 첨도지수가 0.119('〈표 9-3〉 탐색적 자료분석 결과' 참조)이므로 기말고사 점수는 어느 정도 정상분포를 이루고 있다고 진단할 수 있다.

이외에도 1/6 법칙이 이용되기도 한다. 즉, 분포의 표준편차가 범위의 1/6 보다 작을 때는 뾰족한 봉우리의 분포이며, 1/6 보다 클 때에는 평평한 봉우리를 이룬다.

(4) 정규분포확률그림

확률그림의 한 축은 X의 값을 나타내며, 다른 한 축은 X가 정상분포를 이룬다고 기대되는 Z값을 나타낸다. 따라서 자료가 정상분포를 이룰 때 직선의 형태를 취하게 되며, 준거 축을 따라 자료가 분포하게 된다. [그림 9-5]는 가상적 분포에 따른 정규분포확률그림(normal probability plot)과 정상분포곡선 간의 관계를 나타낸 것이다. 그러나 SAS의 UNIVARIATE에서는 축이 서로 바뀐다. 정상분포의 경우는 [그림 9-5]의 (a)와 같은 직선을 나타낸다.

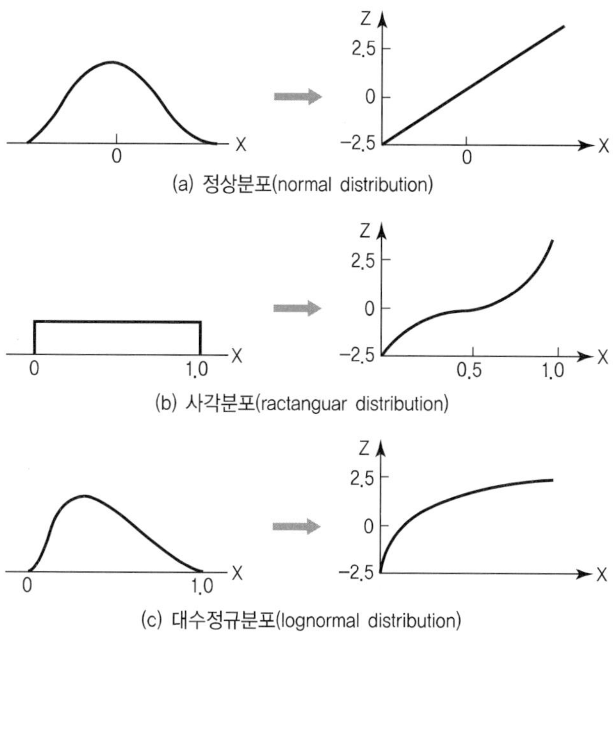

(a) 정상분포(normal distribution)

(b) 사각분포(ractanguar distribution)

(c) 대수정규분포(lognormal distribution)

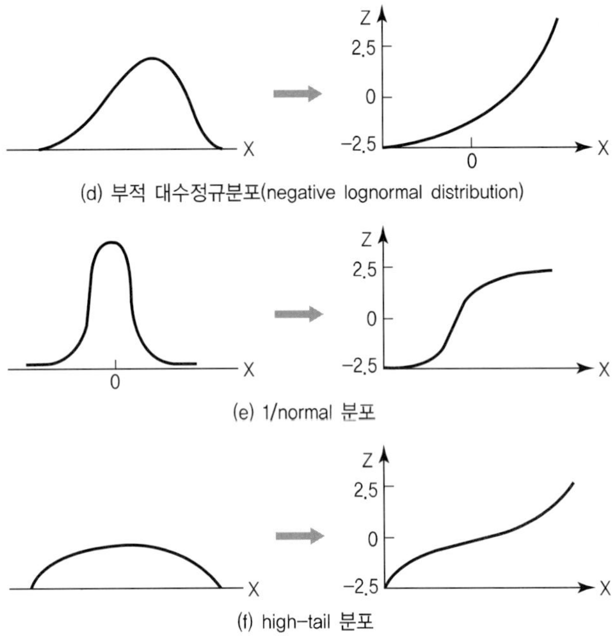

그림 9-5 가상적 분포에 따른 정규분포확률그림의 종류

왼쪽은 histogram이며, 오른쪽이 정규분포확률 그림임

출처 : Afifi, A., & Clark, V.(1990). *Computer-aided multivariate analysis*(pp. 60~61). NY : Van Nostrand Reinhold ; 한국가족학연구회, 1994 ; 재인용

2) 독립성의 검증

동일인에게 여러 자료를 수집할 경우 변수의 값은 서로 연관되어 있다. 그러나 대부분의 다변량분석에서는 서로 다른 연구대상이나 문항으로 얻은 값들은 상호독립적임을 가정하고 있다. 이 가정의 충족 여부는 결과의 타당성에 중요한 영향을 미치며, 이 가정이 전제되지 않을 경우 잘못된 결론을 도출할 수 있다. 그럼에도 불구하고 비독립성의 효과에 대해서뿐만 아니라 독립성(independence) 여부에 내한 실제적인 진단방법이 많이 개발되어 있지 않은 실정이다. 대부분의 경우 대상이 동물이 아닌 사람이면 측정된 값들간의 독립성을 가정할 수 있다. 그러나 측정하려는 변수에서와 같이 모든 표집에 똑같이 영향을 미치는 요인들이 있을 때 비독립성(dependence)이 일어날 수 있다. 예를 들면, 한 가구의 성인구성원들의 결혼에 대

한 태도는 독립적이라고 기대할 수 없으며, 독립적이라는 추론은 타당하지 않다. 또한 쌍둥이들의 출생과 관련된 자료나 형제들 간의 자료, 부모-자녀, 부부간의 자료 역시 독립성을 가정할 수 없다.

또한 시간적으로 연속된 종단적 자료의 경우도 독립성을 가정할 수 없다. 이러한 경우에는 시간의 경과에 따른 변화의 양상을 보기 SPSS의 SCATTERGRAM이나 SAS의 PLOT을 이용하여 자료를 도표화하는 것이 유용하다. 세로축은 변수의 값을, 가로축은 시간, 지역 혹은 개인의 일련번호(ID number)를 그려보아 [그림 9-6]의 (a)와 같이 무작위의 아무런 패턴도 나타내지 않을 때는 독립성을 가정할 수 있다. 그러나 (b)는 정적인 직선적 경향을 나타내며, (c)는 시간의 경과에 따른 일시적인 측정치의 변화와 다시 초기 점수로의 변환을 보여 주고 있다. (d)의 경우는 가족생활주기에 따른 태도의 변화나 혹은 계절에 따른 공장 생산력의 변화 등 일련의 주기를 나타내는 형태이다.

측정치들이 독립적이면 자기상관(successive residual) 간의 상관계수를 나타내는 계열상관(serial correlation)을 독립성의 검증자료로 이용할 수 있다. 표집된 표집의 크기가 크면 $\rho = 0$의 유의도 검증이 적용된다.

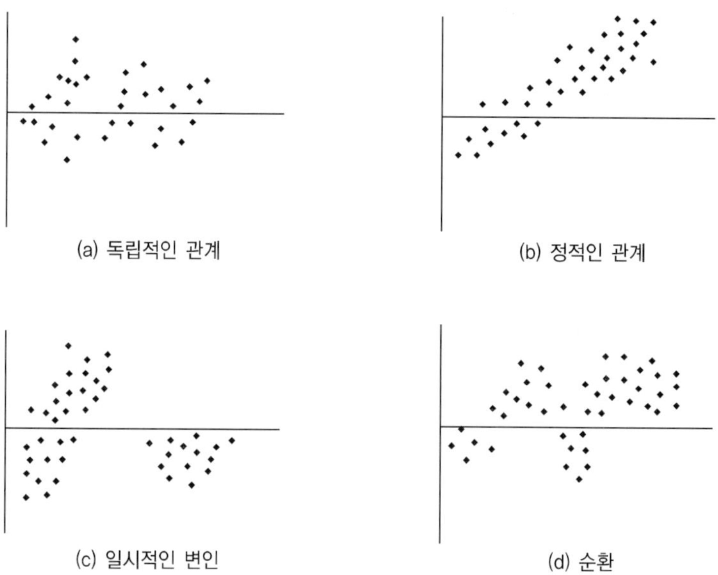

(a) 독립적인 관계 (b) 정적인 관계 (c) 일시적인 변인 (d) 순환

그림 9-6 독립성의 관계를 보여 주는 도형들

출처 : 한국가족학연구회(1994). 가족학 자료분석방법(p. 69).

9-4 포탄이 떨어진 자리에 몸을 숨겨라?

동전을 던져 계속 앞면이 여러 번 나왔다면 다음번에 뒷면이 나올 확률이 2분의 1보다 높아질 것이라고 생각하는 것이 바로 '도박사의 오류'다. 동전은 이전에 어떤 면이 나왔는지 전혀 기억하지 못하는데, 도박사들은 동전이 그것들을 기억할 것이라고 기대하는 잘못을 해 다음번에 뒷면이 나올 확률이 2분의 1보다 높다고 판단하는 것이다. 도박사들의 기대와는 관계없이 어떤 경우에도 다음에 앞면이 나올 확률은 2분의 1이다. 이런 확률적 판단의 오류 사례를 두 개 들어보자. 먼저 개인적인 수준에서는 이런 도박사의 오류가 수준 높은 도박사가 되기 위해 반드시 갖추어야 할 자질로 평가되기도 하는데 다음 인용문이 그 좋은 예다.

> 바카라 룸의 매니저는 준의 플레이를 눈여겨보았다.
> …… 그런데 준의 플레이 시스템은 특이해서 얼른 파악되지 않았다.
> …… 준은 앞판의 페를 따라가거나 피하는 것이 아니라 그들 사이를 적당히 오고가며 베팅하고 있었다. 대체로 두 번까지는 앞판의 패를 피하는 방식이었다. 더 특이한 것은 준의 베팅 시스템이었다. 같은 패가 세 번 이상 나오고 나면 다른 쪽의 패에 베팅하면서 액수를 몇 배 혹은 스무 배로 갑자기 올리곤 했다.

바카라 룸의 매니저는 준이 운수나 바라는 뜨내기 도박꾼들과는 다르다는 것을 금방 알 수 있었다(김한길, 낙타는 따로 울지 않는다, 청하, 1989, p. 211). '바카라'라는 도박은 화투로 하는 '섰다'라는 도박과 유사한데, 다른 점은 '족보'라는 것이 없이 9가 가장 높은 끝수다. 게임은 두 패로 나눠 벌이게 되는데 도박사들은 판마다 자기가 걸고 싶은 쪽에 돈을 건다. 이때 사람들은 자기만의 방법대로 패를 선택하며 대개는 앞판에서 이긴 패를 따라가거나 혹은 이긴 패를 피해가는(진 패를 선택하는) 방법 중에서 선택한다. 도박사마다 자기만의 패를 선택하는 주관이나 규칙이 있겠지만 각 판에서 어느 한쪽이 이길 확률은 이전 판의 승패에 관계없이 언제나 2분의 1이다. 그런데 이 소설의 주인공은 같은 패가 세 번 이상 나오면(즉, 같은 패가 세 번 이상 연달아 이기면) 다음에는 다른 쪽 패에 베팅하면서 거는 돈의 액수를 몇 십 배로 올린다.

즉, 다음번에는 다른 쪽 패가 이길 확률이 높다고 착각하는 것이다. 바로 전형적인 도박사의 오류다. 그런데 카지노에서 일하는 사람들은 그런 사람들을 실력 있는 도박꾼으로 평가한다. 그런 잘못된 판단을 하는 사람들을 실력 있는 도박꾼이라고 치켜세운다면 그 사람들이 카지노에서 돈을 더 많이 잃어 줄 것이다. 국가적인 수준에서 도박사의 오류를 범한 사례를 보자. 제1차 세계대전 중에 실제로 있었던 일이다. 전쟁터에서 폭탄이 떨어질 때 병사들은 새로 만들어진 폭탄구덩이, 즉 방금 폭탄이 떨어졌던 장소에 몸을 숨기라고 교육받았다. 그런 장소에 몸을 숨기는 것이 좀 더 안전하므로 그렇게 하라고 교육과 훈련을 시킨 것이다. 아마도 같은 날 같은 장소에 두 번씩이나 폭탄이 떨어질 가능성이 거의 없다고 생각해 이런 교육을 했을 것이다. 그러나 이것도 도박사의 오류와 유사한 오류다. 동전을 던져 앞면이 나왔다는 사실이 다시 동전을 던졌을 때 앞면이 나올 확률을 낮게 하지 않는다.

마찬가지로 어느 지점에 폭탄이 떨어졌다는 사실이 다시 그 지점에 폭탄이 떨어질 확률을 낮춰주지 않는다. 그래도 이미 떨어진 폭탄자리에 몸을 숨기는 것이 더 안전하다고 생각하는 사람들이 여전히 많다.

출처 : 한국경제, 2006년 2월 6일

또한 더빈 왓슨 통계량(Durbin-Watson statistic)을 이용하여 독립성 여부를 검증할 수 있다. 계열상관값이 0일 때 더빈 왓슨 계수(DW 계수)는 2가 된다. 회귀분석을 수행하는 경우 SAS의 다음 옵션(option)으로 DW 계수를 산출할 수 있는데 이는 PROC REG ; MODEL Y=X Z/DW ; . X Z 두 변수를 독립변수로, Y를 종속변수로 한 중다회귀분석에서 DW계수를 구하는 방법이다.

5 자료변환

대부분의 통계분석은 자료분포의 정상성(normality), 동분산성(homoske- dasticity) 등의 가정을 전제한다. 그러나 이 같은 전제조건이 충족되지 않아 결과의 타당성에 부정적인 영향을 미칠 것이라고 판단되는 경우 자료를 변환시켜 정상성, 동분산성 등의 조건을 충족시킨 후 통계분석을 수행하게 된다.

예를 들면, 극단치(최소·최대값)로 인해 자료가 편중분포된 경우, law data의 표준편차가 평균보다 큰 경우 등은 자료를 변환시켜 정상성의 가정을 미리 충족시켜 주도록 한다.[15] 이때 자료를 변환한 경우 변환하기 이전과 이후의 자료로 두 번의 통계분석을 수행하여 그 결과를 비교할 필요가 있다. 한편, 변환 이후의 결과를 해석할 경우에는 주의가 요구된다. 결과 발표 시에도 변환점수로 제시하여야 하며, 변환점수를 변환 이전의 상태로 다시 환원하여 해석하여야 한다. 자료를 변환시키는 다양한 방법에 대해 간단하게 살펴보면 다음과 같다.

1) 로그변환

극단치, 특히 최대값이 지나치게 높은 경우 분포의 정상성을 갖기가 어려우므로 로그(상용로그 또는 밑수가 e인 로그)를 취함으로써 그 분포가 정상성을 갖도록 하는 방법이 로그변환이다. 이 방법은 주로 회귀분석에서 많이 사용되는데 독립변수에 log를 취하는 경우와 종속변수에 log를 취하는 경우가 있다.

15) 극단치를 통계분석 수행 이전에 삭제하거나 극단치가 등간 척도로 측정된 경우 이를 서열 척도로 전환하여 극단치의 문제를 해소하는 방법을 사용함으로써 복잡한 자료변환 방법을 사용하지 않는 것이 좋다는 의견도 있다.

• 예 1 : 독립변수 X에 log를 취한 경우

$$Y = A + BX$$

$$Y = A + B\log X$$

• 예 2 : 종속변수 Y에 log를 취한 경우

$$Y = A + BX$$

$$\log Y = A + BX$$

위의 예 1에서처럼 독립변수에 log를 취하여 로그변환을 시키는 경우 종속변수 Y를 예측하는 데 별 무리가 없다. 그러나 종속변수 Y에 log를 취하는 경우 그 결과를 해석할 경우($Y^* = 10^{A+BX}$) 다소 복잡하므로 예 2보다는 예 1을 많이 사용한다.

로그변환은 아래와 같이 변량과 평균의 관계가 변량(S_i^2)/평균제곱(X_i^2)=상수(C)일 때 이용할 수 있다.

$$\text{로그변환의 조건} \rightarrow \frac{S_i^2}{X_i^2} = C$$

이때 상수는 정확히 떨어지는 수라기보다는 근사치로 이해하여야 하며, 관측치 자체가 0에 가까운 작은 수로 구성된 경우는 log(X+1)을 이용하는 것이 좋다. 다시 말해, 0의 관측치로 인해 계산상의 문제를 해결하기 위해 정수 1을 더한 후 log를 취하면 결과에 큰 차이를 주지 않으면서 통계분석을 수행할 수 있다.[16]

예를 들면, 가계소비지출을 분석하는 데 식비, 주거비, 광열비, 외식비 등 여러 소비지출항목별 지출액수 자료를 가지고 통계분석을 수행하고자 할 때 일부 가계의 외식비가 0원인 경우 아무 조치 없이 통계분석을 수행할 경우 에러(error)가 발생하여 분석이 수행되지 않을 수가 있다. 따라서 1이라는 숫자를 부여함으로써 이 같은 에러를 없애고 분석을 수행하고자 하는 경우이다. 이러한 경우는 [그림 9-5]의 (c)와 같은 정규분포확률그림이 그려지며(이러한 형태를 대수정규분포라고 함) 이때는 log10, log e 둘 다 이용하여 정상분포로 변환이 가능하다. 변환 후 다시 확률분포

16) 그러나 종속변수의 경우 0의 관측치를 갖는 빈도 수가 전체의 20~30% 이상을 차지하는 경우 토빗(Tobit) 분석 등 다른 통계기법을 사용하는 것이 보통이다.

그림을 그렸을 때 같은 방향으로 곡선(curve)이 나타나면, 로그를 취하기 전 그 변수의 최소값보다는 작은 점수를 각 사례에서 일정하게 빼고 선형 로그를 취하면 대부분의 경우 정상적인 분포를 나타내게 된다. 반면 로그를 취한 후 취하기 전과 비교하여 [그림 9-5]의 (d)와 같이 다른 방향의 곡선이 그려지면, 일정한 상수를 더해준 후 로그를 취하면 정상분포로 변환시킬 수 있다. 모든 자료가 음수일 때는 0에서 각 X값을 빼서 변환한다.

〈표 9-4〉 **로그변환을 위한 SAS와 SPSS PC+ 프로그램**

SAS에서 age변인을 log_e로 변환	→	logage=log(age);
SAS에서 age변인을 log10으로 변환	→	logage=log10(age);
SPSS에서 income을 log10으로 변환	→	COMPUTE lgincome=LG10(income).
SPSS에서 income을 log_e로 변환	→	COMPUTE lgincome=LN(income).

실제연구에서 로그변환을 사용한 예를 살펴보자. 〈표 9-5〉는 가계소득을 측정하기 위하여 회귀분석을 수행한 결과를 나타낸다.

〈표 9-5〉 **로그변환을 시도한 연구분석 예제**

독립변수	비표준화 회귀계수
남편의 교육수준	0.099**
부인의 교육수준	0.137**
남편의 연령	0.203**
부인의 연령	0.143**
intercept	9.191**
F값	0.072
adjusted R^2	28.971

* 〈.05, ** 〈.01, *** 〈.001

참조 : 종속변수(가계소득)는 소득액($)에 로그를 취함

출처 : 허경옥(1995). 편모가정과 일반가정의 자녀양육비 지출 비교분석. 소비자학연구, 6(1), 10.

〈표 9-5〉는 일반가정의 소득을 측정하기 위한 회귀분석 결과를 나타내고 있는데, 분석과정에서 종속변수인 가계소득에 로그를 취한 후 회귀분석을 수행한 것이다. 이 결과를 통해 남편의 교육수준이 한 단위 증가할 경우 소득수준은 0.099만큼 증가한다고 해석해서는 안 된다. 그 이유는 종속변수에 log를 취하였기 때문이다.

따라서 남편의 교육수준이 한 단위 증가할 경우 log0.099만큼 가계소득이 증가한다고 해석하여야 한다. 이처럼 종속변수에 log를 취한 이유는 부부의 연령이나 교육수준이 증가하면 가계소득이 증가하기는 하나 어느 수준이 넘어서면 반드시 같은 비율로 증가하지 않는 것이 현실이기 때문이다. 다시 말해, 가계소득에 log를 취하여 가계소득 분포가 연령과 교육수준에 따라 정상성을 갖도록 하기 위함이다.

2) 지수변환

지수변환(power transformation) 역시 자료변환의 한 방법으로 사용되는데 주로 역변환, 제곱근변환, 역사인변환 등의 방법이 있다.

(1) **역변환**(reciprocal transformation, $\frac{1}{X}$)

로그변환시와 마찬가지로 표준편차와 평균의 관계가 표준편차(S_i^2) / 평균(X_i^2)= 상수(c)일 때는 역수로의 전환이 이용될 수 있다. 독립변수인 X값 대신 $\frac{1}{X}$로 바꾸어서 분포의 정상성을 유지하도록 하는 방법이다.

정규분포확률 [그림 9-5]의 (e)에 해당하는 경우로 $\frac{1}{X}$을 취하는 방법이나, 일정한 상수를 더하거나 빼고 역수를 취하기도 한다. 그러나 [그림 9-5]의 (b)와 (f)의 경우 역수변환으로 분포가 정상성을 이루지 못한다.

〈표 9-6〉 **제곱근변환을 시도한 연구분석 예제**

독립변수	비표준화 회귀계수
교육수준	0.632***
전업취업	1.097***
자녀수	-0.179**
연령	0.171***
연령제곱	-0.002***
미내자녀연령	0.009
intercept	5.016***
F값	36.970
adjusted R^2	0.172

* 〈.05, ** 〈.01, *** 〈.001

참조 : 종속변수(가계소득)는 납세 전 소득액($)의 상용로그를 취함

출처 : 허경옥(1995). 편모가정과 일반가정의 자녀양육비지출 비교분석. 소비자학연구, 6(1), 11.

(2) 제곱근변환(square root transformation)

로그변환과 마찬가지로 변량과 평균의 변량(S_i^2)/평균(X_i^2)=상수(c)일 때 제곱근을 이용할 수 있다. 그러나 자료가 숫자 0 주변의 작은 수로 이루어졌을 경우는 X+0.5(또는 X+1)로 변환하는 것이 바람직하다. 실제 선행연구분석에서 제곱근변환을 시도한 경우를 살펴보자. 〈표 9-6〉은 가계소득 측정을 위한 분석 결과로서 제곱근 변환을 시도한 경우이다.

〈표 9-6〉 모델은 편모가계 가장(여성)의 근로소득을 측정하기 위하여 교육수준, 전업취업 여부, 자녀수, 연령, 막내자녀연령을 독립변수로 사용하고 있는데, 현실적으로 취업여성의 연령이 높아진다고 해서 소득수준이 계속적으로 높아지지 않는다. 따라서 회귀분석 모델 설정 시 연령변수에 제곱을 취함으로써 소득수준이 연령이 증가함에 따라 같은 비율로 선형증가하는 모델을 설정하는 것보다는 어느 시점에 가서 다소 느슨하게 증가하거나 크게 증가하지 않는 형태의 모델을 수립하는 것이 바람직하다. 다시 말해, 〈표 9-6〉 모델은 연령에 제곱을 취한 변수를 또 하나의 독립변수로 취하고 있다.

(3) 역사인변환(arc sine transformation)

실험연구에서는 관측치가 비율이나 퍼센트인 경우가 있다. 예를 들면, 옳게 응답한 비율이나 옳게 응답한 퍼센트 등일 때, 평균과 변량이 변량(S_i^2)=평균(X_i) [1-평균(X_i)]의 관계로 나타낼 수 있다. 이런 경우는 역사인 X로 변환하는 것이 바람직하다.

연구문제

1. 탐색적 자료분석의 중요성에 대해 논하라.
2. 한 변수에 대한 극단치가 존재하는 경우 이를 처리하는 방법을 제시하라.
3. 자료분석에서 변수에 log를 취해야 하는 때는 어떤 경우인가?

CHAPTER 10

기술통계분석

과학적 연구에서 통계는 매우 중요한 역할을 담당한다. 통계는 연구하고자 하는 현상 속에 담겨 있는 일관성과 규칙을 발견할 수 있도록 연구자를 돕는다. 이제부터 통계방법에 관한 내용으로 들어가 수집한 수량적 자료를 어떻게 통계적으로 처리하고 분석할 것인지 하나하나 배워 보도록 한다.

수집한 자료를 가지고 가장 먼저 연구자가 해야 할 일은 자료를 수량적으로 요약하고 자료의 분포를 기술하여 연구대상의 속성을 이해하는 것이다. 이것은 기술통계에 해당되며, 기술통계에는 각각의 변수에 대한 수량적 요약을 다루는 '단변량 기술통계'와 두 개 혹은 그 이상의 변수들 사이의 상관관계를 기술하는 '상관관계 기술통계'로 나누어 볼 수 있다. 이 장에서는 단변량 기술통계를 다루며 그 내용으로는 단일변수의 값이나 범주별 분포 및 분포를 하나의 대표적인 통계치로 요약하는 방법을 소개하도록 한다.

1 명목·서열변수의 기술통계방법

명목변수는 어떤 사물, 인간, 또는 속성을 분류하여 단순히 숫자나 기호로 나타낸 변수이기 때문에 적당한 급간이나 유목으로 나누어 각각의 빈도분포를 조직하고 유목별로 빈도의 상대적 크기를 도표로 비교하거나, 비율, 백분율, 비 등의 간단한 계산으로 제시하는 기술통계방법을 적용할 수 있다.

1) 빈도분포

수집된 자료의 수량적 요약과 기술은 특정변수의 값이나 유목별로 어떻게 분포되어 있는가를 정리하여 보여 주는 것이 기본이다. 원점수를 적당한 급간이나 유목으로 나누어 그 빈도분포를 도표로 보여 주는 것이다. 명목변수와 서열변수의 빈도분포표는 자료를 의미 있게 조직할 수 있도록 급간, 즉 유목을 분류해야 한다. 명목변수의 유목은 질적 유목(qualitative category)이고, 서열변수의 유목은 양적 유목(quantitative category)으로서 그 분류 원칙은 각각의 유목이 상호배제적이고 완전(mutually exclusive and exhaustive)해야 한다. 빈도분포표는 각 유목별 빈도의 상대적 크기를 쉽게 비교할 수 있도록 간단한 계산, 특히 백분율과 함께 다음의 〈표 10-1〉과 같이 사용된다.

〈표 10-1〉 **명목변수의 빈도분포표**

거주지	빈도(f)	백분율(%)
강 동	72	24.0
강 서	63	21.0
강 남	87	29.0
강 북	78	26.0
합 계	300	100.0

2) 비 율

비율(proportions)은 누구나 계산할 줄 알지만 부주의로 인한 오류를 범하기 쉽다. 비율은 특정 유목 i의 사례수(N_i)를 전체 사례수(N)로 나눈 값으로서 다음과 같이 정의된다.

$$\text{비율}(P) = \frac{N_i}{N}$$

비율은 항상 소수로 나타나며 1보다 클 수 없다. 즉, 비율의 분모로 사용되는 수치는 반드시 모든 유목의 사례수를 총합한 것이어야 하고, 각 유목이 서로 상호배제적이고 완전(mutually exclusive and exhaustive)해야 한다.

3) 백분율

백분율은 가장 흔히 이용되는 통계로서 영어로 'percentage' 라 할 때 'per cent(%)' 란 'per hundred', 즉 '100당' 이라는 의미가 담겨 있다. 그러므로 백분율은 전체 사례수를 100이라고 보았을 때 특정 유목이 차지하는 비율을 의미한다. 그러므로 비율의 공식에 100을 곱하여 다음과 같이 정의된다.

$$\text{백분율}(\%) = \frac{N_i}{N} \times 100$$

비율의 유의사항에서 언급한 상호배제적이고 완전한 유목분류의 원칙에 따라 비율의 총합은 1인데 반해 백분율의 총합은 100이 된다. 백분율은 흔히 소수점 첫째 자리까지 제시하는데, 유의할 사항은 적은 사례수를 가지고 백분율을 계산하면 표집과정에서 우연적으로 생길 수 있는 차이를 가지고 실제로 큰 차이가 있는 것으로 오판하게 만들기 때문에 전체 사례수가 적어도 50 이상일 때 사용하고 반드시 사례수와 함께 제시해야 한다.

4) 비

비(ratio)도 흔히 사용되는 통계로서 'B라는 수에 대한(to) A라는 수의 비' 로 다음과 같이 정의된다.

$$\text{비(ratio)} = \frac{A}{B} \quad \text{혹은} \quad A : B$$

여기에서 '대한' 이라는 말 앞에 나오는 수가 기준(base)으로서 분모가 되고 뒤에 오는 수가 분자가 된다. 비는 소수로, 분모와 분자를 약분해서, 혹은 A : B로 표시

쉬어가는 연구방법과 통계이야기 ▶ **10-1 노사간 평균임금이 다른 이유**

노사문제를 겪고 있는 회사에서 사장이 주장하는 회사원들의 평균임금은 2백 50만 원이지만 노조측이 주장하는 평균임금은 1백만 원인 경우가 있다. 왜 이런 차이가 날까? 사장은 보수가 높은 경영층의 월급을 포함한 산술평균을 사용하고, 노조측은 가장 많은 근로자들이 받는 봉급인 최빈수를 평균으로 사용하기 때문이다.

지난 94년 미국의 프로야구는 선수들의 파업으로 월드시리즈가 취소되는 등 8개월에 걸쳐 구단주와 선수노조와 싸움이 벌어졌다. 여론을 등에 업고자 하는 이 싸움에서 구단주들의 주장은 간단했다. "평균 연봉이 1백 20만 달러나 되는 선수들이 파업을 한다"고 떠벌림으로써 엄청난 소득을 올리는 선수들이 돈 욕심을 부리는 것이라는 팬들의 비난을 자연스럽게 유도하려고 했다.

그 당시 약 7명 정도가 되는 메이저리그 선수들의 평균연봉 분포를 보면 산술평균은 1백 20만 달러이지만 중앙값은 그보다 훨씬 낮은 40만 달러였다. 더욱이 최빈수는 30만 달러에 불과했다. 구단주들이 산술평균을 사용한 의도는 짐작이 가지만 이런 분포에서 산술평균인 1백 20만 달러는 중심을 나타내는 대표값으로서 합당하지 않다. 중앙값인 40만 달러를 사용하는 것이 적절할 것이다. 반면, 노조 입장에서는 최빈수인 30만 달러가 가장 유리한 수치이다. 결론적으로, 노조는 산술평균을 이용한 구단주들의 작전에 말려들고 말았다. 만일 노조 지도자들이 평균에 대해서 조금만 알았더라도 반격할 수 있는 방법을 쉽게 생각해 냈을 것이다.

출처 : 한국경제, 1999년 3월 5일

하기도 하고, 소수로 바꾼 다음 '2.67 대 1' 이라는 식으로도 사용된다. 비는 유목의 수가 적어서 직접 비교하기 쉬울 때 사용한다.

비는 'A/B' 라는 식으로 B라는 어떤 가변의 수가 기준이 되지만, 때로는 100, 1000 등의 수를 기준으로 계산하는 '~율(rates)' 이 사용되기도 한다. 예를 들어, 출산율은 대개 임신 가능한 여성 10,000명을 기준으로 신생아 출산 수를 분자로 놓고 계산한다.

5) 그래프를 이용한 명목·서열변수의 기술

(1) 기둥그래프

기둥그래프(bar chart)는 비등간변수인 명목과 서열변수에 사용하는 그래프로서 유목을 나타내는 기둥들을 다음의 [그림 10-1]에서와 같이 서로 붙이지 않고 떼어서 그린다.

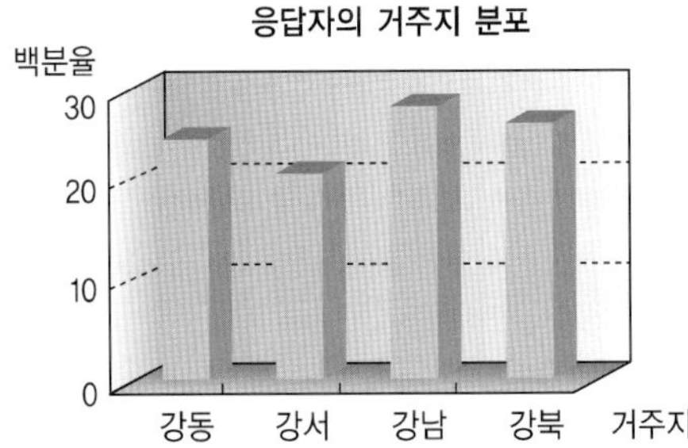

그림 10-1 기둥그래프

(2) 파이그래프

비등간변수는 때때로 다음의 [그림 10-2]에서와 같이 파이그래프(pie chart)로도 나타낼 수 있다.

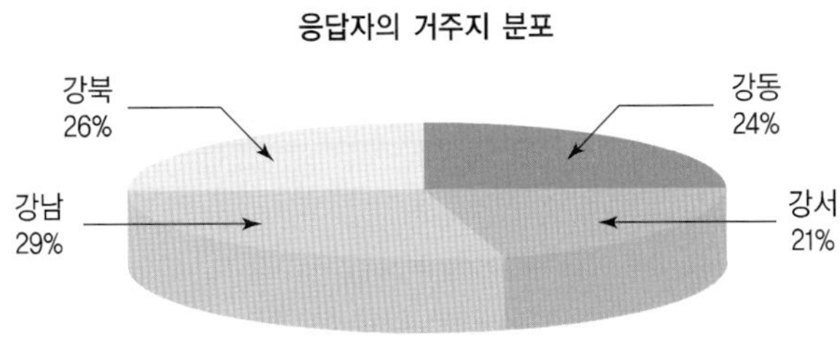

그림 10-2 파이그래프

2 등간·비율변수의 기술통계방법

등간과 비율변수로 수집된 자료를 통계적으로 요약하고 기술하는 방법에는 빈도분포표를 작성하여 분포의 형태를 파악하는 방법, 그 분포의 전체적 특징을 대표하는 수치로 나타내는 방법, 그리고 그 분포가 얼마나 분산되어 있는가의 정도를 알아보는 방법이 있다.

쉬어가는 연구방법과 통계이야기 ▶

10-2 도박사의 오류

카지노에서는 룰렛(roulette)이라는 게임이 있다. 1에서 36까지의 숫자가 적힌 원판을 돌리면서 그 위에 구슬을 떨어뜨린 뒤, 구슬이 어떤 숫자에서 멈추는가 하는 게임이다. 이 게임에서 가장 간단하게 홀수 혹은 짝수에 돈을 건다고 하자. 만약, 홀수가 여러 번 나왔을 때 대부분의 도박사들은 다음에는 짝수가 나올 확률이 높다고 생각하면서 짝수에 돈을 많이 건다. 이것이 바로 도박사의 오류이다.

그러면 왜 이런 잘못된 판단을 할까? 짝수가 나올 확률이 1/2이므로 몇 번의 도박에서도 짝수와 홀수의 수가 비슷하게 균형을 이루기를 기대하기 때문이다. 이를 대표성 오류(representativeness bias)라고 한다.

룰렛에서 홀수가 나올 확률은 수많은 시도를 했을 때 그 확률이 1/2이 되는 것이다. 이를 대수의 법칙(law of large numbers)이라고 하며 여기에서 말하는 '수많은 시도'는 사람들이 흔히 생각하는 것보다 훨씬 많은 시도를 의미한다. 시간의 흐름 위에서 대수의 법칙이 존재하는 것이다. 그 많은 시도 속에 부분적으로는 홀수만 연속적으로 나온다고 해도 결코 이상한 일은 아니다.

출처 : 한국경제, 1999년 12월 8일

1) 빈도분포

등간변수의 원자료를 일목요연하게 정리하여 제시하기 위해서는 빈도분포(frequency distribution)가 가장 흔히 사용된다. 빈도분포는 원자료를 수치가 같은 점수별로, 양적 유목(quantitative category)으로, 혹은 급간(class interval)별로 분류해서 표(table)로 정리한 것이다.

빈도분포의 급간을 설정할 때 유의할 사항은 다음과 같이 정리해 볼 수 있다. 첫째, 급간은 중복됨 없이 상호배제적(mutually exclusive)이고 연속적이어야 한다. 둘째, 급간의 크기는 모두 같아야 한다. 셋째, 급간의 크기는 중간값(midpoint)을 이용할 수 있도록 홀수로 하거나 5나 10의 배수로 설정하는 것이 좋다.

다음의 〈표 10-2〉와 〈표 10-3〉은 빈도분포표의 예이며, 〈표 10-2〉는 급간이 중복되는 오류를 범하고 있는 잘못된 예이다.

〈표 10-2〉 **빈도분포표** I

거주지	빈도(f)	백분율(%)
50만 원 이하	16	5.3
50~100만 원	26	8.7
100~150만 원	47	15.7
150~200만 원	65	21.7
200~250만 원	57	19.0
250~300만 원	51	17.0
300만 원 이상	38	12.7
합 계	300	100.0

〈표 10-3〉 **빈도분포표** II

거주지	빈도(f)	백분율(%)
50만 원 미만	16	5.3
50~100만 원 미만	26	8.7
100~150만 원 미만	47	15.7
150~200만 원 미만	65	21.7
200~250만 원 미만	57	19.0
250~300만 원 미만	51	17.0
300만 원 이상	38	12.7
합 계	300	100.0

2) 누적빈도분포

때때로 어떤 점수나 급간의 위나 아래에 얼마나 많은 빈도가 분포되어 있는지 알아보는 것이 도움이 되는 경우가 있다. 누적빈도분포(cumulative frequency distribution)는 이와 같이 하나의 점수 혹은 급간이 전체 분포에서 어떤 위치에 있는가를 보여 줄 때 사용된다. 누적빈도(cf)는 최저 급간부터 각각의 급간의 빈도를 누적적으로 더한 수치이다. 그러므로 최고 급간의 누적빈도는 총사례 수와 같아야 한다. 누적백분율(cumulative percentage)은 각 급간의 누적빈도(cf)를 총사례 수(N)로 나눈 다음 100을 곱한 값이다. 누적빈도분포표의 예는 〈표 10-4〉와 같다.

〈표 10-4〉 누적빈도분포표

점수(X)	빈도(f)	백분율(%)	누적빈도(cf)	누적백분율(c%)
50만 원 미만	16	5.3	16	5.3
50~100만 원 미만	26	8.7	42	14.0
100~150만 원 미만	47	15.7	89	29.7
150~200만 원 미만	65	21.7	154	51.4
200~250만 원 미만	57	19.0	211	70.4
250~300만 원 미만	51	17.0	262	87.4
300만 원 이상	38	12.7	300	100.0
합 계	300	100.0		

3) 그래프를 이용한 등간·비율변수의 기술

(1) 막대그래프

등간이나 비율변수의 빈도분포를 그래프로 나타낼 때에는 명목변수에 대한 기둥그래프(bar chart)와는 달리 각각의 유목을 나타내는 막대들을 다음의 [그림 10-3]과 같이 서로 붙여서 나타내는 막대그래프(histogram)를 사용한다.

(2) 꺾은선그래프

등간과 비율변수의 빈도분포가 어떤 형태인지 알아보는 방법에는 꺾은선그래프(frequency polygon)가 자주 사용된다. 꺾은선그래프는 각 유목범위의 중간값들을 직선으로 연결하여 [그림 10-4]와 같이 표현한다.

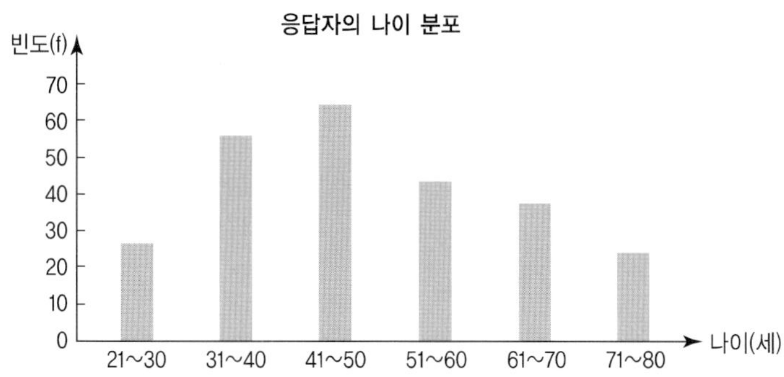

그림 10-3 막대그래프

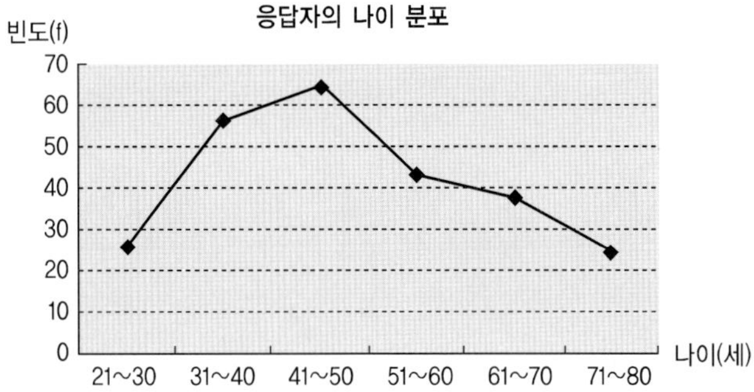

그림 10-4 꺾은선그래프

(3) 오자이브

꺾은선그래프는 누적빈도분포를 나타낼 때에도 사용되는데, 이와 같이 누적빈도분포를 표현하는 꺾은선그래프는 오자이브(ogive)라 하며, [그림 10-4]를 오자이브로 표현하면 다음의 [그림 10-5]와 같다.

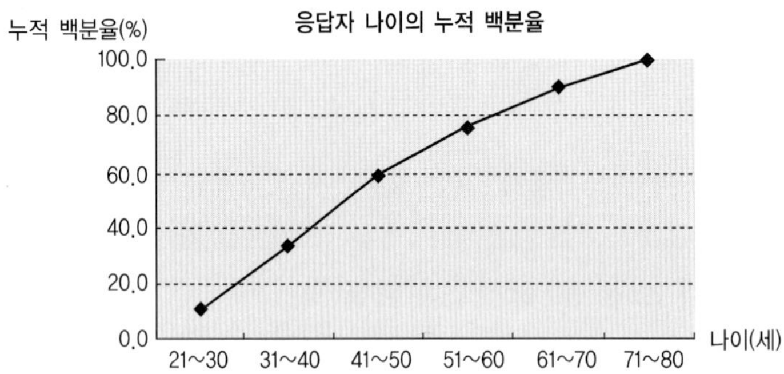

그림 10-5 오자이브

3 집중경향의 기술

수집된 자료를 통하여 연구하려는 현상을 통계적으로 기술할 때 먼저 빈도분포를 알아보고, 이 분포의 전체적인 특징을 종합하고 요약하는 통계적 수치인 집중경향치

(measures of central tendency)를 구하여 전체적인 경향을 알아보는 것이 필요하다. 분포의 전체적인 특징을 기술하는 집중경향에는 산술평균, 중앙치, 최빈치가 있다.

1) 산술평균

가장 흔히 사용되는 집중경향치는 전체 합계점수(ΣX)를 전체 사례수(N)로 나눈 산술평균(arithmetic mean) 혹은 평균(mean)이다. 표본의 산술평균은 대개 M이나 $\overline{X}$로 표시하고, 모집단의 산술평균은 그리스문자인 μ로 표시한다. 산술평균은 어떤 변수의 점수분포의 무게중심에 해당되는 대표값이며, 다음과 같은 속성을 갖는다.

첫째로, 산술평균으로부터 각각의 점수를 뺀 편차, $(X - \overline{X})$,를 총합한 값은 항상 0이 된다. 즉, $\Sigma(X - \overline{X})$은 0이며, 이것은 다음과 같이 증명해 볼 수 있다.

$$\Sigma(X - \overline{X}) = \Sigma X - \Sigma \overline{X} = N\overline{X} - N\overline{X} = 0$$

여기에서 $(\Sigma X / N) = \overline{X}$이므로 양변에 N을 곱해 주면 $\Sigma X = N\overline{X}$가 되고, $\Sigma \overline{X} = N\overline{X}$가 되기 때문이다.

둘째로, 산술평균으로부터 각각의 점수를 뺀 편차를 제곱하여 총합한 값, 즉 자승합 혹은 SS(Sum of Squares)는 다른 어떠한 값을 대입한 값보다 항상 작다. 다시 말해서 산술평균은 편차의 자승합이 최소가 되는 집중경향치이다. 이때 역으로 최소의 자승합을 찾아 산술평균을 알아내는 방법을 최소자승화법(least squares method)이라 하고, 이 방법은 어떤 점수분포에 가장 적합한 직선이나 곡선을 찾아내는 통계에서 많이 이용된다.

셋째로, 산술평균은 한쪽으로 치우친 편포에서 극단점수에 민감하다. 그러므로 다음의 〈표 10-5〉의 II번째 경우에서와 같이 극단점수가 있는 경

〈표 10-5〉 극단점수로 인한 산술평균의 차이 비교

I	II
5	5
6	6
7	7
8	8
9	44
$\Sigma X=35$, $\overline{X}_1=7$	$\Sigma X=70$, $\overline{X}_2=14$

쉬어가는 연구방법과 통계이야기 ▶ **10-3 퍼센트(%) 과장**

퍼센트는 종종 증가나 감소를 강조하기 위해 사용된다. 그러나 증가를 과장하는 것과는 달리 감소를 과장하는 경우에는 100% 이하로 될 수 없다는 것을 고려하지 않는다.

어느 뉴스에서 극심한 가뭄으로 딸기 수확량이 120% 감소했다고 보도한 적이 있다. 이는 피해가 크다는 것을 강조하고 있지만 딸기 수확이 120% 감소할 수는 없다. 100% 감소가 최대치이기 때문이다.

또 다른 예로서, 어느 사장이 "IMF 사태 이후 종업원의 임금을 50% 인하했으나 그 후 불평이 많아서 다시 50%를 올려 원상복귀시켰다"라고 말하였다. 그러나 이 말이 맞는 것일까? 얼핏 듣기에는 임금이 원래의 상태로 돌아간 것 같지만 실제로는 그렇지 않다. 즉, 1백 원의 월급에서 50% 깎으면 50원이 되고, 다시 이 50원에서 50%를 올려 주면 75원밖에 되지 않는다. 50%의 인하를 상쇄하기 위해서는 100%를 인상해야 원래의 임금으로 돌아갈 수 있다.

출처 : 김진호(2008). **괴짜 통계학**. 한국경제신문사.

우 산술평균은 그 분포의 대표값으로 적합하지 않다. 〈표 10-5〉의 두 분포의 점수가 비슷하지만 II번째 경우 44라는 점수로 인해 평균이 2배의 차이가 나타난다.

2) 중앙치

계산을 하지 않고도 분포의 집중경향을 추정할 수 있는 중앙치(Median, 혹은 Mdn)는 크기 순서대로 나열한 분포의 전체사례를 양등분하는 위치에 해당되는 수치를 말한다. 중앙치는 전체사례수(N)가 홀수일 때 (N+1)/2번째의 수치가 되고, 짝수일 때 (N/2+1)번째 수치가 된다. 중앙치는 서열변수 이상에 적용할 수 있는 집중경향의 측정치이고, 극단점수로 인해 분포가 극도로 편포되어 있는 경우에 적합하다.

3) 최빈치

하나의 분포 안에서 가장 자주 나타나는 유행적인 수치인 최빈치(Mode 혹은 Mo)도 계산을 하지 않고 쉽게 대체적인 집중경향을 밝혀 준다. 최빈치는 분포를 그래프로 도시했을 때 정점에 해당하는 수치이다.

4) 산술평균, 중앙치, 최빈치의 비교

분포의 집중경향을 나타내는 산술평균, 중앙치, 최빈치는 분포의 형태에 따라 위치에 차이가 있는데, 분포의 형태는 크게 정상분포(normal distribution)와 편포(skewed distribution)로 나누어 볼 수 있고 편포는 정적편포(positively skewed distribution)와 부적편포(negatively skewed distribution)로 나눌 수 있다. 점수분포가 좌우대칭이고 봉우리가 하나인 정상분포의 경우에는 산술평균, 중앙치, 최빈치가 중앙에서 완전히 일치하지만, 편포에서는 편포의 방향에 따라 그 위치가 [그림 10-6]에서와 같이 달라진다. 극단점수에 민감한 산술평균은 편포되는 쪽으로 위치하는 반면 중앙치는 비교적 극단점수의 영향을 받지 않는다. 그러므로 산술평균에서 중앙치를 뺀 값($\overline{X}$-Mdn)으로 분포의 대략적인 형태를 알 수 있는데, 이 값이 0에 가까우면 정상분포에 가깝고 -이면 부적편포, +이면 정적편포를 이루게 된다. 이와 같은 사실은 분포가 편포를 이루는 경우에 산술평균과 중앙치를 모두 밝히는 것이 좋다는 것을 말해 준다.

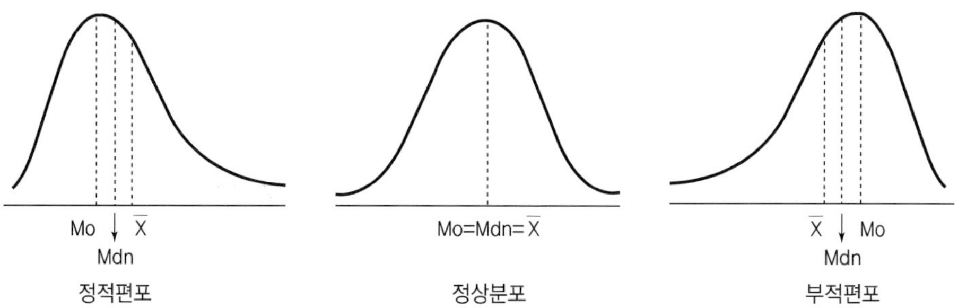

그림 10-6 분포의 형태에 따른 집중경향치의 위치

4 분산도의 기술

하나의 분포를 전체적으로 요약해 주는 집중경향에 이어 그 분포 안의 점수들이 집중경향치를 중심으로 얼마나 밀집 혹은 분산되어 있는가를 알면 더욱 완전하게 분포의 특징을 기술할 수 있다. 이와 같이 하나의 분포 안의 각 사례들이 밀집 혹은 분산되어 있는 정도를 나타내는 통계방법을 분산도(variability, 혹은 dispersion)라 하는데 여기에는 범위, 사분편차, 평균편차, 변량, 표준편차 등이 있다.

1) 범 위

분산도를 나타내는 가장 단순한 통계방법은 범위(range, 혹은 R)로서 이것은 한 분포 안에서 최대값과 최소값의 차이(R=최대값-최소값)로 구한다. 가장 쉽고 빠르게 분산도를 알 수 있는 방법이지만, 단지 최대값과 최소값 두 점수만 고려되기 때문에 그 사이의 다른 사례들의 분포에 대한 정보를 제공하지 못하고 양극단점수만 고려된다는 단점이 있다.

2) 사분편차

범위가 양극단점수에 좌우된다는 단점을 보완하기 위해 한 분포의 전체사례를 크기 순으로 나열하고 일정한 위치에 있는 점수 간의 거리를 비교하는 범위의 일종인 사분편차(quartile deviation, 혹은 Q)가 이용되기도 한다. 한 분포의 전체 사례를 크기 순으로 나열했을 때 아래로부터 25%에 해당하는 점을 제1사분점, 50%에 해당하는 점을 제2사분점, 75%의 점을 제3사분점, 100%의 점을 제4사분점이라 하고, 사분편차 Q는 다음의 식에서와 같이 제1사분점과 제3사분점의 두 점수 간의 거리를 2로 나누어 얻는다.

$$Q = \frac{(Q\ 3 - Q\ 1)}{2}$$

제1사분점과 제3사분점으로 계산하는 사분편차는 양극단점수로 계산하는 범위보다 개선되었으나, 여전히 분포의 모든 정보를 이용하지 못한다는 한계가 있다.

3) 평균편차

한 분포의 모든 정보를 이용하여 분산도를 측정하는 하나의 방법은 대표적 집중경향치인 산술평균을 이용하는 평균편차(mean deviation 혹은 MD)이다. 평균편차는 모든 점수가 산술평균으로부터 얼마나 분산되어 있는가를 나타내는 분산도 측정의 한 방법인데, 앞서 소개한 산술평균의 속성에서처럼 편차의 총합은 0이 되기 때문에 편차의 절대값, 혹은 절대거리를 총합하여 사례수로 나누어 다음의 식과 같이 구한다.

$$MD = \frac{\Sigma|X - \overline{X}|}{N}$$

산술평균을 기준으로 절대거리를 계산하는 평균편차는 다른 어떤 점수를 기준으로 하는 편차보다 반드시 적지 않기 때문에 추리통계의 기초자료로 사용되지 않는다. 다음에 소개하는 변량과 표준편차가 추리통계에서 보다 널리 이용된다.

4) 변량과 표준편차

편차의 총합이 0이 되는 것을 피하는 또 하나의 방법은 편차점수를 제곱하여 양의 수를 만든 다음 총합한 후 사례수로 나누어 주는 것이다. 이와 같이 편차를 자승하여 총합한 후 전체사례수로 나눈 값을 변량(variance, 혹은 V)이라 하는데, 모집단의 변량은 σ^2로, 표본의 변량은 s^2로 표시하며 이를 다음의 식과 같이 표시할 수 있다.

$$s^2 = \frac{\Sigma(X - \overline{X})^2}{N} = \frac{\Sigma x^2}{N}$$

여기에서 Σx^2, 즉 편차 자승의 총합을 자승합 혹은 SS(Sum of Squares)라 하고 자승합을 최소로 하는 수치가 산술평균이라는 것을 언급한 바 있는데, 변량은 이러한 산술평균의 속성을 이용하여 분산도를 측정하는 것이다. 그러나 변량은 편차의 총합이 0이 되는 것을 피하기 위해 편차를 자승함으로써 각각의 점수가 산술평균으로부터 얼마나 떨어져 있는가를 나타내는 거리의 개념이 아니라 넓이의 개념이다.

표준편차(standard deviation, s 혹은 σ)는 넓이의 개념인 변량에 제곱근을 씌워 분산도를 나타내는 거리의 개념으로 환원한 것으로서 다음의 식으로 구한다. 표준편차는 신뢰성과 안정성이 가장 높은 분산도 측정치로서 가장 널리 사용된다.

$$s = \sqrt{s^2} = \sqrt{\frac{\sum(X - \overline{X})^2}{N}}$$

두 개 분포의 표준편차를 비교할 때는 이들 분포가 정상분포나 정상분포에 가까운 경우에만 보다 큰 표준편차를 갖는 분포가 상대적으로 더 변동적(variable)이고, 더 이질적(heterogeneous)인 분포라고 할 수 있다. 하나의 분포가 정상분포에 가까운가를 알 수 있는 한 가지 방법은 정상분포에서의 표준편차단위가 이루는 면적 혹은 빈도에 대한 다음과 같은 경험적 법칙(empirical rule)을 이용하는 것이다.

- 평균에서 좌우 1 표준편차($\overline{X} \pm 1s$) 사이에 전체 사례수의 약 68.26%가 포함된다.
- 평균에서 좌우 2 표준편차($\overline{X} \pm 2s$) 사이에 전체 사례수의 약 95.46%가 포함된다.
- 평균에서 좌우 3 표준편차($\overline{X} \pm 3s$) 사이에 전체 사례수의 약 99.73%가 포함된다.

하나의 분포가 정상분포를 이룰 때 표준편차의 단위에 포함되는 면적과 정상분포의 관계를 그림으로 나타내면 다음의 [그림 10-7]과 같다.

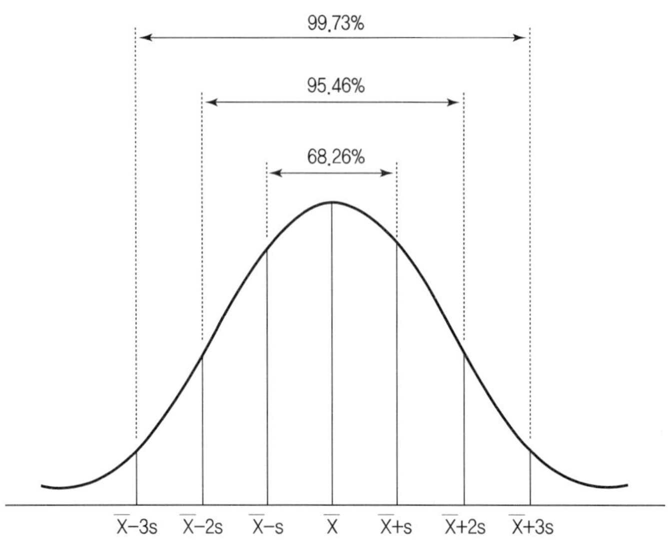

그림 10-7 표준편차에 따른 정상곡선의 면적비율

쉬어가는 연구방법과 통계이야기 ▶ 10-4 확률이 같은 경우

항아리에 1에서 20까지의 숫자가 적힌 스무 개의 공이 있다고 하자. 그 항아리에서 숫자 7이 적힌 공을 꺼낼 확률은 20분의 1이다. 항아리에서 공을 두 번 꺼낸다고 할 때(한 번 꺼낸 공은 다시 항아리에 넣는다고 가정함), 두 번 모두 7이 쓰인 공을 꺼낼 확률은 20분의 1×20분의 1, 즉 400분의 1이다.

같은 공을 두 번 연속해서 꺼낼 확률은 한 번 꺼낼 확률보다 매우 낮다. 그런데 처음에 꺼낸 공이 7이라는 것을 알 때에는, 그 다음에도 7이 쓰인 공을 꺼낼 확률은 여전히 20분의 1이다. 즉, 두 번 연속해서 7이 쓰인 공을 꺼낼 확률은 매우 낮다. 하지만 처음 꺼낸 공이 7이었다는 것을 알면, 다음에 다시 7이 쓰여진 공을 꺼낼 확률은 다른 숫자의 공을 꺼낼 확률과 같은 20분의 1인 것이다.

여행을 자주 하는 어떤 사람이 비행기에서 폭탄이 터질 확률에 대해 걱정하고 있었다. 그는 이 확률을 측정해 보고 그것이 낮다는 것을 알았지만 그가 안심할 정도로 낮지는 않았다. 그래서 그는 항상 가방 안에 폭탄 하나를 넣어 가지고 여행한다고 한다. 그가 그렇게 한 것은 한 비행기 안에서 두 개의 폭탄이 터질 확률은 아주 낮을 것이라고 판단했기 때문이다. 그의 생각대로 한 비행기 안에서 두 개(어떤 테러리스트가 갖고 온 폭탄 1개+자신이 지닌 폭탄 1개)의 폭탄이 터질 확률은 한 개가 터질 확률보다 훨씬 낮다. 하지만 그가 하나를 이미 비행기 안에 가지고 들어갔을 때는 비행기에서 다른 사람의 폭탄이 터질 확률은 여전히 같다. 결론적으로 어떤 지점에 두 개의 폭탄이 연속해서 떨어질 확률은 매우 낮다.

그러나 어느 한 지점에 폭탄이 떨어졌다는 것을 알 때에는 그 자리에 다시 폭탄이 떨어질 확률은 다른 곳에 폭탄이 떨어질 확률과 여전히 같다.

출처 : 한국경제, 2006년 2월 6일

5 표준점수와 정상분포곡선

지금까지 수집한 자료의 수량적 요약과 분포의 기술에 대해 알아보았는데 때로는 하나 하나의 점수의 의미를 파악해야 할 때가 있다. 이러한 경우에 각각의 수량적 점수 그 자체는 아무런 의미가 없고 이 점수들이 어떤 비교의 기준이 되는 준거집단으로부터의 점수분포와 비교되었을 때에만 의미를 갖게 된다. 수집한 자료의 원점수의 의미를 파악하는 하나의 방법은 그 점수가 분포 안에서 차지하는 상대적 위치를 파악하는 것이며, 여기에서는 상대적 위치의 대표적 측정치인 표준점수(standard score 혹은 Z-score)와 표준점수의 분포가 이루는 정상분포곡선(normal distribution curve)에 대해 알아보도록 한다.

1) 표준점수

표준점수(standard score) 혹은 Z-점수(Z-score)란 다음의 식에서와 같이 어떤 점수의 평균편차를 표준편차로 나눈 값으로서 평균편차를 표준편차의 단위(standard deviation unit)로 나타낸 것이다.

$$Z = \frac{X - \overline{X}}{s} \quad \text{또는} \quad \frac{x}{s}$$

여기에서 X = 원점수, $\overline{X}$= 산술평균, s = 표준편차, x = 평균편차를 의미한다. 이렇게 얻어진 표준점수 Z의 부호는 산술평균을 중심으로 그 원점수의 상대적 위치를 나타내고, 표준점수 Z의 절대값은 그 원점수가 산술평균으로부터 이탈한 거리를 표준편차의 단위로 나타낸 것이다. 표준점수는 모든 원점수의 상대적 위치를 알려줌으로써 산술평균과 표준편차가 서로 다른 분포에서 추출한 원점수들도 의미 있게 비교할 수 있다.

예를 들어, 대학교 1학년의 어떤 학생이 학기말에 통계학에서 60점, 교양영어에서 88점을 맞았다면 두 과목 중 어느 과목을 더 잘 본 것일까? 이와 같이 분포가 각기 다른 두 개의 점수를 비교할 때 각 점수를 각각의 분포 안에서의 상대적 위치를 나타내는 표준점수로 환산함으로써 의미 있는 비교를 할 수 있다. 만일 통계학의 평균점수가 40점이고 표준편차가 10, 그리고 교양영어의 평균점수가 76점이고 표준편차가 12라고 한다면 이 학생의 통계학과 교양영어의 표준점수는 다음과 같고, 비록 교양영어의 원점수가 통계학점수보다 높아도 이 학생은 통계학을 교양영어보다 더 잘 친 셈이라는 것을 알 수 있다.

$$Z(\text{통계학}) = \frac{60 - 40}{10} = 2 \qquad Z(\text{교양영어}) = \frac{88 - 76}{12} = 1$$

표준점수 Z는 원점수를 표준편차의 단위로 변환한 척도로서 표준점수 Z의 분포, 즉 Z분포의 특성은 첫째, 원점수의 분포와 동일한 모양을 하고, 둘째, 평균이 0이고 표준편차는 1을 갖는다. 그러므로 표준점수의 장점은 서로 다른 분포를 평균이 0이고 표준편차가 1인 동일한 종류의 척도로 변환시킴으로써 서로 다른 분포의 여러 점수들의 상대적 비교를 가능하게 한다는 점이다. 또한 위의 예에서 만일 통계학과 교양영어의 학기말시험 점수의 모집단이 정상분포에 가깝다면, 표준점수Z를 정상분포곡선에 비교해 봄으로써 그 상대적 위치를 백분위(percentile rank)로 나타낼 수 있는데, 백 점 만점에 익숙한 우리들에게 백분위는 각 점수의 상대적 위치를 쉽게 파악할 수 있게 하는 방법이다. 이 방법을 알아보기 위해서 먼저 정상분포곡선에 대해 살펴보도록 한다.

2) 정상분포곡선

정상분포곡선은 좌우대칭이고 하나의 봉우리로 이루어지며 산술평균치, 중앙치, 최빈치가 일치하는 분포로서 가장 많이 이용되는 수학적·통계적 모형이다. 정상분포곡선은 이론적으로 규정하는 분포이며, 경험적 자료에서 얻는 실제의 분포는 대개 정상성(normality)으로부터 이탈되어 약간의 불규칙성을 포함하게 된다. 앞으로 배우게 될 추리통계에서는 이와 같이 여러 가지의 불규칙성을 띤 실제의 분포들을 일반화하여 편의상 정상분포로 가정하고 수학적으로 규정하여 정상분포곡선의 법칙을 적용하게 된다.

정상성(normality)의 가정을 실제로 수집한 자료의 분포에 적용할 수 있으려면 첫째로 모집단의 정상성과 이를 왜곡하지 않도록 하기 위한 표집방법의 신중한 선택이 필요하고, 둘째로 측정척도의 난이도나 신뢰도의 부족으로 인해 불규칙한 분포가 형성되지 않도록 하기 위한 측정척도의 신중한 구성이 필요하다.

정상분포곡선의 중요한 속성은 하나의 분포 안에서 두 점수 사이의 간격에 얼마나 많은 사례가 포함되어 있는가를 알아볼 수 있는 근거를 제공한다는 것이며, 이것은 정상분포와 표준편차의 관계에 대한 경험적 법칙을 나타낸 [그림 10-7]에서 설명한 바 있다. 즉, 정상분포곡선은 평균을 중심으로 좌우 표준편차 단위로 넓혀 나갈 때 일정한 비율의 사례가 포함되는 속성을 가진다. 분포의 평균과 표준편차에 의해 규정되는 정상분포곡선 [그림 10-7]은 분포에 따라 다르기 때문에 두 개의 분포에서 추출한 점수간의 상대적 비교가 곤란하다. 그러므로 각기 다른 분포상의 점수들의 상대적 위치를 나타내는 표준점수 Z척도로 원점수를 변환하여 [그림 10-7]을 다음의 [그림 10-8]과 같이 Z분포로 나타낼 수 있다.

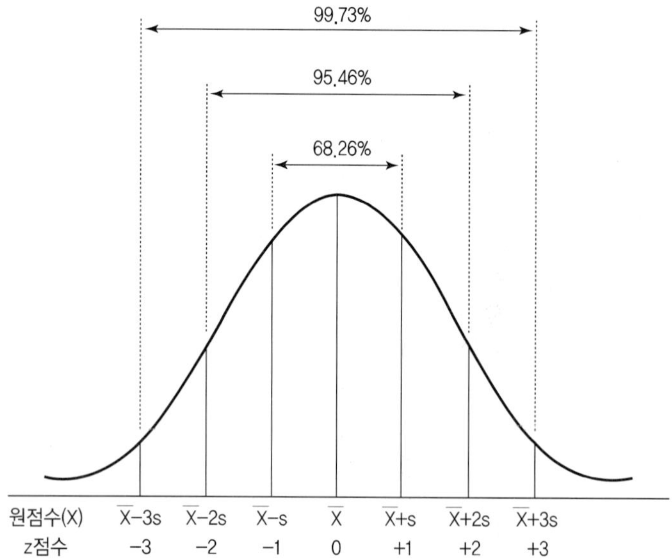

그림 10-8 표준편차와 표준점수에 따른 정상분포곡선의 면적비율

표준점수 Z의 분포, 즉 Z분포는 평균이 0, 표준편차가 1인 정상분포곡선으로서, 이것을 단위정상분포곡선(unit normal distribution curve)이라 하며 각각의 원점수에 해당하는 Z점수의 면적 비율을 미리 계산한 '정상분포곡선하의 면적 비율표' 혹은 '정규분포표'로 부르는 표가 대부분의 통계책의 부록에 제시되는데, 이 책에서는 〈부록표 2〉에 수록하였다.

앞의 학기말 시험점수에 대한 예에서 통계학과 교양영어의 표준점수가 각각 2와 1이었는데, 〈부록표 2〉의 정상분포표에 따르면 표준점수 2와 1이 차지하는 면적비율은 각각 47.73%(.4773)과 34.13%(.3413)으로써 평균까지의 면적비율 50%를 합하여 백분비로 환산해 보면, 통계학은 97.73%, 교양영어는 84.13%에 해당된다. 그러므로 이 학생의 통계학점수 60점은 상위 3% 안에 드는 우수한 점수인 데 반해, 교양영어전수 88점은 상위 20% 안에 드는 수준이라는 것을 일 수 있다.

또한 〈부록표 2〉의 정규분포표를 이용하여 하나의 분포 안에서 두 개의 표준점수 사이에 얼마나 많은 사례가 포함되는가도 정확하게 계산할 수 있다. 예를 들어, 총 500명의 통계학 수강생 중 표준점수 2와 1 사이에 얼마나 많은 학생이 포함되는가를 알기 위해서는 Z가 2일 때의 면적비율 .4773으로부터 Z가 1일 때의 면적비율

쉬어가는 연구방법과 통계이야기 ▶ **10-5 추정치?**

우리에게 주어지는 숫자로 된 정보의 상당수는 추정치, 즉 어림잡아서 추측된 값이다. 상대방이 이런 어림수를 들이 댈 때는 어떻게 해야 할까? 어림수로 남을 속이려는 사람들의 공통적인 특징은 그들이 사용하는 어림수가 어떻게 계산되었는지를 설명하는 법이 없다는 것이다. 그러므로 상대방이 사용하는 어림수가 상식적으로 판단해서 이상하다고 생각되면 그 어림수의 근거에 대해 질문을 해 보아라. 상대방이 근거를 대지 못하고 당황해 한다면 억지로 꾸며낸 숫자가 틀림없다. 믿을 만한 근거를 댄다고 해도 여전히 아전인수격으로 꿰어 맞춘 것일 수도 있으므로 상대방의 주장을 입증하는 추가적인 증거(숫자)가 있느냐고 물어 보는 것도 좋은 방법이다. 상대방이 숫자의 권위를 이용해 숫자놀음을 하고 있다는 느낌이 든다면 주눅들지 말고 어림수의 계산 근거와 추가적인 증거를 요구해야 한다.

이런 이야기가 있다. 자동차로 여행을 하는 한 부부가 시골도로를 달리고 있었다. 길 옆은 넓은 풀밭이 있는 목장지대였다. 수많은 양떼들이 풀을 뜯고 있는 목장 옆을 지나면서 운전을 하던 남편이 옆자리에 앉아 있는 부인에게 물었다. "저 목장의 양이 몇 마리나 되는 줄 알아?" "그걸 어떻게 알아요? 저렇게 많은데."하고 부인이 대답했다. 남편은 "내가 세어보니 1,342마리야."라고 말했다. 부인은 놀라서 "대단하군요. 그렇게 많은 양들을 언제 다 세었어요?"라고 물었다. 남편은 별로 대단한 것도 아니라는 표정으로 다음과 같이 대답했다. "양을 센 것이 아니라 다리를 세서 4로 나누었지." 이 예는 물론 과장된 농담이다. 그러나 우리 주위에서 믿기 어려울 정도로 정확하게 추정된 어림수의 예를 종종 볼 수 있다. 그런 어림수를 대하면 우선 상식적으로 생각하는 것이 좋다. 상식적으로 생각할 때 그렇게 정확한 추측이 가능한가를 반문한다면 그런 어림수를 맹목적으로 받아들이지 않게 될 것이다.

출처 : 한국경제, 2006년 6월 12일

.3413을 빼서 총학생 수로 곱하면 된다. 즉, $(.4773-.3413)\times500=.1360\times500=68$이므로 총 500명의 통계학 수강생 중 표준점수 2와 1 사이에 68명이 포함된다는 것을 알 수 있다.

6 SPSS 프로그램을 사용한 기술통계분석 예시 및 결과

SPSS를 이용하여 기술통계분석을 수행해 보자. | SPSS 예시 10-1 | 에 제시한 바와 같이 소득, 교육년수, 연령, 성별 등 자료가 입력되어 있다(자료입력 방법은 8장 SPSS 예시 부분 참조).

이미 자료가 입력된 상태에서 기술통계분석을 수행하기 위해 | SPSS 예시 10-1 | 에 제시한 바와 같이, 분석 → 기술통계량 → 기술통계를 클릭하면 | SPSS 예시 10-2 | 와

같은 파일이 나타난다. 창의 왼쪽에는 변수들의 목록이 나오게 되므로 이들 변수들을 클릭하여 변수 박스에 가져다 놓고, 확인을 클릭하게 되면 최종적으로 | SPSS 예시 10-3 | 에 제시한 바와 같은 결과 창이 나타난다.

| SPSS 예시 10-3 | 의 결과 창을 통해 기술통계분석 결과를 해석할 수 있는데 간단하게 살펴보면, 본 분석에서 사용한 자료는 크기가 22, 즉 22개의 표본을 가지고 있음을 알 수 있다. 22개 표본의 평균 교육년수는 15년(15.27)이며 가장 적은 교육년수는 12년(최소값), 가장 많은 경우는 18년(최대값)임을 알 수 있다. 교육년수의 표준편차는 2.00임을 쉽게 알 수 있다.

기술통계분석은 빈도수 분석도 포함하는데 | SPSS 예시 10-1 | 에 되돌아가서 분석 → 기술통계량 → 빈도분석을 클릭하면 된다. 결과는 | SPSS 예시 10-4 | 에 제시한 바와 같은데 쉽게 그 결과를 해석할 수 있다. 12년의 교육년수를 가진 사람은 4명, 14년도 4명, 16년, 즉 대졸은 10명, 석사졸업인 18년은 4명임을 알 수 있다. 그런데 이 자료에서 성별의 경우 남성=0, 여성=1로 가변수 처리하였으므로 남성의 경우 12명, 여성의 경우 10명임을 알 수 있다.

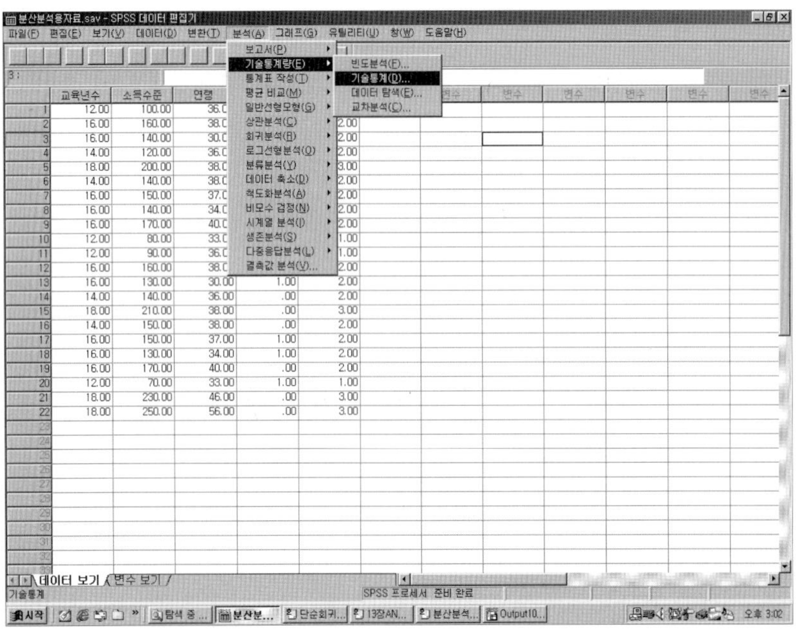

| SPSS 예시 10-1 | 기술통계분석 수행과정 1

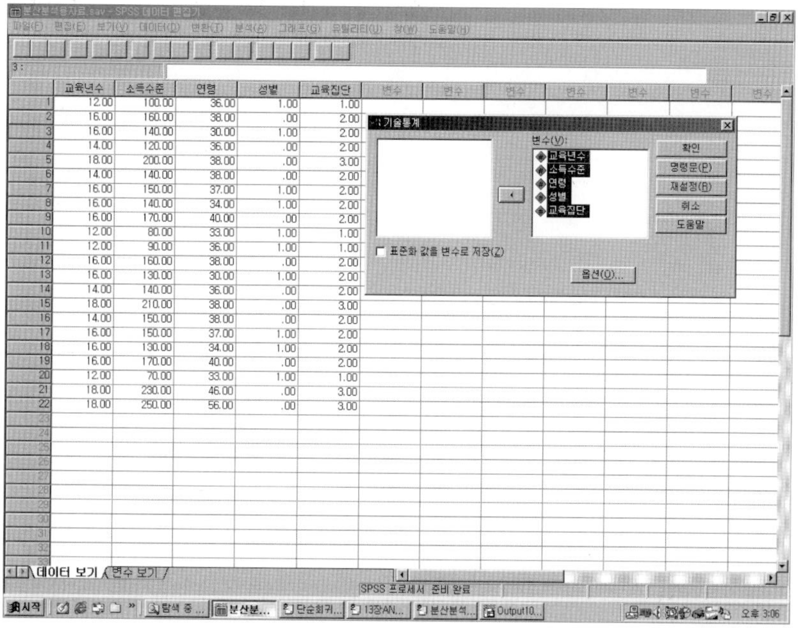

| SPSS 예시 10-2 | 기술통계분석 수행과정 2

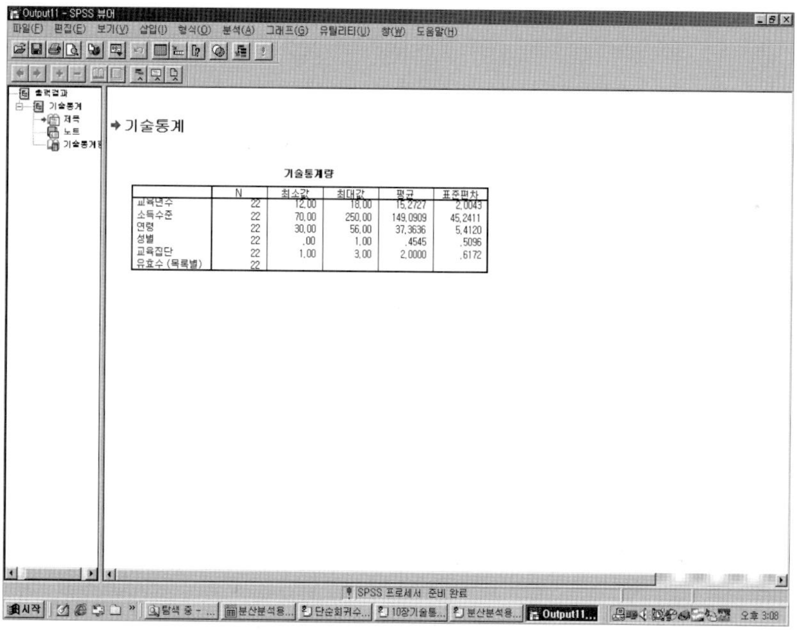

| SPSS 예시 10-3 | 기술통계분석 결과

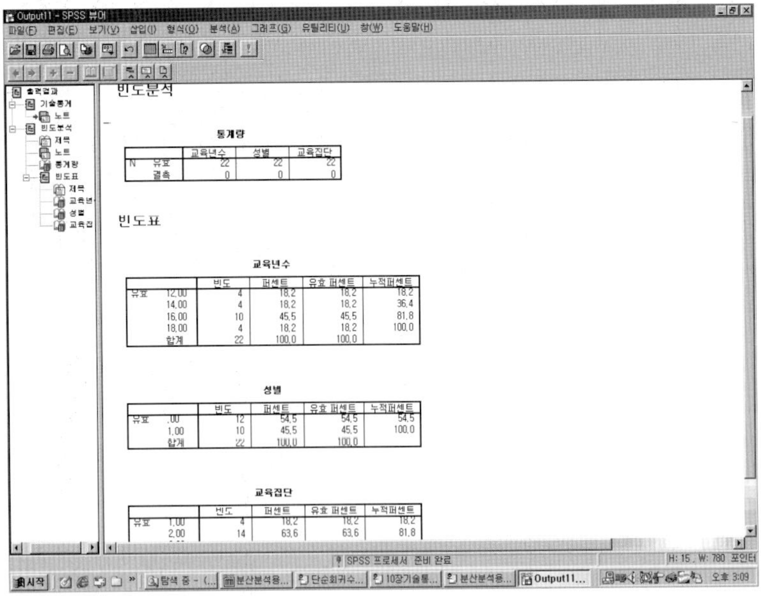

빈도분석

통계량

		교육년수	성별	교육집단
N	유효	22	22	22
	결측	0	0	0

빈도표

교육년수

		빈도	퍼센트	유효 퍼센트	누적퍼센트
유효	12.00	4	18.2	18.2	18.2
	14.00	4	18.2	18.2	36.4
	16.00	10	45.5	45.5	81.8
	18.00	4	18.2	18.2	100.0
	합계	22	100.0	100.0	

성별

		빈도	퍼센트	유효 퍼센트	누적퍼센트
유효	.00	12	54.5	54.5	54.5
	1.00	10	45.5	45.5	100.0
	합계	22	100.0	100.0	

교육집단

		빈도	퍼센트	유효 퍼센트	누적퍼센트
유효	1.00	4	18.2	18.2	18.2
	2.00	14	63.6	63.6	81.8

| SPSS 예시 10-4 | **기술통계분석 중 빈도분석 결과**

연구문제

1 명목·서열변수와 등간·비율변수에 대한 기술통계방법의 종류를 비교·설명하라.

2 하나의 분포의 경향을 요약하는 기술통계방법에는 무엇이 있는지 설명하라.

3 산술평균, 중앙치, 최빈치의 위치에 따른 분포의 형태를 설명하라.

4 Z분포의 특성을 설명하라.

5 정상성(normality)을 왜곡하지 않도록 하기 위한 방법을 설명하라.

6 산술평균이 75.8이고 표준편차가 12.6인 정상분포에서 다음 점수들에 해당하는 표준점수를 구하라.

① 68　② 81.9　③ 93.6
④ 48.4　⑤ 72.3

7 다음의 표준점수들에 대해 정상분포곡선하에서의 면적의 비율을 구하라.

① −2.06　② −1.89　③ +0.45
④ +2.59　⑤ +1.96　⑥ +3.06

참고문헌

가족학연구회(1994). 가족학 자료분석 방법. 도서출판 하우.
고홍화·김현주·백영승 편(1986). 사회행동과학 연구방법의 기초. 도서출판 성화사.
권경득·손진현·유성호(1998). 사회과학통계분석. 아시아미디어리서치.
권영아 역(1995). 소비과학을 위한 데이터 처리법. 도서출판 경춘사.
김기영·전명식(1994). SAS 판별 및 분류분석(개정판). 자유아카데미.
김기영·전명식(1994). 다변량 통계자료 분석. 자유아카데미.
김두섭(1993). 사회과학을 위한 회귀분석. 범문사.
김수철 외(1988). 현대통계학. 영지문화사.
김종호(1992). 표본조사법. 자유아카데미.
김충련(1992). SAS 라는 통계상자. 데이터플러스.
김호정(1993). 사회과학통계분석. 삼영사.
김효식·박해철(1999). 통계학. 형설출판사.
남궁평(1996). 현대표본이론. 탐진.
남궁평·홍종선(1991). 범주형 자료의 통계분석. 자유아카데미.
논문작성법교재편찬위원회(1989). 논문작성법. 건국대학교출판부.
박광배(1999). 변량분석과 회귀분석. 학지사.
박명호·종윤식(1996). 마케팅조사. 경문사.
박선영(1996). 비편의성 혹은 통계적 효율성? : MLE의 1단계 Tobit과 OLS의 2단계 Tobit의 비교연구. 한국소비자학회 11월 학술발표회 논문집.
박재창(1989). 표본조사법. 박영사.
박창순·원태연(1995). SAS를 이용한 통계자료분석. 중앙대학교출판부.
샘플링 아카데미 편(1999). 표본조사입문. 자유아카데미.
서정희(1996). 가정학 연구방법론. 도서출판 하우.
서정희·이기춘(1986). 소비자주의에 대한 태도척도개발에 관한 연구. 한국가정관리학회지 4(2), 1-8.
성내경(1995). 정보시대 그리고 통계. 이화여자대학교출판부.
성내경(1998). 통계적 자료분석. 자유아카데미.
송문섭·조신법(1993). WINDOW용 SAS를 이용한 통계자료분석. 자유아카데미.
송혜향·김동재(1996). 통계학. 청문각.

안광호·임병훈(1995). 마케팅조사원론. 법문사.

오택섭(1994). 사회과학데이터 분석법 : SAS, SPSS/PC+. 나남출판.

오혜경(1998). 사회조사방법론. 아시아미디어리서치.

유동근(1994). 마케팅 계량분석. 미래경영.

이순묵(1990). 공변량구조분석. 성원사.

이순묵(1995). 요인분석 I. 학지사.

임인재(1993). 논문작성법. 서울대학교출판부.

장옥배·김순기(1988). 교양통계학. 일신사.

정용선·김인식(1998). 노인소비자의 정보탐색에 관한 연구. 소비문화연구, 1(1), 143-170.

조복희(1991). 가정학연구방법론. 교문사.

조선배(1996). LISREL 구조방정식 모델. 영지문화사.

차종천·장상수(1994). 구조방정식 모형의 이해.

채서일(1990). 사회과학 조사방법론. 법문사.

채서일(1992). 사회과학 조사방법론. 학현사.

채서일(1995). 마케팅조사론. 학현사.

최정만(1993). 최신논문작성법. 생명의 말씀사.

한국가족학연구회 편(1994). 가족학 자료분석방법. 도서출판 하우.

허명회(1997). 통계적 개념·방법·응용. 자유아카데미.

허명회·문승호(2000). 탐색적 자료분석 : EDA(개정판). 자유아카데미.

홍두승(1999). 사회조사분석. 다산출판사.

홍종선·박옥희·최창현(1996). 조사방법과 통계자료분석. 박영사.

Afifi, A. A., & Clark, V. (1990). *Computer-aided multivariage analysis*(2nd eds). Van Nostrand Reinhold Company, New York.

Amemiya, T. (1984). Tobit Models : A Survey. *Journal of Econometrics, 24*, 3-61.

Babbie, E. (1983). *The practice of social research*(3rd eds). Wadsworth Pub.

Bailey, K. D. (1982). *Methods of social research*(2nd eds). The Free Press.

Bentler, P., & Bonett, D. G. (1980). Significance tests and goodness of fit in the analysis of covariance structure. *Psychological Bulletin, 88*, 588-606.

Bohrnstedt, G., & Knoke, D. (1988). Statistics for Social Data Analysis. *Itaca, Ill.* F.E. Peacock Pubishers.

Borg, W. R., & Gall, M. D. (1989). *Educational research*(5th eds). Longman.

Duncan, O. D. (1975). *Introduction to Structural Equation Models*. Academic Press, Inc.

Fowler, F. (1984). *Survey research methods*. Applied Social Research Methods Series.

Gorsuch, R. L. (1983). *Factor Analysis*(2nd ed). Hillside, NJ : Lawrence Erlbaum.

Greene, W. H. (1990). *Econometric Analysis*. Macmillan Publishing Co.

Hinkle, W. J. (1988). *Applied Statistics for the Behavioral Sciences*(2nd ed). Houghton Mifflin co., Boston.

Hollander, M., & Wolfe, D. A. (1973). *Nonparametric Statistical Method*. John Wiley & Sons Inc.

Johnson, W., & Wichern, D. (1992). *Applied Multivariate Statistical Analysis*(3rd ed). New Jersey : Prentice Hall.

Jöreskog, & Sörbom (1989). *LISREL 7 : A guide to the program and applications*.

Jöreskog, & Sörbom (1989). *LISREL 7 : User's reference guide*. Mooresville : Scientific Software, Inc.

Kim, J. O., & Mueller, C. W. (1978). Introduction to Factor Analysis : what it is and how to do it. *Sage University paper series on Quantative Applications in the Social Sciences*. Beverly Hills and London : Sage Publication.

Kirk, R. E. (1982). *Experimental Design*(2nd eds). Brooks/Cole Pub.

Maddala, G. S. (1983). *Limited-dependent and qualitative variables in econometrics*. Cambridge University Press.

Maddala, G. S. (1992). *Introduction to Econometrics*. Macmillan Publishing Co.

Matlack, W. F. (1980). *Statistics for Public Policy and Management*. Belmont. California : Wadsworth.

Montgomery, D. C. (1984). *Design and Analysis of Experiments*(2nd Ed). New York : John Wiley & Sons.

Nachmias, D., & Nachmias, C. (1987). *Research methods in the social sciences*(3rd eds). St. Martin's Press.

Norusis, M. J. (1986). *SPSS/PC+ for IBM PC/ Chicago*. Illinois : Spss Inc.

Norusis, M. J. (1990). *Advanced Statistics*. Chicago SPSS Inc.

Park, S. Y. (1995). *Two Statistical/Econometric Analysis to Household Demand and Choice*. The Ohio State University Ph.D. Dissertation.

Tobin, J. (1958). Estimation of Relationships for Limited Dependent Variables. *Econometrica, 26,* 24-36.

Touliatos, J., & Compton, N. H. (1988). *Research methods in human ecology/home economics.* Iowa state University Press/Ames.

Warwick, D. P., & Linihger, C. A. (1975). *The Sample Survey : Theory and practice.* New York : Mcgraw-Hill.

찾아보기

저자소개

허경옥
이화여자대학교 경제학과 졸업
미국 Univ. of Wisconsin-Madison 대학 소비자학 전공(석사, 박사)
현재 성신여자대학교 생활문화소비자학과 교수

• 주요 논문 및 저서
새로 쓰는 소비자의사결정(2009)
소비자학의 기초(2010)
소비자상담과 피해구제(2011)
소비자안전(2011) 등

이승신
서울대학교 가정관리학과 졸업
미국 Univ. of Illinois 소비자경제학(박사)
현재 건국대학교 소비자정보학과 교수

• 주요 논문 및 저서
소비자상담(2007)
국가거버넌스연구(2009)
소비사회와 소비문화(2010)
대한민국에서 현명한 소비자로 살아가기(2010) 등

김기옥
연세대학교 주생활학과 졸업
미국 Univ. of Illinois 소비자경제학(박사)
현재 성균관대학교 소비자가족학과 교수

• 주요 논문 및 저서
소비자정보론 : 디지털사회와 소비자(2001)
소비욕구 측정을 위한 척도개발(2008)
소비자생활복지, 어떻게 측정할 것인가?(2011)
Exploring dimensions of consumer needs (2011) 등

박선영
한양대학교 사범대학 졸업
미국 The Ohio State Univ. 소비자경제학(석사, 박사)
호서대학교 디지털비즈니스학부, 벤처전문대학원 교수 역임
현재 건국대학교 밀러MOT 스쿨 기술경영학과 교수

• 주요 논문 및 저서
소비자의 기술혁신 수용유형에 따른 T-commerce 수요도(2008)
3G 이동통신서비스의 소비자이용에 미치는 영향 분석(2009)
차세대 컨버전스서비스 핵심불확실성 요인 도출에 관한 분석(2009)
웹마케팅 혁명(2010) 등

에센셜
연구방법
ESSENTIAL RESEARCH METHODS

2012년 3월 5일 초판 인쇄
2012년 3월 12일 초판 발행

지은이 허경옥 외
펴낸이 류제동
펴낸곳 ㈜교문사

책임편집 정혜재
본문디자인 에바다에딧
표지디자인 신나리
제작 김선형
영업 정용섭 · 이진석 · 송기윤

출력 현대미디어
인쇄 동화인쇄
제본 대영제본

우편번호 413-756
주소 경기도 파주시 교하읍 문발리 출판문화정보산업단지 536-2
전화 031-955-6111(代)
팩스 031-955-0955
등록 1960. 10. 28. 제406-2006-000035호

홈페이지 www.kyomunsa.co.kr
E-mail webmaster@kyomunsa.co.kr
ISBN 978-89-363-1217-6 (93590)

값 15,000원
* 잘못된 책은 바꿔 드립니다.